國家"雙一流"擬建設學科"南京大學中國語言文學藝術"資助項目

江蘇高校優勢學科建設工程"南京大學中國語言文學"資助項目

江蘇省 2011 協同創新中心"中國文學與東亞文明"資助項目

第十五輯 | 張伯偉 編

域外漢籍研究集刊

中華書局
北京
2017

圖書在版編目(CIP)數據

域外漢籍研究集刊.第 15 輯/張伯偉編. —北京:中華書局,
2017.5
ISBN 978-7-101-12771-3

Ⅰ.域…　Ⅱ.張…　Ⅲ.漢學–研究–國外–叢刊
Ⅳ.K207.8-55

中國版本圖書館 CIP 數據核字(2017)第 202796 號

書　　名	域外漢籍研究集刊　第十五輯
編　　者	張伯偉
責任編輯	孫文穎
出版發行	中華書局
	(北京市豐臺區太平橋西里 38 號　100073)
	http://www.zhbc.com.cn
	E-mail:zhbc@ zhbc.com.cn
印　　刷	北京市白帆印務有限公司
版　　次	2017 年 5 月北京第 1 版
	2017 年 5 月北京第 1 次印刷
規　　格	開本/710×1000 毫米　1/16
	印張 29½　插頁 2　字數 483 千字
印　　數	1-800 册
國際書號	ISBN 978-7-101-12771-3
定　　價	125.00 元

目　次

朝鮮——韓國漢籍研究

域外漢籍研究集刊　第十五輯
2017 年　頁 3—19

高句麗《好太王碑》形制考

馮翠兒

一　引言

　　古朝鮮在統一新羅以前留下來的碑銘，其銘刻目的主要爲記事（歷史意義），其中《好太王碑》是現存最早、文字最多的高句麗碑石。自十九世紀末被發現以後，《好太王碑》便引起中、日、朝三方學者的注意而進行探索、研究，而且得到相當豐碩的成果①。但研究主要集中在發現過程、碑文釋讀、拓片版本、歷史和書法探究等，至於碑刻的形制與漢碑的關係和文化承傳問題卻似未及關注。本文就試圖從《好太王碑》的形制、刻銘目的、書法等方向作探索，希望能找出碑刻文化從大陸往東傳的綫索，亦可説是中華文化延展至周邊領域的一項研究。

二　《好太王碑》的形制

　　《好太王碑》全稱《廣開土境平安好太王碑》，於東晉安帝義熙十年（公元 414 年）立，清光緒年間（1880 年前後）被發現。碑現坐落於吉林省集安市東，西距"好太王陵"約 200 米。

　　碑是一長方柱形粗糙的火山凝灰巖巨石，只略作修整，並没加打磨或

---

　　①　可參耿鐵華《好太王碑一千五百八十年祭》，北京：中國社會科學，2003 年。張福有《高句麗王陵統鑑》，香港：香港亞洲出版社，2007 年。

琢飾，故碑面如一般天然石塊。石柱四面長闊不均，最高處爲 6.39 米，碑底部比碑頂略寬，最寬處達 2 米。整個碑並無碑額和趺，碑座只是一塊不規則形狀的花崗巖石板。四碑面均鑿有天地格及豎欄，碑文所刻全是漢文，每字約爲 10 釐米，四面環刻，共 44 行，每行 41 字元，共 1,775 字。

這碑的形制似與傳統的漢碑不盡相同，但碑的所在，漢時爲四郡之地，在這地域出土的碑石，比《好太王碑》刻立年爲早的有樂浪郡遺物［漢］《黏蟬縣神祠碑》①，在遼寧省集安市板石嶺出土的［魏］《毌丘儉紀功碑》②。這兩碑雖是漢人所刻立，相信對《好太王碑》應會有一定的影響，當然其他先秦兩漢魏晉的碑銘也有被借鑑的可能。又在《好太王碑》附近發現有從大陸移居來而在高句麗爲官的漢人墓葬，如"冬壽"③和"鎮"④的墓中都發現有墨書。從墓中壁畫可見漢人在高句麗境仍保留着傳統的生活形式，當地的官民自然得見漢人的碑刻形制而有所仿傚。況且小獸林王在登基次年（372）便設立了"太學"，並在地方上設立了傳授儒學的私立書院⑤，對與儒家重孝有密切關係的碑刻文化應受到他們的關注。

中國的碑刻很早就出現，如《儀禮》和《禮記》中便多卷提及宮、廟中之"碑"和葬禮中的"碑"，秦代則不稱"碑"而稱"刻石"⑥。碑至漢代已漸有定

---

　　①　劉承幹校録《海東金石苑補遺》卷一稱之爲"漢平山君祠碑"。

　　②　王國維稱之爲"魏毌邱儉丸都山紀功石刻"，因他曾爲其題跋，名爲《魏毌邱儉丸都山紀功石刻跋》，收於《觀堂集林》。

　　③　冬壽（或作佟壽）原是前燕慕容皝的司馬。慕容皝與慕容仁交戰，皝敗，冬壽降仁。後皝再出兵破仁，冬壽奔高句麗。時爲咸康二年（336），至永和十三年（墨書如此記，相信因地處偏遠，改元的消息未及得知，其實應是升平元年，高句麗故國原王二十七年［357］）去世，留高句麗共二十二年。墓葬的位置在黃海道安岳第三號墓，爲夫婦合葬墓。形制與漢墓相類，墓中壁畫所繪人物形象與漢畫像磚頗多相近；墓主背後之墓帳，滿城劉勝墓中亦有發現。墨書書體屬隸書，但結字已接近楷書，亦帶有楷書筆意。

　　④　此墓是 1976 年發現於朝鮮平安南道大安市德興里，墓葬年份爲高句麗廣開土王十八年（408），墓中有"節東夷校尉幽州刺史鎮"的文樣，故亦稱爲幽州刺史墓。墨書題記位於前室北壁上方的四阿頂部。墨書書體從可辨的文字判斷，應屬楷書，唯部份用筆仍帶有隸書筆意。

　　⑤　請參《三國史記》卷十八。

　　⑥　王筠《説文釋例》：秦之紀功德也，曰立石，曰刻石；其言碑者，漢以後之語也。

制,一般由碑趺、碑身和碑首三部分組成。《好太王碑》則雖宏雄巨大,但卻甚簡樸,無碑首,只有沒經打磨、凹凸不平的角礫凝灰巖碑身,碑下亦只墊有一片未加修飾的不規則形花崗巖石板,散發着樸拙莊嚴的浩然之氣。

《好太王碑》是世界上現存最巨大的碑刻,它的形制是否有所本?若是有所借鑑,相信亦不會隨意模擬,其選擇是否蘊含深義,這便很值得作深入的探討。

三　《好太王碑》形制探源

《好太王碑》的主人是"好太王",據《三國史記》載,名"談德"(391－412在位),此碑是其子"長壽王"在他死後第二年所建立。按碑文記載"談德"於十八歲登基,號爲"永樂太王":

> 至十七世孫國罡上廣開土境平安好太王,二九登祚,號爲"永樂太王"。

何以"永樂太王"被諡爲"廣開土境平安好太王"?碑文續稱:

> 恩澤□于皇天,威武橫被四海,掃除庶寧其業。國富民殷,五穀豐熟。

若結合《三國史記》卷十八《高句麗本紀》記載情況:"永樂太王"曾伐碑麗、百殘和倭,救新羅,征東夫餘,侵(慕容)燕。在這些戰爭中,攻城掠地及虜獲人和牲口無數。可見其一生東征西討,對外廣開土境,對內則國富民殷,故諡之"廣開土境平安好太王"是實至名歸的。

《好太王碑》碑文可分爲三部分:首先記述高句麗建國的歷史和簡述好太王的行狀;第二部分記述好太王的強大武功、攻城掠地的過程(只記戰功而無任何失利的記載);最後述説遵從好太王的遺教,詳細記載守墓煙户的分配、户數、規則和不得轉賣守墓身份的法令。兼具了歌功頌德和頒布王令的兩重功用。這座碑文的形制和内容是否高句麗創始還是有所借鑒,這是值得作進一步探索的。

中國歷代以來對"碑"的詮釋甚多:

· 《儀禮·聘禮》云:

> 饗,飪一牢,鼎九,設於西階前,陪鼎當内廉,東面北上,上當碑,南陳。鄭玄注曰:宫必有碑,所以識日景,引陰陽也。凡碑,引物者,宗廟

則麗牲焉,以取毛血。其材,宫廟以石,窆用木。

• 《禮記•祭儀》曰:

祭之日,君牽牲,穆荅君,卿、大夫序從。既入廟門,麗于碑。

• 漢末劉熙《釋名•釋典藝》釋:

碑,被也。此本葬時所設也。施其轆轤,以繩被其上,引以下棺
也。臣子追述君父之功美,以書其上,後人因焉。

• 《文心雕龍•誄碑》則將"碑"的源流述説得更爲詳細:

碑者,埤也。上古帝王,紀號封禪,樹石埤岳,故曰碑也。周穆紀
跡于弇山之石,亦古碑之意也。又宗廟有碑,樹之兩楹,事止麗牲,未
勒勳績,而庸器漸缺,故後代用碑,以石代金,同乎不朽,自廟徂墳,猶
封墓也。

概括而言,先秦時代"紀號封禪,樹石埤岳"是紀功刻石,故有"碑"之
稱,如相傳周穆王曾於崦嵫山刻石紀功①,也就是古碑之流。又"碑"是宗
廟中庭的兩根柱子,以拴繫祭祀用的牲口,這類"碑"就不會在其上勒刻功
勳業績。"碑"又是墓葬時墓穴週邊的立石,用於棺木入穴時助縴繩下降。
後來逐漸碑石發展成爲墳墓前"追述君父之功美"的豎石。但用以"引棺"
的碑身應鑿有"穿"。如《禮記•檀弓》所載:

夫魯有初,公室視豐碑,三家視桓楹。鄭玄注曰:豐碑,斲大木爲
之,形如石碑,於槨前後四角樹之,穿中於間爲鹿盧(轆轤),下棺以縴
繞。天子六縴四碑,前後各重鹿盧也。時僭諸侯。諸侯下天子也,斲
之形如大楹耳,四植謂之桓。諸侯四縴二碑,碑如桓矣。大夫二縴二
碑,士二縴無碑。

《好太王碑》並無"穿",又非用以繫牲的小柱子,而且豎立於距太王墳
約 200 米的曠野上,自然符合作"墓碑"的條件。《文心雕龍•誄碑》又云:

標序盛德,必見清風之華;昭紀鴻懿,必見峻偉之烈:此碑之制也。
意思就是説,碑銘之制就是要"明確地記述碑主高風亮節的品格、美好的言
行和卓越的功業"②,有歌功頌德的意味。

《好太王碑》第一部分述及好太王的祖德、行狀。第二部分只述好太王

---

① 崦嵫山在今甘肅省内,詳見《穆天子傳》卷三。
② 請參周勛初《文心雕龍解析》,南京:鳳凰出版社,2015 年版,頁 202,注釋 9。

的豐功偉業，難道好太王一生竟未嘗戰敗或挫折？這正符合"碑"頌美之
制。碑文的第三部分是好太王的遺教——"國罡上廣開土境好太王存時教
言"——正有頌王令的意味。整方《好太王碑》的碑文是由祖德、行狀、歌功
頌德與頒令組合而成。這樣四面環刻和碑文的組合形式，究竟是高句麗獨
創還是有所依據仿傚的呢？

　　細考中土的刻石中，"秦政刻文，爰頌其德"①的秦代刻石，在形式和身
份的尊貴上，都有被借鑑的可能。況且從文獻記載得知，自古高句麗便與
中土有往來，古朝鮮史書《三國史記》卷十四《高句麗本紀第二》：

　　　　（大武神王）十二月，立王子解憂爲太子，遣使入漢朝貢，光武帝復
　　　其王號，是立武八年也。

可見早於東漢初，高句麗與漢朝廷已有使節的往還。至於中土的史籍，多
册斷代正史都專爲高句麗或朝鮮立傳，《史記》有《朝鮮列傳》、《漢書》有《朝
鮮傳》、《後漢書》有《高句驪傳》、《三國志》有《高句麗傳》，《資治通鑑·晉
紀》卷104更有通使的記載：

　　　　太元二年春，高句麗、新羅、西北夷皆使入貢於秦。

除官方的交往外，民間亦有因遷徙、避亂、貿易、求法、留學等往來，這些
舉措均能促使兩地文化的交流②。時至東晉期間，按《三國史記》卷十
八載：

　　　　小獸林王（一云小解朱留王，371—383在位），諱丘夫，故國原王之
　　　子也。身長大，有雄略……二年夏六月，秦王符堅遣使及浮屠順道送
　　　佛像經文。王遣使回謝以貢方物。立太學教育子弟。三年始頒律令。
　　　四年僧阿道來。五年春二月，始創肖門寺以置順道，又創伊弗蘭寺以
　　　置阿道，此海東佛法之始。

372年，小獸林王還建立起高句麗的儒家思想教育機構——"太學"以教育
貴族子弟，講授五經三史，又接受了從中土而來的佛教信仰，可見當時的高
句麗朝野均樂於接受漢文化，亦得讀儒家經典和史書。《史記·秦始皇本
紀》載有嶧山、泰山刻石之事：

----

① 《文心雕龍·頌贊》。
② 可參陳尚勝主編《山東半島與中韓交流》，香港：香港出版社，2007年。

　　二十八年①，始皇東行郡縣，上鄒嶧山。立石，與魯諸儒生議，刻
石頌秦德，議封禪望祭山川之事。乃遂上泰山，立石，封，祠祀。下，風
雨暴至，休於樹下，因封其樹爲五大夫。禪梁父。刻所立石，其辭曰：
皇帝臨位，作制明法，臣下修飭。二十有六年，初並天下，罔不賓服。
親巡遠方黎民，登兹泰山，週覽東極。從臣思跡，本原事業，祗誦功
德。治道運行，諸産得宜，皆有法式。大義休明，垂於後世，順承勿
革。皇帝躬聖，既平天下，不懈於治。夙興夜寐，建設長利，專隆教
誨。訓經宣達，遠近畢理，咸承聖志。貴賤分明，男女禮順，慎遵職
事。昭隔内外，靡不清净，施於後嗣。化及無窮，**遵奉遺詔，永承**
重戒。
《泰山刻石》②中除頌秦始皇的豐功偉業外，還有“遵奉遺詔，永承重戒”之
辭，而且碑亦是四面刻字，正面、側面刻正文外，碑背還刻有秦二世詔書。
這與《好太王碑》中：

　　國罡上廣開土境好太王，存時教言：祖王先王，但教取遠近舊民，
守墓灑掃。吾慮舊民，轉當羸劣。若吾萬年之後，安守墓者，但取吾躬
巡所略來韓穢，令備灑掃。言教如此，是以如教令。

兩者的形制和立碑精神頗有相似之處。相信高句麗君臣認爲在身份和作
用上，最能配合“好太王”身份的莫過於秦刻石，故極有借鑑的可能。
　　除秦代的刻石外，比《好太王碑》年代稍前的魏、西晉均有爲帝王歌功
頌德的碑石，如三國時《上尊號奏》、《受禪表》、《天發神讖碑》、西晉《黄帝三
臨辟雍碑》等。紀戰功的有《封燕然山銘》③、《毌丘儉紀功碑》等。至於頒
布詔令的碑銘，唐代以後頗多，現能得見兩晉以前的僅有内蒙古通湖山發

----

　　①　始皇二十八年（前 219）。
　　②　此刻石原分爲兩部分，前半部爲始皇二十八年，秦始皇東巡泰山時所刻，共
144 字；後半部爲秦二世胡亥初年刻，共 78 字。刻石四面長、寬不等，共刻字 22 行，行
12 字，共 222 字。兩刻辭均傳爲李斯所書，現僅存秦二世詔書中 10 字——“斯臣去疾
昧死臣請矣臣”。
　　③　《後漢書·竇融附竇憲列傳》：“（竇）憲、（耿）秉遂登燕然山，去塞三千餘里，刻
石勒功，紀漢威德，令班固作銘。”

現的西漢《漢武帝詔書摩崖石刻》，全銘文 200 餘字，泐損嚴重，唯第一行
"漢武帝詔書"數字尚能辨認。相信這些碑都能爲碑文化傳至異域而貢獻
一分力量。

四　界綫與字體

　　《好太王碑》四碑面都鑿有天地格及豎欄，這類碑的形制則是兩漢刻石
常出現的情況，如西漢末年的石刻有《居攝兩墳壇刻石》、《禳盜刻石》、《萊
子侯刻石》，東漢和帝時的《王君平闕》。而且這數方碑均石質粗糙，不太注
重款式，直行文字較緊，與《黏蟬縣神祠碑》和《好太王碑》的形制極相似。
不同者是漢碑形制小，刻字亦少，書體古樸，而《好太王碑》則是巨制，刻字
多，字體已帶有濃重的楷書筆形。至東漢兩晉，八分隸碑大盛時期，刻有豎
綫的碑刻漸少，設有界格的更絕無僅有了。

《禳盜刻石》

《好太王碑》

《黏蟬縣神祠碑》

細觀上三碑的刻鑿手法，點畫圓實，纖勁如鐵鑄，有錐畫沙之感。起收筆均表現出含蓄的回鋒味道，筆畫的轉角處，似方實圓，波磔處以略頓的筆勢來展現，故無明顯磔勢。刻功含蓄而明快，凝重而有勁。結體布白皆疏密有致，留放有則，舒展自如。可謂集豪放、纖勁、古拙於一身。《好太王碑》和《黏蟬縣神祠碑》處於當時高句麗領域，《襄盜刻石》①則在山東省金鄉縣②，三碑的所在地域與年代雖不相同，但所處地點相去不遠，應沿於一脈，有承先啓後的關係。

　　從書勢來看，《好太王碑》與諸隸書和北魏碑不相近，反而接近三國時

① 　《襄盜刻石》是墓門上的頂門石，是放在墓室外面告誡盜墓賊的。殘石有刻字跡 8 行，每行 5 字，長 52 厘米，寬近 39 厘米，現藏濟寧市博物館。《襄盜刻石》的內容是詛咒盜墓賊會有“絕户絕孫”之災。文字基本是利用石頭的自然平面刻成的，刻得率意古樸、方圓兼顧，是由篆入隸的字體。

② 　金鄉縣隸屬孔孟之鄉山東省濟寧市，曾是兗州的州治。漢景帝以昌邑爲山陽國，昌邑縣就在境內。

孫吳的《谷朗碑》①和北魏《鄭文公》摩崖②。三者均結體方整,筆畫圓勁,渾
樸古雅,而且都是由隸入楷的書體,整體而言雖稱隸書,實則字形與用筆已
非常接近楷書。《谷朗碑》和《鄭文公》中已明顯見到"直下帶鈎"、"彎鈎"和
"頓形點",如:"先"、"賜"、"姓"、"開"、"創"、"以"等字;又如"經"、"正"、
"起"等字有行草的筆致。《好太王碑》的楷書筆畫似不明顯,但字勢已甚具
楷書之形,"國"、"潰"、"池"即是。故三碑在風格上可能有別,但在書體發
展的軌跡上實同在一綫。

《鄭文公下碑》拓片

---

①　全稱《吳九真太守谷朗碑》,"九真"即今越南河内南順以北地區。孫吳鳳凰元
年(272)立。縱 176 厘米,橫 72 厘米,文 18 行,行 24 字。碑今在湖南耒陽。

②　《鄭文公碑》分上下二碑,上碑在山東省平度市天柱山之陽,無碑額,20 行,每
行 50 字;鄭道昭因上碑所在的巖壁石質不理想,後在山東省掖縣雲峰山之陰覓得石質
較佳巖壁重刻,稱爲下碑,有"滎陽鄭文公之碑"七字碑額,51 行,每行 29 字,上下碑的
內容基本相同。

《好太王碑》拓片　　　　　　　《谷朗碑》拓片

其實，時至東晉，各種書體已臻成熟，何以會出現如此多夾雜衆體的碑刻？按研究人員的觀察：

> 根據《好太王碑》現存文字狀況，鐫刻應該是由兩人完成的。第一面和第三面碑文的筆畫匀稱，刻痕規整，深淺適中，應爲一熟練的老刻工所鐫刻。第二面和第四面文字的筆畫較粗，刻痕不均匀，深淺不一，與第一、三面的刀功、風格有差異，似爲一不太熟練的年輕刻工所爲①。

這與當時文人不參與寫碑和刻碑的社會現象有關，大多數碑都是由善書的地方書吏所書，由工匠所刻，故兩漢魏晉的碑刻絶大多數不著書碑和刻碑人名字。從上文可知《好太王碑》的鐫刻工作亦是由文化水平不高的工匠

① 耿鐵華、李樂營主編《高句麗研究史》，長春：吉林大學出版社，2012年版，頁5。

以師傅帶領徒弟的形式刻成的,故較易出現粗陋雜體的情況。況且事在緊迫,因碑立於好太王薨後翌年,要在一年間書丹、刻鑿一千七百多字,實在太倉卒。從另一角度看,當時只以實用和達意爲目的,根本不視碑銘、書法爲藝術活動。

高句麗在廣開土王(391—412 在位)與長壽王(413—491 在位)時期最爲強盛。墓制原爲積石塚,很快便出現中土的石室土墳;又從墓室壁畫中可看到,高句麗上層社會的居室和生活趨於漢化,文字亦普遍用漢文字。碑文中用上了當時中原詩賦常用的四字句,如:"惟昔始祖"、"王之創基"、"庶寧其業"、"昊天不弔"、"銘記勳績"等。甚至連不記書碑和刻碑人,不視書法和雕刻爲藝術的文化觀也接受過來。由此可見高句麗在長期與漢民族接觸下,已接受和醞釀着深厚的漢文化,加之小獸林王二年(372)已立太學,教育子弟,講授五經、三史,碑刻文化也自然隨着《好太王碑》的刻立而推至高峰。

上數節雖已從不同方面追溯《好太王碑》與中原碑刻的關係,但它仍以其統體方正、用筆圓渾、雄拙古穆的純樸書風,在中國碑刻書法中以獨具一格的姿態佔據一席位。自被發現以來,研究其書體的方家甚多,張福有《好太王碑雜識及碑文考箋》[1]曾作概說介紹[2],其結論:"綜上所述,對《好太王碑》的書體盡管百家爭鳴,各抒己見,但漸趨一致,認爲屬隸書是大體一致的意見。《好太王碑》作爲碑,其書屬碑銘類是無疑的。但就書體而論,當屬隸書。"此説雖然恰當,但略欠細密,因隸書自秦漢古隸至東晉楷書成熟間,實是"形體屢遷",再加上碑銘與書寫的差別,便宜作更進一步的論證。

---

[1]　載於《學問》2003 年第 10 期。

[2]　"關於好太王碑的書體":王志修認爲:"據此碑應斷東晉,漢人筆法存毫芒。""好太王碑書亦嚴整類漢隸。"鄭文焯認爲:好太王碑"字體八分遒渾","此碑隸體,如錐畫沙"。葉昌熾認爲:"好碑字大如碗,方嚴質厚,在隸楷之間。"榮禧認爲:好碑"篆隸相羼,兼多省文,古樸可喜,極似魏碑"。歐陽輔認爲:"好碑是八分書,乃隸書也。"又認爲好太王碑是:"真書"。顧燮光認爲:好太王碑書體在"隸楷之間"。王健群認爲:好太王碑是"東晉的隸書"。方起東先生認爲:"好太王碑出現於隸書漸趨簡約、楷書次第流行的年代,從形態考察,基本應歸屬隸書一類。近年來,有的學者提出它應屬於西漢以來在銅器銘文和碑石刻字中常見的那種與當時手寫體相對的碑銘體。"

　　若然將它與《冉牟墓墨書》①齊觀，則可出現另一番體會。冉牟墓前室正壁樑枋上寫有一幅八百多字的大墨書，字數之多僅次於《好太王碑》，目前可釋讀 436 字②，應寫於好太王歿後和長壽王在位期間，即中國北魏及東晉年間。正文前兩行爲無格標題，正文則是 79 行帶界格文字，隸書，每行 10 格。

　　魏晉南北朝的八分碑甚少設有界格，《冉牟墓墨書》是書者直接寫在墓壁上，由於墨書墓誌位處墓頂，抬筆書寫實不容易，故先在石面界格就是可理解的了。墨書筆調大體爲隸書，特別是撇和捺筆仍保留着隸書所特有的波挑和掠筆，但字形已傾向於楷化，其中更有連筆，靈動灑脱，率意自然，明顯地雜入了楷、行、草的筆意，實有簡牘的味道。從文字清晰的部分看，書寫者的用筆使墨功夫非常純熟，相信亦出於嫻熟漢字書寫的筆吏之手，所用者亦是當時的最通行字體。

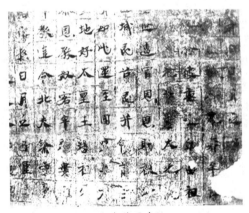

《冉牟墓墨書》

---

　　①　此墓於 1935 年 5 月爲日人伊滕伊八所發現，但被誤定牟頭婁爲墓主人，其後的池内宏、梅原末治、佐伯有清、武田幸男等都沿用他的説法。中國學者勞幹，雖未親臨通溝，進入墓内考察，但透過《通溝》巨册所附照片及釋文，結合文獻進行研究，斷定此墓爲高句麗大兄冉牟之墓，而牟頭婁只是墓志的撰者。

　　②　池内宏在《通溝》上卷釋出 291 字；勞幹釋出 332 字；耿鉄華 1994 年 6 月 23 日午後，有機會進入墓内進行實地考察，以修改過的前人釋文爲藍本，借助放大鏡，逐字校讀，考釋整理出新釋文字 436 字。(可參《好太王碑一千五百八十年祭》第八章第三節)

　　《好太王碑》與《冉牟墓墨書》看似是兩種不相關的字體，其實只要將墨
書墓誌字體中的波挑和掠筆省去而成爲不往左右上下揮灑的樸拙筆調時，
就會得出如《好太王碑》上所刻的字體，兩者同出一轍。在《冉牟墓墨書》照
片中見得頗清楚的“奴客”、“教遣”等字，在《好太王碑》中亦能找到，可作
比較：

墨　書

　　由此可證，《好太王碑》所用的書體亦是當時的常用書體，只因鑴刻的
關係而形成了碑銘的字形，並無蓄意滲入任何追求書法藝術或崇古而用古
書體的用意。

五　碑刻文化的承傳

　　另一可關注者，從《好太王碑》碑文中可見高句麗與新羅、百濟等地關
係密切：

　　　　百殘①、新羅，舊是屬民，由來朝貢。而倭以辛卯年來渡，每破百

―――――――――――――

　　①　即百濟。

殘，□羅以爲臣民。以六年丙申，王躬率水軍，討伐殘國……賊不服
氣，敢出百戰。王威赫怒，渡阿利水，遣刺迫城，橫便國城。百殘王困
逼，獻出男女生口一千人，細布千匹。歸王自誓，從今以後，永爲奴
客。太王恩赦□迷之愆，録其後順之誠。……九年己亥，百殘違誓，
與倭和通。王巡下平穰。而新羅遣使白王云：倭人滿其國境，潰破城
池，以奴客爲民。歸王請命。太王恩後，稱其忠□。爲遣使還，告以
□。十年庚子，教遣步騎五萬，往救新羅。從男居城至新羅城，倭滿
其中。官兵方至，倭賊退。□來背急追，至任那加羅從拔城，城即
歸服。

　　好太王曾征伐百濟，救新羅、逐倭寇，相信隨着國力的強大和頻繁的軍
事活動，碑刻文化也會帶至兩地。最有代表性的要算是《中原高句麗
碑》①，它立於當時三國交界地域——忠清北道中原郡，立石年爲長壽王63
年(475)②。碑的形制與《好太王碑》極爲相似，只是小得多而已。立碑主
要爲命敕新羅須"世世爲願如兄如弟，上下相和，安撫東夷"③。新羅與百濟
隨後亦有立碑之舉。新羅的碑刻甚多，如：《菁堤碑》、《赤城碑》、《昌寧新羅
真興王巡狩碑》、《咸州新羅真興王巡狩碑》④等。《咸州新羅真興王巡狩
碑》位於咸鏡南道咸川郡岐川面真興里，立年爲新羅真興王太昌元年
(568)，紀録着真興王的史跡和隨行人員名單。該碑所刻已是楷書，刻工樸
拙，碑文有"是以帝王建號，莫不修己以安百姓"之句，其中"修己以安百姓"
乃引用自《論語·憲問》：

　　　　子路問君子。子曰："修己以敬。"曰："如斯而已乎?"曰："修己以

---

① 日人齋藤忠稱之爲《建興四年中原碑》:《古代朝鮮·日本金石文資料集成》，東京:吉川弘文館，昭和五十八(1983)年。韓人許興植稱爲《中原高句麗拓境碑》，並定其年代爲長壽王37年。(見許興植《韓國金石全文》，韓國:亞細亞文化社，1984年)
② 該碑於1979年4月8日，爲檀島大學博物館學術調查團在忠清北道中原郡可金面龍田里立石村發現。
③ 有關《中原高句麗碑》可參耿鐵華《中原高句麗碑考釋》載於《好太王碑一千五百八十年祭》，附録二。
④ 以上碑刻所在地、建碑時間及碑刻內文，可參許興植《韓國金石全文》，韓國:亞細亞文化社，1984年。

安人。"曰:"如斯而已乎?"曰:"修己以安百姓。修己以安百姓,堯舜其猶病諸!"

可證新羅在六世紀時已接受漢文化的薰陶。至於百濟,在聖王元年(523)立的《百濟武寧王誌石》,字體雖已是楷體,但用筆仍含不少隸意,而且字偏於方扁。

《百濟武寧王誌石》

又義慈王十四年(654,唐高宗永徽 5 年)所立《砂宅智積碑》,殘留 4 行 56 個楷書字:

百濟《砂宅智積碑》　　　　　　　　　《九成宮醴泉銘》

　　甲寅年正月九日,奈祇城,砂宅智積,慷身日之易往,慨體月之難
還。穿金以建珍堂,鑿玉以立寶塔。巍巍慈容,吐神光以送雲,峨峨悲
貌,含聖明以……

　　《砂宅智積碑》有界格,跟唐代部分楷碑的形制有相似處。碑文是六朝
盛行的駢文,字體爲楷書,但"正"有行草筆調,而"往"的左旁"彳"則仍留有
隸意,"九"的微向左傾的寫法,更有臨習初唐歐陽詢《九成宮醴泉銘》的寫
法。其漢文化修養之深,此碑刻便能反映一二。當然這只是極簡單的述
説,必須另文作深入考證才能圓所説。

六　結語

　　從上考察中,可見高句麗的碑刻是借鑑於中國兩漢至北朝的碑刻形
式,而《好太王碑》更以秦石刻爲其摹擬對象,至於碑石和墨書的字體也緊

隨着中土的書體變遷和碑刻步伐。不過,在碑的選材、修整、形制、文本内容、銘刻等方面,又增添了自我風格而形成了既樸實又活潑,且更能合於高句麗民族風格和與環境統一的偉大碑刻。從此折射出高句麗雖已多方面承受了漢文化的薰陶,但仍保持着其樸實、勇猛、具創意、有活力、百折不撓的民族性,而且影響及新羅、百濟的碑銘文化。《好太王碑》及衆出土墓葬中的銘刻、墨書、壁畫,雖被埋没於草莽間十數個世紀,一旦重現世間,即牽起考古、歷史、文學、金石、書法、藝術、國際交流等範疇學者的争相考察和進行研究。其爲學術界、漢文化圈,甚至於全人類的文化承傳提供了不朽的貢獻。

（作者單位:南京大學域外漢籍研究所）

域外漢籍研究集刊　第十五輯
2017 年　頁 21—34

他者"中國":《三國史記》中的"中國"觀念 [*]

陳俊達

　　成書於 1145 年的《三國史記》,是朝鮮半島現存成書最早的史書,其記事上起公元前一世紀,下至王氏高麗建立的公元九世紀初,包括立國於朝鮮半島南部的新羅、百濟,以及疆域涵蓋朝鮮半島北部的高句麗的大部分歷史,同時書中還有金富軾(1075—1151)對三國歷史的認識。因此,研究《三國史記》中的"中國"觀念,即研究新羅、高句麗、百濟在與中國各政權交往時使用"中國"一詞的依據,以及金富軾對"中國"一詞又是如何理解和認識的等問題,進而可以通過"他者"的視角幫助我們理解歷史上的"中國"。到目前爲止,學界尚無專文論述《三國史記》中的"中國"觀念。筆者擬在先賢研究的基礎上,就相關問題做一系統研究,權爲引玉之磚,以求正于方家。

一

　　《三國史記》中,"中國"一詞共出現 41 次,除去中國各王朝自稱"中國" 13 次外,餘下 28 次可以分爲兩類。一類是新羅、高句麗、百濟三國使用"中

　　[*] 本文爲 2013 年度國家社會科學基金重大項目"朝鮮半島古代史研究"(13ZD105)成果之一。2015 年度國家社會科學基金重大項目"中國古代的'中國'認同與中華民族形成研究"(15ZDB027)階段性成果。2015 年度國家社會科學基金一般項目"中國古代的'中國'觀與中國疆域形成研究"(15BZS002)階段性成果。2016 年度教育部哲學社會科學研究重大委托項目(16JZDW005)階段性成果。

國”一詞,共 13 次;另一類是金富軾對“中國”一詞的理解和認識,共 15 次。《三國史記》中“中國”一詞的含義可以分爲四種。

首先,指唐朝,共 9 次,其中新羅使用 3 次、高句麗使用 2 次、金富軾使用 4 次。“古人所説的‘中國’,最初指一國之中心,並引申爲天下之中心,那時居住在所謂的‘天下中心’地區的居民主要是華夏族,於是,‘中國’一詞又引申爲‘華夏’之意,又引申爲華夏人建立的政權”①。新羅、高句麗即沿襲這種“漢族政權爲中國”的傳統觀念,認爲唐朝是“中國”。如新羅文武王認爲:“强首文章自任,能以書翰致意於中國及麗、濟二邦,故能結好成功。我先王請兵于唐以平麗、濟者,雖曰武功,亦由文章之助焉。則强首之功,豈可忽也!”②高句麗人蓋蘇文對寶臧王説:“聞中國三教並行,而國家道教尚缺,請遣使于唐求之”③。由上下文可知,此兩處的“中國”,都是指唐朝。同樣金富軾認爲“臣屬天子之邦者,固不可以私名年。若新羅以一意事中國,使航貢筐相望於道,而法興自稱年號,惑矣!厥後承愆襲繆,多歷年所,聞太宗之誚讓,猶且因循至是,然後奉行唐號。雖出於不得已,而抑可謂過而能改者矣”④。此處的“中國”同樣指唐朝。金富軾認爲新羅作爲藩屬國,應奉宗主國唐朝正朔,不可私設年號。故認爲新羅法興王“二十三年(536),始稱年號,云建元元年”⑤的行爲是錯誤的,而真德王“四年(650),是歲,始行中國(唐高宗)永徽年號”⑥的行爲屬於知錯能改。

其次,作爲文化概念使用,僅金富軾使用 1 次。金富軾以漢族建立的政權爲正統、稱爲“中國”的根本原因在於以儒家文化爲核心的漢族政權一直是東亞文化圈的核心。金富軾在總結新羅的歷史經驗時曾説:“(新羅)以至誠事中國,梯航朝聘之使,相續不絶,常遣子弟,造朝而宿衛,入學而講

---

① 趙永春、賈淑榮《中國古代的“國號”與歷史上的“中國”》,《吉林師範大學學報(人文社會科學版)》2009 年第 5 期,頁 3。

② (高麗)金富軾著,楊軍校勘《三國史記》卷四六《强首傳》,吉林大學出版社,2015 年,頁 653。

③ 《三國史記》卷四九《蓋蘇文傳》,頁 683。

④ 《三國史記》卷五《真德王本紀》,頁 67。

⑤ 《三國史記》卷四《法興王本紀》,頁 48。

⑥ 《三國史記》卷五《真德王本紀》,頁 67。

習，于以襲聖賢之風化，革鴻荒之俗，爲禮義之邦”①。這裏的“中國”，既是指唐朝，也是一個文化概念，即“在天下中心的基礎上派生出文化中心的含義”②。“中國與夷、蠻、戎、狄四夷由於生活方式不同，存在著文化差異”。“‘中國’文化水平最高，懂文明，知禮義，有教養，最爲高貴”③。金富軾沿襲了這種“文化中心爲中國”的觀念，認爲新羅在與唐朝交往的過程中，“襲聖賢之風化，革鴻荒之俗”，最終成爲“禮義之邦”。同時認爲中國是文化最發達、禮儀最健全的地區，文化與中國不同的地區，則爲“外國”。如金富軾認爲：“取妻不取同姓，以厚別也。是故，魯公之取於吳，晉侯之有四姬，陳司敗、鄭子産深譏之。若新羅，則不止取同姓而已，兄弟子、姑、姨、從姊妹，皆聘爲妻。雖外國各異俗，責之以中國之禮，則大悖矣。若匈奴之烝母報子，則又甚於此矣。”④認爲新羅的婚姻制度比“中國”落後，但比匈奴等戎狄的婚姻制度先進。此外，“古人認爲，中國與四夷的文化差異最突出的表現是是否懂‘禮’，所行合乎‘禮’的要求即是‘中國’，不符合‘禮’的要求，即是夷狄”⑤。故金富軾説：“新羅之初，衣服之制，不可考也。至第二十三葉法興王，始定六部人服色尊卑之制，猶是夷俗。至真德在位二年，金春秋入唐，請襲唐儀，玄宗皇帝詔可之，兼賜衣帶。遂還來施行，以夷易華。文武王在位四年，又革婦人之服，自此已後，衣冠同於中國。”⑥此處既是指新羅的服制與唐朝相同，更是指新羅的服制符合中國禮制。正是由於新羅處處學習中國的禮儀制度，才出現了唐玄宗認爲“新羅號爲君子之國，頗知書記，有類中國”⑦的現象。

再次，指代中原，引申爲指代中原政權，共 9 次。新羅、高句麗、百濟使用 7 次，金富軾使用 2 次。“中國歷史上‘中國’一詞的一個重要含義就是指中原地區，主要的是一區域地理概念，並由此引申爲中原地區所建立的

①　《三國史記》卷一二《敬順王本紀》，頁 171。

②　趙永春、賈淑榮《中國古代的“國號”與歷史上的“中國”》，頁 3。

③　趙永春、賈淑榮《中國古代的“國號”與歷史上的“中國”》，頁 4。

④　《三國史記》卷三《奈勿尼師今本紀》，頁 32。

⑤　趙永春、賈淑榮《中國古代的“國號”與歷史上的“中國”》，頁 4。

⑥　《三國史記》卷三三《色服》，頁 452。

⑦　《三國史記》卷九《孝成王本紀》，頁 122。

政權及其所控制的區域”①。杜榮坤認爲,歷史上“‘中國’一詞泛指中原王朝所直接管轄的地區”②。葛劍雄亦認爲“凡是中原王朝的疆域範圍都是‘中國’”③。如新羅人衛頭入前秦貢方物時,“苻堅問衛頭曰:‘卿言海東之事,與古不同,何耶?’答曰:‘亦猶中國時代變革,名號改易,今焉得同?’”④此處將海東作爲一個地域概念與“中國”對擧,“中國”一詞也應是一個地域概念。同時,海東即指代整個朝鮮半島,這句話强調的是海東地區與中原地區一樣,發生了改朝换代的大事。因此,此處“中國”一詞應指代整個中原地區,並引申爲中原王朝。又如高句麗人右輔松屋句在面對漢遼東太守來討伐時,對大武神王説:“臣聞恃德者昌,恃力者亡。今中國荒儉,盗賊蜂起,而兵出無名,此非君臣定策,必是邊將規利,擅侵吾邦。逆天違人,師必無功,憑險出奇,破之必矣”⑤。此處的“中國”與高句麗大臣得來見東川王“侵叛中國,數諫,王不從。得來嘆曰:‘立見此地將生蓬蒿。’遂不食而死”⑥;中川王王后椽氏對中川王説:“昔我先王(指東川王)不致禮於中國,被兵出奔,殆喪社稷”⑦二句中“中國”一詞的含義相同,都是指中原地區,引申爲中原王朝。前者引申爲漢朝,後二者引申爲曹魏⑧。這樣的例子還有很多,如“前此,中國之人苦秦亂,東來者衆”⑨;“中國大亂,漢人避亂來

---

①　趙永春、賈淑榮《中國古代的“國號”與歷史上的“中國”》,頁 3。

②　杜榮坤《試論我國歷史上統一與分裂、戰争與民族英雄》,《歷史教學》1982 年第 1 期,頁 11。

③　葛劍雄《統一與分裂:中國歷史的啓示》,商務印書館,2013 年,頁 25。

④　《三國史記》卷三《奈勿尼師今本紀》,頁 33。

⑤　《三國史記》卷一四《大武神王本紀》,頁 186。

⑥　《三國史記》卷一七《東川王本紀》,頁 210。

⑦　《三國史記》卷一七《中川王本紀》,頁 211。

⑧　在當時人的心中,由於曹魏佔據了中原地位,故認爲曹魏是“中國”,是正統。詳見王明蓀《三國時代的國家與“中國”觀》,《史學集刊》2013 年第 2 期,頁 47－58。同時由於東川王“遣將襲破遼東西安平”,且下文毌丘儉征伐高句麗時,“令諸軍不壞其(指得來)墓,不伐其樹,得其妻子皆放遣之”(《三國史記》卷一七《東川王本紀》,頁 209－210)。可知由於東川王侵擾曹魏政權,遭到毌丘儉征伐,故此兩處“中國”皆指曹魏。

⑨　《三國史記》卷一《始祖赫居世居西干本紀》,頁 3。

投者甚多，是漢獻帝建安二年也"①等，皆指中原。再如金富軾認爲："高勾麗自秦漢之後，介在中國東北隅，其北鄰皆天子有司，亂世則英雄特起，僭竊名位者也，可謂居多懼之地，而無謙巽之意，侵其封場以讎之，入其郡縣以居之，是故兵連禍結，略無寧歲"②。此處金富軾認爲高句麗位於中原地區的東北面，引申爲中原王朝的東北部，與中原郡縣相連。正如唐温彥博所說，高句麗"近在提封之内"③。

　　最後，作爲有相互遞嬗關係的各個政權的統稱，共 9 次，其中新羅使用 1 次、金富軾使用 8 次。"中國古代用'中國'一詞指稱政權的他稱主要有三種情況，一種是幾個政權並立之時，地處中原之外的政權常常依據中原即中國的地理觀念稱佔據中原地區的政權爲'中國'"；"第二種是後來的政權對以前某一個政權的稱呼或後來的政權在追述本朝歷史、議論以前各個朝代時，對歷史上以中原地區爲主且有相互遞嬗關係或沒有遞嬗關係但爲自己政權所繼承的多個政權的通稱"；"第三種情況是當時和後來的'域外'政權對中國歷史上某一個政權或有相互遞嬗關係的各個政權的通稱"④。新羅和王氏高麗時期的金富軾稱中國爲"中國"，顯然屬於第三種情況。如新羅人崔致遠在《上太師侍中狀》中寫道："高麗、百濟全盛之時，強兵百萬，南侵吳越，北撓幽燕齊魯，爲中國巨蠹"。此處的"中國"即包括兩漢、魏晉、南北朝、隋唐等政權在内⑤，崔致遠認爲正是由於高句麗、百濟損害了中國各王朝的利益，因此最終被唐朝滅亡。"高宗皇帝顯慶五年（660），勑蘇定方統十道強兵，樓船萬隻，大破百濟，乃於其地置扶餘都督府，……總章元年（668），命英公徐勣破高勾麗，置安東都督府"⑥。又如金富軾在敘述高句麗、百濟祀禮時，因"高勾麗、百濟祀禮不明"，故"考古記及中國史書所載

----

①　《三國史記》卷一六《故國川王本紀》，頁 203。

②　《三國史記》卷二二《寶藏王本紀下》，頁 272。

③　《舊唐書》卷六一《温彥博傳》、卷一九九上《高麗傳》，頁 2360、5320。

④　趙永春、賈淑榮《中國古代的"國號"與歷史上的"中國"》，頁 5—6。

⑤　關於高句麗的對外戰爭，詳見楊秀祖《高句麗軍隊與戰爭研究》，吉林大學出版社，2010 年。

⑥　《三國史記》卷四六《崔致遠傳》，頁 655。

者,以記云爾"。由其下列舉的《後漢書》、《北史》、《梁書》、《唐書》、《册府元龜》①等史書可知,此處的"中國",就是將包括漢朝、北魏、唐朝在内的各政權統稱爲"中國"。

綜上所述,《三國史記》中的"中國"一詞大致有四種含義,即以漢族建立的政權爲正統,稱唐朝爲"中國";將"中國"一詞視爲一個文化概念;將"中國"一詞作爲一個地域概念使用,指稱中原地區,並引申爲整個中原王朝控制區;用"中國"一詞指代中國歷史上某一政權或有相互遞嬗關係的各個政權。新羅、高句麗、百濟,以及金富軾根據自己的需要,在不同時期取"中國"一詞的不同含義,形成了自己的"中國"意識和觀念。

二

前文已述,金富軾共有 8 次將"中國"一詞作爲有相互遞嬗關係的各個政權的統稱使用,其中 6 次用於統稱"中國"的史書。如"《左》、《漢》,中國史書也,猶存楚語'穀於菟'、匈奴語'撐犁孤塗'等"②;"高勾麗、百濟祀禮不明,但考古記及中國史書所載者,以記云爾"③;"右見中國歷代史"④等。整理其列舉的"中國"史書,包括《左傳》、《漢書》、《後漢書》、《北史》、《梁書》、《隋書》、《舊唐書》、《新唐書》、《册府元龜》、《通典》等⑤。由此可知,金富軾將包括先秦各國、漢朝、北朝(包括北魏、西魏、東魏、北周、北齊)、南朝(梁)、隋朝、唐朝、宋朝在内的各政權皆統稱爲"中國"。其中將北朝納入

---

① 《三國史記》卷三二《祭祀》,頁 443—444。

② 《三國史記》卷四《智證麻立干本紀》,頁 44。

③ 《三國史記》卷三二《祭祀》,頁 443。

④ 《三國史記》卷四〇《職官下》,頁 598。

⑤ 除此之外,金富軾在撰寫《三國史記》時,參考的中國史書還有《三國志》、《晉書》、《宋書》、《南齊書》、《陳書》、《魏書》、《北齊書》、《周書》、《南史》、《太平御覽》、《資治通鑒》等。詳見(日)田中俊明《〈三國史記〉引用中國史書的再探討》,姜維公、高福順譯著《中朝關係史譯文集》,吉林文史出版社,2001 年,頁 173—237。

"中國"的含義範疇之内,與傳統上僅以漢族建立的政權爲"中國"的觀點相比①,金富軾的"中國觀"明顯更爲進步。

金富軾之所以將北朝納入"中國"的含義範疇之内,一方面,金富軾在編纂《三國史記》時,清楚地認識到北朝與海東三國②的政治關係遠比南朝密切,其中高句麗與北魏的政治互動更是遠遠高於南朝任何一個政權。統計《三國史記》中高句麗、百濟、新羅朝貢南北朝的次數,可以清楚地看到這一特點:

表1 《三國史記》中高句麗、百濟、新羅朝貢南北朝次數表

	北朝③ (北魏、西魏、北齊、北周)	南朝 (宋、齊、梁、陳)	總計
高句麗	94	21	115
百濟	3	13	16
新羅	2	7	9
總計	99	41	140

資料來源:(高麗)金富軾著,楊軍校勘《三國史記》,吉林大學出版社,2015年。

由表1可知,《三國史記》中高句麗、百濟、新羅共朝貢南北朝140次,其中高句麗朝貢北朝多達94次,占總數的67.14%。高句麗朝貢北魏自長

---

① 如東晉十六國時期,晉人不承認北方的十六國爲"中國";南北朝時期,南朝不承認北朝是"中國"等。詳見趙永春、賈淑榮《中國古代的"國號"與歷史上的"中國"》,頁5。

② 雖然金富軾在《三國史記》中,將高句麗與百濟、新羅同列爲"海東"三國,進行平行載述,但這是在當時的歷史條件下受時代和階級的局限所造成的,是勢之必然,在情理之中。但根據其《高句麗本紀》最後的論贊可知,在金富軾心中,高句麗是中國的割據政權。詳見苗威《從金富軾的高句麗觀看高句麗政權的性質及其歷史歸屬》,《中國邊疆史地研究》2004年第4期,頁76—82。

③ 北魏分裂爲東、西魏後,由於高句麗與東魏接壤,所以與東魏關係較爲密切,一直保持著每年向東魏朝貢一次的頻率。而西魏由於地理位置較遠,又有東魏相隔,故《三國史記》中不見高句麗向西魏朝貢的記載。

壽王十三年(425)①首次見於《三國史記》記載,至安原王三年(533)②最後
一次見於《三國史記》記載,108 年間,共朝貢 74 次(詳見表 2),平均一年
0.69次。

表 2　《三國史記》中高句麗朝貢北魏統計表

時間	次數	時間	次數	時間	次數	時間	次數	時間	次數
425	1	435	1	437	1	439	2	462	1
465	1	466	1	467	1	468	1	469	1
470	1	472	2	473	2	474	2	475	2
476	3	477	2	479	2	484	1	485	2
486	1	487	1	488	3	489	3	490	2
491	2	492	3	494	2	495	2	498	1
500	1	501	2	502	1	504	1	506	1
507	1	508	2	509	1	510	2	512	1
513	3	514	1	515	1	517	1	518	3
532	1	533	1								

資料來源:(高麗)金富軾著,楊軍校勘《三國史記》,吉林大學出版社,2015 年。

　　由表 2 可知,高句麗不僅頻繁向北魏朝貢,同時已經出現某些規律化
傾向。如據《三國史記》記載,"(長壽王)六十年(472)春二月,遣使入魏朝
貢。秋七月,遣使入魏朝貢。自此已後,貢獻倍前,其報賜亦稍加焉"③。
由上表可知,472 年前,高句麗有朝貢北魏記載的年份,朝貢次數皆爲一年
一次,472 年至 479 年,除 478 年《三國史記》中不見高句麗朝貢北魏的記
載,其餘年份,朝貢次數皆爲一年兩次,476 年更是達到了一年三次。
　　同時,據《三國史記》記載,北魏世祖于 435 年封長壽王爲"都督遼海諸

---

① 《三國史記》卷一八《長壽王本紀》,頁 225。
② 《三國史記》卷一九《安原王本紀》,頁 236。
③ 《三國史記》卷一八《長壽王本紀》,頁 227。

軍事、征東將軍、領護東夷中郎將、遼東郡開國公、高勾麗王”。長壽王去世
後,北魏孝文帝又贈其“車騎大將軍、太傅”①。文咨明王繼位後,北魏孝文
帝封其爲“使持節都督遼海諸軍事、征東將軍、領護東夷中郎將、遼東郡開
國公、高勾麗王”。去世後,魏靈太后“遣使策贈車騎大將軍”②。北魏還封
安臧王爲“安東將軍、領護東夷校尉、遼東郡開國公、高勾麗王”③;封安原
王爲“使持節散騎常侍、領護東夷校尉、遼東郡開國公、高勾麗王”④。在當
時北魏人的心中,高句麗的地位僅次於南朝齊政權。“時,魏人謂我方强,
置諸國使邸,齊使第一,我(指高句麗)使者次之”⑤。

　　另一方面,與金富軾所處的時代背景相關。金富軾生於高麗文宗二
十九年(1075,北宋熙寧八年,遼大康元年),卒于高麗毅宗五年(1151,南
宋紹興二十一年,金天德三年),高麗肅宗元年(1096,北宋紹聖三年,遼
壽昌二年)科舉及第,步入仕途。後分別于高麗睿宗十一年(1116,北宋
政和六年,遼天慶六年,金收國二年)、高麗仁宗四年(1126,北宋靖康元
年,金天會四年)、仁宗五年(1127,南宋建炎元年,金天會五年)三次出使
宋朝⑥。將金富軾的生平置於中朝關係史的大背景下,可以發現此時高
麗正從傳統的以臣屬關係爲前提的對中原漢族王朝的朝貢,演變爲對中
國北族王朝(遼金)朝貢的時代特點⑦,對金富軾的“中國觀”產生了深刻
影響。

---

　　①　《三國史記》卷一八《長壽王本紀》,頁 225、229。

　　②　《三國史記》卷一九《文咨明王本紀》,頁 231、234。

　　③　《三國史記》卷一九《安臧王本紀》,頁 234—235。

　　④　《三國史記》卷一九《安原王本紀》,頁 235。

　　⑤　《三國史記》卷一八《長壽王本紀》,頁 228。

　　⑥　劉迎勝《金富軾浮海使宋與宋麗交往研究》,《海交史研究》2015 年第 1 期,頁
1—10。

　　⑦　魏志江《遼宋麗三角關係與東亞地區秩序》,復旦大學韓國研究中心編《韓國研
究論叢》第四輯,上海人民出版社,1998 年,頁 323。

　　金富軾生平的前半段,正是高麗與遼朝間的封貢關係實現制度化①,
而與北宋的關係僅限於經濟文化交流②,在政治臣屬關係上明確劃清界限
的時期。據劉迎勝先生考證,《高麗史》中仁宗元年(1123)"秋七月辛酉,宋
使路允迪等還,王附表以謝"③,高麗仁宗在路允迪所率使團歸國前,請使
團帶回國的"附表",即是金富軾撰寫的《謝遣使吊慰表》④。然而,路允迪
此次出使高麗的目的,是希望高麗仁宗遣使北宋請求冊封,進而恢復北宋
與高麗的宗藩關係。據《高麗史》記載:"路允迪等告王曰:'帝聞先國王薨
逝,嗣王傳業,故遣使致奠。弔慰詔書祭文,皆御制親札。在元豐閒,祭弔
止是常例,今恩禮甚異。大觀年閒,所降詔書內,特去'權'字,以示真王之
禮。今此御札,亦示殊恩。但先王爲已受遼冊命,故避諱耳。今遼命已絶,
可以請命朝廷'"。但是仁宗委婉地謝絶了北宋的"好意":"弊邦自祖宗以
來,樂慕華風。況我先考,以禮事大,以忠述職,雖在海外,心常在於王室,
故天子灼見,屢加寵澤。今又親製祭文,特示異恩,於臣職銜,又去'權'字,
雖先考嘗蒙此禮,小子何足以當之? 所謂冊命,天子所以褒賞諸侯之大典
也。今憂制未終,而遽求大典,於義未安,實增惶愧。冀於明年遣使謝恩,
並達微誠。惟公等善爲敷奏"⑤。在金富軾撰寫的表文中,只是感謝北宋

---

　　①　詳見楊軍《東亞封貢體系確立的時間——以遼金與高麗的關係爲中心》,《貴州
社會科學》2008 年第 5 期,頁 117－124;陳俊達《高麗遣使遼朝研究》,吉林大學碩士學
位論文,2016 年;陳俊達《高麗使遼使者類型及其派遣考論》,《西北民族大學學報(哲學
社會科學版)》2016 年第 5 期,頁 79－86。
　　②　高麗自太平十年(1030)後"絶不通中國者(指北宋)四十三年"(《宋史》卷四八
七《高麗傳》,頁 14045)。恢復遣使後,高麗對北宋僅限於經濟文化交流,是典型的實利
外交。故蘇軾斥責高麗"名爲慕義來朝,其實爲利"(宋)李燾《續資治通鑒長編》卷四八
一,哲宗元祐八年(1093)二月,中華書局,2004 年,頁 11438;馬端臨亦認爲"高麗之臣事
中朝也,蓋欲慕華風而利歲賜耳"(宋)馬端臨著,上海師範大學古籍研究所、華東師範大
學古籍研究所點校《文獻通考》卷三二五《四夷考二》,中華書局,2011 年,頁 8962。
　　③　(朝)鄭麟趾《高麗史》卷一五《仁宗世家一》,國書刊行會株式會社,昭和五十二
年(1977),頁 220。
　　④　劉迎勝《金富軾浮海使宋與宋麗交往研究》,頁 4－5。
　　⑤　《高麗史》卷一五《仁宗世家一》,頁 219－220。

遣使吊慰去世的高麗睿宗①，隻字不提册封一事。相反，卻于同年八月派遣河則寶赴遼②，“在陸路交通斷絶的情況下，仍試圖謀求通過海路與遼聯絡”③，次年遣使北宋時仍未向宋廷請求册命④。可見在當時高麗人心中，遼朝才是正統。

　　金富軾生平的後半段，又經歷了金朝連續滅亡遼朝、北宋，進而高麗奉金正朔，成爲金朝藩屬國的時代變革。據《高麗史》記載，金富軾第三次出使北宋時，仁宗五年(1127)“五月辛丑，金富軾等至宋明州，會金兵入汴，道梗不得入。癸卯乃還”⑤。金富軾在明州雖然只停留了三天，卻親眼目睹宋朝大敗的事實，而這一情報，對高麗隨後的外交政策産生了決定性影響。

　　金宋交戰時，高麗國内流言四起，導致高麗朝廷不知道應該支持哪一方。據《高麗史》記載：“金兵入汴，邊報妄傳金人敗北，宋師乘勝深入，金人不能拒。鄭知常、金安等奏曰：‘時不可失，請出師應宋，以成大功，使主上功業載中國史，傳之萬世’。時王在西京，遣近臣馳問。仁存對曰：‘傳聞之事，恒多失實，不宜聽浮言，興師旅，以怒强敵。且金富軾入宋將還，姑待之’。”等到金富軾返回高麗，證明邊報果然失實⑥。此後，高麗不僅没有派兵助宋，相反以金富軾、崔洪宰爲代表的高麗官員，又拒絶了南宋試圖運兵至高麗，借道進入金朝統治區尋找北宋徽、欽二帝的提議⑦。隨後，高麗又于金天會七年(1129)十一月，遣“盧令琚、洪若伊如金進誓表”⑧。金朝於

①　(高麗)金富軾《謝遣使吊慰表》，《東人之文》四六，卷二《事大表狀》，詳見：http://db.history.go.kr/KOREA/search/searchResult.do? itemIds＝muds&sort＝levelId&dir＝ASC&limit＝20&page＝1&searchKeywordType＝BI&searchKeywordMethod＝EQ&searchKeyword＝謝遣使吊慰表 &searchKeywordConjunction＝AND＃searchDetail/muds/muds_002_0010_0140/384313/0/1

②　《高麗史》卷一五《仁宗世家》，頁220。

③　付百臣《中朝歷代朝貢制度研究》，吉林人民出版社，2008年，頁35。

④　《高麗史》卷一五《仁宗世家一》，頁221。

⑤　《高麗史》卷一五《仁宗世家一》，頁227。

⑥　《高麗史》卷九六《金仁存傳》，頁111。

⑦　《宋史》卷四八七《高麗傳》，頁14050—14051。

⑧　《高麗史》卷一六《仁宗世家二》，頁236。

天會十四年(1136)正月,正式"頒曆於高麗"①。並於皇統二年(1142)正月,
"詔加高麗國王王楷開府儀同三司、上柱國"②。高麗亦於是年七月,"始行
金皇統年號,命有司告於大廟及十二陵"③,正式成爲金朝的藩屬國。從金
富軾的人生經歷可以看出,金富軾所處的時代,正是高麗由向中原漢族政
權朝貢轉變爲向北方少數民族政權朝貢的時代,同時金富軾親身經歷高麗
與遼朝間制度化的封貢關係,和北宋間僅限於經濟文化的交往,以及新興
的金朝滅亡遼朝、北宋,高麗加入金朝構建的、以金朝爲核心的封貢體系中
的全過程,這對其修史及其"中國觀"不能没有影響。

此外,金富軾在使用"中國"一詞時包括北朝各政權的原因,還有北朝
各政權佔據中原,符合"中國"一詞指代中原,進而引申爲中原王朝的含義。

綜上可知,金富軾在編纂《三國史記》時,深刻地意識到北朝與高句麗、
百濟、新羅政權的政治互動,以及相互之間緊密的政治關係。同時由於金
富軾經歷了高麗由向中原漢族政權朝貢轉變爲向北方少數民族政權朝貢
的全過程。故金富軾在編纂《三國史記》時,深刻意識到北朝對朝鮮半島地
區的影響不容忽視,於是將以北魏爲代表的北朝,統稱進"中國"的範疇之
内。但是,金富軾的這種"中國觀"還是有局限性,金富軾只是將北朝放在
"中國"一詞中有相互遞嬗關係的各個政權的統稱的含義内,並没有直接稱
北朝爲"中國"。

三

綜上所述,《三國史記》中的"中國"觀念不僅反映出新羅、高句麗、百濟
人的"中國觀",同時也反映出金富軾的"中國觀"。《三國史記》中的"中國"
觀念在朝鮮半島歷史上具有承前啓後的作用。後世高麗人的"中國觀"同
樣也是以漢族建立的政權爲正統,稱爲"中國";將"中國"一詞視爲一個文
化概念;將"中國"一詞作爲一個地域概念使用,指稱中原地區,並引申爲整
個中原王朝控制區;用"中國"一詞指代中國歷史上某一政權或有相互遞嬗

---

①　《金史》卷四《熙宗本紀》,頁 71。

②　《金史》卷六〇《交聘表上》,頁 1401。

③　《高麗史》卷一七《仁宗世家三》,頁 256。

關係的各個政權①。金富軾取"中國"指代有相互遞嬗關係的各個政權的統稱的含義,將北朝稱作"中國"的觀念同樣被後世的高麗人所繼承,如高麗元宗八年(1267),"蒙古遣兵部侍郎黑的等,令招諭日本",高麗人李藏用上書黑的:"日本阻海萬里,雖或與中國相通,未嘗歲修職貢,故中國亦不以爲意。來則撫之,去則絕之,以爲得之無益於王化,弃之無損於皇威也"②。此處的中國就是指包括唐、宋、元在内的各政權。同時元朝以遼、宋、金三朝的繼承者自居,元人分别撰寫《遼史》、《宋史》和《金史》,"先是,諸儒論三國正統,久不决,至是,脱脱獨斷曰:'三國各與正統,各系其年號'"③。因此,高麗人在將"中國"一詞作爲統稱概念使用時,在包括宋、元的同時,亦包括有相互遞嬗關係的遼、金等。

　　同時,金富軾"中國觀"的局限性爲没有將少數民族建立的北朝直接稱爲"中國",僅包含在"中國"一詞的統稱含義内,然而後世的高麗人卻將元朝直接稱爲"中國"④。由此可知,高麗人是否以少數民族建立的政權爲"正統"、爲"中國",取决於雙方的政治關係層次。首先,金富軾在編纂《三國史記》時,根據高句麗與北朝在政治上的密切關係,將北朝包含進"中國"一詞的統稱範疇中。但此時高句麗一方面向北朝朝貢,同時也向南朝朝貢;接受北朝册封的同時,也接受南朝册封。百濟、新羅亦是如此⑤。故高句麗、新羅、百濟與北朝的政治關係,只是一種低層次的朝貢活動。因此無論是高句麗、新羅、百濟,還是金富軾,都没有直接稱北朝爲"中國"。其次,高麗與遼金的政治關係遠比和之前任何一個政權密切,應爲一種中層次的政治互動。雖然高麗前期以遼金爲夷狄,但後期奉遼金正朔,以遼金爲"正

---

①　陳俊達《試論高麗人的"中國觀"》,《通化師範學院學報》2014 年第 3 期,頁 42—47。

②　《高麗史》卷一〇二《李藏用傳》,頁 202。

③　(元)權衡《庚申外史箋證》卷上,中州古籍出版社,1991 年,頁 44。

④　陳俊達《試論高麗人的"中國觀"》,頁 45。

⑤　詳見程妮娜等《漢唐東北亞封貢體制》,中國社會科學出版社,2014 年,第四章第二節《高句麗與南北朝的封貢關係》,第六章第二節《百濟與南北朝的封貢關係》、第三節《新羅與十六國、南北朝的封貢關係》。

統”,雙方關係步入制度化封貢體系之內①。但是由於南方有漢族建立的宋朝,故高麗此時仍没有明確稱遼金爲“中國”,而是取“中國”一詞的文化含義,將宋朝稱爲中國,仍將遼金置於有相互遞嬗關係的各個政權的統稱中。最後,高麗與元朝的政治互動達到了最高層級。元朝不僅在高麗設置達魯花赤,一度設置征東行省,甚至高麗國王也成爲元朝皇帝的女婿②。同時元朝實現了大一統,境内没有與之對抗的漢族政權,故高麗明確將元朝稱爲“中國”。據此,從朝鮮半島這一“他者”的角度出發,我們可以看到,高麗人將蒙古族建立的元朝稱爲“中國”,同時將北魏、遼、金等北朝視作有相互遞嬗關係的各個中國政權,反映出中國自古就是一個多民族國家,歷史上的“中國”不僅包括中原地區的政權暨漢族建立的政權,同時包括有相互遞嬗關係的各個政權,不論這個政權是漢族建立的,亦或是少數民族建立的,皆爲歷史上的“中國”。

（作者單位:吉林大學文學院歷史系）

①　詳見楊軍《東亞封貢體系確立的時間——以遼金與高麗的關係爲中心》,頁117－124;王民信《高麗王朝對遼金元初興時的“拒”與“和”》《王民信高麗史研究論文集》,台大出版中心,2010年,頁63－77。陳俊達《高麗遣使遼朝研究》,吉林大學碩士學位論文,2016年;陳俊達《高麗使遼使者類型及其派遣考論》,頁79－86。

②　詳見宋炯《元代的征東行省》,《廣西社會科學》2002年第5期,頁207－209;朴延華、朱紅華《試論元麗兩國政治聯姻關係》,《延邊大學學報(社會科學版)》2004年第1期,頁99－103;程尼娜《元代朝鮮半島征東行省研究》,《社會科學戰綫》2006年第6期,頁157－162;薛磊《元代征東行省新論》,《内蒙古社會科學(漢文版)》2008年第3期,頁42－45;朴延華《元朝對高麗控制與干涉——達魯花赤和劄魯忽赤》,中國朝鮮史研究會、延邊大學朝鮮·韓國歷史研究所編《朝鮮·韓國歷史研究》第十輯,延邊大學出版社,2009年,頁93－109;烏雲高娃《元朝與高麗關係研究》,蘭州大學出版社,2012年等。

域外漢籍研究集刊　第十五輯
2017 年　頁 35—61

高麗朴寅亮的北宋使行與"小中華"意識 *

鄭墡謨

一　緒論

　　高麗前期的文人朴寅亮(？—1096)在出使北宋期間展現出傑出的詩文創作能力,成爲歷史上備受中國文人矚目的韓國文人。在韓國,朴寅亮也被歷代詩文評論家賦予極高的文學史地位。早在高麗李仁老的《破閑集》中,朴寅亮便與崔致遠被並舉爲名揚中國的韓國代表文人①。其後,崔滋在《補閑集》中介紹了朴寅亮出使北宋期間流傳的詩作,並特別強調宋人收編的朴寅亮詩集(即《小華集》)在當時尚流傳於世②。李齊賢在《櫟翁稗説》中則推舉認爲,朴寅亮的外交文書成功解決了高麗和遼朝之間的領土爭端③。可見,朴寅亮在高麗當代即受到了詩文評家的關注。這種評價奠

　　* 本文得到韓國教育部 2013 年度項目資助,是韓國學中央研究院(韓國學振興規劃辦:KSPS)"海外韓國學教科研重點基地"項目成果(AKS－2013－OLU－2250003)。

　　① 李仁老《破閑集》下,趙鍾業編:《修正增補韓國詩話叢編》,第 1 卷,首爾:太學社,1996 年版。李世黃在《破閑集跋文》中引李仁老言謂:"倚酣相語曰:'我本朝境接蓬瀛,自古號爲神仙之國。其鍾靈毓秀,間生五百,現美於中國者,崔學士孤雲唱之於前,朴參政寅亮和之於後。'"

　　② 崔滋《補閑集》卷上:"朴參政寅亮奉使入中國,所至皆留詩……宋人集其詩成編,今傳于世。"趙鍾業編:《修正增補韓國詩話叢編》,第 1 卷。

　　③ 李齊賢《櫟翁稗説》後集二:"遼人欲過鴨緑江爲界,朴寅亮參政修陳情表曰,……遼帝覽之,廢其議。"趙鍾業編:《修正增補韓國詩話叢編》,第 1 卷。

定了朴寅亮在韓國文學史上的地位。朝鮮時代編纂的《高麗史》所載《朴寅
亮列傳》即圍繞"朴寅亮的外交文書解決麗遼外交問題",以及"朴寅亮出使
北宋途中的詩作被宋人收刊爲《小華集》"兩則故事而展開。直至最近的韓
國文學史敘述中,也依然以朴寅亮的外交文書和《小華集》來衡定朴寅亮的
文學史地位。

　　遺憾的是,宋人刊行的《小華集》早已失傳,朴寅亮在使宋途中的詩作
及其他詩文著述也已散佚殆盡,傳世僅數篇作品。而有關朴寅亮北宋使行
的文獻記録也十分稀少,僅存的一些相關記録不僅内容簡略,還存在不少
謬誤。目前韓國文學史研究中,有關朴寅亮文學的論述因缺乏對相關文獻
資料的辨證,致使對朴寅亮的文學史地位的評定也流於片面①。

　　本文旨在通過收集、整理中韓兩國文獻資料中有關朴寅亮北宋使行的
資料,釐清朴寅亮北宋使行的時間與行程,從而綜合討論朴寅亮的詩文,重
新確定其文學史地位。具體而言,本文首先對有關朴寅亮北宋使行的中韓
兩國文獻進行比較分析和真僞辨別,考證出朴寅亮兩次出使北宋的事實;
其次,以此爲基礎,究明朴寅亮使行途中詩作的寫作時期和場所;最後,結
合朴寅亮在國内的活動和詩文作品,試論北宋使行與"小中華"意識的内在
聯繫。

二　朴寅亮北宋使行相關資料一考

　　有關朴寅亮使宋途中的詩作被宋人收集刊行的事實,見載於《高麗
史·朴寅亮列傳》及各種詩文論著。《朴寅亮列傳》的記載云:

　　　　寅亮……轉禮部侍郎,(文宗)三十四年,與户部尚書柳洪奉使如
　　　　宋。……有金覲者,亦在是行。宋人見寅亮及覲所著尺牘、表狀、題

---

　　①　目前韓國漢文學研究中尚未出現對朴寅亮及朴寅亮文學的綜合性的深入研
究。李慧淳所著《高麗前期漢文學史》(首爾:梨花女子大學出版部,2004)中有《歷史意
識:朴寅亮的哀册文和表文》(209—218頁)一節,介紹了朴寅亮的公文,並簡單論述了
其文學特徵。此外也有韓國古典小說研究者將《殊異傳》的作者考證爲朴寅亮的相關論
述。

詠,稱嘆不置,至刊二人詩文,號《小華集》。①

　　由引文可知,朴寅亮於文宗三十四年(1080)以禮部侍郎的身份擔任高麗使節的副使,與擔任正使的户部尚書柳洪出使北宋,此時金富軾(1075—1151)的父親金覲也在使行之列。宋人在讀到朴寅亮及金覲在使行途中的尺牘、表狀、題詠等詩文作品之後對其稱歎不已,甚至將這些作品收集刊行,此即《小華集》。柳洪和朴寅亮使節團出使北宋之事,也見於《高麗史·文宗世家》②和《高麗史節要》③,兩種文獻將此次使行往返高麗的時間均記載爲文宗三十四年三月和同年七月。

　　但是,考察北宋方面的文獻資料可以發現,北宋與高麗有關此次使節日程的記錄並不一致。其中,記錄北宋内外國事較爲詳細的《續資治通鑑長編》對此次使行的記載如下:

　　　　神宗元豐三年(1080)春正月己丑,高麗國謝恩兼進奉使柳洪、副使朴寅亮等百二十一人見於垂拱殿,賜物有差④。

　　如引文所述,柳洪與朴寅亮一行 121 人係元豐三年(高麗文宗三十四年,1080)春正月己丑(25 日)在北宋汴京(現河南省開封市)覲見北宋皇帝並得到賜物。同時,該書中也記載了朴寅亮一行在之前的元豐二年十一月已經在北宋的明州(現浙江省寧波市)登岸⑤。參照記錄更爲詳細的北宋文獻可知,《高麗史》和《高麗史節要》有關朴寅亮一行日程的記載有明顯的錯誤。當時高麗使節團的北宋使行日程短則六個月,長則耗時一年。而且,因爲是航海而行,考慮到風向和潮流問題,大部分高麗使節的日程是秋天從高麗啓程。他們先到達明州,之後換乘宋朝提供的船只,沿浙東運河

────────────

　　① 《高麗史》卷九五《朴寅亮列傳》,首爾:亞細亞文化社,1990 年版。

　　② 《高麗史》卷九《文宗世家》:"文宗三十四年三月,遺户部尚書柳洪,禮部侍郎朴寅亮,如宋謝賜藥材,仍獻方物。……秋七月癸亥,柳洪等還自宋,帝附勅八道。"

　　③ 《高麗史節要》卷五《文宗仁孝大王》:"庚申三十四年(1080)三月,遺户部尚書柳洪,禮部侍郎朴寅亮,如宋謝賜藥材,仍獻方物。……秋七月,柳洪等還自宋,帝勅賜王衣服,錦綺,銀器。"首爾:亞細亞文化社,1972 年版。

　　④ 《續資治通鑑長編》卷三〇二,北京:中華書局點校本,1990 年版。

　　⑤ 《續資治通鑑長編》卷三〇一:"神宗元豐二年(1079),十一月辛卯(27),明州言,高麗貢使乞市坐船,詔以靈飛順濟神舟借之。又言,明州象山縣尉張中,嘗以詩遺高麗貢使,詔中衝替。"

與京杭運河前往首都汴京。大概在一、兩個月後，於當年冬天到達汴京，次年年初參加完新年賀禮，滯留一、兩個月後於春天離開。使節團一行歸國時也同樣經由杭州到明州，夏天從明州返回高麗。依據北宋方面的史料記載，高麗原先計劃於元豐二年(1079)九月派遣朴寅亮一行出使北宋①，但因途中遭遇風浪，使日程延遲了一个多月，十一月辛卯(27 日)才到明州。

綜合北宋方面的文獻記錄，可以推算出朴寅亮一行雖然於文宗三十三年(1079)秋天從高麗出發，但因在航海途中遭遇風浪而延遲至十一月才到達明州。次年正月到達汴京，正月己丑(25 日)覲見神宗並得到賜物。在歸國途中四、五月間經杭州時，曾上岸購買書籍②，之後從明州離岸，七月返回高麗。

但在《高麗史節要》的"肅宗元年(1096)"條記錄朴寅亮的逝世時，提及其北宋使行云：

> 丙子元年(1096)九月，右僕射參知政事朴寅亮卒。寅亮文詞雅麗，宋熙寧中，與金覲使宋，所著尺牘、表狀及題咏，宋人稱之，至刊二公詩文，號《小華集》。③

引文中所述宋朝人收集朴寅亮和金覲的詩文編成《小華集》的記載，係轉載前文所述《朴寅亮列傳》的記錄。值得注意的是，此處記錄的朴寅亮北宋使行的時間爲"熙寧年間(1068—1077 年)"。前文已提到，朴寅亮與金覲同行的北宋使行是於元豐二年(1079)出發，次年回國，係元豐年間(1077—1085)之事。因此，《高麗史節要》所記載的"宋熙寧中"明顯是"宋元豐中"的誤記④。而後代編纂的《東國通鑑》和其他文人的文集以及各種詩話集均蹈襲了這一錯誤。因此，對照中韓兩國的文獻資料可以發現，《朴寅亮列傳》等有關朴寅亮北宋使行的韓國文獻記錄存在諸多謬誤，在運用時需要

---

① 《續資治通鑑長編》卷二九八："神宗元豐二年(1079)，六月乙卯(18)，上批，高麗恐今歲九月間，遣使入貢，可豫選引伴官二員，令於明州少待其至。"

② 《續資治通鑑長編》卷三〇三："元豐三年(1080)，夏四月戊戌，詔杭州，禁民毋以言涉邊機文字鬻高麗人。"

③ 《高麗史節要》卷六《肅宗明孝大王》。

④ 《高麗史節要》"文宗三十三年(1080)3 月"條，已記錄了朴寅亮和金覲的北宋使行，同書在此處又稱同一次使行爲"宋熙寧中"之事，可見是明顯的錯誤。

細心甄別。那麼,有關朴寅亮使行的韓方史料記載爲何出現如此明顯的謬誤呢? 爲解決這一疑問,下文將對散見於中韓兩國文獻中有關朴寅亮北宋使行的資料進行收集整理,並作更爲縝密的考察。

三　第一次書狀官之任與北宋文壇的反響

如前所述,朴寅亮以副使之任出使北宋始於文宗三十三年(1079)秋天,次年七月回到高麗。此次出使金覲也在使節行列,宋人收集朴、金二人的詩文,刊行爲《小華集》。

值得注意的是,崔瀣(1287—1340)在《送鄭仲浮書狀官序》一文中提到朴寅亮的北宋使行時,卻稱他是以書狀官之任出使北宋,原文如下:

> 三韓古與中國通,文軌未嘗不同。……使始至中國,遣朝官接之境上,所經州府,輒以天子之命致禮餼。……而隨事皆以表若狀稱陪臣伸謝,而其私覿宰執,又多啓札往復。故書記之任,非通才號難能。中古國相若朴寅亮、金富軾輩,皆嘗經此任,而爲中國所稱道者。①

此文是崔瀣送別以書狀官出使元朝的鄭仲浮時所作,崔瀣在文中强調書狀官一職的重要性,時稱"書記之任,非通才號難能",並指出曾官至宰相的朴寅亮和金富軾皆曾以書狀官出使過中國,且獲得了中國人的稱道。由此可以推斷,朴寅亮以副使的身份出使北宋之前,應還以書狀官的身份出使過北宋。類似的記載也見於金宗直(1431—1492)的《送鄭監察錫堅赴燕京序》一文:

> 朝聘之使,必有書狀,書狀即古書記之任也。苟非博洽通敏之材,蓋難能焉,……是皆出於書記之手。當人材全盛之時,號能辦此者,朴參政寅亮、金文烈富軾數人外無聞焉。②

綜合崔瀣和金宗直的記載可知,朴寅亮和金富軾都曾以書狀官的身份出使北宋,且都出色地完成了任務。但是,朴寅亮以書狀官之任出使北宋

----

① 《拙藁千百》卷二,《高麗名賢集》所收,首爾:成均館大大東文化研究院,1980年版。

② 《佔畢齋集》卷一,《韓國文集叢刊》第 12 冊,首爾:民族文化推進會影印本,1999 年版。

的事實,並未見載於《高麗史》和《高麗史節要》。而《高麗史》中雖記載了金
富軾於仁宗四年(1126)以正使之任出使北宋之事①,卻並未見其以書狀官
之任出使北宋的相關記録。那麽,崔瀣和金宗直是將朴寅亮於文宗三十三
年(1079)年以副使之任出使北宋的事跡誤記爲以書狀官出使了嗎?

關於這一點,可以參照金富軾《三國史記》中《雜志·色服》條:

> 我太祖受命,凡國家法度,多因羅舊,則至今朝廷士女之衣裳,蓋
> 亦春秋請來之遺制歟。臣三奉使上國,一行衣冠與宋人無異。嘗入朝
> 尚早,立紫宸殿門,一閤門員來問:"何者是高麗人使?"應曰:"我是。"
> 則笑而去。又宋使臣劉逵、吳拭來聘,在館宴次,見鄉粧倡女,召來上
> 階,指闊袖衣、色絲帶、大裙,嘆曰:"此皆三代之服,不擬尚行於此。"知
> 今之婦人禮服,蓋亦唐之舊歟。②

金富軾在論述本國衣冠服飾制度時,言及自己出使宋朝,因與宋人衣
冠無異而導致宋人未認出其爲高麗使臣的經歷,行文中,金富軾自稱"三奉
使上國"。據此可以推測,金富軾在以正使之任出使北宋之外,另有兩次出
使中國的經歷,且其中有一次是以書狀官之任出使。這一事實可在《三國
史記·新羅本紀》的論贊部分找到綫索。

> ……政和中,我朝遣尚書李資諒入宋朝貢,臣富軾以文翰之任
> 輔行。③

引文中,金富軾提到了自己曾於政和年間(1111—1117)作爲李資諒的
書狀官出使北宋的經歷。參考《高麗史》可知,睿宗十一年(1116)七月,高
麗曾派遣尚書李資諒等出使北宋,以答謝北宋徽宗賜大晟樂之舉④。現存
李資諒在使宋期間參加御宴時所作的應製詩⑤,以及金富軾在使行中所作

---

① 《高麗史》卷一五《仁宗世家》:"仁宗四年(1126),九月乙丑,遣樞密院副使金富
軾、刑部侍郎李周衍如宋,賀登極。"
② 《三國史記》卷三三《雜志·色服》,東京:學習院大學東洋文化研究所刊,1986 年版。
③ 《三國史記》卷一二《新羅本紀》。
④ 《高麗史》卷一四《睿宗世家》:"睿宗十一年(1116),秋七月己酉,遣李資諒、李
永如宋,謝賜大晟樂。"
⑤ 《東文選》卷一二《大宋睿謀殿御宴應製》,首爾:民族文化推進會影印本,1999
年版。

的數篇表文,亦爲記載此次使行的文獻資料①。由此可知,崔瀣和金宗直有關金富軾以書狀官之任出使北宋的記錄是有史實根據的。由此不難推測,朴寅亮以書狀官出使北宋的記錄也是有事實根據的。

另外,現存朴寅亮幼子朴景山(1081—1158)②的墓誌銘中,亦載有追述其先祖功業的内容,其中提到朴寅亮奉使北宋的事跡云:

> 公諱景山,曾王父太子太傅諱琼,王父太子太師忠厚,皇考參知政事文烈公寅亮。……公之祖曾,皆以文章名世。至文烈公,再奉使于中國,華人聳動,每一篇出,刻鏤盛傳。至今大宋篇集中,往往有文烈公所撰,一何偉哉。③

引文中所謂朴寅亮"再奉使于中國",確證了朴寅亮曾兩次出使北宋的事實。由此可推斷,崔瀣和金宗直文中有關朴寅亮以書狀官之任出使北宋的記載,正是指朴寅亮的另一次北宋使行。也就是説,朴寅亮在文宗三十三年(1079)出使北宋之外,還曾以書狀官之任出使過北宋。那麼,此次使行是在何時進行的呢?

關於朴寅亮的第一次北宋使行,北宋王闢之(1031—?)的《澠水燕談録》④有較爲詳細的記載,其文謂:⑤

> 高麗,海外諸夷中最好儒學,祖宗以來,數有賓貢進士登第者。自天聖後,數十年不通中國。熙寧四年,始復遣使修貢。因泉州黄慎者

---

① 見《東人之文四六》(《高麗名賢集》所收,首爾:成均館大大東文化研究院,1980年版)和《東文選》中所載金富軾的《謝宣示御製詩仍令和進表》等各種表箋共15篇。

② 《高麗史》卷九五《朴寅亮列傳》:"朴寅亮,字代天,竹州人,或云平州人……子景仁,景伯,景山。"

③ 許興植:《韓國金石全文》中世・上,《高麗國金紫光禄大夫判衛尉事御書檢討官朴公墓誌銘并序》,首爾:亞細亞出版社,1984年版。

④ 《澠水燕談録》爲記載紹聖二年(1095)之前北宋政治事件的筆記。因其記録的是作者王闢之親身見聞的當代歷史事實,故具有較高的史料價值。此書中對朴寅亮熙寧年間和元豐年間的兩次使行分別均有介紹。

⑤ 王闢之《澠水燕談録》中所記載的有關金悌和朴寅亮的事跡亦見載於南宋江少虞的《事實類苑》卷四二《文章四六・高麗使先狀》和祝穆的《方輿勝覽》卷四五《通州・大海》,其記録皆本自《澠水燕談録》。

爲向導,將由四明登岸。比至,爲海風飄至通州海門縣新港。先以狀致通州太守云:"望斗極以乘槎,初離下國。指桃源而迷路,誤到仙鄉。"詞甚切當。使臣御事民官侍郎金第[悌]與同行朴寅亮詩尤精,如《泗州龜山寺》詩云"門前客棹洪濤急,竹下僧棋白日閑"等句,中土人亦稱之。寅亮爲其國詞臣,以罪廢久之,復與金第[悌]使中國。①

由引文可知,熙寧四年(高麗文宗二十五年,1071),民官侍郎金悌和朴寅亮一行使節團在泉州人黃慎的向導下出使北宋,原計劃由四明(即明州)登岸,不想在航行中遭遇海風,被漂流至通州海門縣新港(現江蘇省海門市),遂向通州太守致書狀以説明情況。王闢之在此處引用其書狀原文,稱讚其文辭極爲切當,並指出使行中的朴寅亮尤其精擅詩文,其《泗州龜山寺》詩中的聯句還受到了中國士人的稱讚。

《澠水燕談錄》中的記載可通過對照中韓兩國的歷史文獻找到史實根據。首先,《高麗史·文宗世家》載,文宗二十二年(熙寧元年,1068),宋朝發運使羅拯曾派遣黃慎前往高麗傳達宋神宗欲與高麗恢復國交的意向②。而且《高麗史》載文宗二十五年(1071),高麗應其要求,向北宋派出了由民官侍郎金悌帶領的使節團③。又據《續資治通鑑長編》載,金悌一行於文宗二十五年三月庚寅從高麗出發,同年五月丙午在通州海門縣上岸④,八月癸丑朔抵達開封⑤。由此可以推斷,《澠水燕談錄》中有關朴寅亮跟隨金悌

---

①　《澠水燕談錄》卷九,北京:中華書局,1981 年版。

②　《高麗史》卷八《文宗世家》:"文宗二十二年,秋七月辛巳,宋人黃慎來見言:'皇帝召江淮兩浙荆湖南北路都大制置發運使羅拯曰:"高麗古稱君子之國,自祖宗之世,輸款甚勤,後阻絕久矣。今聞其國主,賢王也,可遣人諭之。"於是拯奏遣慎等來傳天子之意。'王悦館待優厚。……文宗二十四年八月,宋湖南荆湖兩浙發運使羅拯,復遣黃慎來。"

③　《高麗史》卷八《文宗世家》:"文宗二十五年,三月庚寅,遣民官侍郎金悌,奉表禮物如宋。"

④　《續資治通鑑長編》卷二二三:"熙寧四年,五月丙午(22),通州言,高麗使民官侍郎金悌等入貢,至海門縣。詔集賢校理陸經假知制誥館伴,左藏庫副使張誠一副之。"

⑤　《續資治通鑑長編》卷二二六:"熙寧四年,八月癸丑朔,御文德殿視朝,高麗使民官侍郎金悌至自通州。"

一同出使北宋的記載也應是可信的①。

綜上所述,朴寅亮以書狀官之任出使北宋的第一次北宋使行,即是高麗文宗二十五年(1071)由金悌帶領的高麗使節團。此次使行於同年三月從高麗出發,五月由通州登陸,八月到達開封。在使行途中,朴寅亮充分發揮了自身的詩文創作能力。王闢之在《澠水燕談録》中所舉的《泗州龜山寺》固然是朴寅亮使行途中的詩作之一,此外,麗使在通州上呈通州太守的書狀也應出自朴寅亮之手。

金悌一行高麗使節團的詩文創作能力在當時的北宋似乎引起了不小的反響。《澠水燕談録》中所介紹的高麗使節的書狀以及金悌、朴寅亮的詩文在當時引起北宋士人矚目的事實已如前所述,與此同時,《高麗史》在記録北宋神宗下達給金悌一行的敕詔時附記道:"帝以本國尚文,每賜書詔,必選詞臣著撰,而擇其善者。"②由此可見,神宗皇帝也認識到了高麗使臣的詩文創作能力,從而對高麗的文化水準刮目相看,爲了維持宗主國的體面,神宗對下達給高麗使節的詔書起草也變得格外留心③。這一事實也可從北宋方面的文獻記録得到佐證。

　　　　熙寧四年十月癸亥,知制誥王益柔,罷兼直學士院,以草高麗國答

---

① 李睟光在《芝峯類說》卷八《文章部一・東文》,首爾:乙酉文化社,1994年版,中引《澠水燕談録》謂:"高麗使臣金第、朴寅亮將由四明登岸,爲海風飄至通州,謝太守曰'望斗極以乘槎,初離下國';指桃源而迷路,誤到仙鄉。'又龜山寺詩曰'門前客棹洪濤急,竹下僧棊白日閑'等句,中土人亦稱之云。金第,東史作金覲。"雖然《澠水燕談録》原文中明確記載了朴寅亮和金悌出使北宋是在"熙寧四年",但因李睟光並未意識到朴寅亮曾與金悌出使過北宋的史實,因此將《澠水燕談録》中提到的使行誤認爲元豐年間朴寅亮與柳洪、金覲共同出使的北宋使行,誤以爲《澠水燕談録》中的"金第"是"金覲"的別稱。

② 《高麗史》卷九《文宗世家》:"文宗二十六年(1072),六月甲戌,金悌還自宋。帝附勑五道。……帝以本國尚文,每賜書詔,必選詞臣著撰,而擇其善者。所遣使者,其書狀官必召赴中書,試以文,乃遣之。"

③ 《宋史》卷四八七《外國列傳三・高麗・文王徽》載:"九年,復遣崔思訓來……。帝以其國尚文,每賜書詔,必選詞臣著撰,而擇其善者。"文淵閣《四庫全書》本。將此内容記載爲熙寧九年(1076)崔思訓使節團時的事跡。《青莊館全書》卷二二《宋史筌・高麗列傳》又將此記録改爲熙寧六年(1074)的事跡。

詔非工也。知制誥曾布,兼直學士院①。

引文中所謂的熙寧四年(1071)十月,適值朴寅亮一行使節團到達開封後的第三個月,此間宋朝與高麗使節團之間應有過不少的文書往來,此時負責外交文書的翰林院直學王益柔因起草高麗答詔不工而被免職,這正與《高麗史》的記録互相呼應。綜合中韓兩國的史料可知,在以書狀官之任出使北宋期間,朴寅亮以其出色的文學水平引起了包括神宗在内的北宋士人的關注,在北宋知識界引起了一定的反響。

綜上所述,高麗文宗二十五年(1071),朴寅亮以書狀官之任第一次出使北宋,此次即爲宋麗斷交四十餘年之後,高麗向北宋派出的首次使節。朴寅亮在此行中被賦予書狀官之重任,這本身説明朴寅亮的文學能力已在高麗獲得了相當的認可。朴寅亮出使北宋期間,也以自身出色的詩文造詣引起了北宋知識界的矚目,這使北宋神宗不得不對下達高麗的詔書另眼相待。可以説,朴寅亮在首次北宋使行之中,以自身的文學才能促使中國文人對高麗的認識發生了轉變,不僅如此,朴寅亮的使行活動對此後宋麗間的文化交流也産生了極爲深遠的影響。

歷來的韓國文學史在衡定朴寅亮的文學史地位時,只關注高麗文宗三十三年(1079)朴寅亮以副使之任使北宋時被宋人收刊爲《小華集》的事實,然而,通過本文的考論可知,朴寅亮早在文宗二十五年(1071)以書狀官之任第一次出使北宋之時,就已憑藉自身出色的文學造詣而爲北宋文壇所知。不難推斷,朴寅亮第二次奉使北宋時,宋人收刊《小華集》即是因爲早在朴寅亮首次出使北宋時就已見識到了他的才華。因此,可以説朴寅亮第二次使行時宋人所收刊的《小華集》,是他在首次北宋使行中獲得的影響力所促成的結果。

前文已釐清了朴寅亮在高麗文宗二十五年(1071)以書狀官之任,文宗三十三年(1079)以副使之任兩次出使北宋的事實。那麽,現存朴寅亮的詩文究竟爲哪次使行時所作呢?下一節將分別探討其兩次北宋使行時的詩文作品。

---

① 《續資治通鑑長編》卷二二七。

四　使行途中的詩文作品

1.第一次使行之詩文
1)《使宋過泗州龜山寺》

朴寅亮在首次使宋途中應創作了不少題詠詩,可惜由於大部分相關資料早已失傳,現在只能從零散的記錄中窺得其使行期間詩歌創作的隻鱗片甲。首先,根據前述王闢之《澠水燕談錄》的記載與相關考論可以確定,曾受北宋士人稱頌的《泗州龜山寺》即爲朴寅亮首次北宋使行期間的作品。此詩載於《三韓詩龜鑑》和《東文選》,題爲《使宋過泗州龜山寺》①,全詩如下:

> 巉巖怪石疊成山,上有蓮坊水四環。塔影倒江翻浪底,磬聲搖月落雲間。門前客棹洪濤疾②,竹下僧棋白日閑。一奉皇華堪惜別,更留詩句約重攀。

《澠水燕談錄》中所稱引的詩句係此詩的頸聯。從詩歌尾聯"一奉皇華堪惜別,更留詩句約重攀"中的惜別語氣可以推斷,此詩應是朴寅亮在第一次北宋使行的歸途中所作。那麼,此詩的創作背景是怎樣的呢?

除了這首詩之外,目前尚未找到有關朴寅亮在首次北宋使行途中造訪泗州龜山寺的其他文獻記錄,僅可根據《高麗史》對朴寅亮一行歸國情況的記載推測其行程之大概。

> 文宗二十六年(1072),六月甲戌,金悌還自宋,帝附勅五道。……。其五曰:"省人使金悌奏:'於普炤[照]王寺等處納附銀,設齋祝聖壽事。'箕子啓封,肇於遼左,僧伽演教,迪在泗濱。會使指之來斯,致齋修而勤甚,載披善祝,益炤端誠。"③

———————

①　崔滋在《補閑集》卷上收錄此詩時介紹謂"朴參政寅亮奉使入中國,所至皆留詩。金山寺詩云……",將其題目介紹爲《金山寺》,但是,崔瀣批點、趙云仡精選的《三韓詩龜鑑》卷中中,此詩詩題作《使宋過泗州龜山寺》,徐居正在《東文選》卷一二中收錄此詩題亦作《使宋過泗州龜山寺》。

②　《補閑集》卷上"濤疾"作"波急"。

③　《高麗史》卷九《文宗世家》。

　　上文出自高麗使節在使行期間收到的北宋神宗的敕詔,係神宗爲慰勞
金悌一行在普照王寺等處爲自己設齋祝壽而下達。通過這一記録可知,金
悌使節團在歸國途中曾滯留普照王寺爲宋神宗設齋祝壽。

　　這一情況也發生在次年,即文宗二十七年(1073)高麗金良鑑使節團出
使北宋之時,與此相關的北宋敕詔云:

　　　　勅權知高麗國王事王徽人使金良鑑等至,省所申奏;"於大相國
　　寺、興國寺、啓聖寺、泗州普炤[照]王寺、抗[杭]州天竺寺、閏[潤]州金
　　山寺等,設齋祝聖事。"具悉……①

　　該詔令提到,金良鑑一行在開封的大相國寺、興國寺、啓聖寺及泗州普
照王寺、杭州天竺寺、潤州金山寺等各地的寺廟中爲北宋神宗舉行了祝聖
齋。可見高麗使節團在歸國途中,爲舉行祝壽齋或祝聖齋而造訪了首都汴
京(開封)及運河沿途的寺廟,且使節團每次造訪的地區和寺廟似乎都在同
一路線。高麗睿宗十一年(1116)出使北宋的王字之使節團在使行途中爲
設齋祝壽而停留的寺廟路線,和金良鑑一行的路程幾乎一致②,也佐證了
這一事實。

　　因此,朴寅亮一行在文宗二十六年(1072)春夏之間歸國途中,爲舉行
北宋神宗的祝聖齋而經過的寺廟,應與金良鑑等的路線無差。據此可知,
朴寅亮一行使節團爲神宗舉行祝壽齋的"普照王寺"即應指泗州(現江蘇省
淮安市)境內的普照王寺,而朴寅亮《使宋過泗州龜山寺》一詩也應是使節
團爲舉行祝聖齋而經停泗州龜山寺時所作。

　　2)《金山》

　　除了上文介紹的《使宋過泗州龜山寺》以外,北宋陳輔在《陳輔之詩

---

　　①　《宋大詔令集》卷二三七《政事九〇·四裔·高麗》,《賜設齋祝聖回書》,文淵閣
《四庫全書》本。

　　②　《高麗史》卷一四《睿宗世家》:"六月乙丑,王字之、文公美齋詔還自宋。王受詔
于乾德殿。詔曰,……又獎諭設齋詔曰,"使人王字之等至,省所奏於大相國寺、楊州天
寧萬壽觀、抗州天竺寺、閏州金山寺、泗州普炤(照)王寺設齋祝壽事,具悉。使航遄暨,
禮意有加。袛載真乘,用伸報禮。有嚴佛事,虔祝壽祺。緬想遐心,良深注意。"

話》①"三韓使人金山詩"條中介紹的《金山》也是朴寅亮第一次使行期間的詩作。

> 熙寧中，三韓使人朴寅亮作金山詩。其敘（舊）云，前後詩人，不見山之爲金。云"萬疊抱岑天倚杵，一竿斜日水浮金。"②

此處所提到的金山位於北宋潤州（現江蘇省鎮江市），前文所言高麗使節團舉行過祝聖齋的廟宇之一金山寺即坐落於此山之上。據此可以推測，朴寅亮一行在歸途中也曾在潤州金山寺舉行過祝聖齋，朴寅亮的《金山》應係此時途經金山時所作。從《陳輔之詩話》中所說的"熙寧中"可以知道，這則故事發生在朴寅亮第一次使行期間。朴寅亮爲此詩附小序稱，之前描寫金山的"前後詩人，不見山之爲金"，意指其所過目的有關金山的詩作均没能凸顯金山之"金"③。因此，朴寅亮在詩中特意創作了"萬疊抱岑天倚杵，一竿斜日水浮金"一聯來描繪金山日落時山色變金的景色，這一構思得到了陳輔的稱許，因而將其載入了《陳輔之詩話》。

令人惋惜的是，《金山》詩的全詩已經失傳，且有關這首詩的記載也只見於中國文獻，導致目前韓國的文學史研究中尚未提及此詩。雖然僅有一聯詩和簡略的小序流傳，但《金山》詩是記錄朴寅亮使宋旅程，展示其傑出詩文造詣的珍貴資料，具有極高的史料價值和文學史意義。

　　3)《西上雜詠》

高麗使節團在北宋使行途中創作詩文的契機和場所不盡相同。這一事實在南宋晁公武《郡齋讀書志》著錄的"《高麗詩》三卷"條中得到證明。這條提到了朴寅亮第一次使宋期間所編的《西上雜詠》：

---

　　①　《陳輔之詩話》的作者陳輔（字，輔之）是王安石（1021—1086）的門人，爲神宗—哲宗時人。

　　②　《宋詩話全編》第一册所收《陳輔之詩話》8 條，南京：江蘇古籍出版社，1998 年版，333 頁；同一内容也見載於南宋曾慥（？—1155）的《類説》卷五七《三韓使人金山詩》和盧憲的《嘉定鎮江志》卷二一《雜録·文事》。

　　③　南宋曾慥的《類説》卷四六，文淵閣《四庫全書》本，"金山寺詩"條中列舉描寫金山寺的優秀詩作云："潤州金山寺，張祜詩云'寺（樹）影中流見，鐘聲兩岸聞'，羅隱詩云'老僧齋罷閉門睡，不管波濤四面生'，孫山詩云'結宇孤峯上，安禪巨浪間'。"三首詩都作於北宋之前，朴寅亮應讀過這些詩。

　　右元豐中，高麗遣崔思齊、李子威、高琥、康壽平、李穗入貢，上元宴之於東闕下。神宗製詩，賜館伴畢仲行，仲行與五人者及兩府皆和進。其後使人金梯[悌]、朴寅亮、裴某、李絳孫、盧柳、金花珍等塗中酬唱七十餘篇，自編之爲《西上雜詠》，絳孫爲之序。①

　　引文謂"《高麗詩》三卷"是結集了宋神宗的御製詩，高麗使臣、北宋館伴畢仲衍(1040—1082)和北宋兩府大臣的和答詩，以及高麗使節團在使行途中互相酬唱的七十餘篇詩作的詩集。對照《高麗史》可知，元豐年間(1077—1085)和答過神宗御製詩的崔思齊、李子威等使節團是由高麗文宗三十五年(元豐四年，1081)四月從高麗出發②。因此，崔思齊一行使節團員在北宋皇宮的上元夜宴中和答神宗的御製詩應是次年，即文宗三十六年(1082)之事。《宋史·畢仲衍列傳》記載此事云：

　　　高麗使入貢，詔館之。上元夕，與使者宴東闕下，作詩誦聖德，神宗次韻賜焉，當時以爲寵。③

　　由引文可知，崔思齊一行使宋期間，畢仲衍奉旨擔當了接待麗使的任務，在陪同麗使出席上元夜宴時作詩稱頌聖德，並得到了神宗次韻的榮寵。其後，畢仲衍之弟畢仲游(1047—1121)在代其兄所作的《代仲兄舍人撰賜詩記》一文和爲其所撰的行狀中也詳細記述了此事④。因《高麗詩》早已失傳，現在無從把握此次上元夜宴和答詩作的原貌，僅有當時在座的蘇頌

---

　　①　孫猛《郡齋讀書志校證》卷二十《高麗詩》，上海：上海古籍出版社，1990 年版，1075 頁。類似記載也見於《文獻通考》卷二四八《經籍考》，係轉載自《郡齋讀書志》。

　　②　《高麗史》卷九《世家文宗》："文宗三十五年(1081)，夏四月庚辰，遣禮部尚書崔思齊、吏部侍郎李子威，如宋獻方物，兼謝賜醫藥。"

　　③　《宋史》卷二八一《畢士安·曾孫仲衍列傳》。

　　④　《西臺集》卷六《代仲兄舍人撰賜詩記》："元豐四年(1081)五月，高麗國王微上言："臣蒙陛下休德，世爲東方之臣，僻在海外，未嘗覩中國禮儀之盛。願朝京師伏大廷，望天子之威顏，而屬有犬馬之病，不能勝衣。謹遣陪臣禮部尚書子威，吏部侍郎思齊，朝貢方物。"而臣仲衍實預典客。越明年上元，以故事張燈于宣德門，上親臨觀焉，因賜子威等燕于東闕下。……"；《西臺集》卷一六《起居郎畢公夷仲行狀》："高麗入貢，上自選君館伴高麗使人。上元觀燈，君與使人宴東闕下，因作詩道盛德。上見，俯同君韻，和而賜焉。諸公畢和，當時而爲寵。"文淵閣《四庫全書》本。

(1020—1101)的和答詩尚載於其文集①，此詩應曾收録於《高麗詩》之中。

　　除了上述神宗的御製詩及北宋大臣和高麗使行員的和答詩，《高麗詩》還收録了金悌、朴寅亮使節團在使行途中的酬唱詩，此處所提到的金悌、朴寅亮使行正是指熙寧四年（1071）朴寅亮所參與的第一次北宋使行②。通過晁公武的記載也可確定當時參與此次使行的文人還有裴某、李繹孫、盧柳、金花珍等人。他們在奉使北宋的途中互相酬唱的詩歌被收編爲《西上雜詠》一書，並由李繹孫爲之作序。

　　值得留意的是，晁公武在《郡齋讀書志》中介紹《高麗詩》時，先介紹了元豐四年（1081）的崔思濟使行的詩歌，"其後"介紹了熙寧四年（1071）的金悌、朴寅亮使行的詩歌，前者比後者晚十年而作。而且，即便是與元豐二年（1079）朴寅亮的第二次北宋使行相比，前者也晚了整整兩年。可見晁公武所謂的"其後"並非指兩次使行的時間順序，而是指《高麗詩》中所録詩歌的排版順序。考慮到古代詩集不論創作時間的先後而優先安置皇帝詩文的慣例，可以推知《高麗詩》一書中首先收録了神宗皇帝次韻畢仲衍的詩，其後收録了北宋臣僚和高麗使臣的和詩，最後收録了《西上雜詠》。該集共收録詩歌七十餘篇，在《高麗詩》三卷中，估計其分量應在兩卷左右③，而上元夜宴時的唱和詩應只占一卷，共收録詩歌 30—40 篇。

　　清代的厲鶚在其《宋詩紀事》中介紹朴寅亮的詩歌及逸話時，即引用了《郡齋讀書志》"高麗詩三卷"條中有關《西上雜詠》的内容，卻將金悌和朴寅亮一行的北宋使行記載爲"元豐中"之事④，此應是誤將"高麗詩三卷"條中

_____

　　①　《蘇魏公文集》卷一《恭和御製上元觀燈，元豐五年正月，畢仲衍押伴高麗，賜宴樓下賜詩》："寶杯蓮燭艷宮臺，萬户千門五夜開。樓下舞韶清吹發，雲間鳴蹕翠華來。九賓宴集占風使，四近班陛構夏材。自愧周南獨留滯，十三年隔侍臣杯。"文淵閣《四庫全書》本。

　　②　李慧淳：《高麗前期漢文學史》，首爾：梨花女子大學出版部，2004，159 頁，182 頁提到朴寅亮和答畢仲衍的内容，但這是翻譯介紹池浚模的《高麗漢文學史（上）》，《語文學》第 38 輯，1979 年的内容（102 頁）而產生的謬誤。

　　③　當時出版的北宋文人的詩集，雖然篇幅長短有所不同，但詩集中每卷收録的詩歌數量約爲 30—40 篇。

　　④　《宋詩紀事》卷九五："朴寅亮，元豐中高麗使臣，與金第、李繹孫、盧柳、金化珍等，途中唱和七十餘篇，自編爲《西上雜詠》，繹孫爲序。"文淵閣《四庫全書》本。

的"其後"認爲時間順序所造成的謬誤①，而朝鮮後期編纂的不少文獻資料在參考清代文獻時也蹈襲了這一錯誤，成爲導致朴寅亮的兩次使行歷來被混爲一談的因素之一。

綜上所述，朴寅亮在高麗文宗二十五年(1071)首次奉使北宋的途中與使行成員互相酬唱的七十餘篇詩作被收編爲《西上雜詠》一書，此書由李縡孫作序，後被收錄於《高麗詩》一集中。《西上雜詠》是韓國使行文學史，乃至韓國文學史上具有重要意義的詩集。但遺憾的是，《西上雜詠》早已失傳，現在只能通過中國文獻中零星的記錄考得其書之概貌。

2.第二次使行之詩文

1)與張中的詩文唱和

有關朴寅亮在第二次北宋使行中詩文創作的記載首先可舉王闢之的《澠水燕談録》卷九。

> 元豐中，高麗使朴寅亮至明州，象山尉張中以詩送之。寅亮答詩序有"花面艷吹，愧隣婦青唇之斂。桑間陋曲，續郢人白雪之音"之語。有司劾中小官不當外交夷使奏上，神宗顧左右，"青唇"何事，皆不能對，乃以問趙元老[考]。元老[考]奏："不經之語，不敢以聞"。神宗再諭之，元老[考]誦《太平廣記》云："有覘隣夫見婦吹火，贈詩云：'吹火朱唇動，添薪玉腕斜。遥看烟裏面，恰似霧中花。'其妻告夫曰：'君豈不能學也?'夫曰：'君當吹火，吾亦効之。'夫乃爲詩云：'吹火青唇動，添薪墨腕斜。遥看烟裏面，恰似鳩槃茶。'"元老[考]之强記如此，雖怪僻小説，無不該覽。

引文提及了朴寅亮一行使節團在到達明州地界時，隸屬明州的象山縣縣尉張中與朴寅亮進行詩文唱和的逸話。通過本文第二節的考述可知，朴寅亮在第二次北宋使行中抵達明州是在文宗三十三年(1079)的十一月。象山縣尉張中應係在此時以詩贈朴寅亮，并得到了朴寅亮的和答詩，此事觸犯了北宋"中小官不當外交夷使"的律令，張中因此遭到了言官的彈劾。

---

①　晁公武《郡齋讀書志》"《高麗詩》三卷"的説明中以"元豐中，高麗遣崔思齊……"開頭介紹了元豐年間崔思齊一行使節團有關的事跡，接著謂"其後，使人金梯(悌)……"，介紹了其後金悌一行使節團的相關事跡，厲鶚將"其後"誤認爲時間順序。

　　這一事件也見載於北宋的《續資治通鑑長編》①，可見《澠水燕談録》中的記載確係真實事件。那麼，象山縣尉張中是在不知曉與高麗使節互贈詩文有悖律令的情況下贈詩給朴寅亮的嗎？考慮到張中所屬的明州乃北宋時高麗使節頻繁往來的主要通道，似乎不應昧於這種基本的法令。那麼，張中爲何非要和朴寅亮互贈詩文呢②？

　　如前所述，朴寅亮在文宗二十五年（1071）以書狀官的身份首次出使北宋時，憑藉其傑出的詩文造詣，在北宋士人間贏得了名聲，甚至使宋神宗也對高麗使臣刮目相看。身爲中下層官吏的張中在朴寅亮再次出使北宋時刻意與其進行詩文酬唱，應該不無獵取聲名的意圖。朴寅亮在和答張中的詩序中引用《太平廣記》的典故來表達自己的謙遜，充分展現了自己的才學③。這使得已經見識過朴寅亮才學的宋神宗在接到彈劾張中的奏報之後，相對於處理這件事本身，卻更加關注於朴寅亮序文中句子的出典。在群臣皆不能對答的情況下，宋神宗還專門向以博學聞名的趙元考請教此事。王闢之在《澠水燕談録》中介紹朴寅亮的詩序，其實也是爲了引出神宗和趙元考的對話，以此稱頌趙元考的博聞强記④。但是，這則逸話所記載

―――――――――――――

　　①　《續資治通鑑長編》卷三〇一："神宗元豐二年（1079），十一月辛卯（27），明州言，高麗貢使乞市坐船，詔以靈飛順濟神舟借之。又言，明州象山縣尉張中，嘗以詩遺高麗貢使，詔中衝替。"

　　②　南宋陸游在《家世舊聞》（《説郛》卷四五下）中言及張中因與朴寅亮唱和而獲罪的故實云："先君言……楚公登科時，第四人張中在殿廷，喜甚，挈楚公手曰：'如何得鄉里知去？'楚公不答。及歸，密謂親曰：'此殆非遠器也。'中爲明州象山縣官，坐私與高麗人朴寅亮倡和詩停官，終身沈滯。雖一時不幸坐法，亦器宇非遠大也。"文淵閣《四庫全書》本。文中提出張中被罷免，一生未得到重用是因爲其器宇不遠大。

　　③　朴寅亮所引的典故出自《太平廣記》卷二五一《鄰夫》。

　　④　宋朝朱弁的《曲洧舊聞》卷二中也介紹了類似的事跡，但旨在强調趙元考之恭謹。其文曰："趙元考彦若，周翰之子也。無書不記，世謂著脚書樓。然性不伐，而尤恭謹。……元豐間，三韓使人在四明唱和詩奏到御前，其詩序有'慚非白雪之詞，輒效青唇之唱'之句。神宗問'青唇'事，近臣皆不知，因薦元考。元考對，在某小説中，然君臣間難言也。容臣寫本上進。本入，上覽之，止是夫婦相酬答言語。因問大臣，趙彦若何以不肯面對。或對曰，彦若素純謹，僚友不曾見其愠容，在君父前，宜其恭謹如此也。上嘉嘆焉。"文淵閣《四庫全書》本。

的象山縣尉張中和宋神宗對朴寅亮的反應,爲我們探測朴寅亮在當時受到北宋文人的關注這一事實提供了端緒。在張中受到罷免的處罰之後,朴寅亮曾主動出面解決因己而起的這件事故,通過館伴使向朝廷要求赦免張中,在其爭取之下,張中在朴寅亮一行離開北宋之前便得到了赦免①。

如前所述,王闢之《澠水燕談録》所載朴寅亮在第二次使行途中與象山縣尉張中酬唱的相關逸話,是確定當時朴寅亮在北宋受到文人關注的重要記録,雖然其記載極爲簡略,但卻是補充韓國使行文學史及中韓文學交流史的重要史料。

2)《伍子胥廟》

除了與張中的唱和詩之外,《補閑集》中所記載的《伍子胥廟》也是朴寅亮第二次北宋使行時的作品。

> 朴參政寅亮奉使入中朝,所至皆留詩。……行次越州,聞樂調中奏新聲,旁人曰:"此公詩也"。至浙江,風濤大起,見子胥廟在江邊,作詩弔之曰:"掛眼東門憤未消,碧江千古起波濤。今人不識前賢志,但問潮頭幾尺高。"須臾風霽,船利涉,其感動幽顯如此。宋人集其詩成編,今傳于世。"②

引文中謂朴寅亮使行團在通過越州(現浙江省紹興市)地界後,經過了浙江杭州。由前文可知,朴寅亮於文宗二十五年(1071)以書狀官之任首次出使北宋時從通州登岸,故不需要通過浙東運河便可抵達首都汴京。因此,到達明州後再轉經越州和杭州到汴京的記載應該是文宗三十三年(1079)的第二次使行。而且,通過使行在到達越州地域後,有人將朴寅亮的詩譜成新曲演唱的記録也可以推斷是第二次使行。如前所述,朴寅亮在以書狀官之任參與的首次使行途中,其詩文創作能力得到出色的發揮,而且在歸國途中訪問各地廟宇時,作了諸多題詠詩,此時作的詩在越州地區也廣爲流傳,並不知不覺被納入樂曲演奏。

而且,使行到達浙江地區時,即錢塘江因風濤大起而無法渡江,朴寅亮

---

① 《續資治通鑑長編》卷三〇三:"元豐三年(1080)夏四月庚子(7),詔明州象山縣尉張中,捄接高麗人船有勞,落衝替。初高麗船遇風,中往捄之,坐嘗與使人和詩衝替,至是高麗使以語館伴官,故釋其罪。"

② 《補閑集》卷上。

看到江面的伍子胥廟後,前往其地而寫下了弔問詩。可見,《伍子胥廟》詩是朴寅亮在第二次使行途中訪問伍子胥廟所作①。

崔滋記録説朴寅亮在寫完這首詩後,江上的風浪突然停止,船得以平安度過,並稱這是朴寅亮的詩文"感動幽顯",從側面反映出對這首詩的稱讚。而且"宋人集其詩成編,今傳于世"的記録應即是指上文所提到的《西上雜詠》和《小華集》。

3)《小華集》和《舟中夜吟》

朴寅亮的第二次北宋使行中,金富軾的父親金覲也同行。宋人對朴寅亮和金覲在使行途中所作的尺牘、表狀、題詠等詩文稱歎不已,並將其收集出版爲《小華集》②。而且,通過上文的論述可知,北宋人刊行《小華集》是因爲朴寅亮在首次使行時給中國知識界留下了深刻的印象。因此可以推測,《小華集》應主要是以收集朴寅亮的詩文爲目的而編纂,且主要收録了朴寅亮的詩文作品。但遺憾的是,《小華集》很早便已失傳,目前無法確認其中所收作品的具體内容。

朝鮮後期洪萬宗(1643—1725)在其《小華詩評》中介紹朴寅亮的北宋使行和《小華集》謂:

> 我東方文獻聞於中國,中國謂之小中華,蓋由崔文昌侯致遠唱之於前,朴參政寅亮和之於後。……參政奉使宋,所至皆留詩,華人傳賞,刊其詩文,號曰《小華集》。其《舟中夜吟》詩曰:"故國三韓遠,秋風客意多。孤舟一夜夢,月落洞庭波。"(《小華詩評》上)

洪萬宗將朴寅亮與新羅時代的崔致遠並舉爲在中國揚名的文人。而且在介紹中國人刊行的《小華集》時介紹了其題爲《舟中夜吟》的詩。《舟中夜吟》在洪萬宗的《小華詩評》中首次加以介紹,而未見於其他的文獻資料,因此無法確認洪萬宗所據資料之出處。但是,通過《小華詩評》中介紹《舟中夜吟》的前後脈絡可知,此詩應是收録於《小華集》的作品。前文已提到,朴寅亮的第二次北宋使行是文宗三十三年(1079)九月間從高麗出發,但是

---

① 《伍子胥廟》詩現亦見載於崔瀣批點、趙云仡精選《三韓詩龜鑑》卷中及《東文選》卷一九的"七言絶句"中。

② 參見《高麗史》卷九五《朴寅亮列傳》及《高麗史節要》卷六《肅宗明孝大王》元年(1096)九月條。

因在航海途中遇到風浪,十一月末才在明州登岸。與朴寅亮第二次北宋使行的日程相對比可知,《舟中夜吟》的創作時間和場所與其第二次使行相吻合。因此,這首詩可以説是朴寅亮在文宗三十三年(1079)九月間剛從高麗出發後,在前往明州的航海途中所作的作品①。且綜合《小華集》收録了朴寅亮在前二次使行途中作品的記録,可斷定《舟中夜吟》是其第二次使行途中所作的作品。

　　遺憾的是,《小華集》也已失傳,目前無法確認其收録的具體作品。但是,我們可以根據洪萬宗《小華詩評》中收録的《舟中夜吟》窺其一端。而且,考慮到《小華集》是以收集出版朴寅亮的詩文爲目的編纂詩文的事實,此集中應收集了前文提及的朴寅亮與張中的和答詩及《伍子胥廟》在内的朴寅亮前二次使行的大部分作品。以上内容以朴寅亮的兩次北宋使行爲中心,考論了其使行途中的作品。下一節將結合朴寅亮在高麗國内的活動和詩文作品,試論"小中華"意識的形成背景。

五　朴寅亮與"小中華"意識

　　根據《高麗史·朴寅亮列傳》,朴寅亮於文宗(1047—1082 在位)年間科舉及第後進入仕途,於文宗三十年(1076)官至右副承宣②,文宗三十三年(1079)陞禮部侍郎,並以副使之任出使北宋③。但是通過《補閑集》可知,朴寅亮與崔錫(崔奭)、金良鑑、崔思訓、崔澤、魏齊萬同時及第於試官李子淵(1002—1061)之榜下④。又據《高麗史·選舉志》可確認,李子淵任試官

①　此詩結句"月落洞庭波"應指月向洞庭湖所在的西方下落,而非指使行經過遠在旅途之外的洞庭湖。

②　《高麗史》卷九《文宗世家》:"文宗三十年(1076),冬十月己丑,以朴寅亮爲右副承宣。"

③　《高麗史》卷九五《朴寅亮列傳》:"文宗朝登第,多所敷歷。……累遷右副承宣,轉禮部侍郎。三十四年,與户部尚書柳洪,奉使如宋。"

④　《補閑集》卷上:"慶源李氏,自國初世爲大官,至昌和公子淵,……昌和公以龍首入黄扉,掌試得人,崔平章奭、金平章良鑑、參政崔思訓、朴寅亮、學士崔澤、魏齊萬等,皆門生。有人作詩云:'庭下芝蘭三宰相,門前桃李十公卿'。"

是在文宗五年（1051），此時選拔了崔錫（崔奭）等人及第①。由此可知，朴寅亮在文宗二十五年（1071）以書狀官之任隨金悌出使北宋時，已經科舉及第進入宦途達二十年。

《高麗史》載朴寅亮逝於肅宗元年（1096）②，但並未説明其生年。《朴寅亮列傳》中對朴寅亮的三位兒子，即景仁、景伯、景山也依次有傳。而且朴景仁（初名景綽）和朴景山又有墓誌銘傳世，由此可更詳細地斷定朴寅亮的家族關係。依據朴景仁的墓誌銘可知其生於文宗十一年（1057），兄弟共八人③。

值得注意的是，朴寅亮之子朴聰諝的墓誌銘也有流傳，《朴寅亮列傳》中雖未言及朴聰諝，但根據他的墓誌銘可知他是朴寅亮的次子，卒於仁宗十七年（1139），享年86歲④。由此可知朴聰諝生於文宗八年（1054）。朴景仁（1057—1121）小於朴聰諝（1054—1139）3歲，應是朴寅亮的第三子或第四子。依據朴聰諝和朴景仁的生年可知，朴寅亮的長子大約生於文宗四年（1050）左右，而且朴寅亮於文宗五年（1051）在李子淵主考的科舉中及第的事實也是推斷其生年的一項根據。

綜合朴寅亮的科舉及第年份及其子女的出生年度等確定的時間，可以推斷朴寅亮的生年大約在顯宗二十一年（1030）前後。依據這一推測，則朴寅亮在肅宗元年（1096）謝世時享年應在67—68歲。但是，現存朴寅亮作品中，尚未發現其首次北宋使行以前的作品，且無法確認其在文壇中的活

---

① 《高麗史》卷七三《選舉志一・科目》："文宗五年（1051）四月，内史侍郎李子淵知貢舉，取進士下詔，賜乙科崔錫（奭）等七人，丙科六人，同進士六人，明經三人及第。"

② 《高麗史》卷一一《肅宗世家》："肅宗元年（1096）九月己丑朔，右僕射參知政事朴寅亮卒。"

③ 《韓國金石全文》中世・上，《章簡公墓誌》："清寧三年丁酉（1057）生。公諱景仁，姓朴氏，字令裕，……皇考諱曰寅亮，左僕射參知政事，諡曰文烈公。兄弟八人，位皆顯達。子二人，孝廉，今國舅李相之壻，孝先，右承制金叔平之壻。……兄弟子孫，足以光大文烈公之後也。"

④ 《韓國金石全文》中世・上，《洪圓寺廣濟僧統聰諝墓誌銘》："高麗國洪圓寺第七代住持廣濟僧統，諱聰諝，字梵真，俗姓朴氏，文烈公朴寅亮第二子也。享年八十六，僧臘七十五，下元甲子五十六年己未（1139）夏五月庚辰十七日丙申，在興王寺感德院右脇而化。……"

動。因此，我們現在可以掌握的有關朴寅亮的主要文壇活動是文宗二十五年(1071)朴寅亮首次出使北宋之時，而其時朴寅亮已經年屆四十。

　　但是，如前所述，王闢之的《澠水燕談録》的最後一部分介紹朴寅亮的經歷道"寅亮爲其國詞臣，以罪廢久之，復與金悌使中國。"從王闢之的介紹可知，當時朴寅亮的名聲已經在北宋知識界廣知，致使宋人甚至對其在高麗國内的官職及經歷也産生了關心和好奇。但是，目前因文獻資料的缺乏，對王闢之所記録的朴寅亮首次出使北宋之前爲高麗詞臣，並獲罪久廢的内容尚無法獲得其他史料證明。但是，文宗五年(1051)李子淵榜下與朴寅亮一同登第的金良鑑於文宗二十七年(1073)八月以太僕卿擔任正使出使北宋①，崔思諒(？—1092)於文宗三十年(1076)以工部侍郎擔任正使出使北宋②。與這些李子淵門下一同及第的同門相比，直到文宗二十五年才以書狀官之任出使北宋的朴寅亮，其職位可謂相對較低。但是朴寅亮在此次使行中出色地完成了任務，且在文宗二十九年(1075)高麗與遼朝産生鴨緑江疆界問題時，製作外交文書解決此事。這意味著朴寅亮是在發揮其文學才能之後，仕途才重新展開。文宗三十年(1076)授任右副承宣，文宗三十三年(1079)陞禮部侍郎，並第二次出使北宋。

　　通過以上考察可知，朴寅亮在第一次北宋使行時，是李子淵門生中出仕較晚的。王闢之所言"以罪廢久之"的具體事實雖不能得以確認，但不難推測朴寅亮有相當一段時間在官場並不得意。在經過曲折之後，應該是得益於他的文學才得到認證，故於宋麗再開國交時高麗首次派出的使節中擔任書狀官。《澠水燕談録》中有關朴寅亮科舉行跡的隻言片語的記録，爲考證北宋使行之前朴寅亮的國内活動提供了重要的綫索。

　　朴寅亮在首次北宋使行之後的地位可通過《高麗史》的相關記録得以把握。但是，因首次使行之後的詩文也大部分已經失傳，目前尚無法全面把握朴寅亮文學的全貌。北宋使行期間創作的作品之外，現存朴寅亮的作

---

　　① 《高麗史》卷九《文宗世家》："文宗二十七年，八月丁亥，遣太僕卿金良鑑，中書舍人盧旦，如宋謝恩，兼獻方物。"

　　② 《高麗史》卷九《文宗世家》："文宗三十年，八月丁亥，遣工部侍郎崔思諒(訓)，如宋謝恩，兼獻方物。"

品僅有《東人之文四六》和《東文選》中所載的《文王哀册》①、《順德王后哀册》②、《上大遼皇帝告奏表》③、《入遼乞罷榷塲狀》④和大覺國師義天編纂的《圓宗文類》中收録的《海東華嚴始祖浮石尊者讚并序》⑤。

但是,上文所列傳爲朴寅亮作品的《順德王后哀册》從内容上來看,是睿宗十三年(1118)之後的作品⑥。而此時朴寅亮已卒,不可能爲其作品。依據《補閑集》,朴寅亮曾作《僧伽窟》20 韻⑦,但只有題目流傳。又《朴寅亮列傳》中載朴寅亮撰有《古今録》十卷⑧,但現已失傳,無法得知其内容。此外有可能係朴寅亮創作的《崔致遠傳》和《殊異傳》存世。

由此可見,朴寅亮的作品,除了北宋使行期間創作的之外,僅有 4 篇存世。與第一次北宋使行之後長達 20 多年的文壇活動時間相比,朴寅亮所存世的作品數量十分稀少。因此,以現存的數篇作品,難以論定朴寅亮文學的特徵。本文只能略論其作品的大概。

在朴寅亮現存的四篇作品中,有兩篇是爲解決與遼朝的國境問題而作的

---

①　《東人之文四六》卷五《册文》及《東文選》卷二八《册》。

②　《東人之文四六》卷五《册文》及《東文選》卷二八《册》。

③　《東文選》卷三九《表箋》。

④　《東人之文四六》卷三《事大表狀》及《東文選》卷四八《狀》。

⑤　《海東華嚴始祖浮石尊者讚并序》(《圓宗文類》卷二二《讚頌雜文類》)爲義想作的讚文。

⑥　順德王后即睿宗王妃,仁宗之母,後被封爲文敬太后。《順德王后哀册》爲哀悼文敬太后的哀册文。但是,依據《高麗史》卷八八《文敬太后李氏列傳》,文敬太后薨於睿宗十三年(1118),諡號順德王后,這與《順德王后哀册》開頭所述順德王后的卒日"戊戌九月庚辰朔"相一致。由此可知此文作於睿宗十三年(1118)之後,而朴寅亮逝於肅宗元年(1096),不可能出自朴寅亮之手。

⑦　《補閑集》卷上:"凡留題以辭簡義盡爲佳,不必誇多耀富。朴參政寅亮題僧伽窟二十韻,咸郎中子真題洛山四十四韻,李史館允甫題佛影一百韻,皆紀事實,辭不得不繁。"但是據睿宗元年(1106)李預所作《三角山重修僧伽崛記》(《東文選》卷六四),其中有宣宗七年(1090)宣宗行次此地的記録。朴寅亮極可能以大臣身份參與了此次出行並在此行作了《僧伽窟》一文。

⑧　《高麗史》卷九五《朴寅亮列傳》:"寅亮文詞雅麗,南北朝告奏表狀,皆出其手。嘗撰古今録十卷,藏秘府。"

表狀。文宗二十九年（1075）高麗與遼朝發生鴨緑江邊境問題時，朴寅亮所作表文的一部分在《高麗史·朴寅亮列傳》中轉載了如下：

> 遼嘗欲過鴨緑江爲界，設船橋，越東岸置保州城。顯宗以來，屢請罷，不聽。（文宗）二十九年（1075），遣使請之。寅亮修陳情表曰：“普天之下，既莫非王土王臣；尺地之餘，何必曰我疆我理”。又曰，“歸汝陽之舊田，撫綏弊邑；回長沙之拙袖，抃舞昌辰。”遼主覽之，寢其事。①

鴨緑江邊界是麗遼兩國長久存在的複雜外交問題，遼朝曾打算越過鴨緑江設立邊界，欲在鴨緑江東安設保州城，高麗多次請廢除這一決策而未能得到同意。文宗二十九年（1075）七月，高麗受到遼朝欲將鴨緑江東岸作爲邊界的通報，遂派柳洪等人與遼使交涉，但無功而返②。此時，朴寅亮遂呈上文陳情表，勸告皇帝國家不要貪得東部邊疆的小土地。遼帝在讀了這份表文之後取消了重立邊疆的決定。

《朴寅亮列傳》中介紹的陳情表的引文出自《上大遼皇帝告奏表》，現載於《東文選》卷三十九。該文的前半部分述及高麗的邊疆自古依鴨緑江而形成，依江而建的扶餘古城尚存，遼國皇太后將其地下賜給高麗的遺言應尚有效③。朴寅亮引出歷史事實及兩國先約勸説了遼帝。

另外，朴寅亮的《入遼乞罷榷場狀》一文爲請罷契丹人越鴨緑江在高麗經商的決定而作。朴寅亮在此文中首先一一陳述了遼朝欲在高麗開市的歷史事實，指出遼國此舉是違背先約之行爲④。通過這些與遼朝的外交文書可知，朴寅亮在對本國歷史深厚理解的基礎上持有自主的歷

---

① 《高麗史》卷九五《朴寅亮列傳》。

② 《高麗史》卷九《文宗世家》：“文宗二十九年（1075），秋七月癸酉，遼東京兵馬都部署奉樞密院劄子移牒，請治鴨江以東疆域。己卯遣知中樞院事柳洪、尚書右丞李唐鑑，同遼使審定地分，未定而還。”

③ 《東文選》卷三九《上大遼皇帝告奏表》：“且鴨緑之成形，劃鯷岑而作限。沿江列址，扶餘之古戍猶存；賜履爲恩，太后之前言不食。”

④ 《東文選》卷四八《入遼乞罷榷場狀》：“甲寅年，造浮梁而通路。乙卯年，城越境以置軍。乙未年，留設弓口而創亭。甲申年，允餘頭以毁舍。詔曰自餘瑣事，俾守恒規。又壬寅年，設買賣院於宣義軍南，留論申則葺營役罷。甲寅年，排探戍菴於定戎城北。……刻及兹辰，欲營新市，似負先朝之遺旨，弗矜小國之竭誠。”

史觀①。

下文探討《文王哀册》。《文王哀册》是元豐五年（1083）文宗逝後所作册文，全文由序和詞構成。序文敘述了寫作此文的背景，詞中主要追述了文宗的豐功偉績，哀悼了文宗的逝世。具體看詞的內容，首先追溯了高麗從三國末到文宗時代的歷史②，其後歌頌了文宗的功業：

> 巍乎厥德，焕乎其文。神機電斷，睿藻霞分。殷輅周冕，舜日堯雲。樂均韶勻，道貫典墳。哲於知人，威以化狄。左衽易冠，西樓獻册。謙尊而光，招諭斯格。帝札丁寧，使華絡繹。聲名烜赫，文物芬葩。比盛上國，稱小中華。祖功宗德，榮國光家。三十八載，不日盛邪。③

朴寅亮首先稱頌文宗的功績上承堯舜之道，並强調其威德順化夷狄，與北宋重開國交，使節頻繁往來。最後在總評文宗三十八載的治績時稱"比盛上國，稱小中華"。此處北宋稱高麗爲"小中華"的稱呼值得注意。"小中華"一詞是指某一國家或者民族，受到中華文明的影響，達到與之相似的文化水準，即高麗文宗時期所形成的燦爛文化僅次於北宋。朴寅亮由此對本國文化懷有强烈的自豪感。那麽，朴寅亮的這種自豪感來源於何處呢？

前文已論及文宗三十三年（1079），朴寅亮在第二次北宋使行時，宋人對朴寅亮和金覲在使行途中所作的尺牘、表狀、題詠等詩文作品稱歎不已，並將其收編刊行爲《小華集》一書。朴寅亮在以書狀官之任出使北宋的第一次北宋使行中發揮了自己出色的文學能力，給北宋知識分子留下了深刻的印象，使宋人對高麗的文化水平刮目相看，從而使朴寅亮再次出使北宋時的詩文被北宋人收集刊行。北宋人在收集編纂朴寅亮等的詩文時將其命名爲《小華集》，這反映了朴寅亮爲首的高麗知識分子的詩文創作能力已經達到中華人的水準，具有周邊小國高麗人的文學成就與北宋相比肩

---

①　參見李慧淳前書，209—218頁。

②　《東文選》卷二八《文王哀册》："有君子國，鼎足海東。代立君后，天生睿聰。业童赫世，日子朱蒙。百家而濟，三氏曰雄。迄我神聖，應天符命。一統群邦，重光疊慶。龍孫嗣興，鴻業長盛。仁孝紹圖，嚴明莅政。……"

③　《東文選》卷二八《文王哀册》。

的涵義。

　　實際上,自文宗二十五年(1071)宋麗兩國重開國交,高麗國的傑出知識分子出使北宋之後,宋人對高麗文化水平的認識便開始發生了變化。當時北宋新法黨一派爲了保持與高麗的友好往來,便開始將高麗稱爲具有中華文物制度的"文化之國",亦即"小中華"。也就是説,以中華文化自詡的北宋將高麗也納入了其"中華"文化體系之内。因此,文宗三十年(1076),工部侍郎崔思諒一行高麗使節在入宋之後,北宋便將其住處稱爲"小中華之館"①。

　　"小中華之館"、《小華集》等命名,即宋人對高麗所加的"小華"或"小中華"之美稱,一方面體現了宋人對高麗文化水準的肯定;同時,這一稱號也反映了北宋知識分子的文化華夷觀。當時北宋在對遼的戰争中失利,結下"澶淵之盟"屈從講和,據此合約,宋遼以兄弟之國相稱,但北宋每年要向遼朝納絹 20 萬匹,銀 10 萬兩爲歲幣。不僅如此,北宋與西面興起的西夏也結下了類似的條約以維持現狀。這種與北方民族的講和條約是對中華主義的一次衝擊。北宋雖不能以武力臣服北方民族,但是産生了以歷史悠久的中原文明爲正統,由此蔑視周邊國家文化的優越感,即文化上的華夷觀。經歷過遼朝數次侵略的高麗也具有和北宋一樣的觀點。在共同應對遼朝的現實狀況下,北宋和高麗形成了友好的外交關係,北宋開始逐漸關注高麗的文化水準。現存文獻資料中所見的"小華"、"小中華"等中國對韓民族的稱謂起始於文宗年間(1047－1082 在位),也就是宋麗重開國交後,需要特别注意的是,這些稱謂是從高麗使臣的詩文創作能力得到認證而興起的,此過程中發揮過巨大作用的人物即是朴寅亮。

　　綜上所述,朴寅亮通過在兩次北宋使行中發揮自己出色的文學才能,使宋人重新認識了高麗的文化水準,由此得到了宋人"小華"或"小中華"的美稱,標識着其文化水準僅次於中國。也就是説以北宋使行爲契機,朴寅

_____

　　①　安鼎福:《東史綱目》卷七下:"文宗三十年,秋八月,遣使入朝于宋。工部侍郎崔思諒,奉使入宋謝恩獻方物。宋以本國文物禮樂之邦,待之深厚,題使臣下馬所曰,小中華之館。所至太守郊迎,其餕亦如之。"首爾:民族文化推進會影印本,1999年版。

亮爲首的高麗知識分子產生了高麗文化水準與中華相同的"同文"意識,開始自認爲"小中華"。因此,朴寅亮在《文王哀册》中稱頌文宗之功時,使用了"小中華"一詞,體現了對本國文化的强烈自豪感。而"小中華"意識隨著中原漢族王朝的興亡盛衰而變遷,特別是經歷了朝鮮時期程朱性理學的發展和中原的明、清交替,最終演變爲"朝鮮中華主義"。

(作者單位:南京大學外國語學院)

域外漢籍研究集刊　第十五輯
2017 年　頁 63—83

高麗後期户口文書淺議 *

朱　玫

一　引言

　　韓國作爲漢字文化圈的重要國家,在歷史上深受中國文明的影響。古代韓國在統治理念上接受了"普天之下,莫非王土;率土之濱,莫非王臣"的王土思想,對其王權所及之處實行"編户齊民"。不僅在史書上留下了諸多有關户口的記載,還存留了大量的户口文書。韓國古代的户口文書主要分佈于高麗後期以降,尤其集中於朝鮮時期①。高麗後期的遺存文書既保留了記載個別户的户口文書,也保存了記載多個户的帳籍資料。因此,在考察韓國户口文書的歷史演變時,有必要追溯到高麗後期。

　　得益于許興植等先學對高麗後期户口文書的發掘、整理和開拓性研究,韓國學界對這批文書的關注由來已久,並積累了一定的研究成果,爲本研究提供了諸多有益綫索和啓發。以往的研究主要側重於兩個側面。一

---

　　* 本論文爲中國博士後科學基金資助項目(項目編號 2016M591344)的階段性成果之一。

　　① 研究者對高麗前期的户口文書也有過部分的推測和討論,但由於缺少實物,其具體樣式尚無定論。高麗前期户口文書的實物雖然尚未發現,但研究者根據地方文書《慶州府尹先生案》中成宗 5(986)年"内外户口施行"的記載,推測高麗前期也編造過户籍。

類研究側重文書本身或户籍制度的討論①；另一類研究則側重闡明當時的家庭形態或社會構造②。但值得注意的是，高麗時期的户口文書大部分爲轉載或轉寫本，文書的這一存在形態對文書的格式與内容有何影響，爲何以這一形態得以保存等這些層面在既往研究中没有得到充分的討論。本文將結合上述問題對高麗時期户口文書的保存形態、格式和記載内容進行梳理。

二　文書的構成及保存形態

現存的高麗時期户口文書實物總共存有 24 件，具體作成年代最早的爲 1237 年，最晚的爲 1391 年，全都限於高麗後期。這些户口文書已經全部整理出版並收録于《韓國古代中世古文書研究》一書③。〈表 1〉對 24 件文書按照年代作了整理，並例舉了各文書的名稱、年代、保存形態及保存名稱。

---

① 金英夏・許興植：《唐宋户籍制度對韓國中世户籍的影響》，載《韓國史研究》第 19 輯，1978 年；白承鐘：《高麗後期的‘八祖户口’》，載《震檀學報》第 34 輯，1984 年；盧明鎬：《高麗時期户籍記載樣式的成立及其社會意義》，載《震檀學報》第 79 輯，1995 年；李鐘書：《高麗八祖户口式的成立時期和成立原因》，載《韓國中世史研究》第 25 輯，2008 年；吳英善：《高麗末朝鮮初户口資料的形式分類》，載盧明鎬等，《韓國古代中世古文書研究・（下）》，首爾：首爾大學出版文化院，2011 年，頁 117－144；李相國：《高麗時期户口把握樣像及其意義——以户口資料爲中心》，載《大東文化研究》第 52 輯，2005 年。

② 李佑成：《高麗時代的家族》，載《東洋學》第 5 輯，1973 年；崔在錫：《高麗後期家族的類型與構成——對國寶 131 號高麗後期户籍文書的分析》，載《韓國學報》第 3 輯，1976 年；許興植：《從國寶户籍看高麗末的社會構造》，載《韓國史研究》第 16 輯，1977 年；權門奎：《高麗時期的別籍異財與家庭規模》，載《慶北史學》第 13 輯，1990 年；盧明鎬：《高麗時期的分家規定和單丁户》，載《歷史學報》第 172 輯，2001 年；李鐘書：《高麗末和寧府户籍的作成原則與記載内容——以同居狀況及關聯性爲中心》，載《震檀學報》第 95 輯，2003 年。

③ 盧明鎬等：《韓國古代中世古文書研究》（上爲“校勘譯注篇”，下爲“研究・圖版篇”），首爾：首爾大學出版文化院，2011 年。

〈表 1〉高麗後期户口文書的現存狀況

序號	文書名稱①	年代	保存形態	保存名稱
1	李喬户口資料	1237	驪州李氏小陵公派譜(1745)②	高麗開城府户籍
2	李秀海户口資料	1270	驪州李氏小陵公派譜(1745)	
3	金鏡高准户口	1280	咸昌金氏族譜(1934)	判官公庚辰户籍
4	鄭仁卿准户口	1292	瑞山鄭氏家乘(1819)	鄭仁卿政案③
5	金璉准户口	1301	光山金氏禮安派宗家(轉寫本) 光山金氏世系(1608) 光山金氏族譜(1923)	
6	韓康准户口	1331	清州韓氏派譜(1930)	
7	李光時准户口	1332	龍仁李氏族譜别録(1869) 龍仁李氏大同譜(1983)	判書公壬申户籍
8	樂浪郡夫人崔氏户口資料	1333	驪州李氏小陵公派譜(1745)	
9	金積准户口	1333	光山金氏禮安派宗家(轉寫本) 光山金氏世系(1608) 光山金氏族譜(1923)	
10	金克孫准户口	1336	咸昌金氏族譜(1934)	祭酒公丙子户籍

---

　　① 各文書的名稱依據《韓國古代中世古文書研究(上)》〈凡例〉,採用"户主＋文書性質及樣式"的順序命名。

　　② 在這部族譜中,還一同收録了李喬的次男李秀海(〈表 1〉資料 2)、李秀海長男李謙的夫人樂浪郡夫人崔氏(〈表 1〉資料 8)、李謙三男李允芳的夫人永州李氏(〈表 1〉資料 12)爲户主的三件户口資料。

　　③ "鄭仁卿政案"内同時收録了准户口和政案。

續表

序號	文書名稱①	年代	保存形態	保存名稱
11	崔碩氐户口資料	1367	水源崔氏世譜(1935) 水源崔氏世譜(1936)	令同正碩氐户籍 令同正諱碩氐户籍抄
12	永州李氏户口資料	1372	驪州李氏小陵公派譜(1745)	
13	朴得賢准户口	1372	密陽朴氏漢城公派譜(1938)②	
14	朴惟幹准户口	1372	密陽朴氏漢城公派譜(1938)	
15	朴秀准户口	1373	潘南朴氏世譜(1825)	密直公癸丑户籍
16	南敏生户籍寫本	1390	(英楊南氏)南宗通記(1668)	英楊南敏生户籍洪武庚午年③
17	金湑户口資料	1390	義城金氏宗宅(轉寫本)	
18	裴尚志户口資料	1390	(興海裴氏)先祖柏竹堂實紀	洪武二十三年庚午東部上里户籍
19	金輅户口資料	1390	宣城金氏世譜	洪武二十三年庚午户籍
20	金得雨户籍寫本	1390	安東金氏世譜(1833)	附典農正共安東府舊藏麗朝户籍
21	安東金氏户口資料斷片	1390	轉寫本(豐山柳氏族譜·紙背)	

---

　　①　各文書的名稱依據《韓國古代中世古文書研究(上)》〈凡例〉,採用"户主＋文書性質及樣式"的順序命名。

　　②　一同收録與該族譜的户口文書還有朴惟幹准户口(〈表1〉資料14),朴惟幹爲朴得賢的三男。

　　③　據《南宗通記》記載,資料16爲"安東府上大明洪武二十三年庚午年户籍"的抄寫本。

續表

序號	文書名稱①	年代	保存形態	保存名稱
22	鄭光厚戶口資料	1391	迎日鄭氏世譜(1915・1981)	附判尹公光厚戶籍
23	鄭義龍戶口資料	1391	興海裴氏宗宅(轉寫本)	辛未年成籍
24	高麗末和寧府戶籍斷片	1391	原本	

24 件文書的保存形態大致有兩類。"和寧府戶籍"(序號爲 24)是唯一保存賑籍原來形態的一次資料,其餘的 23 件文書(序號 1—23)或轉載於族譜,或以轉寫本的形式保存。

"和寧府戶籍"是朝鮮王朝的開國之君李成桂(1335—1408)下令在自己的本鄉和寧府(今朝鮮咸鏡南道永興一帶)編成的戶籍,又稱"李太祖戶籍原本"或"國寶戶籍"②。該文書于 1934 年從咸興的濬源殿移管至奉謨堂(藏書閣前身),後又移藏于國立中央博物館。"和寧府戶籍"現殘存 8 幅斷片,每幅長寬約 50 厘米。從外形上看是由 8 幅文書連起來的長卷文書。整卷文書縱 56 厘米,橫 3 米 86 厘米。第 1 幅記載了李成桂被冊封功臣時所賜予的奴婢,第 2 幅記載了戶籍作成的經緯和戶口成籍的具體事目。第 3 幅以下是依據事目所編的具體戶籍內容③。

其餘 23 件文書則是記載各戶戶口的具體文書。崔承熙先生將高麗・朝鮮時期的戶口文書分成了三大類。在造藉前,由戶主提供的戶口申告書叫做戶口單子;官府將收到的戶口單子經對照後攢造的帳籍叫做戶籍;由

---

① 各文書的名稱依據《韓國古代中世古文書研究(上)》〈凡例〉,採用"戶主＋文書性質及樣式"的順序命名。

② 研究者依據戶籍的具體內容,推測該戶籍可能是恭讓王 3 年(1391 年)以開城府爲中心所編成的戶籍。文書第 1、2 幅的記載內容和李成桂、李芳遠有關,因此命名爲"李太祖戶籍原本"。但從第 3 幅以下的戶籍內容看,該戶籍並不是李成桂個人的戶籍,而是依據相關資料所攢造的一般帳籍。參見許興植:《從國寶戶籍看高麗末的社會構造》。

③ 關於資料的保存經緯、判讀、作成年代和各幅的記載內容,許興植先生前揭論文中有詳細的説明。

官府根據成籍户籍所載内容發給個人的謄本叫准户口①。依據此分類,資料 3—7、9—10、13—15 爲准户口,其餘的文書形態具體屬於准户口還是户口單子並不明確。其中,資料 6 和資料 20 是對户籍的抄本,故命名爲"户籍寫本",其他通稱爲"户口資料"。不管原來的文書屬於何種形態,其保存形態或轉載於各家門的族譜,或以轉寫本保存于宗家。嚴格地講,並不屬於保存原來形態的一次資料,而是二次甚至三次資料。但作爲該時期爲數不多的户口資料,其史料價值不言而喻,因此亦被學界視爲高麗時期户口文書的重要組成部分。

三　文書的格式與記載内容

(一) 户籍原本:"和寧府户籍"

"和寧府户籍"第 3 幅以下是具體的户籍内容,共載 40 户。若以户主的良賤身份區分,40 户中有 15 户屬於奴婢户,25 户屬於良人户。良賤户分開記載,奴婢户載于第 3 幅,良人户則載於 4—8 幅。以下選取了 2 個良人户,探討"和寧府户籍"的格式和記載内容。

前左右衛保勝郎將朴彦户(第 4 幅第 2 户)

户前左右衛保勝郎將朴彦年伍拾柒本龍津

父檢校郎將朴亮故

祖散員同正朴長金故

曾祖户長朴奇故

母小斤伊本同村

外祖户長朴蒙吾金故

户妻栗伊年伍拾捌本平江

父學生蔡連

祖兵正仇木金

曾祖都領郎將其仁

母亏加伊(故)本寧遠

外祖□□金台故

①　崔成熙:《關於户口單子和准户口》,載《奎章閣》第 7 輯,1983 年。

并産壹男朴興順年參拾
　壹女春月年貳拾陸
　貳女春屯年貳拾印
　右員矣前年九月付火次户口作文等乙燒亡口申以施行

　　這是一良人户,户主是前左右衛、保勝郎將朴彦,57歲。原籍是龍津。其下則其父、祖、曾祖、母親、外祖的姓名、身份與年存情況。先寫其父系,再寫其外系。户妻栗伊,58歲,原籍平江。其下也登記了其父、祖、曾祖、母親、外祖的情況。亦是先寫其父系,再寫其外系。這一家庭有一男二女,長爲男,30歲。因爲原來的户口作文等因前年九月的火災被燒毀,故該户籍以口頭申告的方式成籍。

前左右衛保勝郎將崔得守户（第6幅第1户）
户前左右衛保勝郎將崔得守年五十六本豐山縣
　父散員崔沖故
　祖檢校軍器監崔輔故
　曾祖丞仕郎良醖令同正崔守
　母召史本龍潭縣
　外祖令同正廉宥卿
户妻召史年伍拾肆本龍潭
　父別將同正廉士卿
　祖散員同正廉生
　曾祖別將同正廉重奇
　母召史本同村
　外祖户長廉呂
　并産壹男崔貴年參拾捌
　妻内隱揚年參拾陸本寧仁鎮
　貳男崔潤年參拾參
　妻亐斤伊年參拾貳本登州
　參男崔永起年貳拾柒
　妻參珎年貳拾伍本龍潭
　壹女召史德氏年參拾
　夫學生金乙貴年參拾壹本金州

　　貳女德壯年貳拾肆

　　夫忠勇右衛尉丈李乙奉本文州

　　三女召史崔壯年貳拾

　　夫學生金吕奉本文州

　　肆男崔順年拾捌

　　肆女召禄伊年拾陸

　　伍女勝伊年玖

　　伍男巴只年參印

□□□戸祖崔輔矣妻召史本□□縣

　　父散員同正朴洪

　　祖伍尉朴能好

　　曾祖良醞令同正朴祥仲

　　母召史本同村

　　外祖令同正朴□□

戸曾祖崔守父尚乘副内承旨同正崔文

　　祖製述業進士崔宥沖

　　曾祖備巡衛精勇保勝攝郎將崔炎

　　母召史本同村

　　外祖製述業進士崔玉

戸曾祖妻父戸長同正行戸長中尹崔琪本同村

　　父郎將行首戸長崔得成

　　祖戸長中尹崔引才

　　曾祖戸長同正崔永仁

　　母召史本同村

　　外祖戸長李公世

戸外祖廉宥卿父令同正廉臣祐

　　祖令同正廉得龍

　　曾祖禮賓丞同正廉順

　　母召史本長城郡

　　外祖令同正徐永仁

戸外祖妻父令同正全長祐本天安部

　　父令同正全喜善
　　祖令同正龍甫
　　曾祖令同正全德元
　　母召史本龍宮
　　外祖令同正全有龍
戶妻父別同正廉士卿本龍潭
　　祖散員同正廉生
　　曾祖別將同正廉重器
　　母召史本同村
　　外祖散員同正廉元守
戶妻矣外祖廉□□□
戶妻矣外祖妻父散員同正高世本同村
　　父檢校別將廉生
　　祖別將同正廉松
　　曾祖仁惠
　　母召史本同村
　　外祖戶長□□□
戶父母同生長妹故
　　夫池元故本長平
　　次妹故
　　夫判事金大器本寧仁鎭
　　次弟司醞司正崔得雨
　　次司醞司同正崔得之
　　次司醞司同正崔得海
　　次司醞司同正崔安發
　　次弟妹故
　　夫前中正書雲正徐連本雙阜縣
戶父邊傳來奴金三年伍拾
　　所生婢金德年貳拾參印
　　祖邊大德十年十一月日丙午年京戶口父母現付宣光八年七月
日龍潭縣令陳省以准

　　這也一個良人的户籍,除户主、户妻、子女外,還包括了媳、女婿、户主的祖、曾祖、外祖等以及所率奴婢等內容。該户的成籍參考了兩類資料,祖邊的資訊參考了1306年11月作成的京户口,父母的信息則依准了1378年7月龍潭縣令的調查。

　　從以上這兩件"和寧府户籍"可以看出當時户籍的格式,每户的記載另起一行,户與户之間不連書。每户以粗體"户"字抬頭,表示户主,且"户"字提高一格書寫。一户內的內容均連書,不過"户妻"等其他户主親屬成員的"户"字用粗體表示,以作區別。一户的記載內容結束時,常用"印"字作結尾。在户的末尾,通常會附上小注,説明編籍所依據的資料。

　　良人户通常由户主夫婦、世系、户內成員三部分構成。1)户主夫婦。户主和户妻的資訊呈對稱記載,記載內容依次爲職役、姓名、年齡、本貫、世系。良人作爲國家公民,具有承擔國役的義務。"國制,民年十六爲丁,始服國役,六十爲老,而免役。"①良人名字前記載的官職、鄉役、軍役等不同職役名稱,就是其具體承擔的國役類别。良人從屬於家族,其出生後便獲得父系的"姓"和表示出自地的"本貫"。姓貫體系本身也內含了身份的屬性,奴婢在高麗時期通常是不標記姓和本貫的②。2)世系。記載在世系上的祖先大多爲推尋所至,這些祖先大部分已經死亡,非生存户口。世系上的父系祖先只記載職役和名,母等非父系成員還會記載姓和本貫。户主夫婦世系的推尋範圍通常包括四祖(父、祖、曾祖、外祖)及母。這樣的世系記載樣式一般稱爲"四祖户口式"。但前左右衛保勝郎將崔得守户則將世系推尋到户主的祖妻、曾祖、曾祖妻父、外祖、外祖妻父,户妻的父、外祖、外祖妻等。這樣的世系記載方式接近"八祖户口式"③。25個良人户中共有4

---

　　①　《高麗史》卷七九(志卷三三食貨二),亞細亞文化社,1990年(據乙亥字印本)影印本,中册,頁732。

　　②　關於姓貫體系的形成過程及與身份制的關係,參見李樹健:《韓國的姓氏與族譜》,首爾:首爾大學出版社,2003年。

　　③　《朝鮮世宗實錄》卷六九,韓國國史編纂委員會影印本,三册,頁639。"己巳朔/禮曹啓:'謹稽高麗士大夫户口式,只録四祖者,謂之四祖户口,其祖父母、曾祖父母、外祖父母、妻父母之四祖具録者,謂之八祖户口。"

個户的世系記載呈現出八祖户口式的特徵①。3)户内成員。户内成員一般包括所産子女,兄弟姐妹等。户内成員已婚時,其妻或夫的相關資訊也有登載。前左右衛保勝郎將崔得守户内,並産子女依次按照已婚未婚、然後再以先男後女和出生順序排列。户主夫婦若有率居奴婢,率居奴婢及其所産子女也會一一記載。率居奴婢雖然隷屬于户主夫婦,但前面會標記"父邊傳來"、"母邊傳來"或"妻邊傳來"等資訊②。

（二）轉載或轉寫本

與上述户籍原本相比,其他 23 件户口文書的格式和内容稍有不同。在討論這些文書的書寫格式和記載内容時,有必要首先考慮其獨特的保存形態。從〈表 1〉可知,23 件户口文書大部分轉載于族譜或以轉寫本保存于宗家。以下以"金鏡高准户口"、"李喬户口資料"、"金得雨户籍寫本"三件轉載於族譜的户口文書爲例,試探討户口文書轉載後在格式及内容上的變化。

> 金鏡高准户口
> 典議庚辰七月日東部上楊堤七裏己卯年户口準
> 寫經院判官文林郎禮賓同正金鏡高古名至剛年五十四本咸昌郡
> 　父追封衛尉丞仁故
> 　祖司宰注簿同正禄文故
> 　曾祖檢校少監行監察禦使鈞故
> 　母初封永嘉郡大郡權氏故
> 　外祖登仕郎尚衣奉禦同正權濟故安東府

---

① 關於八祖户口式的成立背景,研究者的意見稍有差異。白承鐘認爲八祖户口式的成立與入仕資格、蔭敍資格的確認有密切聯繫。李鐘書則認爲四祖户口式是應國家行政需要形成的户口文書樣式,而八祖户口式爲民間自發形成的户口文書樣式,但被國家默許。參見白承鐘:《高麗後期的'八祖户口'》;李鐘書:《高麗八祖户口式的成立時期和成立原因》。

② 許興植先生認爲這一記載方式與高麗時期奴婢的繼承制度有關。妻邊傳來的財産即使在婚後仍在法制上區別于丈夫的財産。這意味著在夫亡再嫁、夫亡無嗣時該財産歸妻或生家所有。甚至到了子女一代,其所有權的效力仍未消失,故有"母邊傳來"的標記。參見許興植:《從國寶户籍看高麗末的社會構造》。

　　妻玉氏故班城郡
　　　父殿中内給事同正玉光邵故
　　　祖檢校軍器少監行中尚署丞成器故
　　　曾祖檢校大將軍行中郎將思瑾故
　　　母吴氏故珍原郡
　　　外祖殿中内給事同正行天壽寺真殿直吴懿故
　　并産一女召史故
　　　一男穎年二十三
　　　二女召史年十二
　　後妻召史年三十九
　　　父衛尉丞同正李昌壽故年六十三己丑年東月仙印
　　　祖弘護寺真殿直檢校軍器少監授休故
　　　曾祖檢校尚書右僕射行考功員外郎元碩故
　　　母召史女年六十四故
　　并産一男年四節付
　　奴婢已下不准印①

　　這件户口文書的户主爲金鏡高，以"判官公庚辰户籍"爲題轉載於《咸昌金氏族譜》(1936 年)。准户口作爲官府根據户籍所載内容發給個人的謄本，原本是具有一定的書寫格式的。第一件文書之所以被判定爲准户口，所依據的是文書的抬頭。文書的抬頭揭示了文書發給處"典議"、發給時間"庚辰七月日"，以及所依准的户籍"東部上楊堤七裏己卯年户口准"②。該户由户主、妻、所産以及後妻及其所産構成。本文内容結束後，末尾有"奴婢已下不准印"的字樣。

　　李喬户口資料
　　宋嘉熙元年丁酉[理宗十三年麗高宗二十四年]北部興國裏
　　　户郎將同正李喬古名唐柱年五十一丁未生[印本無丁未]本

----
　　①　盧明鎬等：《韓國古代中世古文書研究(上)》，頁 182—183。
　　②　還有一類准户口的抬頭通常會多一行，如朴惟幹准户口(〈表 1〉資料 4)抬頭包括了"部上洪道六裏壬子年良中千牛衛海領別將朴惟幹相准爲内教"，表示該文書是依據王命而發給的。具有此類抬頭格式的准户口共有 6 件(〈表 1〉資料 4、5、6、9、13、14)。

　　黄驪

　　　　　父户長軍尹[印本無户長]孝温

　　　　　祖副户長元傑

　　　　　曾祖仁勇校尉仁德

　　　　　外祖户長中尹[印本無户長]李仲規本慶州

　　　　妻閔氏故本[謄本作籍]黄驪

　　　　　父鄉貢進士洪鈞古名孝全[謄本父進士孝全]

　　　　　祖守户長世儒

　　　　　曾祖户長存壽

　　　　　外祖文林郎檢校[印本無檢校]軍器監李孫美本[字缺謄本無

本字]

　　　　　率一男[印本只書子字下皆如之]書藝同正秀山年十九

　　　　　二男巴只年十三改名秀海[印本子秀海年十三]

　　　　　三男巴只年一改名秀龍[印本子秀龍年一]

　　　　　一女年九①

　　這件户口文書的户主爲李喬,以"高麗開城府户籍"爲題保存於《驪州李氏小陵公派譜》(1745年)。"李喬户口資料"的抬頭部分署名了文書的發給時間"宋嘉熙元年丁酉"和所依准户籍的名稱"北部興國裏",接近准户口的抬頭,但不完全相同。該文書的格式中有兩處較爲獨特:一是文書本文前加了國號。國號"宋"黑底空心,抬高一格書寫。二是族譜編纂者對原文書作了注記。[]内即是注記的内容。通過注記的内容可知,文書轉載于族譜前有印本和謄本兩種版本,族譜編纂者在對照和綜合兩個版本後,才形成了轉載於族譜的户口資料。23件户口文書中,唯獨收錄於該族譜的四件文書加了"宋"、"元"、"皇明"的國號和注記(〈表1〉資料1、2、8、12)。該户由户主、妻及所產構成。

　　　　金得雨户籍寫本

　　　　户前中顯大夫典農正金得雨年五十九本安東

　　　　　父正議大夫判禮賓寺事致仕義故

　　　　　祖承仕郎衛尉注簿同正資

──────────

①　盧明鎬等:《韓國古代中世古文書研究(上)》,頁178。

祖妻父升仕郎都染令同正金允侃本安東

　　父國學博士雍

　　祖戶長正位呂黃

　　曾祖副戶長用義

　　外祖金吾衛別將同正金應孚本安東

曾祖製述業進士升仕郎衛尉注簿同正金熙古名瑄本安東

　　父戶長正位南秀

　　祖戶長呂基

　　曾祖公須副正習敦

　　外祖戶長正朝曺碩材本安東府

曾祖妻父戶長權公茂本安東

　　父兵正世衡

　　祖權知戶長均亮

　　曾祖神騎都領行食禄副正通義

　　外祖戶長正朝金至誠本安東

外祖追封匡靖大夫門下評理判典工寺事金黿本鹹昌郡

　　父及第檢校禮賓卿克孫

　　祖追封朝議大夫國學祭酒寶文署學士上護軍鏑古名穎

　　曾祖試少府丞鏡高

　　高祖追封衛尉丞金仁

　　外祖金吾衛別將同正金應碑本盈德

外祖妻父左右衛保勝散員權契本安東

　　父文林郎尚衣直長同正諝

　　祖文林郎衛尉注簿同正洪俊

　　曾祖副戶長永平

　　外祖內庫副使禮賓丞同正金溫本安東

戶先妻豊山郡夫人柳氏故本豊山

　父前中顯大夫書雲正致仕金開古名琦年七十五

　祖從仕郎昌平縣令蘭玉

　曾祖恩賜及第金伯

　高祖戶長廷莊

　　　　五代祖戶長敦升
　　　　六代祖戶長柳節
　　　　外祖興威衛保勝散員林松衍本甫州
　　　並産一女永嘉郡夫人金氏故
　　　　夫通直郎右獻納知製教權軫本安東
　　　　　父左右衛保勝郎將兼監察糾正希正故
　　　　　祖別將用一
　　　　　曾祖承奉郎中門祗侯權奕
　　　　　外祖版圖摠郎金可器古名允藏
　　　並産一女召史年十
　　　戶一男內侍通仕郎壽昌官提舉司司涓金革古名用莊年二十四
　　　　妻加史戶別
　　　　　父監察糾正權希正故
　　　戶二女召史年二十五
　　　　　夫宣差知印散員孫仁裕年二十一生別
　　　　　父密直司左代言孫得壽
　　　　世系圖
　　父邊玄玄祖公須副正金習敦子戶長呂基子戶長南秀子注簿同正
　熙子注簿同正資子判禮賓寺事致仕義子前典農正得雨
　　　母邊玄玄祖追封衛尉丞金仁子試小府丞鏡高子追國封學祭酒鏑
　子及第克孫子追封上護軍龜女子咸昌郡夫人金氏子前典農正得雨
　　　妻父邊玄玄祖戶長柳節子戶長敦升子戶長廷莊子恩賜及第柳伯
　子昌平縣令蘭玉子書雲正致仕開女子豐山郡夫人柳氏前典農正金
　得雨①

　　最後這件戶口文書的戶主是金得雨，以"附典農正公安東府舊藏麗朝
戶帳"的名字收錄于《安東金氏世譜》(1833年)中。"金得雨戶籍寫本"屬於

──────────

　①　盧明鎬等:《韓國古代中世古文書研究(上)》,頁241—242。

對戶籍原文進行抄寫的寫本,完全不具備准戶口的抬頭格式①。除了戶主和妻,還有祖、曾祖、外祖、前妻、女婿、媳等的信息。本文結束後,還附上了含有父邊、母邊、妻父邊的世系圖。

從文書的格式來看,"金鏡高准戶口"爲准戶口,"李喬戶口資料"接近准戶口,"金得雨戶籍寫本"文書屬性難以判定,也就是説後兩者的文書格式均不明確。"李喬戶口資料"還被族譜編纂者加了注記。僅從格式上看,相當部分的文書經過轉載或轉寫後,失去了戶口文書原有的格式。

與戶口文書的原來形態相比,這三件文書在內容上也有變化。23件戶口文書的主體內容構成類似于"和寧府戶籍"的良人戶,包括戶主夫婦和並産子女的相關資訊。但與"和寧府戶籍"相比,雖然文書的主人公都爲上層,但記載內容均没有出現其所有奴婢或兄弟姐妹的記録。"金鏡高准戶口"的末尾有"奴婢已下不准印"的字樣,明確指出所載內容後面奴婢以下的部分没有被收録進來。這意味著在依准原戶籍的過程中,只謄給了該戶戶口的部分內容,而原戶籍中奴婢相關的內容在准戶口中並没有得到反映②。而准戶口作爲官文書其功能之一是在訴訟時作爲添附資料,或作爲推刷奴婢的依據。因此,戶主夫婦屬下奴婢的記載,原本是戶口文書極爲重要的組成部分。但包括准戶口在內的23件文書,一律未將奴婢以下的部分收録進來。

儘管奴婢以下的記録有所缺失,但文書對世系的記録卻保存完好,且尤爲詳盡。前兩件文書記録了戶主、戶妻、戶主的四祖及母、戶妻(後妻)的四祖及母的相關資訊。這兩件資料的世系範圍限定在戶主和戶妻的四祖範圍內。與此相比,"金得雨戶籍寫本"的世系則涵括了戶主、戶祖妻父、戶曾祖、戶曾祖妻、戶外祖、戶外祖妻父的四祖,先妻的六祖及女婿的四祖,不僅超出了四祖的範圍,而且出現了六祖、女婿四祖等其他世系

---

① 23件戶口文書中,共有10件文書具備准戶口的抬頭格式,5件文書的抬頭接近准戶口的格式(表1資料1、2、8、12、18),其餘的8件文書不具備准戶口抬頭格式(〈表1〉資料11、16、17、19—23)。

② 准戶口文書中,有5件文書的末尾載有"以下不准印"類似的字樣(〈表1〉資料3、4、9、13、14)。

記載樣態。

　　文書格式和記載內容的取捨與詳略,與文書獨特的保存形態有緊密的聯繫。當戶口文書轉載或轉寫於族譜後,戶口文書上先祖的身份、婚姻關係及世系等內容對保存這些戶口文書的家門來說顯得更加重要,而其他內容如兄弟姐妹、率居奴婢等部分對族譜的編纂就顯得無關緊要。因此,在對原文書的二次、甚至三次轉載、轉寫過程中,不僅部分文書的格式出現了模糊,文書的內容也發生了一些變化。

　　戶口文書在收錄到族譜後主要被凸顯了其中譜系資訊的價值。若對23件戶口文書的世系記載範圍進行整理(〈表2〉),可以發現世系記錄範圍在四祖以內的文書共有10件(資料1-6、8、10、12、15),其餘13件文書的世系記錄範圍均超出了四祖範圍。這些文書的世系,通常包括戶和戶妻的四祖,祖母、曾祖父和曾祖母、外祖父和外祖母、妻父和妻外祖等的四祖資訊,有些還包含了子妻、女婿、戶父、戶高祖和戶高祖妻父等的四祖信息。一些文書的世系記載還出現了一祖、二祖、三祖、六祖等不同形態的世系記載樣態。更有戶口文書直接附加了簡單的世系資料,爲世系的推尋提供了便利。如"金得雨戶籍寫本"在世系記錄後面就附加了父邊、母邊和妻父邊的"世系圖"①。

〈表2〉高麗後期23件戶口文書的世系記載範圍

資料	戶	戶妻	戶祖妻/一父	戶曾祖	戶曾祖妻/一父	戶外祖	戶外祖妻/一父	戶妻父	戶妻外祖	備註
1	○	○								
2	○	○								
3	△	△								
4	△	△								
5	△	△								

---

　　①　23件戶口文書中,共有2件戶口文書附加了世系圖(〈表2〉資料11、20)。

續表

資料	户	户妻	户祖妻/一父	户曾祖	户曾祖妻/一父	户外祖	户外祖妻/一父	户妻父	户妻外祖	備註
6	△	一祖								
7	△	○		○						户曾祖曾祖的父系 6 代
8	○	○								
9	△	△	△	△	△	△		△	△	子妻、女婿的四祖及母
10	△	△								
11	△	△				△	△			
12	○	○								
13	△	△	△	△	△	△	△			
14	△	△	△	△	△	△	△			
15	○	○								
16	○	○	○		○	三祖				
17	○	○	○	○	○	○	○			世系圖
18	△	△								父側（祖・曾祖・高祖）、母側（祖・曾祖・外祖）、妻父側（祖・曾祖）、妻母側（祖・曾祖・外祖）的妻父
19	△	△		○	○					户父、户高祖、户高祖妻的四祖
20	○	六祖	○	○	○	○	○			女婿的四祖、世系圖

續表

資料	户	户妻	户祖妻/一父	户曾祖	户曾祖妻/一父	户外祖	户外祖妻/一父	户妻父	户妻外祖	備註
21	○	○	○	○	○	○	○			
22	△	一祖	二祖	三祖	二祖					
23	○		○	○	○	○	○			

備註:〈表 2〉的資料序號與〈表 1〉一致。

四祖爲○,四祖及母爲△,其他的世系範圍作具體標注。

　　若將〈表 2〉中的主要世系以圖示的方式(〈圖 1〉)表示出來,我們可以清楚地看到,户口文書可以轉化成以個人爲中心向上推尋父邊、母邊、妻邊世系的譜系記載特徵。這與"八高祖圖"、"十六祖圖"等族譜出現以前的小規模家系記録頗爲相似①。因此,依據户口文書的内容,很容易加工成各種類型的譜系資料。附加在文書之後的世系圖,同樣包含了父邊、母邊和妻邊的世系,應該就是依據前面的户口文書作成的。而那些包含父系 12 代、户高祖世系的户口文書極有可能是參照了多份户口文書綜合而成的。諸多證據顯示,户口資料在譜系類資料的實際編撰過程中確實發揮了作用。像《文化柳氏嘉靖譜》、《氏族源流》在實際編纂過程中,户口文書是推尋、辨析、整理世系的重要資料來源。譜圖、族圖等的作成、子孫譜等朝鮮前期族譜的編纂主要依據的是高麗後期以來的户口文書②。

　　户口文書轉載或轉寫於族譜還有一個重要原因是户口文書在民間被視作記載内容值得信賴、且具有官方效應的文書。23 件户口文書上的登載人物或是在中央任官職的兩班,或爲地方權勢的鄉吏,皆屬於高麗時期的

---

　　① 宋俊浩:《朝鮮社會史研究——朝鮮社會的構造和性質及變遷研究》,首爾:一潮閣,1987 年,頁 19—28;權奇奭:《族譜和朝鮮社會——15—17 世紀的譜系意識和社會關係網》,坡州:太學社,2015 年,頁 47—83 。

　　② 宫嶋博史:《從〈安東權氏成化譜〉看韓國族譜的構造特徵》,載《大東文化研究》第 62 輯,2008 年;李正蘭(音譯):《高麗時代系譜記録和財産繼承——以女系家門的繼承權爲中心》,載《女性和歷史》第 23 輯,2015 年。

統治階層。這些人物在族譜中往往成爲始祖或顯祖,是顯彰家族身份的重要人物。因此,將證明祖先身份地位與系譜關係的户口文書收録進族譜,大大提高了族譜相關記載的可靠性。在"李喬户口資料"中,族譜編纂者將兩個版本的户口文書對照過程以注記的形式進行了標注,也是爲了強調依據資料内容的可靠性。這在朝鮮後期的譜學家趙從耘編撰的《氏族源流》一書中得到了很好的體現。趙從耘爲了整理各家門的系譜關係,積極收集各家所藏的高麗後期户口資料和早期的譜系記録。他在推尋的世系圖旁邊補充户口資料的内容或獲取經緯,以強調其復原的系譜是有據可尋的①。

圖 1　高麗後期户口文書所録世系的圖示

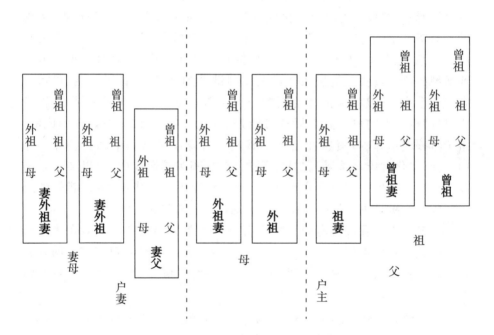

---

① 李正蘭前揭論文對此有具體考證。

四　餘論

　　本文對高麗後期 24 件户口文書的存在形態、格式和記載内容進行了梳理。通過比較户籍原本和轉載或轉寫本的户口文書,我們發現後者的格式有所模糊,記載内容也經過了取捨和加工。户口文書在收録到族譜後主要被凸顯了其中譜系資訊的價值。户口文書以個人爲中心向上推尋父邊、母邊、妻邊世系的譜系記録特徵與"八高祖圖"、"十六祖圖"等族譜出現以前的小規模家系記録頗爲相似。諸多證據顯示,户口文書是推尋、辨析、整理世系,甚至譜系資料實際編纂過程中所依據的重要資料。同時,户口文書作爲具有官方效應的文書,收録進族譜後大大提高了族譜相關記載的可靠性,這是高麗後期户口文書主要以轉載或轉寫於族譜形態保存的重要背景。

　　轉載和轉寫本在記載格式和内容上的變化同時也反映了户口文書在功能上的變化。户籍原本作爲官府編造的户籍,其主要功能是徵兵調役和維持身份秩序。但當户口文書私藏于民間,尤其是被後世收録進族譜以後,其功能則主要體現在證明祖先身份地位與系譜關係上。

　　中國古代對王權所及之處進行"編户齊民"的統治理念影響到了周邊國家。高麗後期已經初步確立了以户爲單位,將不同身份的人編入國家户籍的統治方法。但由於兩個社會在生產力水準和社會構造方面的差異,高麗並没有照搬中國的户口文書形態,而是摸索出了符合自身社會現實的户口登記樣式。同一時期的元代湖州路户籍册以及明初的户帖均爲典型的户口事産登記樣式①。關於高麗後期的户口文書與同一時期的元代、明初的户口文書相比所呈現的記載特徵及其背景等問題,筆者將另作文討論。

（作者單位:中國社會科學院歷史研究所）

---

　　①　王曉欣、鄭旭東:《元湖州路户籍册初探——宋刊元印本〈增修互注禮部韻略〉第一册紙背公文紙資料整理與研究》,載《文史》2015 年第 1 期;欒成顯:《明代黃册研究》,北京:中國社會科學出版社,1998 年,頁 21—26。

域外漢籍研究集刊　第十五輯
2017 年　頁 85—123

金宗直《青丘風雅》編纂體例研究 *

陳彝秋

引　言

《青丘風雅》是金宗直(1431－1492)編定於朝鮮成宗四年(明成化九年,1473)的一部詩歌選本,選録上自新羅崔致遠(853－?),下迄朝鮮初期

＊　本文爲教育部人文社會科學青年項目"《東文選》研究"(12YJC751008)階段性成果、國家社科基金項目"比較視野下明與朝鮮的使臣文學研究"(16BZW084)階段性成果。本文初稿曾於 2016 年 11 月 19 日韓國高麗大學第三屆東亞漢籍交流學術研討會上宣讀,得到了與會諸先生的熱心指點,謹致謝忱。

權擥(1416—1465)共 125 位作家的 517 首詩作①，因金宗直自號佔畢齋，所以此選又稱《佔畢齋精選青丘風雅》。青丘者，海東也②；風雅者，詩歌也，書名寓意此編專選海東詩歌，且所選詩歌"識風教，形美刺，開闔抑揚，深得性情之正"③，"可與《風》《雅》並傳"，"使今之人若後之人，知《風》《雅》之後復有風雅"④，就編纂宗旨而言，《青丘風雅》薈萃、弘揚本國優秀詩歌作品的意願十分强烈⑤。

　　《青丘風雅序》中，金宗直對編纂此選之緣起與經過有十分清晰的説明：

　　　　近世金快軒、崔猊山、趙石磵三老各有選集，石磵駁，快軒雜，猊山

---

　　①　金宗直《青丘風雅》比較常見的版本有奎章閣藏筆寫本七卷一册，延世大學中央圖書館藏木版本七卷兩册，以及藏書閣藏寫本七卷一册(參《韓國古書綜合目錄》，國會圖書館 1968 年版，頁 618、頁 1325)。奎章閣本因卷七"七言絶句"有脱頁數張，故存詩僅 509 首，金宗直《青丘風雅序》自言此選"取前後所得而彙編之，通算五百十七篇"，參諸延世大學館藏本，可知奎章閣本所佚八首七言絶句分別是：姜淮伯《寄燈明師》，成石璘《鄭政堂摠夫人挽》、《次張祭酒》，權近《司馬光擊甕圖用中慮韻》、《蓬萊驛懷古》和成侃《道中》、《漁父》，以及下仲良《辛判書故居》。朝鮮初期生員朴致安《興海鄉校月夜聞老妓彈琴》在奎章閣本、藏書閣本中，皆編於卷五尹淮(1380—1436)《正朝》之後，但延世大學館藏本中，此詩亂編入卷四許錦《次龍庵老禪韻贈蔡盤澗》與朴孝修《普門社西樓》這兩位高麗詩人的作品之間，另外，此本卷五尹淮《正朝》之後又增錄有李墍的《朴淵瀑布圖》，因此延世大學館藏本實際選錄了詩歌 518 首，檢諸《青丘風雅諸賢姓氏事略》，李墍之名並未列錄其間，故其《朴淵瀑布圖》一詩應爲後人刊板時竄入。延世大學館藏本以其帙完而流傳較廣，成爲李昌熙譯注《青丘風雅》時所選用的底本；奎章閣本雖有脱頁，但最接近金宗直所編之原貌，因被收入趙鍾業所編《修正增補韓國詩話叢編》，亦爲人所習見。本文所引《青丘風雅》原文，如無特別説明，皆本《修正增補韓國詩話叢編》。

　　②　《史記》卷一百一十七《正義》引服虔注云："青丘國在海東三百里"，即此意也。中華書局 1957 年版，頁 3016。另外，李圭景《五洲衍文長箋散稿·經史篇》述及"東方舊號"，"統而言之，則曰朝鮮、三韓、海東、左海、大東、青丘、鰈域、震檀、槿花鄉"。

　　③　金宗直《青丘風雅序》。

　　④　崔淑精《青丘風雅跋》，《逍遥齋集》卷二，《韓國文集叢刊》第十三册，景仁文化社 1996 年版，頁 42。

　　⑤　鄭淑英《〈青丘風雅〉呈現出的金宗直的選詩意識》一文就金宗直"自國文化的自豪感"有所論析，可以參看。文載《韓國文學研究》第二十九輯，頁 161—182。

之編最爲得體，然而合乎己之權度者，然後收之，故多遺焉。且三老所選，皆忠烈以前之詩，厥後諸作，無有繼而蒐輯者。宗直輒不自揆，欲叢萃爲一編以便覽閱久矣。然文稿之傳世者少，雖有之，身糜偏方，得而觀之爲難，第恐平日所得者，亦隨而忘失。往在鶴城戎幕，轅門寂寥，可以談風月，於是姑就三老所撰而拔其尤者，又採忠宣以下至于今日遺稿可考者，合古、律詩三百餘篇。庚寅歲承乏史局，與國華檢館中舊篋，得春亭諸公裒集未成之書，又録百餘篇。及來天嶺，國華續採若干篇以寄焉。荒僻之地，民事多暇，因取前後所得而彙編之。

因爲金台鉉（1261－1330）《東國文鑑》、崔瀣（1287－1340）《東人之文五七》、趙云仡（1332－1404）《三韓詩龜鑑》所選皆高麗忠烈王（1275－1308）之前的作品，高麗忠宣王（1309－1313）以後至朝鮮初期的詩歌作品缺乏相應的總結，雖有李穡（1328－1396）、卞季良（1369－1430）等相繼致力於斯，然《東人詩》終究“裒集未成”，所以金宗直“欲叢萃爲一編以便覽閱久矣”。“叢萃”詩歌的過程，往往與選録去取的標準和具體的編纂背景密切相關，而“便覽閱”的重心所在，便是如何編排所收録的作品，並通過何種方式使這些詩歌被更加深入地理解與接受，從而真正有效地垂範後世，這就不免涉及到《青丘風雅》編纂的體例問題。

　　遵循存者不録的選本編纂常例之外，《青丘風雅》的編纂體例可以略括爲以下四端：一）編首列録《諸賢姓氏事略》，以簡明的詩人生平資料彰明知人論世之意。二）辨體類選詩歌。全編七卷，按五言古詩（52首）、七言古詩（41首）、五言律詩（76首，排律8首附）、七言律詩（107首，排律3首附）、五言絶句（35首）、七言絶句（195首）的順序分卷類編詩歌，辨體意識非常明確。三）各體之下，以人系詩，以時系人。這是繼承自《文選》以來“類分之中，各以時代相次”①的編纂常例（雖然對以時系人的具體執行，《青丘風雅》的實際編排順序略顯混亂），以此略見格律變化、世道升降之跡。四）與同時代選本《東文選》只選作品，省略批點、注釋的體例不同的是，《青丘風雅》録有大量的詩歌評點與注釋，保留了極爲豐富的詩學資料。除以時代先後編排各體詩歌之外，其他三方面的體例特徵在東國選本編纂史上都是不容忽視的新變化，值得給予特別的重視。那么，金宗直爲何會做出這樣

---

① 　蕭統《文選序》，（梁）蕭統編，（唐）李善注《文選》，中華書局1977年版，頁2。

的安排？這樣的編纂體例又體現出他怎樣的詩學理念？本文試圖以漢文化圈爲視野與方法，對此做出初步的討論。

一　《青丘風雅》的詩歌辨體與編次

　　據前引《青丘風雅序》，自世祖十一年（明成化元年，1465）至十三年間，金宗直在鶴城戎幕時著手銓擇，至成宗四年於咸陽任上編訖，《青丘風雅》的編纂前後歷時大約八、九年，在此過程中，參編《東文選》的崔淑精（字國華，1435－1480）在詩歌的蒐集整理方面提供了很大支持，間接參與了《青丘風雅》的編纂。《東文選》的編纂起意於世祖十二年（明成化二年，1466）①，成書於朝鮮成宗九年（明成化十四年，1478），《青丘風雅》與《東文選》的選詩都有對東國前代至朝鮮初期詩歌進行總結的意圖，雖然這兩個選本具體選錄的詩歌作品差異頗大②，但二選在詩歌的分類方式與編排順序上呈現出高度的相似性，均與元末選家楊士弘的《唐音》有著直接的關聯。爲免敘述繁瑣，茲以表格形式比勘如下：

《青丘風雅》		《東文選》		《唐音》之《正音》	
詩歌辨體	卷次	詩歌辨體	卷次	詩歌辨體	卷次
五言古詩	卷一	五言古詩	卷四、卷五	五言古詩	卷一

　　①　本年十月庚子，世祖“命申叔舟、崔恒、姜希孟、梁誠之、丘從直、任元濬、成任、徐居正、李坡、李芮、金石梯、鄭沈等，各率郎廳一人，揀選諸書類聚：曰易、曰天文、曰地理、曰醫、曰卜筮、曰詩文、曰書法、曰律吕、曰農桑、曰畜牧、曰譯語、曰算法”（《世祖實錄》卷四十，《朝鮮王朝實錄》第八册，頁 42），本年十月壬戌，世祖“又召申叔舟、崔恒、徐居正、姜希孟、任元濬、成任、梁誠之、李芮、李坡、金石梯，令書諸書類聚以進”（同上注，頁 45）。因爲並非世祖一時的心血來潮，所以此事必會得到朝鮮君臣相當程度的重視，東國詩文集成《東文選》的編纂類聚應當在此之後不久就已展開。

　　②　《東文選》選錄各體詩歌 2030 首，可稱廣博，但也落下“是乃類聚，非選也”（成倪《慵齋叢話》卷十）的譏議。《青丘風雅》選詩 517 首，其中就有 189 首詩歌爲《東文選》所未收，這與兩部選本在文獻來源、編選標準，編纂者的詩學旨趣，甚而政治立場等方面的因素有所關聯，需另文詳論之，茲從略。

續表

《青丘風雅》		《東文選》		《唐音》之《正音》	
七言古詩	卷二	七言古詩	卷六至卷八	七言古詩	卷二
五言律詩	卷三	五言律詩	卷九、卷十	五言律詩	卷三
排律	卷三	五言排律	卷十一	排律	卷三
七言律詩	卷四、卷五	七言律詩	卷十二至卷十七	七言律詩	卷四
排律	卷五	七言排律	卷十八	排律	卷四
五言絕句	卷六	五言絕句	卷十九	五言絕句	卷五
七言絕句	卷六、卷七	七言絕句	卷十九至卷二十二	六言絕句	卷五
詩歌辨體	卷次	詩歌辨體	卷次	詩歌辨體	卷次
		六言	卷二十二	七言絕句	卷六

《唐音》之《正音》"以五、七言古、律、絕各分類者，以見世次不同，音律高下。雖各成家，然體制聲響相類，欲以便於觀者"①，具體按五言古詩、七言古詩、五言律詩（排律附）、七言律詩（排律附）、五言絕句、六言絕句、七言絕句的順序標目，並類選詩歌，特別是首創"排律"之名，爲此前各種詩歌選本之所未見。據楊士弘的自序，《唐音》選詩"凡十五卷，共詩一千三百四十一首。始於乙亥（元至元元年，1335），成於甲申（元至正四年，1344）"②。自編訖初刊之後，影響甚巨，屢被重刻。後世影響更大的《唐詩品彙》雖在洪武二十六年（1393）即已編成，但明中葉以前"都沒有甚麼影響力，它的影響要到嘉靖（1522－1566）以後才顯現"，"明中葉以前《唐音》影響遠超《唐詩品彙》"③，此言得之。朝鮮中前期的詩壇，因元、明以來唐詩復古詩論的流波所及，一些與唐詩相關的選本如《三體唐詩》、《唐詩鼓吹》、《瀛奎律髓》、《唐音》等陸續東傳，並產生較大影響。其中，《唐音》辨體明晰，篇幅相對適中，也就得到比較多的關注，實際影響自然也就比較大，《青丘風雅》與《東文

---

① 《唐音·凡例》，楊士弘編，張震輯注，顧璘評點，陶文鵬、魏祖欽點校《唐音評注》，河北大學出版社 2006 年版，頁 9。

② 同上注，頁 8。

③ 陳國球《明代復古派唐詩論研究》，北京大學出版社 2007 年版，頁 169－170。

選》的詩體分類可以視爲這一影響的典型代表。

　　筆者曾於拙稿《朝鮮〈東文選〉詩體分類與編排溯源》①中,就《唐音》的
東傳情況做過簡單考述,主要結論如下:《唐音》問世之後不久,李穡等曾經
遊學於元,鄭夢周等曾奉使大明的麗末文人就已表現出對以"排律"、"正
音"等爲重要標誌的《唐音》詩學的接受;書籍《唐音》至遲在朝鮮世宗五年
(1423)以前已傳入朝鮮,早於《東文選》與《青丘風雅》成書大約半個多世
紀;《青丘風雅》與《東文選》的詩體分類既受到《唐音》的影響,又各自表現
出與《唐音》之《正音》不同的辨體特點。但現在看來,拙稿尚有不足之處:
一是受當時寫作條件的限制,没有看到金宗直的《青丘風雅序》,誤將《青丘
風雅》的成書時間系於成宗六年(1475);二是没有充分注意到崔淑精在《青
丘風雅》編纂過程中的地位和作用,直接導致分析《青丘風雅》與《東文選》
的詩歌辨體關係時,膠柱而鼓瑟,因此需要做出進一步的修正與完善。下
文將集中探討金宗直對《唐音》及其詩學的接受情況,以及接受的過程與
軌跡。

　　1.金宗直《青丘風雅序》與楊士弘《唐音序》:1473

　　因爲身後慘罹戊午史禍,金宗直詩文毀佚嚴重,今僅十存二三,雖無類
似成石璘(1338-1423)《偶讀〈唐音〉至韋蘇州詩,次〈幽居〉韻寄騎牛子》這
樣確鑿的詩證可以明確認定金宗直讀過《唐音》,但他作於成宗四年(1473)
的《青丘風雅序》還是很清晰地透露出他對《唐音》的熟悉程度。《青丘風雅
序》曰:

　　　　宗直自學詩以來,往往得吾東人詩而讀之,名家者不啻數百,而其
　　格律無慮三變:羅季及麗初,專襲晚唐;麗之中葉,專學東坡;迨其叔
　　世,益齋諸名公稍稍變舊習,裁以雅正,以迄于盛朝之文明,猶循其軌
　　轍焉。由今日而上溯羅季,蓋幾於一千載,宜其詩之盛且多也,格律雖
　　三變,其間識風教,形美刺,開闔抑揚,深得性情之正,可以頡頏於唐
　　宋,模範於後世者,亦不少也。近世金快軒、崔猊山、趙石磵三老各有
　　選集,石磵駁,快軒雜,猊山之編最爲得體,然而合乎己之權度者,然後
　　收之,故多遺焉。且三老所選,皆忠烈以前之詩,厥後諸作,無有繼而
　　蒐輯者。宗直輒不自揆,欲叢萃爲一編以便覽閱久矣。……然觀是,

　　①　文載《南京師範大學文學院學報》2008 年第 4 期,頁 133-138。

亦可以知吾東方世道之升降矣。

楊士弘的《唐音序》則這樣説道：

> 余自幼喜讀唐詩，每慨嘆不得諸君子之全詩。及觀諸家選本，載盛唐詩者，獨《河岳英靈集》，然詳於五言，略於七言，至於律、絶，僅存一二；《極玄》，姚合所選，止五言律百篇，除王維、祖詠，亦皆中唐人詩；至如《中興間氣》、《又玄》、《才調》等集，雖皆唐人所選，然亦多主於晚唐矣；王介甫《百家選唐》，除高、岑、王、孟數家之外，亦皆晚唐人；《詩吹》乃以世次爲編，於名家頗無遺漏，其所錄之詩，則又駁雜簡略；他如洪容齋、曾蒼山、趙紫芝、周伯弼、陳德新諸選，非惟所擇不精，大抵多略於盛唐，而詳於晚唐也。後客章貢，得劉愛山家諸刻初盛唐詩，手自抄録，日夕涵詠，於是審其音律之正變，而擇其精粹，分爲《始音》、《正音》、《遺響》，總名曰《唐音》。……詩之爲道，非惟吟詠情性，流通精神而已，其所以奏之郊廟，歌之燕射，求之音律，知其世道，豈偶然也哉？①

兩相歸納，可以見出金《序》至少在以下幾個方面與楊《序》暗通精神：其一，將詩道與世道相聯系。二序都認爲詩歌選本的編纂應當具備長時段的包容性，以便更好地從整體上把握詩歌格律發展的變化歷程，並借以更加全面地認識世道之升降。其二，以正格、變格論詩，皆主詩歌格律三變説。《唐音》借《始音》《正音》《遺響》之分，意欲弘揚能得初盛唐"音律之純"的詩風；《青丘風雅》亦持東國詩學三變説，並將專襲晚唐之羅季麗初詩風、專主東坡的高麗中葉詩風視爲詩之變格，推崇麗末以來以學初盛唐爲宗尚的雅正詩風，認爲應當從詩歌之聲律求世代之盛衰，探求詩歌之正變。其三，二序皆强調得"性情之正"的選詩標準。其四，二序都喜歡用"駁"、"雜"、"遺"、"略"等字眼評價其他選本與己意相悖的缺失。如此巨細兼具的趨同性，應當是建立在金宗直對楊士弘《唐音序》十分熟悉的基礎上。

2.金宗直《跋兼善〈南行録〉》：1472

不僅從《青丘風雅序》中可見金宗直對《唐音》詩學思想的繼承，作此序文之前，金宗直就可能與朋友進行過與《唐音》有關的討論。《青丘風雅》纂成的前一年，即朝鮮成宗三年（明成化八年，1472），洪貴達（1438－1504）先

---

① 《唐音評注》，頁8－9。

是被差爲全羅道安撫使,受命前往高山推鞫獄囚,沿途題詠合爲七十餘首,編爲《南行録》,爾後他又充任倭人護送使,道經金宗直的治邑咸陽,金宗直不僅作《贈行詩》相送,還另有《絶句》一首曰:"醉裏湖山入眼中,雕題涅齒挹高風。淋淋寶唾蠻箋濕,自有詩名滿日東。"①此《絶句》在金宗直本集中題作《跋兼善〈南行録〉》,詩中盛贊洪貴達南行之作能吟詠沿途山水之美,並推許其詩藝足以華國。《南行録》今雖失其全稿,但《虚白亭集·續集》卷三中的絶大部分作品即採編自《南行録》,可以據此大略知其原貌。其中有四首詩歌值得注意,分別是《次〈唐音〉韻》、《燈下坐閱〈唐音〉,次武伯蒼"日出事還生"詩韻寓懷》、《次劉夢得〈贈看花諸君子〉韻》、《次唐韻》。前兩首詩題明確提及《唐音》;另外,劉禹錫七絶《(自朗州至京戲)贈看花諸君子》選入《唐音》卷七《正音六》中;《次唐韻》是次王維七律《和太常韋主簿五郎寓目》,此詩亦可見於《唐音》卷五《正音四》,所以,這兩首詩歌極有可能亦爲次韻《唐音》之作。可以推測洪貴達此次南行,隨身攜帶的書籍中應當就有《唐音》,在必要的公務往來之餘,洪貴達特別向金宗直出示了他的《南行録》,並求其題跋。在此文學交流的過程中,正在編選《青丘風雅》的金宗直如果與洪貴達討論起《唐音》,也並非全無可能之事。

3.金宗直編次《亨齋先生詩集》與《唐音》:1465

《亨齋先生詩集序》讓我們瞭解到金宗直很早就對《唐音》詩學有所受容。亨齋即李稷(1362—1431),金宗直因其孫李永蓁的囑托,編訂李稷的詩文集,並作序曰:

> 先生務自韜晦,平生所作,人罕得見之。先生殁後三十餘年,余與先生之孫監察永蓁同官,貸屋又比鄰,相得甚驩。成化乙酉春,監察出守靈川。將行也,示余先生亂稿,曰:"吾祖之功名事業,銘之鐵券、紀之青史者,炳炳也;而獨此文章,無傳焉。吾以是懼,將欲縮節官廩,以圖繡板,子爲吾編之。"余辭不獲,則遂分古、律詩二百九十六篇,彙爲四卷;雜著三篇,附録於左;又竄定先生手草《年譜》,而弁其卷首②。

序言中,金宗詳細介紹的詩集編次體例讓我們印象深刻。"成化乙酉"即明

① 《虚白亭集·虚白亭年譜》,《韓國文集叢刊》第十四册,頁212。

② 金宗直《亨齋先生詩集序》,《佔畢齋集·文集》卷一,《韓國文集叢刊》第十二册,頁406。

成化元年(朝鮮世祖十一年,1465),是年《亨齋詩集》編纂完成,並初刊於世;後因壬辰兵火,原板不存,李穡六代孫江原道觀察使李稜訪得遺稿,重加校訂,於朝鮮光海君十年(明萬曆四十六年,1618)重刊於原州,此刊本只有初刊本四卷詩歌的内容,雜著三篇及卷首之年譜散佚;今習見本爲李氏後人李應協據原州板重刷,補刻於朝鮮英祖十三年(清乾隆二年,1737),其詩歌編排最大程度地保持了金宗直編次時的原貌,彌足珍貴。

《亨齋先生詩集》是現存最早取法《唐音》詩歌辨體編排方式的東人別集,也是金宗直將《唐音》詩歌分體理論運用於編纂實踐的最早嘗試。此集所錄四卷詩歌具體次分如下:

　　　卷一:五言古詩;三五七言;七言古詩
　　　卷二:五言律詩;五言排律
　　　卷三:七言律詩;七言排律
　　　卷四:七言絶句;六言(絶句)

可見《亨齋詩集》相較於《唐音》之《正音》,其詩歌分體大致相同,但亦略有小異:其一,没有專門列出"五言絶句"體,這可能是因爲李穡没有傳世的五言絶句詩。其二,在五言古詩與七言古詩之間,標錄有"三五七言"①一首,以略存其體。其三,"六言"絶句一首的排列順序與《正音》不同,這既可能是再刊的原州本受到《東文選》六言詩處理方式的影響,也可能就是金宗直原編的面貌,但無論如何,能將"六言"單獨表出,本身就是對《正音》詩歌辨體精神的貫徹。

　　考慮到《亨齋先生詩集》的編訖時間恰好就在金宗直起意纂集《青丘風雅》之前,是否可以得出這樣的結論:《亨齋先生詩集》牛刀小試的樂趣直接

---

①　張伯偉《"文化圈"視野下的文體學研究——以"三五七言體"爲例》一文運用"推源溯流"法,將"三五七言體"的源頭追溯至隋唐之際的佛教漢譯偈頌,並在漢文化圈的視野下考察了"三五七言體"在朝鮮半島的流變之跡,極有創見,可以參看(文載《中國社會科學》2015年第7期,頁165—185)。李穡的這首三五七言體詩,題作《題海峯上人嶺月詩卷》,詩云:"山峻極,近須彌。上人常宴坐,皓月揚清暉。請益勤修精念念,學通無相古來稀。"此詩恰好就因題僧詩卷子而作,詩意平淡雋永,亦如偈頌。金宗直將一般情況下被歸入"雜體詩"的這首三五七言詩單獨列出,置於卷一"五言古詩"與"七言古詩"之間,其中的用意與因由,值得關注。

引燃了金宗直類編東人詩歌通代選本《青丘風雅》的熱情？

　　4.《（張寧）庚辰皇華集》的刊佈與《唐音》在朝鮮詩壇影響的擴大：1460

　　《唐音》的東傳雖然較早，但此書朝鮮刊本的出現則頗遲。直到燕山君十一年（明弘治十八年，1505）以後，才有朝鮮刊本問世①，明宗十一年（明嘉靖三十五年，1556），又有頒賜《唐音》之舉②。所以，此前《唐音》及其詩學理論在朝鮮文人中的流播，除了依賴並不常見的元、明刊本，以及朝鮮人的手抄本，就只能藉助師友間的口耳相傳。但同樣是口耳間的流播，不同的發生背景往往會產生完全不同的效果，比如説，當與之相關的討論發生在特重對明事大的外交場合，自會引起加倍的注意。

　　明天順四年（朝鮮世祖六年，1460），頒勅諭使禮科給事中張寧的朝鮮之行及相關的咨詢討論，有效地擴大了《唐音》及其詩學在朝鮮士人中的影響。編刊於本年四月的《庚辰皇華集》，收錄了張寧的《題〈權氏承恩錄〉後並序》，值得關注。此處抄引其序文如下：

　　　　《御製詩》並《應制詩》共一帙，前輩題贊詳矣，夫復何言！況奎章宸翰，照映古今，轇轕宇宙。近（指權近）之辭語亦婉順得體，讀之可喜，宜爲國之所什襲也。然洪武至今，世次已久，不知朝鮮之詩果能皆如近否？《三百篇》以下，詩莫盛於唐。楊伯謙所述分爲三：《始音》猶豐腴，盛唐則沉著，而晚唐《遺響》則漸流麗矣。非朝治之感召盡然也，郡邑鄉里之所好或殊，遂失初意者不能無耳。故雖周、秦之後，鄭、衛之音未能終變，吳、楚之詩不見有取，爲是故也。今天子以聖繼聖，朝鮮之使，職貢相望，耳濡目染，與初意不惟不渝，世久道成，疑心有益之者矣。聲音之道與政通，非小損益也。導其始而美其終，抑惟侯度有光焉。載拜莊誦，復忝以詩③。

明確表達對《唐音》倡揚盛唐詩風的肯定之外，張寧不僅論及《唐音》關於

　　①　《燕山君日記》卷五十八，十一年五月癸卯日下記：“傳曰：《唐詩鼓吹》、《續鼓吹》、《三體詩》、《唐音詩》、《詩林廣記》、《唐賢詩》、《宋賢詩》、《瀛奎律髓》、《元詩體要》，令校書館印進。”（《朝鮮王朝實錄》第十四册，頁3。）

　　②　尹炳泰編《韓國書志年表》，韓國圖書館協會1972年版，頁54。

　　③　趙季輯校《足本皇華集》卷五《庚辰皇華集》，鳳凰出版社2013年版，頁131—132。

《始音》《正音》《遺響》的三分法，還特別强調了《唐音》序言中"音也者，聲之成文者也，可以觀世矣"（虞集《唐音原序》），"求之音律，知其世道"（楊士弘自序）的詩學觀，並進一步提出"聲音之道與政通"。尤可注意者，張寧此詩及序言寫成於朝鮮世祖大王親自出面請題的背景下，其影響力自然有別於明使、館伴間常規性的文學交流。此次請題發生在本年三月甲申日的思政殿國宴上，"上令右議政權擥持陽村《應制詩》一部示張寧，曰：'此人乃陽村權近之孫。大人幸看高皇帝《御製詩》。'寧起謝云：'吾在中國飽聞久矣。'看訖，即賦詩以進。"①張寧席間立賦的敏捷正好可以佐證《唐音》在明前期詩壇的重要地位與影響，而因爲明使的直接揄揚，《唐音》及其詩學理念也更加得到朝鮮文人的推重。在爲《庚辰皇華集》作序時，崔恒（1409－1474）即表示：

> 臣竊惟文運隨世運消長，而以文鳴世者，代各有人，自漢魏而下可數也。然其文章雖足可觀，而或不爲世用；雖遇於世，而文章又不足發之，每患兩全之難也。欽惟皇明御極，大化流淳，蔚啓文運。光岳完，車書混，登賢崇良，布列朝著。士之抱道德、負材藝者，莫不依乘感會，翹英騁俊，奮勵揄揚，以黼黻文明之盛②。

這段貶古褒今的論述既深具頌美大明的外交行文套路，也是在呼應張寧詩序中"聲音之道與政通"的詩學觀。崔恒側重於從作家個體的角度，縮合古今文人文行出處之際的迥異命運，認爲個人文運通達與否，確實與世運消長密切相關。

《皇華集》歷來極受中朝兩國文人的重視，隨著《庚辰皇華集》在朝鮮本國士人中的流傳，他們也會特別注意到其間所涉的文學觀念與文學交流信息。具體到金宗直本人，天順庚辰（1460）至天順壬午（1462）的兩三年間，因爲歷任"掌事大交鄰文書"③的承文院著作、博士等職，金宗直熟悉《皇華集》等外交文獻在所必然。如前所述，其手編於 1465 年的《亨齋先生詩集》在詩歌辨體與編次上就是效仿了《唐音》之《正音》。不僅如此，在《亨齋先生詩集序》中，他也用了很大的篇幅專門討論文運與世運的關係：

---

① 《世祖實錄》卷十九，《朝鮮王朝實錄》第七册，頁 377。

② 崔恒《（庚辰）皇華集序》，《足本皇華集》卷五，頁 113。

③ 崔恒等《經國大典》卷一，保景文化社 1995 年版，頁 59。

　　　世謂文章之與命，不相爲謀。故要妙之作，多發於山林羈旅之中，
達者則氣滿志得，雖欲工，不暇爲也。余則以爲不然。窮者而後加工，
雖信有之，然公侯貴人之能者，亦豈少哉？其器宇之宏，而天分之高，
金章赤紱，若固有之者。出言而金石自諧，觸思而風雲自隨，其仁義之
弸彄於中者，自然泄之於詩而不容掩也，又焉有氣滿志得，若細人處富
貴進之爲也哉？是故，穆如之頌非關於羈旅，紅藥之詠不在於山林，
燕、許擅聲華之宗，韓、范富風雅之製，如是者，代不乏人焉。雖吾東方
之作者亦然。高麗之盛，表表名於世，若金文烈公、李文順公、李大諫、
金員外、益齋、稼亭、牧隱諸先生，非宰樞則給舍也。其未達者，吳世
才、林耆之數人而已。以是言之，益見達者之未嘗不工於詩也。亨齋
李先生，……達者而工於詩，先生亦其人也①。

不難看出，這是針對張寧詩序之“聲音之道與政通”，特別是崔恒《皇華集
序》之“文運隨世運消長”的詩學觀所作出的闡揚發揮，其間，受《庚申皇華
集》影響的線索還是比較清晰的，似乎不容否認。將此與稍後不久《亨齋先
生詩集》的分類編次特點合而觀之，或許可以這樣認爲：《唐音》及其詩學在
朝鮮詩壇的傳播與擴大，張寧之行與《庚申皇華集》起到了推波助瀾的作
用。金宗直或者就是以此爲重要契機，豐富並完善了自己的詩學理論與
觀念。

　　當然，金宗直選擇取法《唐音》編纂《亨齋先生詩集》以及《青丘風雅》，
也是順承了麗末鮮初以來東國選本越來越重視詩歌辨體的趨勢。金台鉉
《東國文鑑》今佚，其詩歌編次情況無從獲知，不過，直接以人系詩的可能性
最大。崔瀣的《東人之文五七》十卷，今僅存卷七（殘）、卷八、卷九（殘），其
體例雖直接表現爲以人系詩，以時系人，不過，如果將三卷殘卷視爲一個整
體進行分析，可以看出其詩歌之排列已初步呈現出五古、七古、五排、五律、
七排、七律、五絕、七絕的潛在順序，這説明崔瀣對詩歌辨體已有自發性的
敏感，但終究受限於以人系詩，没有做出更進一步的明確分體與標目。趙
云仡《三韓詩龜鑑》按詩體粗略區分爲三卷，上卷專録五言詩，雜入五古、五
律、五絕，中卷專録七言律詩和絶句，下卷則專選七言古詩，雖有意於以言
辨體，但並未予以標目，詩歌編排總體上仍然顯得比較混亂。安平大君李

────────

①　《韓國文集叢刊》第十二册，頁 405。

瑢(1418－1453)的《香山三體法》也是比較值得重視的選本,《海東文獻總録》著録此選曰:"匪懈堂選白樂天詩五言四韻及七言四韻、七言絶句,名曰《香山三體法》,自書其後曰:……余幸得元本,浩穰繁亂,難於披閲,今以三體類而出之,庶幾與達道者共之",他模仿周弼《三體唐詩》重新類選白居易詩,其初衷是爲瞭解決元本"浩穰繁亂,難於披閲"①的弊端。與之先後,爲利於觀覽、便於取則,他仍然是以五律、七律、七絶爲區分,又類選李白、杜甫、韋應物、柳宗元、歐陽修、王安石、蘇軾、黄庭堅八家共 658 首詩歌,纂成《八家詩選》。由以上所舉諸例可知,麗末鮮初以來的東國選家已十分注意詩歌的形式辨體。正是在這樣的文學背景與氛圍中,不以專注於某一類或者某幾類詩歌爲目標,而是意在編纂東詩集成型選本的《青丘風雅》(也包括《東文選》)學習並模仿《唐音》的詩歌辨體,就成爲自然而然的選擇。

二　《青丘風雅》的評點與注釋

　　《青丘風雅》是東國現存最早最完整的一部兼具選本、注釋、評點、詩格、詩話等性質於一體的專選本國詩的選本,保存了非常珍貴的詩學文獻。不僅編首專列《諸賢姓氏事略》,而且就所選詩歌"用事之險僻者,略疏本實于下,間有疑難,竊以臆見評釋之"②,非常便於初學者閲讀。《青丘風雅》將選詩、評釋融成一書的編纂體例得到了後人的好評,金烋《海東文獻總録》即稱此選"裒集崔致遠以下製古今詩凡百數十人,各有批點,所撰尤精粹。"③對所涉作者進行文簡意豐的介紹,對所選詩歌做出詳細精當的評釋,既出於選家指引後學閲讀、學習的婆心,也與漢文化圈長久以來的文學評點、注釋傳統一脈相承,同時還直接受到麗末鮮初以來東國文壇重視詩文批解風氣的影響。

一)《諸賢姓氏事略》置諸編首小考

　　七卷詩歌正文之前,特意編入《諸賢姓氏事略》是《青丘風雅》頗具特色的編纂體例。自孟子提出"頌其詩,讀其書,不知其人,可乎? 是以論其世

---

①　張伯偉編《朝鮮時代書目叢刊》第七册,中華書局 2004 年版,頁 3890。

②　金宗直《青丘風雅序》。

③　《朝鮮時代書目叢刊》第七册,頁 3901。

也"以來,這一文學批評的基本方法得到後世的廣泛認同,金宗直以《諸賢姓氏事略》爲所選詩人立小傳,其用意亦本於此。總括姓氏目録及詩人小傳,別爲一帙置諸卷首,既清晰明了,也便於快速翻檢,的確提供了很大的閱讀便利。這樣的安排並不見於此前的東國詩文選本,值得我們去做特別的關注。

1.《青丘風雅》之前的東國選本有爲作家立小傳的傳統

瞭解作家生平有助於更好地把握相關作品,所以,無論是選本的編纂者,還是注釋者都表現出對作家小傳的重視。如元好問編《中州集》,"其例每人各爲小傳,詳具始末,兼評其詩"①,方回在《瀛奎律髓》的詩注中往往首列詩人小傳,郝天挺注《唐詩鼓吹》,亦在詩人名下系以字數不等的小傳等,皆表現出對作者生平的重視。受到這些時已東傳的中國選本的影響,麗末以來的東國選本也建立起爲詩人立小傳的傳統。此就現存選本做一簡單考察。

1)崔瀣的《東人之文五七》。此選以時系人,以人系詩,從現存殘卷看,涉及到趙準、俞升旦、柳伸、張鎰、金坵、宋悦、安珦、洪侃等25位作家,每位作家名下,先行列出所選詩歌的數量,然後例有詳略不一的小傳,簡單介紹作家生平的有關情況。試舉數例,以略觀其中小傳之撰寫體例:

金大諫君綏二首:君綏口口口口之子,明王甲寅崔口口下第一人,官至右諫議大夫。

金平章仁鏡一首:仁鏡,始名良鏡,慶州籍。文王代平章良慎公義珍四世孫,父永固,官至閤門祗候。仁鏡,明王甲寅金君綏榜第二人。忠憲戊寅,以起居注出佐趙沖幕,與皇元口將合臣、扎臘合力攻破遼賊於江東城,遂結懽盟。知壬午、壬辰二舉。歷口至平章事,乙未卒,謚貞肅。子鍊成,忠宣王甲午李奎報下第一人,官至右僕射。

陳司諫澕一十八首:澕,清(按,"清"當作"洪")州驪陽縣籍。父光修,官至侍郎;祖俊,本武人,起行伍,位至平章,庚癸之亂,李義方等殺文臣,欲擊及之,俊曰:文臣固以口肆口口,固有罪矣,然使家無口口,不已甚乎? 勸勿殺。口多全活者。至孫澕兄弟三人,皆登科:湜,明王庚戌皇甫倬榜,官至御史大夫;温,忠憲王癸酉許口榜;澕,神王辛酉崔

---

① 永瑢等《四庫全書總目》卷一百八十八《中州集》,中華書局1965年版,頁1706。

宗湜牓第二人,是其仲也,少與李奎報齊名,時號"李正言、陳翰林",官
至右司諫知制誥。出知公州而卒。

這些小傳往往兼舉字號、籍里、世系、科第、仕履、交遊、性情、佚事等諸多内
容,部分記載可補正史之所闕,有較高的文獻價值①。

　　2)趙云仡《三韓詩龜鑑》。因爲有"拙翁崔瀣批點,石磵趙云仡精選"的
題識,所以一般認爲此選是據《東人之文五七》再選而成。但與《五七》不一
樣的是,《三韓詩龜鑑》有意識地删削作家小傳。例如關於金君綏,只書"大
諫金君綏",關於陳澕,只書"司諫陳澕"等,其他詩人也大致做相同處理。
但崔致遠名下,卻又有注曰:"字孤雲,新羅人,仕唐,爲翰林學士。本集三
十卷"②,雖然十分簡略,但畢竟可以視作詩人小傳。可見,這部再選本不
僅詩歌編排順序比較駁雜混亂,在作家小傳的處理上,也體例不一。

　　對《青丘風雅》之《諸賢姓氏事略》的具體内容進行分析,可以看出,金
宗直既避免了《三韓詩龜鑑》在詩人小傳處理上的體例不一,同時,也很有
意識地精簡詩人小傳的撰寫。爲便對照,仍以金仁鏡、陳澕二人爲例:

　　金仁鏡:初名良鏡,慶州人,少以詩賦擅名,高宗時從趙沖平契丹
於江東城,拜右丞宣,後遷平章事,謚貞肅。

　　陳澕:清(洪)州呂陽縣人,神宗朝登第,累遷右司諫,出知公州,
卒。走筆與李文順公齊名③。

與《東人之文五七》相對翔實的小傳内容相比,金宗直所作的詩人小傳雖然
行文上簡略了許多,但有助於知人論世的内容基本上都被保留了下來。

　　2.東傳之宋、元選本對《青丘風雅》列錄《諸賢姓氏事略》的啓示

　　早在編次《亨齋先生詩集》時,金宗直就已經表現出將知人論世的詩學
理念貫徹於編纂實踐的意願,模仿《唐音》詩歌分類體例類編李穡詩歌之
餘,金宗直特地修訂"先生手草《年譜》,而弁其卷首"④,將《年譜》這樣詳細

① 辛承雲《麗刻本〈東人之文五七〉殘本(卷7～卷9)에對하여》對此有較爲詳細
的討論,可以參看。文載《圖書館學》第20輯,1991年6月版,頁43-489。
② 《高麗時代漢詩文學集成》第六卷,民昌文化社1994年版,頁3。
③ 《諸賢姓氏事略》,趙鍾業編《修正增補韓國詩話叢編》第一册,太學社1996年
版,頁167。
④ 金宗直《亨齋先生詩集序》,《韓國文集叢刊》第十二册,頁406。

的傳記性史料置諸編首，主要就是爲了查閲的方便。這一處理作家別集的既有經驗，也影響到稍後《青丘風雅》的編纂。況且，《青丘風雅》並未遵從此前東國詩文選本以人系詩，以時系人的傳統，而是按詩體將所選詩歌分成八類編排的，也就是説，如果依然選擇在作家姓名之後直接系以詩人小傳，將會面臨這樣的兩難之境：爲便於隨時瞭解作家的基本信息，進而更準確地理解和把握詩歌作品，最有效的方式便是逢人作注，但這必然引發重複之弊；如果不多次地附注詩人小傳，又多少會影響到閲讀的便捷。

金宗直的處理方式是將入選的 125 位詩人小傳集中編爲《諸賢姓氏事略》，並置諸編首。爲便觀覽，金宗直還特意以時代先後爲序，將所選諸賢區分爲“新羅”（5 人）、“高麗”（88 人）、“本朝”（32 人）三個不同時期，這就更加一目了然。《青丘風雅》纂成一百多年以後，許筠（1569－1618）編《國朝詩删》，也是按體類選詩歌的，面對同樣的問題，他的解決方式是：入選的作家第一次出現時，在其名下直接附注詩人小傳，其他詩體中再次選到這位作家的作品時，就在其名下標注“再見”、“三見”等字樣，以爲回翻查詢的提示。這樣的安排雖然避免了注釋内容的前後重複，可是對於讀者而言，又不免陷入另一種形式的煩瑣，反而不如《青丘風雅》處理得明白利落。而從篇幅長短須合其宜的編纂者的角度去思考，也就很容易理解爲何金宗直會有意識地精簡詩人小傳的文字表述。

檢諸東人文獻，《青丘風雅》纂成之前，並未見有與《諸賢姓氏事略》同樣的編纂體例。那么，金宗直的這一安排是對中國選本的學習模仿，還是獨出心裁的原創呢？

爲了讓讀者對選本中作者的選録情況擁有全局性的把握，宋以來的選家就已經有意識地做出了行之有效的嘗試。如《唐音》，正文之前列録有楊士弘手編的《唐音姓氏録》，並附注了簡單的籍貫資料，入選了哪些詩人一覽即明。金宗直對《唐音》的熟悉，上文已有詳細辨析，茲不贅述。又如《聖宋名賢五百家播芳大全文粹》，這是一部按文體類選“宦途應酬之作”的選本，“題曰《五百家》，而卷首所列姓氏實五百二十家”①，網羅可謂極富，因《姓氏録》中作家多以字行，故而又簡單地附注其名。此選之編纂定位於官場應用，其中選録了大量的表箋作品，高麗時代東傳入鮮之後，影響一直很

---

① 《四庫全書總目》卷一百八十七《五百家播芳大全文粹》，頁 1698。

大。朝鮮對明事大,世宗大王就曾特別强調"表箋之作,要須精切",多次令人設法購求此書善本,並多次刊板賜諸文臣,以資研習模仿,可以說,朝鮮的文臣鮮有不熟悉《宋播芳》的①。又如《宋播芳》的續編《聖元名賢播芳續集》,亦效仿《宋播芳》的體例,六卷正文之前,亦列有姓名錄,題作"名賢總目 計一百二十三家"②,此書有高麗恭愍王二十二年(洪武六年,1373)十二月的刻本,現藏日本宮内廳書陵部③,這一高麗刊本的存在本身就說明《元播芳》自麗末以來就頗受重視的事實。上述選本都是分體編次作品的,都採用了在編首羅列姓名錄的體例,據此可以清晰迅捷地瞭解全書選取了哪些作家的作品。但這些選本對作家的介紹僅限於字、號、籍里等簡單的内容,對更深入理解其作品助益甚微。而金宗直的《諸賢姓氏事略》是將詩人小傳與姓名錄合而爲一的,不僅總體呈現出《青丘風雅》的作家選錄情况,而且也對讀者瞭解作家生平真正有所裨助。

　　金宗直編撰《諸賢姓氏事略》時,應當直接取法了《三體唐詩》裴庚增注本的相關體例。

　　周弼《三體唐詩》專選五律、七律、七絕,原本無注,元大德九年(1305),圓至注本付梓,四年以後的元至大二年(1309),又出現裴庚的注本。裴庚注本或稱《諸家集注唐詩三體家法》,或稱《增注唐賢絕句三體詩法》,這兩種版本在中國均已失傳,其中,前者僅存和刻本,後者則既有和刻本,亦有朝鮮刊本。澀江全善、森立之《經籍訪古志》即著錄"朝鮮國刊本"《增注唐賢絕句三體詩法》三卷曰:

　　　　正統元年刊本。卷首有大德九年紫陽山虚叟方回序(裴庚序缺)、《唐世系紀年》、集中人名、《唐輿地圖》、至正(按,"正"應作"大")二年裴庚《咨目》、《諸家集注諸例》及《綱目》。卷首題"增注唐賢絕句三體詩法卷之一　汶陽周弼伯弱選　高安釋圓至天隱注　東嘉裴庚季昌

　　① 詳參拙稿《〈東文選〉"表箋"類作品編纂背景略論》中相關論述,載《南京曉莊學院學報》2016年第2期,頁47—54。

　　② 詳參周清澍《元代漢籍在日本的流傳與刊刻》,載《文史知識》1998年第5期,頁36—42。

　　③ 藤本幸夫《日本現存朝鮮本研究·集部》,京都大學學術出版會2006年版,頁56—57。

增注”。每半板十行，行二十二字。……每注末，白字模出“增注”二字
以別原注。卷末有正統元年韓臣鄭麟趾跋①，云“殿下出賜經筵所藏
善本，許令開刊。遂鋟梓於清州牧，數月而功訖”②。

“經筵所藏善本”應當是指東傳的元刻本。《增注唐賢絕句三體詩法》在朝
鮮除了有正統元年（朝鮮世宗十八年，1436）的刊本以外，燕山君在位時亦
曾重刊。燕山君十一年（明弘治十八年，1505），令校書館印進“《唐詩鼓
吹》、《續鼓吹》、《三體詩》、《唐音詩》、《詩林廣記》、《唐賢詩》、《宋賢詩》、《瀛
奎律髓》、《元詩體要》”③，這次刊行的《三體詩》依舊是裴庾的增注本，據
《日本現存朝鮮本研究·集部》的著錄，東京大學附屬圖書館收藏有刊年約
在成宗、燕山君時代的《增注唐賢絕句三體詩法》三卷一冊，編首的內容構
成中有《三體集一百六十七人》④，即《經籍訪古志》所云之“集中人名”。此
版刊行於金宗直編纂《青丘風雅》之後。而韓國高麗大學晚松文庫、忠南大
學圖書館所藏《增注唐賢絕句三體詩法》皆為零本，且為筆者所未見，故未
可輕斷其刊版年份⑤。筆者經眼的是早稻田大學所藏明應甲寅（明弘治七
年，朝鮮成宗二十五年，1494）的和刻⑥，《經籍訪古志》稱甲寅本是就朝
鮮正統本翻刻重刊而成，唯“方回序後，朝鮮本有‘大德九年乙巳九月初六

---

① 趙克善《冶谷先生集》卷十《三官記·目官》引錄鄭麟趾《三體詩》跋文曰：“雅頌
以還，唐之《三體詩》聲律美而美形刺焉。如‘地下若逢陳後主，豈宜重聞後庭花’，可以
戒流連之樂；‘此日六軍同駐馬，當時七夕笑牽牛’，可以警色荒之愆；‘憑君莫話封侯事，
一將功成萬骨枯’，則喜功者亦可以少悟也；‘自古浮雲蔽白日，洗天風雨幾時來’，則謀
國者亦可以少省也。學詩者誠不可以不觀”，可據而略窺此跋文之一斑。（《韓國文集叢
刊續集》第二十六冊，頁 259）

② 賈貴榮編《日本藏漢籍善本書志書目集成》第一冊，北京圖書館出版社 2003 年
版，頁 432—433。另據《冶谷先生集》卷十《三官記·目官》曰：“今見正統元年刊行《三
體詩》，卷末記校正人姓名，有曰‘成均生員姓某者三人’”，又可知《增注唐賢絕句三體詩
法》朝鮮刊本的卷末按例附有校正人的姓名。

③ 《燕山君日記》卷五十八，十一年五月癸卯，《朝鮮王朝實錄》第十四冊，頁 3。

④ 《日本現存朝鮮本研究·集部》，京都大學學術出版會 2006 年版，頁 66。

⑤ 全寅初《韓國所藏中國漢籍總目》第五冊，學古房 2005 年版，頁 261。

⑥ 承蒙卞東波教授提示此本信息，並惠示此本，謹致謝忱。

日'數字,舊刊本俱删去,不知何謂"①。甲寅本與正統本皆沿元刻本而來,其編首構成亦同,《唐世系紀年》後即附以《三體集一百六十七人》,爲所録詩人集中立小傳。

朝鮮初期詩壇以宗唐爲尚,《三體唐詩》、《唐音》、《瀛奎律髓》、《唐詩鼓吹》等選本均受到士子們特别的重視,其中,《三體唐詩》裴庚增注本朝鮮刊本的出現更擴大了其流播的範圍,研習揣摩之餘,相關的次韻、評論之作也比較多。金宗直編纂《青丘風雅》時,可以參看到的《三體唐詩》即爲鮮初詩壇較爲習見的正統本《增注唐賢絶句三體詩法》。

雖然都是爲所選詩人集中立小傳,但稍作比較,即可發現金宗直《諸賢姓氏事略》與《增注唐賢絶句三體詩法》之《三體集一百六十七人》的撰注體例是同中有異的。先觀其同:從詩人小傳的撰寫體例看,二者皆秉持知人論世之意,小傳在内容上大多按例涉及詩人的字、號、籍里、科第、仕履、交遊等,也會兼涉部分作家詩歌風格的評價,但撰述態度均極爲嚴謹,不輕下無根之言,少數生平信息難詳者,僅存列姓名,闕而不注。無論是爲自己選本撰注的金宗直,還是爲前賢選本作注的裴庚,都意在爲世人提供一個可以據信的優秀讀本。次察其異:就詩人及小傳排列的實際情況看,二者差異頗大。因爲《增注唐賢絶句三體詩法》先録七絶,再録七律,後録五律,所以,《三體集一百六十七人》以杜常、王建、薛能等作品選入七絶"實接"法的詩人爲首,終之以李敬方、孫欣、張鼎、戎昱、姚倫、温憲等作品爲五律"結句"法之例的詩人,其作家小傳的排列既未遵從年代之先後,也並非按選録作品數量的多寡,而是以作家出現的先後順序來編次的。從閲讀者的角度看,這種編排方式無疑提供了相當的翻檢便利,與《增注唐賢絶句三體詩法》的詩格性質頗爲契合。如前所述,金宗直作《諸賢姓氏事略》,將125位詩人以"新羅"、"高麗"、"本朝"的順序標目,並萃爲一編,這一安排可謂獨具匠心,不僅非常有利於實際閲讀中的翻查,而且也很好地兼顧了金宗直編纂《青丘風雅》的初心,這是僅持注詩者立場的裴庚所不必慮及,也不能做到的。因爲《青丘風雅》分體選録詩歌,雖有利於強調不同詩體各自的發展變化綫索,但無形中也弱化了以作家爲中心的詩史性描述,而金宗直編

---

① 《日本藏漢籍善本書志書目集成》第一册,北京圖書館出版社2003年版,頁434—435。

纂此選的目的之一,是要通過自羅季崔致遠以來,下迄鮮初的東國名家的
詩歌作品,觀東詩格律之三變,明東方世道之升降,那麽,借助以時代先後
順序撰述的《諸賢姓氏事略》,自可以作家史的形式簡明而具象地向世人及
後學展示他所理解的東方詩道之變遷。

二)《青丘風雅》的詩歌評釋

將詩歌評釋與詩歌作品相結合是《青丘風雅》又一引人關注的編纂體
例。金宗直在序言中自稱《青丘風雅》僅可"示子姪輩,非敢自附於選詩者
之末也",辭氣雖然謙和,卻難掩其意欲藉此選本指導後學之誠心。因而,
無論是就自身的習詩經驗而言,還是受到相關評釋風氣的影響,金宗直很
理所當然地選擇了對所選詩歌進行翔實細緻的評點與注釋,以便讀者真正
理解這些作品,進而體悟詩家三昧。

1.金宗直評釋《青丘風雅》的文學背景

受右文國策的影響,《青丘風雅》成書之前,整理、刊刻中國詩文別集、
選本已寖成風氣,僅成宗(1470—1494)以前,一些詩文選本、別集及其注本
的朝鮮刊本在數量上就已頗爲可觀。如六臣注《文選》、《詳説古文真寶大
全》、《聖宋名賢五百家播芳大全文粹》、《選詩演義》、《文章正宗》、《三體唐
詩》(即《增注唐賢絕句三體詩法》)、《選詩》、《詩人玉屑》、《楚辭後語》、《樊
川文集夾注》、《五百家注音辯昌黎先生外集》、《分類補注李太白詩》、《唐柳
先生集》、《杜工部草堂詩箋》、《東坡大全集》等皆有刊板①,這些評注本的
刊刻與流傳,不僅有便於朝鮮士人更好地理解相關作品,也爲他們編纂、注
釋中國詩文集積累了經驗。

注釋、編纂中國詩文集在世宗年間(1419—1450)成爲一時風尚②。如
世宗二十五年(明正統八年,1443),"命購杜詩諸家注於中外。時令集賢殿

---

　　① 詳參黃渭周《關於韓國編纂的中國詩選集的研究》,載《中國詩歌研究》第二輯,
頁224—250。

　　② 東國文人注釋中國詩文並不是在朝鮮初期才有的現象。高麗明宗(1171—
1197)以前,崔惟清(1095—1174)就曾經"奉詔撰《李翰林集注》、《柳文事實》。王覽之嘉
賞,鏤板以傳"(鄭麟趾等《高麗史》卷九十九《崔惟清傳》,文史哲出版社1972年版,第
三册,頁153);大約1300年前後,又有釋子山《夾注名賢十抄詩》問世(詳參芳村弘道《關
於〈夾注名賢十抄詩〉》)。

參校杜詩注釋,會粹爲一,故求購之",翌年書成,即《纂注分類杜詩》①。又如安平大君李瑢(1418—1453)不僅纂有《八家詩選》,還編選了《香山三體法》、《半山精華》、《宛陵梅先生詩選》、《山谷精粹》。其中,《半山精華》專選王安石詩歌,"分門類集,略加注解"②;《宛陵梅先生詩選》精選梅堯臣詩歌,亦附以簡單的注解③;《山谷精粹》則是精選黃庭堅"短章之佳者,粹而彙之,就加評論"④而成。這股自覺編選、評釋中國詩歌的潮流對金宗直評釋《青丘風雅》應當有所促進。

　　而最不容忽視的,是《青丘風雅》之前的東國詩文選本大多也附有詳略不同的評注。金台鉉《東國文鑑》的體例是既録作品,又有評注的⑤。崔瀣《東人之文四六》雖不加注,但《東人之文五七》則兼有評注。以洪侃《席上贈白彝齋》爲例,詩末注曰:"公與彝齋會,聯句,白唱云:'鷗入荻花能避雨',公擊節嘆賞,即對曰:'蜂隨柳絮不經風'。又作此詩贈之"⑥,這條注文介紹了此詩的創作緣由。《五七》雖無完帙,但據《五七》精選而成的《三韓詩龜鑑》保存有崔瀣的十二條評注,此處迻録如下:

　　　　崔致遠《蜀葵花》:拙翁曰:公自況。

　　　　崔致遠《江南女》:拙翁曰:若用"謾"字,尤妙。

　　　　崔惟清《雜興九首》:拙翁曰:雜興九首,可多讓于古人?

　　　　金莘尹《庚寅重九》:拙翁曰:見之不覺墮淚。

　　　　崔致遠《秋日再經盱眙縣寄李長官》:拙翁曰:陳輔《訪淮陰詩》與

①　關於此書之注者、底本及注釋的具體内容、特點等問題,可參看左江《〈纂注分類杜詩〉研究》,載張伯偉編《域外漢籍研究集刊》第一輯,中華書局 2005 年版,頁 141—170。

②　《海東文獻總録》,《朝鮮時代書目叢刊》第七册,頁 3890。

③　《清芬室書目》著録此書曰:"世宗二十九年丁卯錦山刻本,安平大君瑢編,選出宋梅堯臣詩,分爲上下二卷,略加注解。"《朝鮮時代書目叢刊》第八册,頁 4531。

④　崔恒《山谷精粹序》,《太虚亭集·文集》卷一,《韓國文集叢刊》第九册,頁 191。

⑤　徐居正《筆苑雜記》曰:"世傳金富軾妒才忌能,害鄭知常。今考《麗史》,知常墮妙清術中,羽翼悉去,而自全實難,非富軾所得私貸。且本傳及諸書無一語及枉害,而世之所傳如是,何耶? 近考金台鉉《東國文鑑》,注曰:'金、鄭於文字間積不平。'然則當時已有是言矣。"據此可知。

⑥　《東人之文五七》卷九。

此一意,豈偶合耶?

　　鄭襲明《贈妓》:拙翁曰:《破閑》云:南州有妓色藝俱絶,爲一官甚眷,及罷將去,大醉曰:"我若去郡數步,必爲人看。"用蠟燒兩頰,無完肌。

　　林椿《寄友人》:拙翁曰:進退格。

　　李仁老《宴金使口號》:拙翁曰:"山頹"二字,奚取于壽詞?

　　李奎報《漢江》:拙翁曰:"天王不返",指言何事?

　　李奎報《延福亭》:拙翁曰:延福亭賦者多矣,無此指(旨)意深長。

　　張鎰《過昇平郡》:拙翁曰:曾倅此郡,太守孫億眷官妓好好,按部重過,好好老矣。

　　金坵《過鐵州》:拙翁曰:昔北兵來寇,州倅李元楨固守,力盡,知不免,遂焚官倉,領妻子投火而死①。

以上十二條評注,三條注文旨在揭示創作背景及相關本事,其餘九條評點的內容則既涉及題旨的揭櫫,也有對詩藝的賞析與評價,既論詩韻,又批詩病,頗有見地。值得注意的是,趙云仡《三韓詩龜鑑》摘録崔瀣評注的同時,自己也留下兩條批注:一條是評點,評崔致遠《旅游唐城有先王樂官將西歸夜吹數曲戀恩悲泣以詩贈之》曰"千載之下,使人酸愴"②;一條爲注釋,李混《西京永明寺》詩題下有署爲"石磵"的注文曰:"古朝鮮檀君已檀君壽一十八百歲,在位一千五百年。后箕子受武王命爲都,檀君移都莊唐京,京在今文化郡九月山東"③。由以上諸例可知選本與評注並行,亦是長久以來中國選本影響下東國選本的編纂常例。

　　在上述整理、編纂、刊刻、評注的文學背景與傳統下,金宗直完成了《青丘風雅》的編纂。《青丘風雅》不僅在文獻來源上直接受益於此前的東國選本,而且也繼承了此前中國與東國選本將作品與評注相結合的編纂體例。

　　2.《青丘風雅》詩歌評釋的內容與體例

　　《青丘風雅》的詩歌評釋,具體包含評點與注釋兩方面的內容。評點著意詩學批評,而注釋則往往涉及訓詁、章句、義疏等語言學、文章學與文獻

---

① 以上拙翁評注,皆録自趙云仡《三韓詩龜鑑》,民昌文化社 1994 年版。

② 《三韓詩龜鑑》卷上,頁 7—8。

③ 《三韓詩龜鑑》卷下,頁 136—137。

學的内容。《青丘風雅》之前東國選本的評注,是比較偏重評點的,間有少量的注釋,其内容也往往集中於創作緣由的祖述。與前代東詩選家不一樣的是,重視詩歌評點的同時,金宗直也表現出對詳細注釋所選詩歌的特別重視,所以,《青丘風雅》是詩歌評點與詩歌注釋並重的。

1)《青丘風雅》詩歌評點分析

精選詩歌的同時,金宗直還撰有數量可觀的詩歌評點,結合實例要言不煩地解析詩歌的字法、句法、章法以及表達效果,就中寄寓一己之鑑賞心得,並彰明詩法,以訓初學。其詩歌評點的内容與體例,可從以下四個方面略加認識。

(1)評點煉字與煉句

金宗直看重煉字,講究字法。他評偰長壽《春日感寓》“雨餘多牧笛,風急少行舟”云:“多、少,二字妙”,評崔瀣《己酉三月被官後作》“塞翁雖失馬,莊叟詎知魚”曰:“雖、詎二字,含不平意”,評李崇仁《村居》“山氣自黃昏”之“自”曰:“字妙”,評郭興《隨駕長源亭應制賦野叟騎牛暮歸》“太平容貌恣騎牛”之“恣”曰:“字面透”,又評崔元祐《題茂珍客舍》“雨催寒食水生溪”曰:“‘催’字老”。從這些角度各異,程度有別的揄揚中,可知他既強調詩歌用字的精當老到,又主張應有深沉悠遠的意蘊寄託。

對於詩中平實有味的警句,金宗直也不吝讚美。他欣賞李穀《寄仲始司藝》“處心如淡泊,遇事豈蒼皇”的結句,以爲語雖質樸,卻“可爲座右之銘”。他推崇語淺意深的句意表達,評鄭道傳“毀譽是非身尚在,悲歌出處道還同”(《原城同金若齋逢按廉河公崙牧使偰公長壽賦之》)曰:“二句詞意渾融,咀嚼有餘味,洗盡前古騷人遷謫中酸苦之語”。除了點明警策,金宗直亦不諱言前人煉句欠工之處,如評康好文《偶題》首句“風尖月細春猶淺”即曰“纖麗”,麗而不壯故失之纖小,意在提示後學避此詩病。

(2)評點詩歌的修辭手法

詩歌多以含蓄蘊藉爲美,高度凝煉的語言之外,亦講究詩意的形象化表達,與之相應,類比、比喻、借代,甚而雙關、反諷等修辭手法的使用也就成爲常態。此處即以《青丘風雅》中金宗直對類比、比喻手法的評點爲例,稍作闡述。

金宗直十分重視詩中類比修辭手法的揭示與評點。卞季良《感興》詩末評云:“以比賢者守正不苟出”,將詩中的“佳女”與賢人君子相類比;洪侃

《孤鴈行》詩末評云:"似自況",點明"孤鴈"與詩人境遇之類似;朴致安《興
海鄉校月夜聞老妓彈琴》詩末亦評以"自況"二字,以夜深無眠的鳴琴老妓
類比世無知音的詩人;鄭襲明《石竹花》詩末評以"所以自比,亦可謂之四十
字媒也",認爲自戀自矜的石竹花與自信滿滿的詩人正好構成類比關係;鄭
道傳《題樵叟圖》"荆棘芟夷盡,芝蘭何猗猗"句下評點曰:"以採樵況宰相進
君子、退小人",則是以荆棘、芝蘭與青松分別類比小人和君子,以伐荆護松
類比朝廷的黜庸進賢。這些與詩歌原文緊密結合的評點,不僅闡明了評點
者本人對相關作品的解讀,也爲讀者理解詩歌,進而取則提供了直觀明晰
的法門。

對詩歌中的比喻修辭,金宗直亦有頗爲精當的評點。如崔瀣《縣齋雪
夜》"海濤聲裏坐挑燈"的"海濤"意象,經由"謂松聲"三字之評得以點明;又
如金坵《過鐵州》末句"忠魂壯魄向何之? 千古州名空記鐵",金宗直評此句
句眼曰:"鐵,以喻元禎之節",就不僅深諳作者之用心,而且也可讓初學者
生出恍然之悟;又如成石璘《送僧之楓岳》云:"一萬二千峰,高低自不同。
君看日輪上,高處最先紅。"金宗直於詩末評曰:"喻得道之有先後深淺,由
人性之有高下",既闡釋了詩旨,又點明此詩採用的是全篇作喻的修辭
手法。

(3)評點詩歌的創作技法

翻案法在詩歌創作中早已有之,又在宋人手中得以發揚光大。一首詩
如果能在前人相關題材作品的基礎上發前人之所未發,且針對前人習見之
論反其道而行之,就被認爲是深諳翻案之法。金宗直推崇語意皆新的詩
歌,對善於"翻案"者尤爲注意,《青丘風雅》中有三條評論專門論及翻案詩,
分別是:

金克己《漁翁》:(詩)天翁尚不貰漁翁,故遺江湖少順風。人世嶮
巇君莫笑,自家還在急流中。(評)他人多詠漁父閒趣,此詩乃翻案,言
其危險,即"風雨揭卻屋,全家醉不知"之意。

鄭誧《普濟寺鍾》:(詩)金銀佛寺側成圍,夜夜鳴鍾不失辰。誰道
令人發深省,祇能喚起利名人。(評)此翻案法甚妙。

權思復《謝友人惠茶》:(詩)南國故人新寄茶,午窗睡起味偏多。
今人少睡還堪厭,睡可忘憂少睡何。(評)茶雖能醒睡祛愍,不若睡中
之忘憂。此詩翻一轉,語甚佳。

因爲《普濟寺鍾》出於注釋目的而徵引的杜甫詩句已經揭示了相關的舊語和舊義，所以金宗直僅以"此翻案法甚妙"一語帶過，他詳細評點的其他兩首作品，都是先明確"舊案"何指，然後再品評"新案"，内容與思路都非常清晰。

金宗直還很注意點明《青丘風雅》選入的一些特殊"詩體"。如鄭以吾《新都雪夜效歐陽公不以'鹽玉鶴鷺梅絮'之類爲比，又不使'白潔素'等字》詩題下，直接點明"此所謂'白戰體'"。又如李仁復《己酉五月十二日入試院作》詩末評點曰："此詩三句一換韻，乃和山谷詩也"，此詩韻押"行、聲、橫、透、瘦、豆、驄、翁、紅"，與黃庭堅《觀伯時畫馬》詩韻相同。《詩人玉屑》"促句換韻法"引《苕溪漁隱叢話》，亦舉此詩爲例，並釋之曰："此格禁臠①謂之促句換韻。其法三句一換韻，三疊而止。此格甚新，人少用之。"②又評點李奎報《過奇相國林園》曰："此詩家所謂三截句法"。這些評點，其意皆在啓明讀者以相關的作詩技法。

(4)對《青丘風雅》所選詩人、詩作的整體性評點

對詩人、詩作的整體性評點通常系於詩歌之末，闡明詩旨之後，再附以簡要的評語是金宗直批點詩歌時的慣用方式。此處試以《青丘風雅》所录三首保留了前人評點的詩歌爲例，以略見去取之間，金宗直本人的態度。陳澕《春曉》詩下，金宗直曰："金快軒評澕，謂'深於詩，多於情'，信然"，這是通過金台鉉的評點表達自己的看法。成侃《偶書》③詩下，金宗直曰："謂當清明之朝，或有竊弄威福者，詩意似有所指。朴彭年仁叟批云：'詩多奇氣，名不虛得'"，揣摩成侃詩意的同時，也借朴彭年的評點寄寓自己的意見。李堅幹《奉使關東聞杜鵑》詩末，金宗直亦評曰："此詩模寫客中情況，無一字帶塵俗氣。堅幹之名重於東方以此。後有人跋云：'山花句與兩儀存，題遍江南幾處軒。也識青蓮居士後，一家風月有傳孫。'蓋以比李白"，

---

①　按，此"禁臠"當指釋惠洪《天廚禁臠》。詳參張伯偉編校《稀見本宋人詩話四種》所附之《日本寬文版天廚禁臠》"促句換韻法"，江蘇古籍出版社 2002 年版，頁 158。

②　魏慶之著，王仲聞點校《詩人玉屑》卷二，中華書局 2007 年版，頁 47。

③　此詩《真逸遺稿》題作《絶句》，《韓國文集叢刊》第十二册，頁 191。

此條對李堅幹肯定性的評點①隱隱然已是詩話的味道。另外,因金宗直精於史學②,一些評點也可見其史學家的嚴謹態度。白文節《光武》詩云:"百戰車中講六經,八珍案上憶蔞亭。雲臺滿壁丹青濕,七里灘頭訪客星。"金宗直於此詩末先總評詩意曰"四句中道光武之美略盡",隨即附以考證性的批注:"但雲臺圖畫在永平之世,讀者不以辭害意可也。"雲臺圖指漢明帝永平年間爲紀念助其父皇重興漢室的二十八將,於洛陽南宮的雲臺所畫的功臣像,金宗直的提點簡明切要,顯示出深厚的史學素養。

《青丘風雅》採用的是選詩與評釋並行互補的編纂體例,金宗直的詩學觀念不僅體現在詩歌的選録去取之間,也借由他對詩歌作品的評點表現出來。我們不妨從《青丘風雅》中摘録幾條有代表性的評論,以略見其旨。

李齊賢《姑蘇台和權一齋用李白韻》:清壯頓挫。

安軸《王昭君》:太逼唐人。

李崇仁《嗚呼島》:慷慨激烈,吊慰兩盡,五百人有知,能不感泣於冥冥? 東方之詩鮮有其儷。

俞升旦《宿保寧縣》:公之詩大抵工於鍛鍊而無斧鑿痕。

李崇仁《倚杖》:二句絕類盛唐。

金仁鏡《內直》:句清而麗。

鄭知常《長源亭》:語壯麗。

鄭知常《醉後》:艷麗太甚。

李奎報《江上月夜望客舟》:豪壯。

陳澕《春曉》:金快軒評澕,謂深於詩,多於情,信然。

鄭允宜《書江城縣舍》:時必有妨農時之舉,語意微而婉。

鄭瑎《代書寄李起郎》:語富麗。以吾映君,深有怨意。

權漢功《皇慶癸丑酒酣得句書於大同江船艎》:騷語。

鄭道傳《自詠》:有挽回世道之意。

---

① 金宗直評點東詩,褒貶分明,不喜虛美。如同樣是以李白許人,李詹有詩《謫仙吟與李教授別》,此詩詩題下,金宗直冷然下評曰:"教授不知爲誰,恐不能當此詩。"

② 據《佔畢齋先生年譜》,金宗直六歲始入學,入門極正,先小學,次孝經,次六經,然後"讀《通鑑》及諸史百家",三十四歲時,又以年少文臣精於史學者,優選入國家新置七學門之"史學門"。

李詹《晉陽亂後謁聖真》：此詩儼然有扶持世教之意。

李達衷《田婦嘆二首》：此二詩曲盡田婦孤寡飢瘁之狀，可代芹曝之獻。

將這些評點與《青丘風雅》的選詩合而觀之，能看到金宗直很明顯的向初盛唐詩風復歸的態度，具體可從以下三個方面加以認識：一是詩歌創作的題旨要以關乎世道，深於性情爲貴，即使牢騷沉郁，意欲有所怨刺，情感的抒發也要做到語意微婉，怨而不怒；二是詩歌的整體風格以清麗壯美爲上，講究麗而不艷，麗而不纖①，努力擺脫六朝及晚唐詩風的影響；三是注重詩歌字、句、意的鍛鍊，使語意皆新，並最終形成豪華落盡見真淳，一語天然萬古新的語言風格。只有達到上述三方面的要求，才能真正"逼唐人"、"類盛唐"，這實際上是明前期復古派唐詩學理論經由《唐音》等途徑影響朝鮮初期詩壇的必然，而金宗直的《青丘風雅》，正是以選詩、評點的兩相結合傳達著這樣的訴求，並意欲在其間承擔沿其流而揚其波的作用。

2)《青丘風雅》詩歌注釋分析

金宗直爲《青丘風雅》詩歌做注釋，細緻詳備，包羅極廣。舉凡詩中字、詞、句意、詩旨、人物、名物、地理、風俗、典故、本事、創作背景等，皆在其注釋範圍之內，這是此前的東詩選本未曾出現過的現象，爲東國讀者提供了極大的閱讀便利。此處舉其要者，以略見《青丘風雅》的注釋內容與體例。

(1) 釋創作緣由

創作緣由的彰明對準確理解作品至爲關鍵。在總集編纂中記載相關作品的創作緣由經摯虞首創以來②，一直受到後世選家的重視，與前文所述《青丘風雅》之前的東國選家一樣，金宗直也特別表現出對注明相關創作背景的重視。

注釋創作緣由的文字，在《青丘風雅》中的編排並無統一標準，或系詩題之下，或系詩歌之末。一般情況下，是在詩題之後、正文之前直接列出這類注文。如鄭道傳《遠遊歌》詩下注曰："時恭愍王爲魯國公主起影殿，土木大興，公托周秦得失諷之"；又如曹庶《五靈廟》下注曰："庶奉使入大明，流

---

①　鄭淑英也注意到金宗直在《青丘風雅》中表達了尚麗的詩學觀，詳參其《〈青丘風雅〉呈現出的金宗直的選詩意識》，載《韓國文學研究》第二十九輯，頁 161—182。

②　詳參王立群《〈文選〉成書研究》，商務印書館 2005 年版，頁 300—303。

於金齒國,此道經時作”,鄭以吾《竹長寺》下注曰:“寺有祭老人星壇,公嘗
爲善山府使,作此”等等皆是。也有少數注釋被置於詩末。如成侃《遊城
南》詩末注云:“侃在集賢殿與同僚遊城南,分韻賦詩,侃詩先成,諸子皆閣
筆”;又如趙云仡《即事》結句之下有注曰:“此詩談者謂石碣退居廣州村莊,
一日散步林亭,於官道見林堅味、廉興邦妻子係累遠配而去,因賦之”,言明
此注源於“談者”之言。

　　《青丘風雅》中關於創作背景的注釋,其來源的確比較複雜。一部分是
作者的自注,類同詩序。如鄭誧《贈李天覺達尊》詩題下直接系以“自注:時
罷科舉”,李稷《鐵嶺》詩題下亦有“自注:丁亥七月受東北面都巡問之命,有
是行”,權思復《放雁》題下亦録“自注:延安西村主人捕生雁餉余,心不忍,
放之”。也有明確點出是出於他人之手的注釋。如李仁老《元夕燈籠詩》詩
末注曰:“公之《破閑集》載:元宵黼座前設絳紗燈籠,命翰林院製詩,工人用
金薄(箔)剪字帖之,皆賦元宵景致。僕明王時侍玉堂,製進云云,上大加稱
賞,是後皆詠燈,自僕始”,明言節録自李仁老的《破閑集》。還有一些出自
前人選本,然並未注明出處者。如洪侃《席上贈白彝齋》詩題下的注文,與
前文所引《五七》中此詩詩題下的注文,完全一致,可見乃是抄自前人選本。

　　另外,如果不能確證詩歌的創作背景,在注釋的行文語氣上,金宗直也
會有所斟酌。如崔致遠《江南女》詩題下有注曰:“公仕於唐。此詩疑是見
三吳女兒作”;又如鄭誧《瀋陽雜詩》詩題下,金宗直注曰:“按,《本傳》:誧慨
然有遊宦上國意,嘗曰:大丈夫安能鬱鬱一隅耶? 後遊燕都,丞相別哥不花
一見,大愛之,將薦于帝。此詩疑入燕時所作”,都是先行提出與推測結果
相關的證據,然後審慎地表達自己的意見。

　　(2)釋詩歌本事

　　疏解詩歌本事,是爲了消除後學的閱讀障礙。《青丘風雅》中,此類注
文全部系之於相關詩題之下、詩歌正文之前,很符合人們的閱讀習慣,對詩
中所涉本事不熟悉者,讀之即可了然。如在李齊賢《澠池》詩題下,有注曰:
“秦趙會于澠池,秦王請趙王鼓瑟,藺相如請秦王擊缶。秦王不許。相如
曰:‘五步之内,請以頸血濺大王。’左右欲刃相如。相如張目叱之,左右皆
靡。秦王不懌,爲一擊缶”。又如在安軸《范丞相麥舟圖》詩題下,亦注此圖
本事曰:“范文正公遣堯夫至姑蘇取麥五百斛。舟還次丹陽,見石曼卿。
云:‘三喪欲葬,無可謀者。’堯夫以麥舟與之。到家,文正曰:“東吳見故舊

乎?'曰:'曼卿三喪未舉,方滯丹陽,時無郭元振,無可告者。'文正曰:'何不以麥舟與之?'堯夫曰:'已付之矣。'"另外,金坵《過鐵州》詩題下,亦有此類注文曰:"昔北兵來寇,州倅李元禎固守,力盡,知不免,遂焚官倉,領妻子投火而死",這段文字與前文所引保存在《三韓詩龜鑑》中拙翁崔瀣的注文是完全一致的,《青丘風雅》或許是直接抄錄了前人的注釋,可見《青丘風雅》注釋本事的文字并非全部出自金宗直本人之手。

(3)釋詩歌用典

《青丘風雅》中,關涉詩歌使事用典的注釋文字所佔比重是相當大的,一般採用的是隨文下注的方法。此類注文大體上又可分成兩種情況:一是介紹事典的出處、内容等;二是闡明詩中文典的出處及化用情況。

《青丘風雅》注釋事典時一般直接敘述事典的内容,並不言明其來源。如李齊賢《古風(其四)》"清朝樂無事,十日九下帷"句下直接注云:"董仲舒好學,下帷講讀,三年不窺園",並未點出此典出自《漢書·董仲舒傳》;又如李穀《妾薄命用太白韻》"世無相如才,誰令復舊好"句下,亦徑注曰:"漢武帝陳皇后失寵,居長門宮,聞司馬相如工爲賦,奉黃金爲壽,得賦以獻,遂復幸",等等。有時也將事典的出處與内容一並注明。如陳澕《賞春亭玉蘂花》"十二玉欄春欲暮,急須摹取上鮫綃"下注曰:"《搜神記》:南海之外有鮫人,水居如魚,不廢緝織,時從水中出向人家寄住,積日賣綃",即可爲例。因《青丘風雅》所選皆爲東詩,不可避免會使用到一些東國的史實與事典,這在金宗直筆下也多有明注,如李穀《扶餘懷古》"一旦金城如解瓦,千尺翠巖名落花"句下有注曰:"義慈遊大王浦,蘇定方兵奄至,虜王,宮人驚,墮巖而死,因名落花巖",既釋了地名,也注了事典。特別引起筆者注意的是金宗直對李穡《貞觀吟榆林關作》"謂是囊中一物耳,那知玄花落白羽"一句的評注:"太宗傷目之事,不出史傳。然公遊學中原,豈有所聞耶?"李穡此詩首次提及的唐太宗征高麗而傷目事,歷來流傳廣遠,在後世不同典籍的記載中,經世代累積之功,各種相關細節也越來越詳細。但比較奇怪的是與李穡同時的其他詩人,以及與李穡年代相隔不遠的鮮初士人,卻難有知其詳情者,其中也包括博聞廣識的金宗直。所以,在對此句所涉事典的注釋中,治學態度極爲嚴謹的金宗直語帶分寸地表達了自己的懷疑。

對詩中文典的注釋也極能顯示金宗直的博學廣識。《青丘風雅》中,出注的文典絕大多數源自中國典籍,經史子集皆有涉及。如李崇仁《至日用民望韻》“猶幸知音在，相從一畝宮”句下注以“《禮》：儒有一畝之宮”，金克己《憩炭軒村，二老翁攜酒見寄》“笑傲虛落間，荒狂便濡首”下注以“《易》：飲酒需濡首”等，皆爲典出經部之例。又如朴仁範《九成宫懷古》“追思冠劍橋山月”句下釋 “橋山”曰“《史記》：黄帝已仙天，群臣葬其衣冠劍舄於橋山”，則爲典出史部之例。而引裴鉶《傳奇》中孫恪妻袁氏之事注釋李穀《賦順庵猴孫》“信斷留環處”，則使用了子部小説家言。另外，金宗直在注釋中，“往往將本於中國詩人的詩句表出，從中可以窺見中國詩學在當時的流傳情況”①。如鄭道傳《贈陽谷易師》“縱横變化殊，盡向一中生”下注曰“邵康節詩：天向一中分造化”，偰長壽《春色》“春色可天地”下注云“‘一方明月可中庭’，‘可’字本此”，許錦《礪良園中梅花》“沉吟幾撚髭”下注曰“盧延遜（‘遜’應作‘讓’）詩：‘吟安一箇字，撚斷數莖鬚’”，朴宜中《遣興次韻》“昨非今始覺”下注曰“《歸去來辭》：覺今始（是）而昨非”等等皆是。與此同時，《青丘風雅》也有爲出於東國的文典做注釋者。如東京老人《駕幸東京獻王内相融》“黄葉雞林曾索寞”句下注曰：“崔致遠寄書高麗太祖，有‘雞林黄葉，鵠嶺青松’之語”；又如李邦直《扈駕西都》“春風駿馬繞長城”句下，亦引注曰：“金黄元《西都浮碧樓詩》云：‘長城一面溶溶水’”，强調這些詩句是對東人詩文之典的暗用。

（4）釋詩歌中的字與詞

東人習漢詩，常面臨音、義不能協調的困境，所以，詩中字詞的音、義之釋尤爲重要。《青丘風雅》對詩中用字的釋音方法無定例。或者用直音法，如“陡：音斗”；或者用切音法，如“艴：許極切”。釋義則比較簡單，除了較爲特殊的釋通假（如“研：與硯通”）外，一般格式均如“蹊：徑也”，“迂：遠也”；也有借詞而釋字的情況，如“冶：夭冶、陶冶之冶”，“最：殿最之最，上功曰最”等。釋義而不釋音者固然較少，而只釋音不釋義，僅會發生在一字多音的情況下，如“作詩相棹歌”（李穀《己巳六月舟發禮成江南，往韓山江口阻風》）之“相”，即加注釋曰“去聲”，“不知溪水漲”（偰遜《一夜山中雨》）之“漲”後，注有“上聲”等。在釋字時，最常出現的情況是先釋音，後釋義，如“靰：音逡，皮細起”、“葇：儒佳切，草木華垂貌”，“倩，七正切，借也”等。

釋詞則以義疏爲主，其體例則直譯、參譯兼具。如“子夜：半夜也”，“龍

---

① 　張伯偉《中國詩學研究》，遼海出版社 2000 年版，頁 78。

象：釋”，“圓寂：僧亡曰圓寂”，“堀起，猶助起”，“放手，猶容易”等。對生僻詞、難解詞，《青丘風雅》在釋義時也會兼及釋音，釋音時往往採用“上音＊、下音＊”、“上＊＊切，下＊＊切”的形式，如“闤闠：上音潰，市外門；下音還，市垣”，“詀諿：上叱涉切，下而涉切；細語也”，不過也有例外，如“髯髻：音朋僧，被髮貌，亦髮短也”等。

　　因爲歸根結底是爲了更好地理解詩歌作品，所以金宗直會比較偏重於從理解詩意的角度釋字、釋詞。如李穀《正朝雪》“扇影未分雙闕仗”句下專門作注曰“扇即鹵簿，雉毛扇也”；又如柳方善《雪後》“夜來忽有清香動，知放梅花第幾梢”句下有注曰“知：猶言不知”。而李奎報《遊君家別業西郊草堂》“曤靈近濛汜”之“濛汜”則被簡單解釋爲“日入處”，李崇仁《渡遼曲》“青鳥不來知奈何”句下直接注以“青鳥：指傳音耗者”，他如分別注釋陳澕《中秋雨後》“銀竹已隨雲腳捲，玉盤還共露華清”之“銀竹”、“玉盤”爲“雨”、“月”等，都是重視解釋詞語在詩中的含義，並不拘泥其本義。不僅如此，有時還會出現釋詞用的情況，如成侃《怕寒不出吟呈諸公》“南鄰雲幕柳間橫”句下，釋“雲幕”爲“謂鋪設幕次如雲霧之垂”等。

　　對於語音和文字本就隔閡很大的朝鮮士人而言，結合作品對其中難解字、詞加以音釋與義疏是非常必要的，金宗直的處理既嚴謹，又有針對性，十分有利於初學者解詩。

　　（5）釋詩歌句意與主旨

　　章句之學影響下的詩旨之解、句意之釋從來就是選本注釋中不可或缺的内容，無論是釋創作緣由、詩歌本事，還是注釋詩歌的用典、字、詞、名物、風俗等，最終目的就是盡可能準確深入地理解詩歌作品。《青丘風雅》對詩歌主旨與句意的疏解，並不僅限於釋義，同時也會提供與作品緊密結合的詩學批評，意在點明詩歌之精彩，在作者與讀者之間建立起理解和溝通的橋樑，庶幾無失“綴文者情動而辭發，觀文者披文以入情”①的知音之義。

　　先看《青丘風雅》解釋句意的方法與體例。

　　釋句意最常用的是直接解讀法。有兩句一解者；如崔惟清《雜興》“何如且日飲，實腹而虛心”下注曰：“言君子小人所慕懸殊，然其經營計較之心則同，不若飲酒以實其腹，而虛心於事業也”；又如李穡《短歌行》“遠逝深藏

---

　　①　劉勰撰，范文瀾注《文心雕龍・知音》，人民文學出版社 1958 年版，頁 715。

古所嘆,桐花落地雲千重"一句,初學者難解,故詳加注釋曰:"鳳凰非梧桐不棲,今桐花落地,故遠逝;雲千重者,言龍之深藏也"。亦有四句一解者:如對陳澕《追和歐梅感興》中"吾聞傲吏語,學道無鬼責。問渠百年間,憂患那得力",即解以"言當憂患時不得學道之力,烏在其無鬼責也";又如李穡《讀書》"清風來沉瀏,飛雹動陰黑。玄虯蟠重淵,丹鳳翔八極"句下注曰:"四句狀理之幽顯。"

金宗直常將句意之釋與釋字、釋詞、釋典以及評點結合起來。對金克己《宿香村》"勃磎作魚貫,呭喔紛鳥言"的解釋就兼融了釋字、詞與釋句意:先釋"勃磎"曰:"《莊子》:婦姑勃磎。注:勃,爭也;磎:有所礙也",然後解句曰:"言田家婦姑成列如魚在貫,而喧競笑語,聽之如鳴舌"。釋崔致遠《酬楊瞻秀才》"谷鸎遙想高飛去,遼豕寧慚再獻來"時,先詳釋"遷鸎"與"遼豕"之用典,再繼之以"上句謂瞻,此句自謂",解讀得十分清楚。至於李穡《蠶婦》"流汗走朝夕,非緣身上衣"的解釋,則直接借用了意思相同的宋人詩句:"即'遍身綺羅者,不中養蠶人'之意也",既點明其文典的出處,也闡明了句意。而藉助簡潔明瞭的評點來解釋句意,也是金宗直慣用的手法。如釋李齊賢《上灘》"不妨聽雨留連睡,且喜逢山子細看"時,即云:"可見隨所遇而安之意";又如俞承旦《穴口寺》"雨霄猶見月,風畫不躋塵"一句,想象奇特,語意皆新,金宗直即以"兩句狀寺之高,語意自別"評釋之,就很是精煉。正如金宗直在《青丘風雅序》中明言他會間以"臆見評釋之",由以上評釋可以看到選家本人的明確態度,而此態度又非僅限於文學性的評點,且看金宗直對李穡《讀書》"輔以五車書,博約見天則。王風久蕭索,大道翳荊棘。誰知蓬窗底,掩卷長太息"六句的評釋:上兩句之後注釋曰:"此公之爲學體段",表達對李穡讀書治學風格與用心的肯定;下四句之後,金宗直則評以"公嘆大道之翳,而晚年淫於釋典,助植荊棘,何也"之語,對李穡晚年言行的兩不相符予以質疑,表達一己之意的同時,並存誡示後學之心。

再看《青丘風雅》闡釋詩歌主旨的體例與特點。

《青丘風雅》往往是在詩歌結尾處,以數語"括其大旨",這是承襲前人常例而來。但"括其大旨"的具體方式,《青丘風雅》卻呈現出多種不同的體例。

一種情況是直接以幾句話概括詩歌主旨。如成侃《龍門百年桐》詩末釋以"此詩謂君子不偶時,功業未立至於死,而後人歆其名譽",李穡《胡馬吟》詩末釋以"詩意謂苟俊杰之材，雖夷狄，可用於中國"，李稷《病松》詩末釋以"雖老病，猶有扶顛持危之意"等等，都是採用了這一體例。

一種情況是將釋末句詩意與釋全詩之旨相融合。如李仁老《續行路難》，此詩末二句云"君不見嚴陵尚傲劉文叔，七里灘頭一竿竹"，金宗直綰合末句之用典，釋之曰："詩意謂世路危險，動輒艱險，不若嚴光高尚其志，自樂於漁釣也。"又如李穡《青苔歌》末二句云"豈料傳衣適在我，日日犢走嗔添丁"，金宗直亦釋曰："釋家有'傳衣鉢'之語。詩意謂昔者老僧厭俗人踏損青苔，今日我亦嗔兒童之走踏，是老僧傳衣鉢於我也。"又如釋李詹《汲黯》詩意時，曰"武帝以黯為社稷臣，而卒擯淮陽十年，不召而死，此千古之恨。詩意蓋痛惜之也"，也是與"高才久屈淮陽郡，孰謂當時社稷臣"的句意解釋結合在一起的。

一種情況是闡釋詩歌主旨時，融入帶有選注者主觀判斷的評點。如李穡《晨興即事》詩下曰"寫出老境閒適之味"，偰長壽《宿任實郡次東軒權無悔先生韻》詩下曰"懷土之情隱約濃淡"等，揭明詩旨的同時，也暗蘊金宗直的評論在其中。在李穡《題宣和蜂燕圖與子白同賦》詩末，金宗直曰："模寫蟲鳥非帝王之事。恨不得起徽宗於九原而問之，徒令人悲嘆也"，悲嘆之意尚與李穡相同，而"起徽宗於九原而問之"的感慨痛惜，就純屬金宗直的激憤之語了。再看李崇仁的《新晴》，詩曰："爲愛新晴倚草亭，杏花初結柳條青。詩成政在無心處，枉向塵編苦乞靈。"金宗直評釋此詩曰："詩意謂靈運'春草'之句，淵明'採菊'之詩，俱是景與意會，偶然成文爾，豈區區乞靈於古人之陳語哉？此公自負之作"，顯然已是基於李崇仁詩意所作的借題發揮。

此外，有意識地將所釋詩歌與其他作品進行對比，或溯其淵源，或施以比較，關注同類題旨作品的同中之異、異中之同，也是金宗直《青丘風雅》解讀詩歌意旨的一大特色。主要方法如下：一是與中國詩文進行比較。如評釋金克己《黃山江》曰："世間畏途豈止是耶？一葦之間，憂喜之色可掬，隱然與《渼陂行》同意"，這是引導讀者觀二詩之"同"；而白元恒《白絲吟》詩題下評以"此詩以遣婦比逐臣，與子美《白絲行》意稍異"，卻又指引讀者思其"異"：杜甫《白絲吟》表達的是既要有所作爲，也要持身潔白，不同流合污的人生態度，而金宗直評釋此詩主旨曰"白絲一染不能使之還白，人心則或有悔悟變易之理，其期望深切，可見詩人忠厚之至"，就解答了"意稍異"的內涵。他如崔瀣《四皓歸漢》詩末,金宗直評釋曰:"元學士趙子昂詩曰:'白髮商巖四老翁,〈紫芝〉歌罷聽松風。半生不與人間事,亦墮留侯計術中。'詩意暗合",這是點明了崔詩與趙詩的淵源。金宗直亦宣稱元松壽《正朝賣慵懶》"隱然與退之《送窮》、子厚《乞巧》文末意同",則是將元松壽的詩與韓愈、柳宗元的散文聯繫到了一起。又如李穡《遊子吟》,金宗直釋曰"此用孟郊韻",言此二詩不僅詩意相合,而且李詩爲次韻孟詩之作。二是與本國詩歌進行對比。解讀李崇仁《過淮陰感漂母事》詩意時,金宗直曰:"此詩言高帝思得猛士以守四方,而竟菹醢韓、彭,不若漂母之重國士也,其精靈若在,豈不笑高皇言與志之相戾邪? 益齋(李齊賢)似責項羽①,公似責高皇,意語皆好",將二詩詩意之別闡釋得比較清楚。而他評釋曹繼芳《山寺》時所云"與益齋《山中雪夜》詩同一調度",就兼涉詩意與風格兩方面的對比了。在評釋李齊賢《范蠡》詩時,金宗直將此詩與李齊賢自己的詩作加以對比:"公詠《四皓歸漢》,有'逋翁不爲卑辭屈,未忍劉家又似秦',亦此意。"也許是因爲同人異題而同意,所以,李齊賢的這首《四皓歸漢》,便沒有入選《青丘風雅》。對比論詩作爲傳統詩歌批評方法的一種,由來已久,金宗直基於對比的詩歌評釋嘗試,意在爲《青丘風雅》的讀者示範一條切實有效的詩歌解讀、鑑賞,甚而是創作的路徑。

金宗直傾數年之功,以一人之力纂成《青丘風雅》,編撰態度十分嚴謹,詩歌評釋翔實賅博,示後學以作詩軌範,殊爲難得。雖然也出現一些因獨撰而產生的體例不夠整齊劃一的問題,但瑕不掩瑜。評點之外,金宗直所撰詳備而細緻的大量注釋,使《青丘風雅》成爲後人眼中極爲精粹的東詩選本。這就不免引人深思:與前代重評點、輕注釋的東詩選本相比,爲什麼金宗直會如此重視爲本國詩歌做注釋?

3.《青丘風雅》評釋詩歌用意探析

對選家而言,無論是作品的選錄去取、還是詩文的注釋批評都是極富挑戰性的工作。因爲"選詩誠難,必識足以兼諸家者,乃能選諸家;識足以兼一代者,乃能選一代。一代不數人,一人不數篇,而欲以一人選之,不亦

---

① 益齋李齊賢《淮陰漂母墳》詩曰:"婦人猶解識英雄,一見殷勤慰困窮。自棄爪牙資敵國,項王無賴目重瞳。"此詩亦選入《青丘風雅》卷六"七言絕句"之中。

難乎？"①選詩已非易事，注詩則更不輕鬆，對朝鮮的注漢詩者而言就更是如此了。如姜沆（1567－1618）就曾發出這樣的感嘆："作詩非難，注詩爲難"，並具體解釋説："注詩有三難：世之相後，地之相距，當時事跡，後人難悉，故得其事爲難；筝郭師已與不可傳者死矣，今之所存，惟紙墨之糟粕，故得其情爲難；古人於詩文，遣言下字，各有其體，故得其體爲難。"②也就是説，欲得其"事"，詩歌所涉創作背景、緣由、地理、人物等皆需作注；欲得其"情"，需釋明者，就有涵括詩旨、句意、典故使用等在內的多方面內容；欲得其"體"，需就創作技法、修辭手法等詩法、句法、字法的問題做出細緻的評點。通過上文之例析，可以看出金宗直於《青丘風雅》所選詩歌之"事"、"情"、"體"多有精當的評釋。

但注詩畢竟殊爲繁複，即使學問精微如金宗直者，亦不免落入個別細節有欠精緻的窠臼。例如，釋解"東郊痛飲浩浩歌"（尹紹宗《東郊》）時，誤署文天祥《浩浩歌》爲馬子才，未詳何據。而誤注"吐鳳成文價益高"曰"揚雄《甘泉賦》成，夢吐白鳳"，誤釋"畫蛇著足難藏拙"（李仁老《扈從放榜》）典出《史記》，也有欠嚴謹，因爲揚雄夢吐白鳳，是其著《太玄經》時，而"畫蛇添足"之典出於《戰國策・齊策》。金宗直也嘗試詳解一些東人難喻的俗語方言，他注"月明措大吟詩席"（權遇《宿開巖寺》）之"措大"曰："世以秀才爲措大，以其舉措大事也"，釋"措大"得名之由爲"舉措大事"，涉嫌望文生義。"措大"原應作"醋大"，李匡乂《資暇集》"措大"條載："或云往有士人貧居新鄭之郊，以驢負醋，巡邑而賣，復落魄不調，邑人指其醋駄而號之。"③所以後世多以"措大"泛稱失意潦倒的士子。不過，金宗直將"山河扶王氣，廟貌見民情"（尹紹宗《錦城拜惠王真》）中的"王"字釋音爲"旺"則情屬特殊：就詩意而言，注讀"王"爲去聲不當，但從平仄角度看，卻又顯得必要。究其因，尹紹宗詩不合律在先，金宗直誤注字音在後，這一本不會出現的錯誤，説到底是後者特重詩歌格律所致，於中反而可以見出金宗直注詩之嚴密。總體而言，上述微瑕並無損於《青丘風雅》評釋的價值。

金宗直不畏煩難，對《青丘風雅》進行箋解，於詩歌險僻疑難處詳加評

---

① 李東陽《麓堂詩話》，丁福保輯《歷代詩話續編》，中華書局1983年版，頁1376。

② 《睡隱詩話》，《睡隱集》卷三，《韓國文集叢刊》第七十三冊，頁68。

③ 《資暇集》卷下，《蘇氏演義外三種》，中華書局2012年版，頁197。

釋,明知受限於眼界學識及文獻獲取,出現些許訛誤無可避免,也並未放棄,其注疏目的絶非其自稱的"示子姪輩"所能涵限。但若糾結於《青丘風雅》編入金宗直之父尋常詩作的事實,再對其自序中"非敢自附於選詩者之末"的言語加以反向揣測,指責《青丘風雅》雖然精粹,卻私存了揚名後世的野心①,恐怕亦不免皮相之談,未能深體金宗直編選、評釋《青丘風雅》的苦心孤詣。

　　就現存文獻以觀,金宗直《青丘風雅》是最早最完整的一部對東人詩歌詳加義解箋疏的選本。此前的東詩選本如《東人之文五七》、《三韓詩龜鑑》、《東人詩》等,雖然也有對所選詩歌的批解條目,但與《青丘風雅》的細密程度卻不可同日而語,且重視評點也遠甚於重視注釋,或者可以説並無專做注釋的意識,直到《青丘風雅》出現。金宗直不僅努力不苟下一條評點,而且更爲關鍵的是,除極少數語意淺直的詩歌外,他是以逐首作注的方式對所選詩歌進行義疏和解讀,這一選擇背後傳達的是金宗直尊崇東人詩歌的良苦用心,其中寄託著他以實際行動大力弘揚東詩的殷切願望。

　　以注解箋釋爲明顯表征的推重方式在書籍傳播史的傳統中源流流長。從典籍傳播的實際需求與效果看,對相關作品進行箋疏是不可或缺的重要形式,這一現象早期集中體現在以五經爲代表的儒家經疏之學、《史記》《漢書》爲代表的史部集解中,唐宋以後迅速向集部文獻擴散開來。若從選本的領域著眼,《文選》李善注、五臣注可稱導夫先路者,奠定後世集部注釋體例的同時,也樹立起選本注釋的典範。受其影響,南宋以降,一些詩選本的詳細注解紛紛湧現,如《唐音》、《瀛奎律髓》、《唐詩鼓吹》、《三體唐詩》等,均有不同的注釋版本付梓,被接受的深度與廣度也得到進一步擴大。考諸別集,亦不難發現能享有注釋待遇的往往也是一些大家的作品,如李白、杜甫、韓愈、杜牧、王安石、蘇軾、黃庭堅等。換言之,對於具體的作家、作品而言,能有專門的箋注本無疑是一種尊崇地位的象徵。前文述及世宗以來朝鮮詩壇紛注杜甫詩、王安石詩、梅堯臣詩的現象,亦可視爲此種心態下的

---

　　①　如權應仁《松溪漫録》即曰:"佔畢先生以《東文選》徇私不公,擇焉不精,淘沙揀金,更拔其尤,其文曰《東文粹》,詩曰《青丘風雅》,可謂極精矣。然其父先大夫之作,非超群拔萃而亦在選中,可謂公無私者乎?"(《朝鮮時代書目叢刊》第七册,頁 3901—3902)

産物。

　　而在東國文學典籍的傳播過程中,注釋的有無也同樣能反映出作家作品受重視、被認可的程度。除了少量的單篇作品有作者本人的自注之外,今可確知《青丘風雅》成書之前,有注釋本行世的東人別集至少有兩部:一是李仁老(1152－1220)的《銀臺集》,此集由"菊齋權溥(1262－1346)撰注"①,今佚,注釋内容與體例無從得知;一是鄭道傳的《三峰集》,此集初刊本爲鄭道傳手編,成石璘删定,權近批點,朝鮮太祖六年(明洪武三十年,1396)板行,今不習見,但據此集朝鮮正祖十五年(清乾隆五十六年,1791)刊本,可以看出權近的批點總體上比較簡略,主要涉及創作背景的介紹、人物名號及地名的注解等内容。權溥與權近的撰注行爲中,皆含程度不等的推重之情。

　　世宗二十七年(明正統十年,1445)纂注而成的《龍飛御天歌》與世祖八年(明天順六年,1462)權擥所撰《應制詩集注》是朝鮮初期兩部非常重要的含注總集。《龍飛御天歌》共一百二十五章,爲權踶、鄭麟趾諸臣奉王命而撰,"所紀皆肇基翔業之事,先以歌頌發之,而後敍其實以釋之。其名曰歌,其實則史體也"②,注釋的内容主要涉及具體篇章的主旨、相關人物與事件的史實。與《龍飛御天歌》全爲東人歌章不一樣的是,《應制詩》收録有權近二十四首應制詩、明太祖三首御製詩,以及中朝兩國諸家序跋唱酬之作若干。權擥的增注歷敍了其祖權近的勳舊世係,既對詩歌所涉歷史、地理、風物、樓台、人物等有非常詳盡的箋解,也十分注重詩中字、詞的音釋與義疏,以及相關詩句文典出處的注釋等。這兩部總集的共同特點是重視對詩作本身進行詳細的注解,而且將東人詩篇作爲箋釋的主要對象,這是此前未有的新現象③。不過,細究起來,對這兩部總集的箋釋行爲都是政治因素主導下的産物,特別是《應制詩集注》,還摻雜有太多的私情。而金宗直纂釋《青丘風雅》雖在這兩部總集成書之後,但卻更爲單純明確地傳達出對東人詩歌出於至誠的尊崇。

————————

　　①　金烋《海東文獻總録》,《朝鮮時代書目叢刊》第七册,頁3463。
　　②　洪奭周《洪氏讀書録》,《朝鮮時代書目叢刊》第八册,頁4235。
　　③　高麗釋子山《夾注名賢十抄詩》雖然也涉及崔致遠、朴仁範、崔承祐、崔匡裕這四位新羅入唐詩人,但卻並非出於專意爲東人詩作注的意識。

　　面對著鮮初詩壇由多種中國詩選本構成的喬木成蔭的詩學叢林,金宗直以去取有度的選詩、細緻詳備的評釋將《青丘風雅》澆灌成枝繁葉茂的大樹,意圖突出重圍,另立東詩選本的典範,以資東國士人揣摩、學習,其用心不可謂不深細。與金宗直纂注《青丘風雅》大約同時,另一位東國詩文的纂集者徐居正(1420—1488)不僅以編選《東文選》的行爲致敬東國之文,而且用"我東方之文,非宋、元之文,亦非漢、唐之文,而乃我國之文也,宜與歷代之文並行於天地間,胡可泯焉而無傳也哉"①的自覺宣言來傳達對本國文學的自信,在東國文學史上留下濃墨重彩的一筆。但是,在這條弘揚本國文學的道路上,金宗直顯然比徐居正走得更遠,因爲他既有東人詩歌足以"頡頏於唐宋,模範於後世"(《青丘風雅序》)的文學自矜,也借《青丘風雅》的編選叢萃風雅,更重要的是,他還借由《青丘風雅》對東人詩歌的詳細注釋,樹立起一株東人詩選的陰陰秀木,其葉蓁蓁,承接起千年以來東國詩人灑落的陽光;其實累累,滋養著自今而後東國士人學詩的熱望。

結　語

　　本文討論的是《青丘風雅》在編纂體例方面出現的新變化,對其發生背景與淵源進行初步研究,希望通過一些實際問題的解決,深入理解《青丘風雅》在東國選本史上的獨特地位,並進而加深對漢文化圈內典籍流傳、文學觀念交流融通等文化現象的具體認識。

　　首先,從漢籍交流的角度看,《青丘風雅》按五言古詩、七言古詩、五言律詩(排律附)、七言律詩(排律附)、五言絕句、七言絕句的順序標目並類選詩歌,直接源於對《唐音》的學習和模仿,這是東國詩選本受元、明以來唐詩分類學影響出現的新變化。而金宗直的文學活動與《唐音》之間所呈現出的清晰的接受軌跡,使得這一新變成爲必然。

　　其次,將撰注的 125 位詩人小傳彙爲《諸賢姓氏事略》並置諸編首,直接取則於《增注唐賢絕句三體詩法》中《三體集一百六十七人》的體例,同時也受到《唐音》、《宋播芳》、《元播芳》等選本在卷首專列姓名錄風氣的影響。金宗直的創新之舉體現爲按時代先後順序編撰小傳,這寄寓著他以作家史

---

① 　徐居正《東文選序》,《東文選》第一册,太學社 1975 年版,頁 1。

的形式簡明地展示東方詩道變遷的用心。

　　第三,《青丘風雅》的詩歌評點既表達了金宗直的詩學觀,也推動了鮮初詩壇向初盛唐詩風的回歸;有意識地以選本的形式對東人詩作進行詳細的注釋,是自《青丘風雅》才出現的新現象,其中承載著金宗直意欲打破中國詩選本的獨尊地位,別立一部可以頡頏唐宋,模範後世之東詩經典的深細用心,因爲唯有注釋精詳,便于精研效仿,才更容易産生深遠的影響,進而真正垂範。

　　選本的編纂是極爲複雜的工作,所涉及到的問題也多種多樣,本文所涉及的僅是《青丘風雅》編纂體例的幾個方面,篇幅所限,尚有許多極有討論價值的細節未能涉及。例如,以最具特色的詩歌注釋爲例,《青丘風雅》與此前東國文臣編成的《纂注分類杜詩》有無體例方面的關聯、取則? 又如,同爲融選本、評點、詩格於一體的詩學文獻,同樣重視對所録詩歌的詳細注釋,《青丘風雅》與徐居正等人增注的《唐宋千家聯珠詩格》①在注釋體例上又呈現出怎樣的異同? 當有機會參與《唐宋千家聯珠詩格》的增注工作時,金宗直選擇拒絕的真正原因又是什麽②? 這些問題的解決,無疑需要我們進一步拓寬相關研究的思路與視野。

（作者單位:南京曉莊學院文學院）

---

　　①　可參看于濟、蔡正孫編,徐居正等增注,卞東波校證《唐宋千家聯珠詩格校證》,鳳凰出版社 2007 年版。

　　②　成宗十四年(1483)九月丙午,金宗直啓曰:"前日令臣與文臣數員注《珠聯(聯珠)詩格》,臣意以謂古人集注,率皆一人所爲,今徐居正,可專任也。"上曰:"可。"(《成宗實録》卷一百五十八,《朝鮮王朝實録》第十册,頁 518)

域外漢籍研究集刊　第十五輯
2017 年　頁 125—136

《燕行録續集》訂補 *

陳俊達

　　明清兩代來中國的朝鮮使臣留下的數量衆多的使行録，是研究明清中朝關係史最重要的原始文獻。韓國東國大學林基中教授搜集整理的《燕行録續集》（韓國尚書院，2008 年，以下簡稱《續集》）在 2001 年出版的《燕行録全集》的基礎上，對存世的燕行録進行了大量的增補，使學界得以便利地使用這一寶貴資料，無疑是造福東亞學林的盛事。但本人捧讀《續集》之後，卻發現一些文獻整理方面的問題，故此不憚弊陋，草成此文，希望可以爲學者研讀《續集》提供一點幫助。

一

　　林基中教授在《燕行録全集》的韓文前言中提到，保存到今天的燕行録在500 種以上，他所能確認的約 400 種左右，《全集》整理的在 380 種左右。此番林基中教授對《全集》進行增補，根據《續集》每册所附總目統計，《續集》共收録燕行録 174 種，如果僅從數量上看，的確達到了林基中教授所説的 500 種以上。然而，這是將同一種燕行録的所有不同版本都作爲單獨一種，並且包

　　* 本文爲 2013 年度國家社會科學基金重大項目“朝鮮半島古代史研究”（13ZD105）成果之一。2015 年度國家社會科學基金重大項目“中國古代的‘中國’認同與中華民族形成研究”（15ZDB027）階段性成果。2015 年度國家社會科學基金一般項目“中國古代的‘中國’觀與中國疆域形成研究”（15BZS002）階段性成果。2016 年度教育部哲學社會科學研究重大委托項目（16JZDW005）階段性成果。

括版本重複在内進行計算的結果。《續集》收録一種以上版本的燕行録（其中包括《全集》已經收録，但《續集》收録與之不同版本的燕行録）見下表。

作者	書名	頁數/册	注	作者	書名	頁數/册	注
柳思瑗①	控于録，文興君控于録	133—271/102		柳得恭	熱河紀行詩注	340—454/120	
	寫本文興君控于録	272—388/102			熱河紀行詩	18—32/60	
	印本文興君控于録	389—532/102		朴趾源	熱河日記	9—888/122	
金地粹	印本苔川朝天録	9—46/106			熱河日記	249/53—406/55	
	朝天録	11—46/17			熱河日記	407/55—605/56	
鄭太和	寫本陽坡燕行録	243—271/108			燕行録	243—349/143	△
	陽坡朝天日録	131—222/19			燕行歌，北轅録	11—58/87	△
	己丑飲冰録	315—352/19			燕行録	59—184/87	△
	壬寅飲冰録	353—418/19			燕行録	187—264/87	△
權喜學②	燕行日記（稿本）	447—579/108		洪淳學	燕行歌	265—372/87	△
	燕行日録	9—157/109			燕行歌	373—506/87	△
趙觀彬	悔軒燕行詩附月谷燕行詩	352—410/115			燕行録	11—384/88	△
	燕行詩	568—631/37			燕行歌	385—470/88	△
洪大容	燕行雜記	287—344/118			燕行録	11—168/89	△
	湛軒燕記一	14—101/42			燕行録	169—356/89	△
	湛軒燕記	14—70/49		李承五	觀華志日記	206—280/147	
洪大容	燕行雜記	350—524/118			燕槎日記	100—168/86	
	湛軒燕記三、四	278—537/42		李承五	觀華志隨録	376—464/147	
	湛軒燕記	179—321/49			燕槎隨録	35—126/148	

（注：標△號者爲韓文本）

---

　　①　《續集》第 102 册頁 133—271《控于録》作“書狀官柳思遠”，此書應爲《控于録》的稿本；同册頁 272—388《寫本文興君控于録》爲柳思瑗九代孫寫本；同册頁 389—532《印本文興君控于録》爲《見山先生實紀》收録的印本。

　　②　二書同爲康熙三十六年(1697)出使所記，一爲稿本，一爲印本，但内容有較大差異。

　　需要説明的是,第 105 册頁 12—37 的《西行録》與同册頁 119—144 的
《紫巖西行録》、第 106 册頁 325—405 的《朴蘭英瀋陽日記》與同册頁 406—
483 的《瀋陽往還日記》、第 114 册頁 307—337 的《戊申燕行詩》與同册頁
341—371 的《樗村燕行録》、第 115 册頁 677—688 的《歸鹿集燕行詩》與第
38 册頁 13—24 的《燕行録》、第 141 册頁 411—436 的《澹人燕槎紀行》與第
75 册頁 456—481 的《燕槎紀行》,甚至不是同書的不同版本,而是同書的同
一種版本,是《續集》印重了。

　　在《燕行録全集》的"使用説明"中,林基中教授指出,他所使用的"燕行
録"一詞是對朝天録、燕行録、瀋陽日記、漂海録的總括,但漂海録的作者並
不是出使中國的朝鮮使臣,其身份與前三類著作的作者不同,傳統上也不
將漂海録視爲"燕行録"或"朝天録"。漆永祥對"燕行録"的界定是,"必須
具備兩個充分必要條件:就作者而言,必須是國王派遣的使臣或使團中的
某個成員,個別是負有國王某種特殊使命的官員;就其所到之地而言,必須
是到過中國,或者到過兩國邊境的中國境内。反過來説,不同時具備這兩
個條件,而只具備其中的某一個條件,都不能算做是'燕行録'"①。因此,
《續集》第 101 册收録的洪純彥《唐陵君朝天奇事征》爲朴粲圭撰寫的回憶
唐陵君洪純彦的文章,不屬於燕行録,不應收入。第 103 册收録的朴而章
《癸卯副使時燕行詩》中,頁 87—92 的《泮東鄉飲禮序》、《金鶴峰海槎録後
韻序》、《松雲大師詩集序》,不屬於燕行録,不應收入。第 104 册收録的睦
大欽《丙辰朝天録》中,頁 110—199 的《奉送仲氏赴湖西試院》、《送後溪赴
鶴城》、《題湖邊亭》、《和奉襄陽府伯柳汝常令兄》、《秋夜聞沽客詠史》等,不
屬於燕行録,不應收入。第 114 册收録的姜浩溥《桑蓬録》中,頁 204—288
的《附公與程白書》(公還後十年丁巳)、《附上遊四郡山水記》等,不屬於燕
行録,不應收入。第 115 册收録的李哲輔《丁卯燕行録》中,頁 20—99 的
《暮宿開元寺》、《宿利川》等,皆不屬於燕行録,不應收入。此外,《續集》第
109 册收録的《沈行録(沈使啓録)》爲單篇文檔的匯總,包括乾隆八年
(1743)的《問安正使趙》、乾隆十九年(1754)的《問安正使俞》、乾隆四十三
年(1778)的《問安正使李》、嘉慶十年(1805)的《問安正使李》等,按照燕行

---

　　①　漆永祥《關於"燕行録"界定及收録範圍之我見》,《古籍整理研究學刊》2010 年
第 5 期,頁 60—65。

録的體例不應收入《續集》。

綜上,除去版本的重複,《續集》所收燕行録實爲 167 種,詳見下表:

作者	書名	注	作者	書名	注	作者	書名	注
李詹	觀光録		李澤	兩世疏草,燕行日記		鄭元容	燕槎録	
張子忠	判書公朝天日記		李器之	一庵燕記		李止淵	希谷燕行詩	
申從濩	丙辰觀光録		李健命	寒圃齋使行日記		李輝正	放野漫録燕行詩	
	辛丑觀光行録		金尚奎	甲辰啓下		趙斗淳	心庵燕行詩	
洪貴達	燕行詩		趙文命	燕行日記		任百淵	鏡浯游燕日録	
任權	燕行日記		姜浩溥	桑蓬録		申在植	相看編	
柳中郢	燕京行録		李時恒	燕行見聞録		金興根	燕行詩	
朴承任	嘯皐觀光録		沈金育	樗村燕行録		金賢根	玉河日記	
權擘	燕行詩		趙錫命	墨沼燕行詩		金貞益	辛丑北征日記	
韓濩	辛巳朝天詩		南泰良	燕行雜稿		趙鳳夏	燕薊紀略	
成壽益	朝天録		李哲輔	丁卯燕行録		尹程	西行録	
黄㻋	朝天行録		李德壽	燕行録		李憲球	石萊堂燕槎録	
柳思瑗	文興君控于録		任珽	燕行録		朴永元	燕行日録,燕行録	
朴而章	癸卯副使時燕行詩①		趙顯命	歸鹿集燕行日記			梧墅燕槎録	
鄭轂	松浦癸甲朝天日記			歸鹿集燕行詩		沈敦永	己酉燕行録	
崔晛②	訒齋朝天日録		趙觀彬	悔軒燕行詩附月谷燕行詩	○	崔敬休	北行日記	

① 此書前四首詩爲朴而章于辛卯年作書狀官時所寫,應單獨作爲一種。

② 《續集》第 103 册頁 141—433《訒齋朝天日録》作者作"崔晛",實誤。此燕行録爲《訒齋先生續集》收録印本,由《訒齋先生文集》知,作者姓名爲"崔睍"(崔睍《訒齋集》,《韓國文集叢刊》67,民族文化推進會,1996 年,頁 153—531)。

續表

作者	書名	注	作者	書名	注	作者	書名	注
蘇光震	後泉赴燕詩/朝天日録		尹汲	燕行日記		李啓朝	燕行日記	
申欽	奏請使朝天日記		南泰齊	椒蔗録		黄□□	燕行日記	
鄭士信	梅窗朝天紀行詩		李基敬	飲冰行程曆		權魯郁	山房録燕行栽簡	
睦大欽	丙辰朝天録		李商鳳	北轅録		崔遇亨	燕行録	
安璥	駕海朝天録		李憲默	燕行日録			燕行別曲	
金鑒	朝天日記		洪大容	燕行雜記	○	鄭德和	燕槎日録	
李民宬①	西行録		李心源	丁亥燕槎録		申佐模	澹人燕槎紀行	
金淮	朝天日録		未詳	燕行記著		金直淵	燕槎日録	
吳允謙	秋灘朝天日録		李魯春	北燕紀行	△	朴永輔	錦舲燕槎抄	
許穆	**듁쳔니공헝격녹**	△	姜世晃	豹庵燕京編		丁學韶	西征集	
未詳	竹泉朝天録		魚錫定	燕行録		張錫駿	朝天日記	
南以雄	路程記		趙秀三	燕行紀程		洪淳學	丙寅燕行歌	△
金地粹	苔川朝天録	○	黄仁點	庚戌乘槎録	△		燕行録	△○
金德承	天槎大觀		金箕性	燕行日記②		未詳	游燕録,燕行日記	
申悦道	戊辰朝天時聞見事件啓		宋相琦	星槎録		姜瑋	北遊草	
鄭文翼	私日記		柳得恭	熱河紀行詩注	○		北遊日記	
朴蘭英	瀋陽日記		洪義俊	甲寅燕行詩			北遊續草	

①　《續集》第 105 册頁 55－144《紫巖西行録》作者作"李民寏",實誤。同册頁 9－54 李民宬《西行録》爲《紫巖西行録》下半部分,版本同爲《紫巖先生文集》收録印本,由《紫巖集》知,作者姓名爲"李民宬"(李民宬《紫巖集》,《韓國文集叢刊》82,民族文化推進會,1996 年,頁 61－155)。

②　《續集》第 120 册頁 200－339《庚戌燕行日記》與同册頁 455－576《燕行日記坤(缺卷一)》,實爲《燕行日記》的卷一、卷二,《續集》分作兩種燕行録,實誤。

作者	書名	注	作者	書名	注	作者	書名	注
李浚	歸來亭沈行日記		洪致聞	丙辰苫塊録		徐相鼎	庚午燕槎筆記	
金堉	北征詩		未詳	薊程詩稿		沈履澤	燕行録	
羅德憲	北行日記		吳載紹①	燕行日記		李建昌	北遊詩抄	
李晚榮	崇禎丙子朝天録		洪奭周	淵泉燕行詩		李裕元	薊槎日録	
未詳	瀋陽日録		成海應	燕中雜録		姜蘭馨	乙亥燕行日記	
未詳	同行録,瀋陽質館同行録,沈中日記		朴趾源	熱河日記	○	南一佑	燕記	
鄭致和	燕薊謏聞録		未詳	中州偶録,入燕記		任應准	澹齋談屮	
郭弘址	丙戌燕行日記		李敬㝡	燕行録			未信録	
李時萬	赴燕詩		李鼎受	游燕録		金允植	雲養燕行録	
洪柱元	燕行録		洪義浩	澹寧燕行詩		李承五	觀華志	○
李垶	戊子燕行日記			三入燕薊録			燕槎隨録	
鄭太和	陽坡燕行録	○	未詳	李尚書燕行日記		趙秉世	丁亥燕行日記	
黃㦿②	燕行録		未詳	簡山北遊録		未詳	甲午燕行	
沈之源	丁酉燕行日乘		金學民	薊程散考		未詳	薊程録	

---

　　①　《續集》第 121 册頁 278 作吳載純《燕行日記》。

　　②　《續集》第 108 册頁 272—356《燕行録》作者作“黃户”,實誤。此《燕行録》的版本爲《漫浪集》收録印本,由《漫浪集》知,作者姓名爲“黃㦿”(黃㦿《漫浪集》,《韓國文集叢刊》103,民族文化推進會,1993 年,頁 353—529)。

續表

作者	書名	注	作者	書名	注	作者	書名	注
李海澈	慶尚道漆谷石田村李進士海澈燕行録		權複仁	隨槎閒筆		金進洙	碧蘆燕行詩	
權喜學	燕行日記		南覆翼	椒蔗續編		未詳	燕槎酬帖	
李夏鎮	六寓堂北征録		未詳	隨槎日録		洪聖民	拙翁燕行詩	
鄭晢	南嶽燕行詩		洪錫謨	游燕藁		未詳	皇華程涂考	
洪萬朝	晚退燕槎録		趙秀三	己丑燕行詩		未詳	燕轅日録	
				秋齋燕行録		韓應寅	燕行詩	
金洪福	燕行日記		洪敬謨	槎上韻語		未詳	隨槎日録	
申厚載	葵亭燕京録			冠岩遊記		韓弼教	隨槎録	
柳命天	燕行録			槎上續韻				

（注：標△號者爲韓文本，標○號者也見於《燕行録全集》）

　　其中有 8 種燕行録亦見於《燕行録全集》，故《續集》共新增燕行録 159 種，加上除去版本重複後《燕行録全集》實收燕行録 264 種①。因此，到目前爲止，林基中所確認的燕行録約 423 種左右，符合其在《燕行録全集》前言中所説的"能確認的約 400 種左右"，而傳世的燕行録中尚未被發現的部分，則有待學界繼續探索。

二

　　《續集》所確定的各種燕行録作者的出使時間是存在問題的，以下就個人所見，試考訂幾例如下。
　　（1）第 101 册申從濩《丙辰觀光録》與《辛丑觀光行録》二書，《續集》確定前者的出使時間爲明成化十七年（1481），後者的出使時間爲明弘治九年

---

　　①　楊軍《〈燕行録全集〉訂補》，南京大學古典文獻研究所主編：《古典文獻研究》第十二輯，鳳凰出版社，2009 年，頁 479—483。

（1496）。但1481年爲辛丑年、1496年爲丙辰年。據《虛白先生年譜》記載：
"成宗大王十二年（1481）辛丑夏，充皇太子千秋節進賀使，與書狀官申從濩
赴京"①；《朝鮮王朝實錄》記載："成宗十二年辛丑九月，千秋使書狀官申從
濩，回自京師，上聞見事件"②；申從濩《辛丑觀光行錄》記載："辛丑年書狀
官時作"③；知申從濩首次出使明朝的時間爲1481辛丑年。而據《朝鮮王朝
實錄》記載："燕山君三年（1497）丁巳正月，參判申從濩以正朝使赴京"④，
申從濩《丙辰觀光錄》中的記載爲"丙辰年正朝使時作"⑤，丙辰年爲1496
年，丁巳年爲1497年，申從濩第二次出使明朝的時間待考。

　　（2）第101册任權《燕行日記》，《續集》確定出使時間爲明嘉靖二十五
年（1546）。但據《燕行日記》記載："明世宗嘉靖十八年（中宗大王三十四年
1539）己亥閏七月二日，我爲冬至使，權橃爲宗系卞誣奏請使。同月十七日
晴，自上賜宴，禮曹判書李龜齡、參議蔡世英、都承旨申瑛、奏請使權橃、冬
至使任權參宴……二十六日晴，貢朝方物盡日封裹。二十七日晴，奉表文
發行至慕華館。"⑥知任權的出使時間應爲1539年。

　　（3）第104册安璥《駕海朝天錄》，《續集》確定出使時間爲明萬曆四十
五年（1617）。但據《駕海朝天錄》記載："大明熹宗天啟元年（1621）辛酉，我
朝光海君十三，辨誣，賜銀兩件，謝恩書狀官安璥著。五月十七日晴，在安
州與使臣崔應虛行見官禮于兩天使……"⑦知安璥的出使時間應爲
1621年。

　　（4）第106册金德承《天槎大觀》，《續集》確定出使時間爲明崇禎元年

---

　　①　作者不詳《虛白先生年譜》，洪貴達：《虛白亭集續集》，《韓國文集叢刊》14，景仁
文化社，1996年，頁213。

　　②　《朝鮮成宗實錄》卷一三三，成宗十二年（1481）九月癸酉（2日），國史編纂委員
會，1986年，頁254。

　　③　申從濩《辛丑觀光行錄》，《燕行錄續集》卷一〇一，頁244。

　　④　《朝鮮燕山君日記》卷二一，燕山君三年（1497）正月庚申（18日），國史編纂委
員會，1986年，頁184。

　　⑤　申從濩《丙辰觀光錄》，《燕行錄續集》卷一〇一，頁120。

　　⑥　任權《燕行日記》，《燕行錄續集》卷一〇一，頁363—364。

　　⑦　安璥《駕海朝天錄》，《燕行錄續集》卷一〇四，頁202。

(1628)。但據《天槎大觀》記載:"天啓乙丑仲春下浣金海金德承書於會同館"①。《朝鮮王朝實録》亦載:"仁祖三年(1625)乙丑四月,冬至使權啓、書狀官金德承回泊宣沙浦,令本道都事搜檢其行"②。知金德承的出使時間應爲 1625 年。

(5)第 107 册郭弘址《丙戌燕行日記》,《續集》確定出使時間爲清順治四年(1647)。但據《丙戌燕行日記》記載:"丙戌十月,以禮曹正郎差冬至兼正朔聖節使,書狀官跟同正使户曹參判吕甬載、副使行護軍崔有淵以行"③。知郭弘址的出使時間應爲 1646 年。

(6)第 108 册權喜學《燕行日記(稿本)》與第 109 册權喜學《燕行日録》,《續集》確定出使時間皆爲清康熙十六年(1677)。然而二書爲同一燕行録的不同版本,據《燕行日記》記載:"丁丑閏三月二十九日,爲始燕行日記。康熙三十六年(1697),□山權喜學□記"④。知權喜學的出使時間應爲 1697 年。

(7)第 118 册洪大容《燕行雜記》,《續集》確定出使時間爲清乾隆三十一年(1766)。但據李德懋《天涯知己書》記載:"洪大容字德保,號湛軒,博學好古。乙酉冬,隨其季父書狀官檍,游燕"⑤。《燕行雜記》記載:"乙酉十二月十九日,至山海關"⑥。知洪大容的出使時間應爲 1765 年。

(8)第 120 册金箕性《庚戌燕行日記》與《燕行日記坤(缺卷一)》二書,《續集》確定前者的出使時間爲清乾隆五十五年(1790),後者的出使時間爲清乾隆五十六年(1791)。但兩書是同一種燕行録,且《庚戌燕行日記》首題"行中座目:冬至兼謝恩正使金箕性,……庚戌八月二十八日,拜冬至兼謝恩正使"⑦。《燕行日記》首題"燕行日記卷之二,辛亥正月下,……十八日

---

① 金德承《天槎大觀》,《燕行録續集》卷一〇六,頁 50。

② 《朝鮮仁祖實録》卷九,仁祖三年(1625)四月丙午(29 日),國史編纂委員會,1986 年,頁 5。

③ 郭弘址《丙戌燕行日記》,《燕行録續集》卷一〇七,頁 428。

④ 權喜學《燕行日記(稿本)》,《燕行録續集》卷一〇八,頁 452。《燕行日録》記載與此相同(見《燕行録續集》卷一〇九,頁 20)。

⑤ 李德懋《青莊館全書》卷六三《天涯知己書》,《韓國文集叢刊》259,景仁文化社,2001 年,頁 123。

⑥ 洪大容《燕行雜記》,《燕行録續集》卷一一八,頁 359。

⑦ 金箕性《庚戌燕行日記》,《燕行録續集》卷一二〇,頁 202、208。

癸巳晴,飯後又束裝與白景炫及若而人譯官出往圓明園"①。《朝鮮王朝實錄》記載:"正祖十四年(1790)庚戌八月,以金箕性爲冬至兼謝恩正使……十月,召見冬至正使金箕性、副使閔台爀、書狀官李祉永,辭陛也"②。"正祖十五年(1791)辛亥二月,冬至正使金箕性、副使閔台爀,以離燕狀馳聞"③。知金箕性的出使時間爲1790年,1791年金箕性已經抵達北京,《續集》所標後書的出使時間是錯誤的。

(9)第144册沈履澤《燕行録,乾、坤》與李建昌《北遊詩抄》,《續集》確定出使時間皆爲清同治十二年(1873)。但據《燕行録,乾、坤》記載:"歲在甲戌冬十月二十八日卯時,余以副使拜表出疆,上使李判書會正書狀官李校理建昌,行至募華館"④;《北遊詩抄》記載:"(甲戌)十月二十八日以赴燕書狀官辭"⑤。知沈履澤與李建昌的出使時間皆爲1874年。

還有一些《燕行録》作者的生卒年也存在問題。

(1)第103册朴而章《癸卯副使時燕行詩》,《續集》確定朴而章的生年爲1540年。而據《龍潭先生年譜》,"皇明世宗肅皇帝嘉靖二十六年(明宗恭憲大王二年1547)丁未十一月二十七日午時,先生(指朴而章)生於陝川藍橋裏第"⑥。《龍潭先生行狀》⑦、《龍潭先生神道碑銘》⑧的記載亦同。故朴而章生於1547年,而不是1540年。

(2)第106册金地粹《印本苔川朝天録》,《續集》確定金地粹的卒年爲1636年。而據《苔川先生事實》記載,金地粹"神宗皇帝萬曆十三年乙酉(宣祖十八年1585)十一月六日,生於牟陽縣苔川上竹榖。(毅宗皇帝崇禎)十

---

① 金箕性《燕行日記》,《燕行録續集》卷一二〇,頁460—461。

② 《朝鮮正祖實録》卷三十一,正祖十四年(1790)八月丙子(28日)、十月戊午(11日),國史編纂委員會,1971年,頁167、176。

③ 《朝鮮正祖實録》卷三十二,正祖十五年(1791)二月壬戌(17日),國史編纂委員會,1971年,頁202。

④ 沈履澤《燕行録,乾、坤》,《燕行録續集》卷一四四,頁117。

⑤ 李建昌《北遊詩抄》,《燕行録續集》卷一四四,頁319。

⑥ 作者不詳《龍潭先生年譜》,朴而章:《龍潭集》卷五《附録》,《韓國文集叢刊》56,景仁文化社,1996年,頁208、224—225。

⑦ 趙絅《龍潭先生行狀》,朴而章:《龍潭集》卷七《附録》,頁232—236。

⑧ 姜鋧《龍潭先生神道碑銘》,朴而章:《龍潭集》卷七《附録》,頁238—241。

二年己卯(仁祖十七年 1639)五月十八日,正衣冠,謁家廟,遺戒子侄曰:'只以皇明時官嘟,鐘城府使題主。而丙子後職帖,一切勿録'。且曰:'爲吾子孫者,不赴科宦'。遂痛哭嘔血而卒。享年五十五"①。故金地粹生於 1585年,卒於 1639年。

(3)第 108 册黄㞐《燕行録》,《續集》確定黄㞐的生卒年分别爲 1608年與 1658年。而據《漫浪黄公墓碣銘》記載:"萬曆三十二年(1604)甲辰七月四日生公(指黄㞐)……逾年,考終於公館,即丙申春三月二十七日,享年五十有三"②。故黄㞐生於 1604年,卒於 1656年。

(4)第 112 册李健命《寒圃齋使行日記》,《續集》確定李健命的卒年爲 1772年。而據《右議政忠愍李公墓誌銘》記載:"公(指李健命)以癸卯十月十三日辰時生……莅讁所而加慘刑,時壬寅八月十三日也。越七日報至,公殊無驚動意,進食如常。聞儲宮安否外,無他語,亟取筆以保護東宫之意。草遺疏授家人,寄書告訣于親戚。臨命賦一詩,有許國丹心在,死生入彼蒼之句。遂就戮"③。故李健命生於 1663年,卒於 1722年。

(5)第 115 册李德壽《燕行録》,《續集》確定李德壽的生年爲 1637年。而據《吏曹判書西堂李公行狀》記載:"公(指李德壽)以顯廟癸丑七月三十日,降生於桃洞第……翌年甲子,素患風痹,至是益篤。及啓手之夕,無一眷系之言。以是年五月二十七日,考終於寢,享年七十二"④。故李德壽生於 1673年,卒於 1744年。

(6)第 115 册趙顯命《歸鹿集,燕行日記》與《歸鹿集燕行詩》,《續集》確定趙顯命的生年爲 1690年。而據趙顯命《自著紀年》記載:"余以肅宗即位

① 金龍載《苔川先生事實》,金地粹:《苔川集》卷三《附録》,《韓國文集叢刊續》21,民族文化推進會,2006年,頁 542、544—545。

② 李瀷《星湖先生全集》卷六二《漫浪黄公墓碣銘》,《韓國文集叢刊》200,景仁文化社,1999年,頁 55—56。

③ 閔遇洙《貞庵集》卷一一《右議政忠愍李公墓誌銘》,《韓國文集叢刊》215,景仁文化社,2000年,頁 492、494。

④ 李裕元《嘉梧藳略》册一九《吏曹判書西堂李公行狀》,《韓國文集叢刊》316,民族文化推進會,2003年,頁 225、229。

之十七年辛未十月庚子二十二日癸卯癸丑時，生於乾洞大茅"①。同樣《領議政忠孝趙公神道碑》亦載："公（指趙顯命）生以肅宗辛未十月……壬申，以議政公卒逝之歲，疏乞侍墓，禮家所疑，而公斷而行之，公積被黨人之交攻，又遭賢嬪喪，慟慨成疾，竟於是年四月卒，壽六十二"②。故趙顯命生於1691年，卒於1752年。

（7）第138冊朴永元《梧墅燕槎録》，《續集》確定朴永元的卒年爲1846年。而據《朴永元行狀》記載："府君以正宗辛亥九月初十日生……是筵在甲寅五月，而厥後亦嘗一再筵参于候班。自七月，素患癖積，一倍沉重。閏七月，上遣掖庭人問病，仍賜内府珍劑，府君附達惶感之辭。十二月，疾患愈就。上遣御醫，持相當藥物，不離看病居數日。因御醫看病書啓，使之附達曰：'賤疾尚無加減，御醫之多日來守，萬萬惶悚，乞即召還，以安病心'。時氣息已奄奄，而猶呼寫不差一字。二十五日疾革，上更遣御醫，不離看病。是日，考終於駝駱洞第之正寝，享年六十四"③。《朴永元墓表》、《朴永元墓誌銘》、《朴永元墓誌》④等上記載與此相同。故朴永元生於1791年，卒於1854年。

此外還應提到的是諸種燕行録書名的確定問題，有一些書名似乎純粹是誤寫。如第108冊鄭太和《寫本陽坡燕行録》，同冊第245頁作《陽坡相公己壬燕行録》，由正文可知"己壬"爲"己丑"之誤⑤。第137冊李憲球《石萊堂燕槎録》，分冊目録作"石燕來槎堂録"，總目録作"石來堂燕槎録"，皆誤。這些都是我們在使用《續集》時需要注意的。

（作者單位：吉林大學文學院歷史系）

---

①　趙顯命《歸鹿集》卷二〇《自著紀年》，《韓國文集叢刊》213，景仁文化社，2000年，頁167。

②　李裕元《嘉梧藁略》冊一五《領議政忠孝趙公神道碑》，頁4、9。

③　朴道彬《朴永元行狀》，朴永元：《梧墅集》冊一四《附録》，《韓國文集叢刊》302，民族文化推進會，2003年，頁509、525。

④　朴道彬《朴永元墓表》、《朴永元墓誌》，趙然興《朴永元墓誌銘》，朴永元《梧墅集》冊一五《附録》，頁531—541。

⑤　鄭太和《寫本陽坡燕行録》，《燕行録續集》卷一〇八，頁246。

域外漢籍研究集刊　第十五輯
2017 年　頁 137—164

1623、1624 年的中國政治[*]

——以李民宬、李德泂、洪翼漢《朝天録》爲中心

俞士玲

　　燕行録是一批非常獨特的文獻，它建立在明清兩代朝鮮使行記録之上，這使它具有史料的性質，也具有遊記的性質。但與一般史料相比，它始終透過使行中人之眼、之筆來觀察、描述和表現；它將所記鑲嵌在確定的時空氛圍中，如田野調查一般，且充滿着瑣事和豐富的細節。與一般遊記相比，使行行程驛站雖受制度規定，但其所見的中國人的身份層次是最豐富的，上到皇帝、權臣，下到鄉間幼童，皆有機會接觸；因使行承擔政治、外交使命，故所呈現的政治生活側面也更爲豐富。

　　1623 年 3 月 13 日晚，朝鮮綾陽君李倧發動政變，廢光海君自立，3 月25 日朝鮮就此事組成奏聞使團，5 月 13 日正使李慶全、副使尹暄、書狀官李民宬帶領使團由海路登陸登州，7 月 26 日至北京，1624 年 3 月 2 日離京，此番使行留下的現可見的漢文文獻有尹暄《航海路程日記》[①]、李民宬《燕槎唱酬集》、《朝天録》[②]等。由於李慶全使團僅完成了一半使命，1624 年 2

---

　　* 本文是韓國學中央研究院（韓國振興規劃辦：KSPS）“海外韓國學教科研重點基地”項目成果（AKS—2013—OLU—2250003）。

　　① 尹暄《白沙公航海路程日記》，見林基中編《燕行録全集》卷 15，東國大學出版社，2001 年版，頁 367—382。

　　② 李民宬《燕槎唱酬集》三卷，見《燕行録全集》卷 13，頁 365—521；卷 14，頁 11—75。李民宬《癸亥朝天録》三卷，見《燕行録全集》卷 14，頁 263—575。本文所引均出此，故僅在引文後出日期，不再出注。

月,朝鮮政府又組建了以李德泂爲正使、吳翻爲副使、蔡裕後（8月,蔡裕後生病,故抽調同年冬至使書狀官洪霌代之,洪霌後改名洪翼漢）爲書狀官的謝恩進賀奏請使團。使行 8 月 23 日登州登陸,10 月 12 日至北京,1625 年 2 月 25 日離京,此番使行留下的現可見的漢文文獻有李德泂《朝天録》①、吳翻《天波集》②、洪翼漢《花浦先生朝天航海録》③等。因尹暄《航海路程日記》篇幅較小,李民宬《燕槎唱酬集》、吳翻《天波集》爲詩歌,公務細節不易展現,故本文主要以李德泂、李民宬、洪翼漢《朝天録》爲中心展開討論。

　　這兩次使行文獻已引起學界的關注,特別是對洪翼漢《朝天録》的使用,已取得了相當豐碩的成果。第一,這是因後金佔據遼東,陸路朝天受阻後改爲海路出行的兩次使行,故爲海路使行研究者所關注;④第二,兩次使行能完成册封朝鮮新國王的外交使命,與後金崛起、與因此而來的倚靠朝鮮抗金、與駐紮朝鮮皮島（朝鮮史料稱椵島）牽制後金的明將毛文龍等關係密切,故引起研究明清之際後金、朝鮮和明朝關係的東亞史學者的關注;⑤

---

① 李德泂《竹泉遺稿》本《朝天録》,見林基中編《燕行録續集》105,尚書院,2008年版,頁 388－495。此《朝天録》非嚴格意義上的李德泂之作。據《竹泉遺稿》《朝天録》後李濟翰所著《識》,李德泂原有詳細的《朝天録》,但丙子亂（1636 年丙子胡亂）時散逸,後來李德泂外孫從吳翻家得李德泂《朝天諺録》,將諺文翻成漢文,李氏後人又參考洪翼漢《朝天録》以及家傳舊聞加以考證,增加了一些唱和詩,此爲《竹泉遺稿》本《朝天録》之由來。此《朝天録》稱李德泂爲"公"。本文所引皆出此,亦僅出日期。

② 吳翻《天波集》卷二自《上即位之次年……》至《船到鹿島東洋……》爲此次使行所作詩,見《韓國文集叢刊》第 95 册,民族文化推進社,1992 年,頁 39－53。

③ 洪翼漢《花浦先生朝天航海録》,見《燕行録全集》卷 17,頁 110－323,本文所引均出此,僅出日期。

④ 如朴現圭《十七世紀前半期朝鮮對明朝海路使行録的分析》,《齊魯文化研究》第十三輯,2013 年,頁 260－273。

⑤ 如吳一煥《海路、移民、遺民社會──以明清之際中朝交往爲中心》,天津古籍出版社,2007 年,頁 48－58、頁 85－86。刁書仁《天啓四年朝鮮使臣的北京之行──以洪翼漢〈花浦先生朝天航海録〉爲中心》（《學習與探索》,2012 年第 3 期,頁 151─156）、《天啓朝明朝與朝鮮的關係──以朝鮮國王李倧"封典"爲中心》（《社會科學輯刊》2014 年第 6 期,頁 151－156）。

第三,朝天文獻中有豐富的天啓政治、社會史材料,故引起明朝政治、社會史研究者的關注①。第四,此次燕行不但有文字記録,還有書畫材料,故爲研究視覺和圖像研究者所關注②。不過,我以爲上述研究中存在幾個簡單化的傾向:一、無視明代中朝朝貢框架,只看到朝鮮與中國的漸行漸遠,看不到其間更爲複雜的關係紐帶的存在;二、無視明朝作爲宗主國的道義使命,對於明朝反對朝鮮封典的聲音,即斥之爲對遼東局勢的嚴重性、對朝鮮戰略地位的重要性缺乏清醒認識;三、只批判中國政治的腐敗,看不到其中的政治平衡、政治權謀;四、只看到中國社會的腐朽,看不到中國社會深層的精神和活力。本文將抛棄這些先入爲主的刻板印象,圍繞是否要承認和册封廢君自立的朝鮮國王之事,利用燕行録提供的豐富細節並輔之以中國史料,討論 1623、1624 年中國政治的理想和現實的衝突和折中,國家權力、皇權、官員權力和小吏權力的博弈,明朝行政運作模式、政務中的文牘主義傾向及其權力呈現,探討朝鮮使臣的外交努力、如何搜集情報、利用事機及其關係學戰略和禮品戰術等等,最後討論朝鮮使臣眼中的東亞和中國,以期立體地呈現此時的中國政治。

一　明朝的政治道德和現實困境:圍繞是否册封朝鮮國王的爭論

雖然中國古代東亞朝貢體系有階段性變化,有關朝貢體系的研究也異見紛呈,但研究者基本認同東亞朝貢體系的原理是以中國爲中心、藉"禮"

---

① 刁書仁《朝鮮使臣所見晚明社會之亂象——以赴明的朝鮮使臣所撰〈朝天録〉爲中心》《外國問題研究》2016 年第 1 期,頁 79—88)、刁書仁《朝鮮使臣所見的天啓社會——以洪翼漢〈花浦先生朝天航海録〉爲中心》《東北師大學報》2012 年第 4 期,頁 76—82)。

② 吳映玟《圖像中的現實與想像——朝鮮時代燕行之路的時空表達與視角顯現》,《故宮博物院院刊》2015 年第 1 期,頁 6—26。

的親疏原理展開中國與四夷的關係,其目的是建立一個有序的"禮"的世界①。這裏的"禮"不但用以確定親疏關係,其本身也具有"禮義"的文化内涵以及以這一文化被接受的程度來確定親疏距離的用途,這也是朝鮮使臣自信朝鮮爲"小中華"而不願與"諸夷"同班的原因,從這一意義上説,作爲中心圓的中國也有維持"禮義"、推行禮義,努力承擔現實中國與文化"中華"同體存在的義務。1623 年 3 月,朝鮮綾陽君廢光海君自立,然後派使臣到中國請求中國皇帝册封其爲朝鮮國王,就是將一個有關"君臣之禮"的非常棘手的問題放到了中國皇帝和中國政府的面前。

1623 年 3 月 13 日晚,李倧廢光海君自立,數日内,朝鮮議政府左議政朴弘寫信請求平遼總兵、當時駐紮朝鮮根島的毛文龍將此事"具奏天朝",又以朝鮮政府名義諮會登萊巡撫袁可立請其轉奏明朝廷。4 月底,此事已是明廷熱議之事。《熹宗實録》卷三十三 4 月 30 日下收録了毛文龍"揭報"、袁可立"上書"、禮科給事中成明樞的意見和皇帝的批示。毛文龍揭報轉朝鮮王大妃②和議政府對廢立之事的解説,指出光海君不忠(對天朝)、不孝(對王大妃),神人共憤,而仁祖仁孝,人望所歸,所以王大妃克順人情,使承先緒。袁可立上書大意是:無論如何,光海君也做了十五年的朝鮮國王,光海君與李倧的君臣關係是確定無疑的,既是君臣,就當守君臣之禮,如果光海君確是無道之君,也應該先由王大妃上奏中國,置立新君,没有這樣的程序,李倧所爲,政治上就是以臣篡君,家庭内就是以侄廢伯,朝貢關係中,就是目無宗主國,所以中國作爲維持"禮義"者,就當聲名其罪,討伐其行,以振綱常,倘若因爲當下封疆多事,不宜興兵討伐,也應該"遣使宣

---

① 如費正清認爲:中國外交關係就是向外示範中國國内體現於政治秩序和社會秩序的相同原則。參與中國的世界秩序的異族統治者與天子接觸時,都要遵守適當的禮儀。見費正清《一種初步的構想》之《中國中心主義及其問題》部分,見費正清編、杜繼東譯《中國的社會秩序:傳統中國的對外關係》,中國社會科學出版社,2010 年版,頁 1—4。高明士認爲:中國的天下秩序是以中國爲中心的親屬關係,實際上也就是建立"禮"的秩序。見高明士《天下秩序與文化圈的探索:以東亞古代的政治和教育爲中心》,上海古籍出版社,2008 年,頁 9。

② 《明熹宗實録》卷 33 作"王太妃",朝鮮史料作"王大妃"。朝鮮"大妃"乃太后,與太妃有嫡庶之别,故統作大妃。

諭,播告彼邦,明正其罪,使彼中臣民亟討篡逆之賊,復辟已廢之主",如果
李倧確受王大妃之命,朝鮮臣民也樂以之爲君,則令其暫時退避待罪,等待
中國頒發赦罪詔書,再令他承奉國祀。禮科給事中也認爲此事當分幾步
走:首先是下"責問之檄",保證宗主國不失"正罪"之體;然後派人查清朝鮮
國人的意願,再決定是否討伐其罪。皇帝下詔將此事交付"部議"①。從明
朝地方和中央的最初反應來看,首先,他們都强調中國作爲宗主國的執禮
義以正罪的權力和義務,只有行使了這樣的權力和義務,大國才不失"體",
才能振起王綱;其次,尊重朝鮮民衆意願。這是從明太祖時就定下來的規
矩:"高麗限山隔海,僻處東夷,非我中國所治,……從其自爲聲教,果能順
天道,合人心,以妥東夷之民,不啓邊釁,則使命往來,實彼國之福也。"②第
三,即使王大妃和朝鮮人都希望廢光海君立李倧,也一定要程序合法。

    1623 年 3 月 25 日,朝鮮就此事差奏聞使入京,5 月 13 日奏聞使團在登
州被允許登陸。5 月 14 日,登萊巡撫袁可立遵朝廷之命就廢王現狀、3 月
13 日晚是軍事政變還是舊君自退、廢立後國家是否安定等問題詳細詢問了
使臣一行,使臣回答 13 日晚没有軍事政變,新君應大妃命從容正位,廢王
及其子都健在,現在的朝鮮朝野晏然,爲防空口無憑,使臣説:"摠鎮毛駐紥
敝邦,如有可疑之端,則豈有掩護小邦、欺瞞朝廷之理哉?"毛文龍成了朝鮮
政變事件的見證人,故袁可立既不能輕易地信也不能表示不信。5 月 16 日
晚,袁可立讓手下送牌子給使臣,上作批語曰:"看得廢立之事,二百年來所
未有者,一朝傳聞,豈不駭異! 封疆重寄,行文防慎,此自事理當然。而今
覩來文,乃悉顛末,效順之誠,既不異於疇昔;優待之禮,應不減於從前。"
(李民宬,8 月 15 日日記)解釋了他初聽廢立之事的吃驚,作爲封疆受重托
之官員,行爲文字都應該防備謹慎,細細地閱讀了使臣的呈文之後,他覺得
雖然朝鮮易主,但報效忠順中國之誠意不改,所以也理應得到中國的優待。
他很快放行,讓使臣進京。

    使臣入京後,登萊巡撫袁可立將棘手的政治道德問題提交給了中央各
部,特別是禮部和兵部,科道、内閣大臣、皇帝也都捲入其中,大家説得最多
的一句話是"事體重大""不可擅便",皇帝也説:"屬國廢立,係關甚重,該部

---

① 《明熹宗實錄》卷 33,中研院历史語言研究所 1962 年版,頁 1741。
② 《明太祖實錄》卷 221,洪武 25 年 9 月 28 日,頁 3234—3235。

看議來説。"(李民宬,8 月 1 日日記)對此事的處理,必須"以正大義於天下事"(李民宬,8 月 2 日日記),所以最終還是要走調查程序。禮部題覆中有這樣的文字:"勅下臣部會同兵部,再遣貞士信臣同毛文龍,集舉國之臣民,再三細詢,俟勘議既明入告,當再議之,以聽聖斷。"(李民宬,8 月 7 日日記)閣老葉向高這樣向朝鮮使臣解釋爲何要走調查程序:"若他外國之事則第循其請,你國與天朝一般,須加慎重行查後方可准也。……行查,非但天朝事體當然,於你國亦順,通查文武臣民狀辭,然後可悉一國事情矣。"(李民宬,8 月 1 日日記)禮部尚書林堯俞也説:"行查,在天朝事體,不得不爾,而於你國亦好矣。"(李民宬,8 月 11 日日記)也就是説,若方外之國則方外待之,而你我皆守禮之國,調查本身就是遵禮守禮之表現,特別是"天朝事體"更當如此。朝鮮使臣將"天朝事體"解釋成"天朝體面",不調查就下結論即非體面,這是 1623 年中國君臣所理解的中國政治體面的重要内容。

　　然後事實上的調查權,又通過兵部、禮部返回到了毛文龍、袁可立手中,事實上返回到了朝鮮現政府手中。禮部尚書向朝鮮使臣承諾:派往朝鮮調查的人選,我"當與兵部相講善處"。兵部向禮部建議:"今查文龍見差有加銜參將汪崇孝在,即令齎一劄,交付文龍,秉公採訪,據實回報。"(李民宬,8 月 19 日日記)朝廷這一安排與朝鮮使臣反復强調派人至朝鮮調查可能影響朝鮮參與抗金有關。8 月 11 日朝鮮使臣對内閣一閣老説:"目今小邦調兵運餉,軍務方殷,查官直到國中,則大小臣民必爲驚惶。請移文于毛摠鎮,定以日限,使之查訪而來,則恐爲便當。"閣老説:"你言有理。然則免遣查官,只行文毛帥處,使之題本。你等放心,我已曉得矣。"使臣强調,中國不承認朝鮮現政權,將影響戰爭物資的調度。如:"小邦南隣倭,北接遼,朝夕對壘,凡干征繕,一日爲急,而未准之前,不可發號令於國中。"(李民宬,8 月 5 日日記)所以,中國雖然啓動調查程序,但大家心知肚明,只是個形式而已。天啓三年十二月初八禮部向皇帝提交了最終處理建議,其中提及調查所獲的大量證據。《熹宗實録》卷四十二載:"今據昭敬王妃之奏,深可異者:宣川之役,李琿降奴引賊,不謂二心、通奴可乎? 又據屬夷頭目阿木之報,奴兒哈赤領兵馬無數要來過河犯搶,因毛文龍同高麗奪了馬匹,傷了達子,奴惱恨欲將兵馬一半往高麗報讎,則謂李倧之不與我一心滅奴,不可也。臣部前議會同兵部移諮登撫,並劄毛帥,遣官往勘,務取該國臣民公本回奏者,以覘人情之向背,定李倧之順逆。今諮已數月矣,雖冰膠風梗,勘報逾期,然閏十月内,登萊巡撫揭送彼國公結十二通;十一月内,毛帥呈送彼國公十二通,自宗室以至八道臣民合詞一口,皆稱琿爲悖逆、倧爲恭順,人情如此,固不待勘報至而已了然矣。"①朝鮮使臣説:"摠臣毛文龍通查本國宗戚、文武百官、八道觀察使暨成均進士、耆老軍民人等,保結十二封備報,撫臣袁可立轉諮該部,續有摠鎮再將保結申揭於該部。"(李民宬《請亟降封典事奏本》)你看,調查的人群有宗族,有文武百官,有朝鮮全境八道官民,有讀書人,有德高望重者,有普通的軍民,等等,甚至有敵方的情報,足以呈現事情真相,體現人心向背。證據數量也很多。但略加留意,這些材料都是毛文龍、袁可立提供的,或者可以説,是朝鮮現政府提供的,朝廷派去的調查員"勘報逾期",對這次調查結果毫無影響。

禮部尚書林堯俞在題奏中兩次使用"經權"。一重經權是:"朝鮮廢立之事,以綱常名義論,討之,絶之,此一定之正體也。以翼戴天朝論,則二心通奴者,是爲我梗也;同心滅奴者,是爲我用也。一順一逆分,而朝廷之予奪因之,此通變之微權也。"作爲中國,從禮義的角度,本該"討伐"篡立之人,"中斷"其朝貢關係,但因篡立者與我同心滅奴,出於這一私情,本朝廷將以王位予之。第二重經權是:朝鮮使臣"云逆奴欲絶毛帥之牽制,先攻小邦,爲同仇當此爲危急之秋,必須君國之主,若名號未定,則徵發難行,此時急在邊疆,似未可以經常例論矣。"朝鮮因我國而將被女真人侵犯,抵禦女真爲朝鮮(也是中國)當下最緊急之事務,爲便於徵兵發兵,故授予篡立者名號。最終禮部的建議也是一重經權:"伏乞先頒敕諭一道,登萊撫臣差官同陪臣至彼,錫以朝鮮國王名號,統領國事,仍著令發兵索賦,同毛文龍設伏出奇,俟恢復漸有次第,始遣勳戚重臣齎捧節册,完此封典,庶幾字小之中,不失固圉之道,其於疆事國體,所裨非細矣。"②就是先給李倧朝鮮國王名號,使其統領國事,等以後條件成熟,再派勳戚重臣去朝鮮頒賜詔册冕服,完成封典。

朝廷的權宜做法,引起了國内道德派政治家的批判。吏科給事中魏大中在天啓三年十二月初一寫給錢士升的信中痛心疾首地説:"東事起,靠川酋而川逆;東事急,款西虜而款敗。前車不鑒,又將封篡賊之朝鮮而思藉其

---

① 《明熹宗實録》卷 42,頁 2185—2186。
② 《明熹宗實録》卷 42,頁 2185、2186、2186—2187。

力也。士氣衰颯,朝論不光,已至於如此、如此也!"①之後,他上奏本,從政治、道德、司法、行政等層面對朝廷做法提出批評,以爲給予朝鮮國王名號,就是"賞奸誨叛,莫此爲甚";他質疑毛文龍等提供的朝鮮各地、各色人等的説明、證明文書,"果出自于通國之輿論,抑出自於權臣之袖口"? 如果這些文書性質不能甄別,則"堂堂天朝",若爲朝鮮所欺,不將爲萬世恥笑? 魏大中痛心的是大家將朝鮮看作是中國的救命稻草,他認爲重要的是"我國內治誠修,兵力既强",而現在一切都是權術和利益,君子、小人莫不如此,而權術、利益總是與誠信背道而馳,這是他十分痛心的②。

1623 年的朝鮮使團,讓中國承認李倧爲朝鮮國王,但明廷未遣使朝鮮頒佈詔册冕服,1624 年 3 月,完成了一半使命的李民宬使團頗爲失望地離開了北京,這引起了 1624 年李德泂、洪翼漢一行謝恩奏請使的到來。

二　明朝政治中的文書、行政運作和權力博弈

李民宬等完成了一半使命的消息傳回朝鮮,1624 年 2 月,朝鮮國王就任命了新一輪奏請使臣,這時候,李民宬等還在北京。1624 年 3 月 2 日,李民宬一行向尚書林堯俞辭行("辭堂"),林堯俞説了許多勸勉之語:關於封典事,朝廷議論很多,你國以後助兵助餉協勦女真,就能鎮住這些議論,然後就有封典了。從這一意義上講,明廷承認朝鮮國王但不給詔册冕服是基於國內輿論的一種折中應對,也可以看作是不將朝鮮推遠又對其協助對付女真施加更大壓力的一種政治手段,然而這一政治手段已遭致國內持道德純粹論者的批評。所以當 1624 年 10 月初,又一撥朝鮮使臣涉險渡海而來,林堯俞不得不再次面對這一問題時,其頭痛的程度是可以想見的,之前還可以以調查真相拖延時間,此時該如何應對呢? 所以,此次明朝地方與中央各部對於朝鮮封典以不下達文書的方式多方拖延,可能不完全因爲行政效率低下,也應看到其中各種政治博弈、政治權謀和政治無奈。

説明代中央、地方政務中有文牘主義傾向似乎是不過分的,没有文就

---

① 　魏大中《藏密齋集》卷十八《與錢御泠》,明崇禎刻本。

② 　此奏本(節錄)見洪翼漢《花浦先生朝天航海録》11 月 20 日日記,未見魏大中《藏密齋集》和《明熹宗實録》。

辦不了事。李民宬、洪翼漢《朝天録》較詳細地記録了使行與所經之處軍門（巡撫）、兵備道（按察使）、知府、知縣以及中央各部打交道時所呈遞和所接收的文書名，事無巨細，都要發一檔，即使向同一部門申請同一事情，第二天又需再呈一文；有的事務，本來早朝講明即可，結果非要等傍晚送一文過來；即使是送禮，也有禮單，官員接受不接受、接受多少，也寫一批。使臣爲封典奔波時，各種文書在地方、中央各部、科道、内閣以及皇帝之間傳送，發揮著不同的作用，此外，還有私書、私信，文書也就成了表達政治態度、展開政治博弈的重要手段。

　　毛文龍因爲駐紮在朝鮮椵島，與朝鮮中央、地方聯繫極其緊密，當然希望與現政權合作，一支武裝部隊駐紮在地方，説完全不擾民是不可能的，對此，毛文龍有清醒的認識。李民宬在椵島時誇獎毛文龍："老爺自駐敝邦，約束嚴明，軍聲漸振，而無一毫擾害。"毛文龍回答道："俺駐此地方，豈無擾害之理！"（李民宬，5 月 25 日日記）明廷十分注意本國將領在朝貢國的所作所爲，擔心發生有損大國形象之事，萬曆援朝期間，兵部曾多次派員至朝鮮調查一些將領的風紀，毛文龍也受到並擔心受到這樣的指控，所以想要使臣"佈自家不爲擾害之説於各衙門"（李民宬，5 月 26 日日記），作爲對朝鮮的報答和支持，他表示就"封典一事爲具題奏"，爲示殷勤，他説雖然他的各部衙門"報知文書浩繁"，奏本可能會有點"遲延"，但他一定會儘快發送，"其行必在使臣之前"（李民宬，5 月 25 日日記），絶不會耽誤使臣之事。第二天使臣們就讀到了毛文龍讓掾房所書的給皇帝的奏本的草稿。李德泂、洪翼漢一行出使時，也到椵島見毛文龍，也懇求毛文龍上本，毛文龍"快諾無難"，爽快地答應："俺意已如此，而況陪臣所懇求乎？"（洪翼漢，8 月 8 日日記）

　　1624 年 8 月 23 日，李德泂、洪翼漢一行到達登州，24 日新登萊巡撫武之望到任，26 日武之望見僚屬、27 日謁文廟、28 日拜神廟、佛寺，29 日，朝鮮使臣終於見到了這位新巡撫，武之望與禮部尚書林堯俞同鄉，又任職於此時政治、軍事、外交都極敏感、重要的登州，故對朝鮮封典一事瞭解得相當清楚。他問了去年他的前任袁可立同樣的一個問題："你國廢君尚無恙否？"這或許表明了他對朝鮮廢立之事的一種疑慮。他又明確地對使臣説："你所謂上年勑封，不是實封，乃是權署國事也。"（洪翼漢，8 月 29 日日記）相比於去年禮部題奏和天子詔令的給"朝鮮國王名號"，這似乎是倒退了一步。不過,當時不少官員似乎就是這樣理解的。1623 年 12 月,皇帝敕令頒佈後,朝鮮使臣還想做些外交努力,他們搜集到兵部的一份奏覆,上云:"即如朝鮮一案,臣部請以假王聽其自效,而明旨特允其封,臣部亦未敢爭執者,正以推亡固存者,出自特恩;而敵愾同仇者,益靖臣職,則聖斷誠難蠡測云云。"也就是説,禮部、兵部只是提議皇帝承認朝鮮國王爲"假王"以權署國事,是皇帝自作主張給予了實王之封。儘管皇帝給予了實封,兵部的解釋是那只是表明天子的皇恩浩蕩,爲的是讓朝鮮更盡臣職與我共同抗擊女真,所以兵部公文和新巡撫武之望依然只認同"權署國事"的説法,兵部和地方大員以這種方式對皇帝權力進行過濾。武之望又向朝鮮使臣通報了有關朝鮮封典問題的最新動態:"尚今有一二科官,持論甚堅,未能歸一。"也給朝鮮使臣入京如何辦理此事提供了一些建議。(洪翼漢,8 月 29 日日記)8 月 29 日至 9 月 5 日,朝鮮使臣想爭取對封典一事可能最有影響力的地方大員的支持,希望武之望爲他們"別具一奏",又請求其將上皇帝奏本同時"揭於閣老(内閣)、宗伯(禮部尚書)及科官",面對使臣一再地"懇求"和呈文,武之望先是"唯唯",既而拖延,然後提出寫封私信給自己的同鄉禮部尚書林堯俞,他的理由是:"俺新到任,不可以他事輕先上本,故不敢。"(洪翼漢,9 月 3 日日記)與 1623 年的前任袁可立不同,此時朝鮮廢立事已調查清楚並給出了結論,武之望只是作爲地方大員接待從此經過的外國使節而已,份内事是給張勘合,使臣下程的夫馬糧票都是本地知府給的,其不想在上任伊始就公開插手這一頗有爭議的棘手問題也是可以理解的。從使行回程登州時對武之望的致謝語可知,武之望確實給林尚書寫了一封信。

　　10 月 12 日中午,使臣渡過盧溝橋,會同館小甲拿着禮部主客司主事("提督")所下票文已等候在此,票文寫明使行進京路綫和入住地點,一行從朝陽門入城,住進會同館南館。第二日,提督就派小甲來索要朝鮮國奏文以瞭解此次使行的外交意圖。之後,使臣一邊完成例行的使事:呈報單於鴻臚寺(10 月 17 日),見朝詣闕(18 日),見堂詣禮部,上呈文(20 日);見官(提督下館,在館中就謁,22 日),往參聖節演儀於朝天宮(11 月 2 日初度、11 月 3 日再度、11 月 4 日三度)、獻方物於禮部(6 日),參冬至賀禮(12日)、參聖節賀禮(14 日),一邊爲完成封典事而努力。努力圍繞著文書展開,朝鮮使臣利用文書,中國官員亦利用文書。

　　10 月 20 日,使臣們將 15 日開始就"相聚議制"的"呈文"上呈禮部,同時還有一篇解釋説明的"諮"文,雖然尚書以下禮部官員"皆看過",不過大家皆未對呈文、諮文以及相關之事發表任何意見,只是表示"當竢科鈔送部然後議處",也就是説,一切等到朝鮮國上皇帝之奏書由六科給事中赴内閣接收、抄送發送到禮部後,我們再討論處理。這也是堅持程序正確的做法。對於朝鮮封典之事,天啓皇帝一直比禮部、兵部和内閣等態度都要積極,據李德泂、洪翼漢兩使臣日記,20 日晚,小甲已經拿着紅票來示,説皇帝已有諭旨:"該部看了來説云。"但是科官就是壓着已有皇帝諭旨的奏本不抄送禮部,從 21 至 27 日,使臣日記充斥着各路小甲、外郎甚至朝鮮譯官的索賄或圖謀不軌,似乎一切政治爭論和相關事務的技術上的不同處理都被定性爲以索賄爲目的的裝腔作勢。不過,科官間對此事的不同意見的交鋒確實是激烈的。上言魏大中即是科官,只是他剛不久因與魏忠賢衝突而與禮部侍郎趙南星、左道御史高攀龍等一起被革職,勒令回籍了。現在持反對意見的是禮科給事中劉懋。劉懋是魏大中政治上的同道①,魏大中質疑册封所有的道德、政治、程序等等的合法性,劉懋反對册封主要強調之前行政決定的貫徹力,他説:"朝鮮册禮,不被准許于上年,諸公未曉其意耶? 責效滅虜,乃許准封,朝議已定,豈可容易許之?"(洪翼漢,10 月 28 日日記)劉懋將爭論引入行政力和政治權術方向,這比駁魏大中要容易得多。劉懋同僚禮科右給事中顧其仁就説:"朝鮮事大二百餘年,列聖誥命,自有定章,而反爲稽滯,則非特有違規例!"給封號就有誥命,祖宗規定已執行了二百年,豈非比去年的行政決定更有力量。你説不準許封典有助於"責效滅虜",顧其仁説情況也可能相反,你不允其請,人家反復來,反而傷害了對方的感情,你能保證這不會"妨害於遼事"嗎? 也就是説你的政治權謀未必奏效,甚至可能適得其反。顧其仁説法得到多數朝臣的支持,當日(10 月 28 日)禮科抄送奏書送到禮部。

　　從 10 月 28 日至 11 月 8 日,使臣們盼望的禮部覆題毫無動静,11 月 9

---

　　① 金日昇輯《頌天臚筆》卷十四上"范大司馬"條(《四庫禁燬書叢刊》,史部,第 56 册,第 95 頁)。《陝西通志》卷六十《劉懋傳》:"用劾逆璫魏忠賢於穢焰熏天之日,力救楊、左諸君子,中外咋舌,懋恬然不顧,坐削籍。"(《文淵閣四庫全書》本,第 554 册,第 677 頁)

日，朝臣們急了，讓譯官拿着呈文去禮部催問，被告知禮部官員因郊祭都去齋戒了，不在部裏。10 日，使臣托人呈文給提督，提督"批"復説會轉告尚書定奪的。11 月 12 日天壇祭結束，14 日，使臣讓譯官去禮部催問，譯官説尚書、侍郎爲泰昌皇帝新陵事出差了，19 日回來。19 日，使臣再擬呈文，22 日，林堯俞回到禮部上班，使臣們心急火燎地送上呈文，林堯俞看完後表示此事去年已經處理完畢，"當待遼路平定，然後另遣詔使以准封典"。這裏的"遼路平定"的説法值得注意，因爲去年林堯俞題奏是"俟恢復漸有次第"、聖旨是"候事寧"，魏大中上疏中倒有"遼土已復"、"平定之後"之語，或許魏大中的上書對林堯俞是有影響的。朝鮮使臣請林堯俞"查照祖宗典禮，亟爲覆題，俾完誥命"。尚書面露不耐煩之色，説我們研究研究再説，就很不高興地起身離開。幾部使臣日記中，林堯俞都是態度溫和，這次是真的失態了。之前他還能將此事推給科官，此時科鈔就在禮部，科官的態度已經明朗，他就成了不允許封典的最後堡壘，所有的壓力現在都在他的身上。使臣又去禮部儀制司呈文要求題覆，答覆與林堯俞相同，可見禮部已形成一種共識，不過儀制司郎中唱紅臉，溫和地勸慰使臣，讓他們回去等待尚書的批復。

之後的事態發展對朝鮮使臣非常有利。11 月 23 日毛文龍上本公佈，在奏本中，他極言自己和朝鮮對遏制女真軍事擴張的決定性意義，使臣讀文後，認爲毛文龍上書釋放出"毛將之倚重於我國昭然矣"的信息。可能受此鼓勵，使臣決定繞過禮部直接向内閣諸大學士呈文。24 日，使臣們至西安門外，等候諸宰上朝，遞交呈文，又讓翻譯口頭陳請，傍晚，内閣文書下達禮部，要求禮部"速爲覆題"。可見禮部題覆是繞不過的，内閣也只能對禮部施加壓力而已。26 日，朝堂之上，内閣和六部大臣一起討論了朝鮮封典事，禮部、兵部尚書持不予封典，兵部尚書趙彦堅持去年之封非實封，而且現在中朝使行陸路通道受阻，海路太危險，"有誰肯差往者"？閣老顧秉謙、顧廣微駁斥兵部侍郎海路危險不能遣使的説法，説朝鮮使臣就是從海路來的。内閣再次下批要求禮部"覆題之速"，但林堯俞就是"寢閣不行"。這時，禮部内部也出現不同聲音，左侍郎董其昌認爲"朝鮮封典理宜速完"，禮部應速爲題覆。此時，林堯俞壓力太大了，所以遷怒於使臣，下票令鎖會同館，禁止朝鮮使臣出入，使臣寫好呈文，但無法投遞，一直等到 12 月 2 日，提督來會同館辦公日，使臣請求提督開具出門票帖，他們好到禮部呈文，提督説因爲上司"另下票文,禁其出入",所以自己開的出門票帖就不管用了,不過他答應將呈文"袖進"禮部,等尚書怒消時加以"遊説"。12 月 4 日,提督通知使臣再寫一道呈文,12 月 5 日,又讓使臣另構一文,要"極陳誠悃",12 月 6 日,提督帶着朝鮮使臣的呈文入禮部,與諸郎中一起稱讚朝鮮使臣呈文"辭意懇到,誠可憐惻",據説尚書林堯俞也爲使臣呈文感動,"淒然改容",於是召"主客司周應期起覆題草"。自 7 日至 13 日,使臣一直在題覆事苦等尚書上朝,14 日,尚書終於上朝,然而此日,毛文龍又一道爲朝鮮誥命事上皇帝之奏本恰自六科抄轉禮部,其上有皇帝聖旨:"朝鮮國王詔册冕服,着照例頒賜,差遣官員,議妥具奏。"毛文龍通過皇帝使此事跳過了禮部題覆的程序,給予册封已經不必討論,派官員也不必再議,直接進入派誰去的問題,林堯俞認爲毛文龍干涉了禮部事務,"覽未了,勃然大怒,拳本投地曰:海外一武夫,冒干此等大儀,則該部奚容議爲!"毛文龍也説自己"職累爲朝鮮請册封",確實干預頗多,於是禮部尚書罷工抗議,題覆事當然更無指望了。15、16 日,尚書忙於安葬皇子事,可以看出,此時禮部尚書并非僅僅在生氣,他也在努力尋求最後的支持以維持上年決定不變。18 日退朝時,福建道御史率領一衆御史質問禮科給事中顧其仁:"朝鮮國事,已于上年廷議完畢,公等何默默無言於斯?"顧其仁爭辯説,當今女真,據遼窺關,朝廷引以爲犄角之勢的,只有毛文龍和朝鮮,"事機有關",所以不能因封典事讓屬國失望,禮部也不能因抗議毛文龍干涉禮部事務而拖延此事。一談到"事機",一談到"異日"可能有的"大悔恨",大家都不敢説話了。可見在 1624 年,對於東北局勢,似乎除了依靠毛文龍和朝鮮,沒有人有更好的主張。儘管魏大中等認爲朝鮮不足倚靠,也有朝臣指出毛文龍不足倚靠,但也沒有更好的辦法。之後,林堯俞放棄拖延,12 月 20 日,使臣看到了禮部覆題的草稿,並對呈文中的措辭提出意見。23 日,覆題上達太常寺,24 日,覆題已奉聖旨。禮部題覆一出,一場以控制行政文書表達不同政見的權力博弈宣告結束。

三 使臣的情報、中朝兩國官吏的面子之争以及由此呈現的中國政局

上文我們主要展示了朝鮮使臣是如何奔波于中國各行政部門,深受龐

大的中國地方和中央行政機構的碾壓，文牘主義加劇了拖延，朝鮮使臣抱
怨深受其苦，以下我們將展示朝鮮使臣如何搜集情報、分析利用事機獲得
自己的利益最大化，以此呈現 1624 年中國政治的困境。

　　仁祖和朝鮮使臣對 1624 年使行的艱難程度有充分的思想準備。6 月
20 日仁祖在仁政殿接見各位使臣時説："列聖以改宗系一事，累次辨奏，使
臣十六起，始得請；中廟反正，寔出至公至正，而使臣三次往還，封典(典?)
始完。"他指示使臣："奏文雖已詳陳，而周旋左右，亦在卿等善爲説辭。"(李
德泂，6 月 20 日日記)希望使臣充分發揮公關力量和外交遊説能力。(李德
泂，6 月 20 日記)此次使臣能兩次往還就完成使命，與使臣積極搜集情報，
准確評估情勢不無關係。

　　首先，透過朝天録，我們看到使臣當時最關注中國國内國外形勢，特別
是有關政治動盪、軍事衝突和自然災異的信息，這對他們判斷中國形勢有
好處。對外，朝鮮使臣關注了東南海域中國與紅夷之戰。1624 年 10 月，福
建巡撫南居益破走紅夷，焚燒了荷蘭人在澎湖建立的城堡，11 月 11 日，南
居益上露布，奏紅夷之捷。此事使處於多事之秋的朝廷頗爲振奮，11 月 28
日，百官還以紅夷蕩平事舉行了盛大的慶賀禮。對内，9 月 26 日，使臣行經
濟南時，記録了當地僧人所云"逆賊餘黨，尚伏兇境，軍門以下，俱勒兵往
捕"之事；9 月 30 日，記載了遠城縣和平原縣之間的梨基寨"路傍有竿頭梟
首，知爲逆賊就誅者也"(洪翼漢，9 月 26、30 日日記)。"逆賊"指的是天啓
二年徐鴻儒等在山東地區發動的白蓮教起義，此時雖已大體平復但餘黨尚
存、清剿尚在的局面。入北京後，使臣搜集的第一道奏本是關於遼患後全
國軍事力量往東北傾斜而引起的其他地區的動盪。"福建道御史帥衆御史
題曰：國家自有遼患，悉天下之精鋭，竭天下之膏血，以從事一隅，遂致邊圉
空虛，民生困憊，夷狄乘之以跳樑，奸宄因之以倡亂，於是延安有薄城之圍，
重慶有屠城之慘，妖賊發難于鄒、滕，安酋繼逆於羅、甸，譬之一身，元氣中
虛，百邪俱起，攻調互戾，補洩相牽，幾有望桓侯而卻走者矣。安尉固西南
一酋，而九種句連，爲毒不小，近且僭爲僞號，殲我撫臣，其惡已干罔赦耳。"
(洪翼漢，10 月 15 日日記)12 月 19 日，又獲鄖陽巡撫畢茂康請求增兵的上
疏："藺賊餘焰復張，荆楚近患日棘，糾黨破城，勢合奢酋，猖獗甚矣，請設將
增兵，以督防禦。""奢酋"指世襲永寧宣撫司的彝族人奢崇明。天啓元年，
明兵在遼東屢敗，朝廷徵調西南奢崇明父子援遼，奢崇明父子趁機起兵，殺

死四川巡撫徐可求，佔據重慶，這就是上引魏大中書信所云"東事起，靠川酋而川逆"之事。此戰天啓三年大致平息，然由此上疏可知，1624 年藺州餘黨復起，荆楚等地也有危機。

　　一到燕地，使臣强烈地感覺到了魏忠賢的無處不在，涿州城西的題有"萬國朝宗"大字的尚在施工的新石橋，是太監魏忠賢捨錢所爲，監工是兩位内官（洪翼漢，10 月 10 日日記）；就連光宗慶陵修建，魏忠賢也是"倡率捐助獨多"（1625 年 1 月 12 日日記）者。使臣十分關注朝臣與魏忠賢的衝突以及後者對前者的迫害。雖然魏大中反對給朝鮮册封，但作爲反對魏忠賢勢力的中堅力量，使臣一直贊其血誠，"剖肝瀝膽，字字血誠，真醫國之大藥，決疣之美石，而天子惡其苦口，略不省悟，反以爲誹謗妖言，僇辱斥逐之，使指鹿售奸，先芟其耳目，而能國其國者，未之有也。"（洪翼漢，10 月 29 日日記）由朝天録可知，會同館館夫雖不乏二子一婿服務内監之人（如火房張國禄，洪翼漢，12 月 30 日日記），不過館夫、牌子更認同楊漣、左光斗等爲忠心赤誠。使臣還數次記録了中國各地的災異。

　　其次，使臣搜集國内各方對毛文龍的態度和支持度的情報，這有利於評估中國對毛文龍和朝鮮的依賴程度。在椵島，毛文龍告訴使臣原來的登萊巡撫袁可立因跟他合不來，甚至科參他，現在已被撤換，使臣懷疑毛文龍是自吹，還跟其他人核實。（洪翼漢，8 月 8 日日記）11 月 25 日，使臣搜集到毛文龍攻擊登州知府翟棟等"閉雜不漕遼餉事"，皇帝立刻派錦衣衛"差的當官旗枏解來京究問"（洪翼漢，是日日記）。一路上，使臣觀察、記録了朝廷從海上運送給毛文龍的餉米，如石城島，"島上有聚米十餘峙"（洪翼漢，8 月 12 日日記），廣鹿島有"積谷二十餘峙"（洪翼漢，8 月 15 日日記）。11 月 7 日，使臣獲得了大學士孫承宗主張按功優敍毛文龍的奏本，其中還提到了毛文龍能"聯屬國"朝鮮。對於孫承宗提議，天子立即下諭："毛文龍屢奏奇捷，反間不行，忠心可嘉，着升右都督，仍賜大紅蟒袍一襲，賞銀五十兩，餉糧作速運給，毋致耽延。"（洪翼漢，11 月 8 日日記）21 日，兵部侍郎發佈對毛文龍及其他將官的加官令以及"歲運糧米二萬實數"（洪翼漢，同日下）等決定。25 日，派出解發餉銀官員。29 日，使臣搜集到毛文龍又一上本，總結道："大概據本揣意，專在於邀功督餉矣。"30 日，皇帝立刻對毛文龍上本做出反應，在原來軍餉基礎上，"發内帑十萬兩及户、兵二部十萬兩"，速運給毛文龍。12 月 3 日，天子又下旨，嚴追現正在獄中的原登萊巡撫陶朗先盗餉 60 余萬以濟軍需①。11 月 18 日,使臣搜集到登萊巡撫武之望請求在山東安置遼寧難民前,請毛文龍"躬自審諦",需真正難民方許分發上船,防止奸細在其中得以登陸。第二日,兵部給事中李魯生條陳,不讓遼民上山東半島,説"毛文龍控制海外,生聚教訓,種種有法,宜即附毛帥,便宜而安頓之",讓毛文龍就地安置遼東難民。(洪翼漢,11 月 19 日日記)可以看出,1624 年的中國,東北戰事無疑是當時最大的政治,西北的動盪也因東北而起,而上到皇帝下到章丘生員(詳下),絶大多數人都將希望寄託在毛文龍和朝鮮方面,糧餉源源不斷地運向海上孤島,這些都給了朝鮮使臣以完成使命的信心,也有助於他們調整外交戰略和戰術。這些内容以"聞見別單各一道",與"魏大中參本一道"、"楊漣參魏忠賢謄本一道"、"毛都督題奏本一道"等作爲秘密檔案鈔送回朝鮮(洪翼漢,12 月 29 日日記)。

　　使臣一路上與中國文武官員以及他們的差役打交道,始終在利用對方又防範對方、給對方面子又不失自己的體面和尊嚴中尋找合適的平衡。比如,毛文龍與朝鮮間可稱利益共同體,他們一起强調兩者對於明代政治、軍事、戰略、戰術等全方位的重要性。上文已述,毛文龍想朝鮮使臣來中國時播揚他的好和有作爲,至少不能説對他不利的話,毛文龍還想從朝鮮挣到更多的面子。李德泂使團出發前擬定的提交中國禮部的申文,按照慣例稱毛文龍爲"貴府",毛文龍看後很不高興,認爲這是"謬規",他通過自己管家之口告訴使臣,如果這文章是以你們國王名義寫的,可以這樣稱呼我,但它是你們以政府使臣名義寫的,那就得稱我爲"老爺"。使臣們經過商量,一致認爲"吾等以奏請重事,將有懇於督府,則豈可以文書間措語爭之","遂將文書,抹改以老爺"(洪翼漢,8 月 7 日)。在有求于人時,使臣適當地擺低了姿態。離開椵島前,毛文龍表示另差都司監護一行,又派習于海事數人爲使團前導,到登州後,習海事者完成使命,伴送官周宗望恰從椵島趕來與使團匯合,此時,使臣還是很感動的,讚歎"華人大有信義,且極仁厚"(洪翼漢,8 月 26 日日記)。不過,使臣慢慢發現周宗望"自以爲毛督府差官監護一行,故意望出於規外,行李大小事無不欲皆從己出,舉措頗多怪妄",忍了多次,終於爆發,他們讓譯官告訴周宗望之前遼東使路之伴送官的"舊規",

---

① 陶朗先是非常有爲的官員,此事甚複雜,一云其受誣陷而下獄,崇禎元年被平反。

周宗望雖然不免"觖望",但從此以後也能"自抑"(洪翼漢,9 月 5 日)。

使臣本來想拉攏登萊巡撫武之望,但武之望不願意捲入冊封事,不過,他也給使臣面子,向他們透露朝廷中有不同意見,使臣對武之望的做法並無怨望,還是很尊重的,他們稱讚其"爲人仁厚,頗有長者風"(洪翼漢,9 月 3 日日記)。官府屬吏以爲自己代表了官府,常常要求更多尊重,使臣則强調自己的使臣身份,不肯紆尊降貴,雙方間也有博弈。武之望派遣的伴送差官叫王運隆,使臣説:"王運隆自帶差官職名,驕氣輒生,意望甚高,爲言於譯官輩曰:'中朝士大夫相見禮甚嚴,賓客往來,主人必迎送於中門之外者,無非恭遜揖讓之道,而今看爾陪臣得無小俺等之志耶?俺到門外,不爲迎送;俺具冠帶,不爲冠帶,何也?俺以中朝大衙門差官,冠紳具禮,身先於爾陪臣者,良以遠來故也,奚獨有違於禮貌間事體?'譯官等援引遼東舊規反覆詰之。運隆曰:'俺豈曉得前規有如此哉。'自是每接見,深自抑損。"(洪翼漢,9 月 15 日日記)王運隆想像使臣應該高看他,對他迎來送往,正服相待才是,可使臣還是將他看成衙役,所以很不高興,使臣又亮出"遼東舊規"。好在王運隆好學樂行,一時倒也相安無事。不過到北京後不久,周宗望、王運隆常常與使團中總翻譯官表廷老意見不合,表廷老"潛嗾提督廳外郎誣以作弊,即日提督下票紲之"(洪翼漢,10 月 13 日日記),暗中利用中國官吏、中國法律,朝鮮使團以超然事外的方式巧妙地、徹底地擺脱了毛文龍和武之望的差役,之後周宗望在使臣完成使命將歸國前出現過兩次,王運隆再也沒有出現在使臣日記中。

四 使臣的禮品關係學、官吏博弈和中國政治痼疾

朝鮮使臣還善于利用禮品關係學來獲得自己的利益最大化,由此也呈現了 1624 年中國政治的困境和痼疾。

使臣的禮品大致可分爲三類:第一類以表達謝意、增進情感爲目的,如下文將提到的與章丘生員、濟南寺僧互送禮物等;又如使臣經過濟南,呈諮文于府,知府樊時英送門子來侯行李,異致下程又極豐備,所以使臣"即以土物若干回謝"(洪翼漢,9 月 27 日日記)。此類禮物講求禮薄情重,如果禮物過多或過於昂貴反而會引起尷尬。如毛文龍伴送官周宗望多次送"不至尋常"之物,開始使臣以爲此是"釣銀參之物","因以土物若干中其欲"(洪

翼漢,9月3日日記),後來發現似非如此,於是寫信道出送禮和受禮的原則:"珍貺累度鼎來,不佞何以獲此?……禮經不云乎,於誠而不於物,惟足下盛諒。"(洪翼漢,9月4日日記)第二類是外交禮節式的,使臣事先準備好禮單。1623年,奏請使行送出禮單的官員有:椵島督府毛文龍;登萊巡撫袁可立、兵備道和知府;禮部主客司主事周鏘、儀制司郎中周爾發、提督會同館主事畢自肅,不過兵備道、知府、儀制司郎中都没有接受禮單,主客司主事接受了其中筆墨之類,爲表感謝,他向使臣矜誇他促成了册封之事。1624年使行似乎有點不懂慣例,準備的禮單送給了毛文龍、登州巡撫武之望①、中軍周鴻謨、旗鼓官方壯猷②,而忽略了登州兵備道和知府,後來知道勘合、夫馬都由登州知府派出,補送了知府一份,讓知府翟棟很覺受辱。禮部則送了提督李其紀,翻譯官可能出於慣例要求加送了禮部主客司鄭國昌和儀制司主事周應期,但没有他們接受與否的記録。從官員接受禮單的後續情況看,一般會有相應的行回禮、請宴、贐行等儀式,比如毛文龍、兩任巡撫皆如此;周中軍也私人宴請了使臣;提督因負責使團在京中的食宿以及諸多事務,有時會私人宴請使臣,所以也會直接接受禮單。或許因爲1623年使團任務更爲棘手,成功率更低,官員接受禮單顯得更慎重;從個人品行上看,1624年的提督李其紀頗失體面。第三類以利益爲目的,在使行日記中,主要表現爲朝鮮使臣以禮物、金錢收買公權,和中國官員、官吏、役夫索求禮物、金錢出賣公權。第一、二類,禮物一般直接交給當事人,第三類有的交給當事者,但更多通過仲介,無法確知禮品流向和利益如何分割。以下主要討論第三種情形。

朝鮮使臣在會同館住下,提交了奏本、向鴻臚寺呈了報單之後,會同館小甲徐繼仁、王有德等就來跟上通事打預防針説"近來各部人情倍於昔

① 使臣在登州期間,恰逢武之望兩子得科做官,使臣去恭賀,"軍門不受賀"。武之望公私頗分明。

② 洪翼漢朝天録9月10日下記,"一夕,以送禮事商議,廷老以爲軍門以下不足與爲禮,余禁之不可",表廷老所指,按慣例,巡撫衙門中,除巡撫外,都不需下禮單,所以登州巡撫周中軍鴻謨、旗鼓官方壯猷可能是很意外地得到了禮單,覺得很被看重,之後周中軍特别賣力地爲使臣"懇囑","至於題請封典,尤力言之",又送"品極豐潔"的酒饌給使臣,後來還有送禮和回禮之事。

時”，還拿出了“上年奏請時人情單字以憑考證”，“人參多至數十斤，他物稱是矣”（洪翼漢，10 月 17 日日記）。這裏的“小甲”，朝天録中所記之工作内容，屬“鈐束夷人、入朝引領、回還伴送”之類，應該就是會同館中的“通事專職”①，又稱“序班”（李民宬《朝天録》稱“序班”）。因爲他們懂外語，與使臣交流順暢，故協同處理使臣在館中的大小事宜，傳遞相關部衙與使臣之間的信息，在洪翼漢《朝天録》中，他們也成了索賄者以及行賄和索賄的仲介人。圍繞着使事進入相關階段，立刻就有小甲等來要求使臣出錢打點。比如，10 月 20 日，使臣去禮部進諮文、呈文，尚書説等到朝鮮國奏章由科鈔送部後處理，第二天晚上（10 月 21 日），“小甲等來求科官抄送人情銀、參等物”，科鈔不出，23 日晚，“小甲等來求圖事容錢，秤其多少”，24 日，小甲等來言：“今明科官當抄送奏本，而但容錢甚些小，勢難率易爲之云。”又如上文提到 12 月 14 日，禮部尚書林堯俞因毛文龍干預册封事發怒罷工，第二天，“禮部尚書之相公姓李者，使小甲來求銀錫粧刀、鏡面、雪花五色紙”，朝鮮使臣以爲“其於解怒完事亦一道也，職等幸之，即令抽送”，“小甲等回報，尚書亦色喜云”。我們不知道李姓人是否真的是林尚書的相公、小甲所言是否屬實，聯繫上文所論，我相信禮部、兵部的拖延絶非僅爲索賄，魏大中、林堯俞、王懋等人在歷史中也皆非貪腐之人，但朝天録所記實際參與形塑了人們對明代政治風氣和政治人物的印象，即一切決策上的不利、行政上的受阻、監察上的受參劾、科場上的失敗……皆以錢未使夠來作解。朝鮮使臣有時也是這樣想的。洪翼漢説：“則大概中朝貪風大振，公卿輔相、大官小吏，無不以利欲相濟，政以賄成，恬不知恥，輒逢陪臣，自以爲值獲財之運，朶頤饞涎，日令牌子、小甲等來求土物，銀，參，獺、豹皮，紙，苧布之言不絶於口，朝求纔應，暮已復然。時復以袖中單子相繼憑索曰：上年奏請使來時，某官前銀參若干，某物若干；某官前銀參若干，某物若干。萬端徵責，不饜不已，以爲事若速完，則餌漁之方絶矣，留時引月，潤筆馨鉤，必充上年物數，然後爲可成。”（洪翼漢，11 月 16 日日記）可以看出，朝鮮使臣接觸的是會同館的“小甲”、“牌子”，而小甲、牌子聲稱是爲某官服務的，某官掌握的是國家的公權，朝鮮使者有時非常樂意、有時不得不以銀參贈予對方以獲得公權，從公義的角度看，雖然贈與者與接受者都屬違法，但社會學家認

---

① 　申時行等《明會典》，中華書局，1989 年版，頁 587。

爲，"贈與者交出了自己的財富，對接受者來説，接受另一個人的實體就是自我被別人'擁有'，因爲已在贈與者那兒丟了面子，接受者變得易於把別人的意志内在化"，"在道德上已經處於從屬地位"①，而贈與者似乎也因此佔據了道德高地，擁有了批評的權利。朝鮮使者確曾站在道德高地批評道："中華古稱名教之地，禮義廉恥，所自淵源，而今至此極，益可怪歎！"（洪翼漢，11 月 16 日日記）使臣文獻中確實留下了猥瑣的中朝官員影像，比如1624 年會同館提督李其紀，11 月 7 日洪翼漢日記載："提督李其紀以爲前送禮單參品不好，求換好品，而且西館禮單參數減於東館，棍打其小甲徐祥，仍迫伴送官擻出，緣怒於西館以二廳參送禮故也。"這裏"東館"所住的是稍後到達的 1624 年朝鮮冬至使團，李其紀接受了兩個使團的人參，相互比較後，感覺李德洞使團所送人參品質不及冬至使的，數量也不及後者多，生氣地打自己的跟班，還讓伴送官補足與冬至使團所送的差額。此事發生在會同館中，是使臣親眼所見，一位官員收人禮物還嫌禮物品質不好而要求換貨，嫌數量不足而要求追加，真是無恥得坦蕩蕩啊！

　　以上敍述中，朝鮮使臣似乎是被動地陷入到禮品關係學中，其實也不乏他們主動尋求目標。李德洞《朝天録》10 月 19 日載："公聞右給事顧其仁名望素重，且不爲苟刻之議，使譯官求顧給事所親人，寅（奇?）緣納交，以厚幣輸其誠款，轉請于顧，得以寢魏（大中）之論。"顧其仁果然屬害，後又"寢"息了禮科給事中劉懋之議。又如洪翼漢 12 月 24 日記載："牌子等來言該部上覆本後，貂璫爭往本國者甚多云。公等深慮貽弊于本國，使表譯圖於該部堂吏，援萬曆庚戌例，請遣單使。"朝鮮使者通過關係干涉遣使數量（單使），又干涉使者人選，李德洞記到："聞二册使將多率將官商賈出來，當我國經用蕩竭之時，接應實難，公等又使譯官等求得魏太監所親密者，嗦以厚幣，轉囑于魏。魏是專擅國權者也。"（1624 年 12 月 29 日）雖然兩者都未成功，不過其活動還是頗有成效的。洪翼漢 1625 年 1 月 17 日日記載："提督老吏朱姓人來言，天子出帑銀三千兩賜王、胡兩人，曰：'往來盤纏，齎此足矣。前往朝鮮，慎勿多帶跟隨家丁，且毋或要索銀參。如有方命，則當繩以

---

① 　參楊美惠著，趙旭東、孫珉譯《禮物、關係學與國家》第五章《禮物關係中的政治經濟學》，江蘇人民出版社，2009 年，頁 170。

重律不饒。’”後來朝鮮史書記兩詔使在朝鮮時“征索之弊,罔有紀極”①,不過,如果没有皇帝拿出那三千兩,没有皇帝的事先誡諭,這兩人的勒索可能更嚴重吧。

此外,使臣在使人情錢上也有尺度並充滿技巧。李慶全使團的朝天文獻中很少有中國官員索賄之記録,洪翼漢的朝天録中則觸處皆是,其中的一個重要原因是以“小甲”爲代表的一方持去年奏請使的標準來求要,而洪翼漢認爲“上年奏聞,事關重大,一從渠言,不問出入”(洪翼漢,12 月 15 日日記),言下之意,今年的使錢應該要打折扣的,這可能意味着 1624 年使行經費預算較少、攜帶資金不足等,所以小甲們抱怨“容錢甚些小”(11 月 24日),使臣抱怨對方“刁蹬”(洪翼漢,11 月 24 日、12 月 15 日等),1624 年使團一直處於資金緊張、東挪西凑、捉襟見肘的窘境中。使臣和使館中小甲、牌子的博弈始終存在。比如洪翼漢 10 月 17 日記小甲來展示去年的人情單子,第二日小甲來求人情人參等物,但没交代給没給,第四天小甲等來求圖事容錢,“秤其多少”,第五天,小甲來抱怨説容錢太少,所以不能利索地辦事。在索賄和應對的博弈中,雙方似遵守着一些潛規則。使臣説:“一則曰容錢,二則曰喜錢。容者,先容圖事之云也;喜者,報喜竣事之云也。蓋以大事垂成,經用已竭,以來求容錢者,輒作明文立信約,以完事爲期,故争持契券,交手相符。”(1425 年 1 月 4 日)依常理説,喜錢情分色彩較濃,金額不會大,關鍵是容錢,但是如果容錢可以先立字據、事成兑現的話,則付出方可能儘量以暫無資金爲名,先立信約,等事成再説。這似乎意味着,如果事情辦不成,容錢也就不必兑現或不必全額兑現。李德泂使行遭遇容錢擠兑的時間是事成後的 1625 年 1 月 4 日和 5 日兩天,“以封典重事告成,肩磨踵接,自朝見星,刻求銀參。……千籌萬計,不獲已,括出員伕(役?)行囊,僅收一千餘兩。”(洪翼漢,1 月 4 日日記)“閣部下人逐日麇至館中,哄鬧有同市肆,束指齊唇,求索不止。……一行傾囊,更無可辦。依上年例,移關冬至使責應,則以爲平安方伯及管餉使人參爲貿銀寓商,多在這裏,是亦朝廷經用也,挹彼注此,事甚便宜。於是取給焉。”(1 月 5 日)可見使臣儘量采取先立據承諾、事成兑現的方式處理容錢問題。

---

① 《承政院日記》,仁祖三年五月二十三日。具體情形,可參刁書仁《天啓十七明朝與朝鮮的關係——以朝鮮國王李倧“封典”爲中心》,頁 152—154。

"容錢"背後的情形，可能是容錢只是小甲的矇騙之辭，他預爲此説，事成了，可獲得容錢，事不成，他也没有損失；另一種可能是官吏沆瀣一氣，官員以小甲爲掮客出賣公權。這兩種情形都是可能的，端視官員的品行修養。洪翼漢《朝天録》1625 年 2 月 6 日下記小甲犯罪爲禮部官員摘發一事："小甲徐繼仁等與堂吏謀增館中員役名數，潛圖冒領欽賞，爲郎中周鏘所摘發，呈文於尚書曰：'照得小甲徐繼仁，久占衙門，每起朝鮮館，包攬使費，將從人俱充官職名色冒領欽賞，法應懲革，伏候堂裁云云。'而徐繼仁納賄行媚，鏘不果行。"1625 年 2 月 6 日，會同館這一起接待朝鮮奏請使工作差不多結束了，需要列一張發放皇帝欽賞的表格①。從使團到北京外的盧溝橋起，徐繼仁一直是最重要的接待人員，他參與造表應該是合理的，問題出在他將自己私人雇傭的人員當作會同館雇傭的人員列在這張領錢的單子中，這種"潛圖"，爲主管上司發現，周鏘似乎暗示徐繼仁經常這麼做("每起朝鮮館")，主張革其職，並上報尚書，最終徐繼仁没有被革職，使臣的解釋是"徐繼仁納賄行媚"。從使臣日記看，徐繼仁在此事後確實還在館中上班，但他有没有受到其他的懲罰呢？如果只是潛圖、冒領没有成功是不是夠得上革職的處分呢？其"每起朝鮮館"皆如此有没有證據呢？他是不是因行賄而免於被懲罰了呢？賄賂誰了呢？其間的細節如何？我們都無從知道，使臣也無意於瞭解這些詳情，但有一點是肯定的，在當時的社會政治風氣下，"納賄行媚"是最可能爲人所接受的、最方便的解釋②。當今社會也是如此，這或許是中國政治、社會的最大悲哀。

小通事由譯員開始就職于會同館，經過三年一次的多次考績方能晉升

① 會同館的館夫人等的工作一"起"一結算應該是制度。《明會典》載："凡遇夷人朝貢之時，館夫人等在館供事者，俱懸帶官給火印木牌，照驗出入。事畢赴本館交收。"(第 736 頁)因爲會同館雇傭者有册可查、有牌可驗，徐繼仁冒充事不難被戳穿。

② 洪翼漢《朝天録》記使團在登州，"有人自稱黄縣人，來言梁之垣曾往貴國，貪賄無藝(厭?)，朝鮮銀參殆盡云。"(1624 年 9 月 7 日)李、洪兩使臣在 9 月 4 日都曾記梁之垣"前往本國時，與上使累相見，漢江遊觀之日，詩酒歡謔，故伻來存問，且送禮物、饌具甚侈，酒味百壺，仍爲奉邀上使，送禮單回謝，辭以無私交之禮，而不往。"皆未言梁之垣在朝鮮貪賄之事，何以中國人與使臣作如是説呢？

至通事①,他們的技能以及與會同館的關係可能比任何提督、主客司郎中、禮部尚書都要不可或缺和來得深厚,周鑣説徐繼仁"久占衙門"是没錯的,但久占衙門可以是積極的,也可以是消極的,周鑣揭示的是其消極的方面。不管此事是非如何,我們可以看到官員與小甲(翻譯、通事)之間的博弈,中國如此,朝鮮也如此。洪翼漢説得很明白:"前在本國時,素聞譯官所爲而深憎疾,受命以來,輒鉗制之,使不得横恣,故渠輩皆怨讟,恐招趙宋之禍,時複緩之。"(洪翼漢,10 月 27 日日記)朝鮮使團因下吏拖延行期,最後正使還因使團不能同時回國而遭到彈劾、治罪。1625 年 2 月 12 日,洪翼漢記到:"提督李其紀與主客郎中周鑣會飲於廓然亭,館夫等争相調之曰:清白學士,對酌可觀。蓋譏其貪墨敗官也。"如果聯繫上云周鑣對小甲的摘發,從官與吏博弈的角度看此段記録,似乎更意味深長。在中國人的天地裏,是參與其中者的衆聲喧嘩,每個人都可以站在道德高地上譴責貪腐,然而又羨慕認可它。

五　誰可爲隣:"生倭"、"韃"、"夷"、"醜虜(奴)"和中國人

天啓四年,中國官塲給朝鮮使臣留下了貪腐的印象,然而朝鮮使臣環視天下,所見不過是自己與讓人痛恨的日本人、不堪與之爲伍的韃子、思之極恐極恨的女真人和各色各樣的中國人。

出使途中,使臣並未遇見日本人,但有兩件事戲劇性地表達了此時使臣對日本和日本人的情緒和印象。1625 年 3 月 13 日,洪翼漢一行回程留宿北馬鋪(今山東煙臺龍口市白馬鎮?),一位自稱吕佐武的秀才來見朝鮮使臣,向他們打聽日本國的遠近和日本事情,洪翼漢勃然大怒,不但拒絶回答秀才的問題,還對秀才怒吼道:"日本與小邦飲骨之仇也! 交鄰之道,從古已絶,焉知其路程事情!"秀才嚇了一跳,説:"公何怒之深也!"只能無趣地"默然而退"。第二件事是使團一行普遍接受了"生倭"這一語言修辭:即稱舉止乖戾、讓人討厭的傢伙爲"生倭"。使團中有一位乾糧管務李應翼,

---

①　可參陳彝秋《從朝鮮使臣的中國行紀看明代中後期的玉河館——以會同館提督官爲中心》,《南京曉莊學院學報》,2014 年第 3 期,頁 57—76。

洪書狀官説李氏爲市井子弟,一貫的"顛妄輕剽,舉措乖戾,事多觸忤",是
教不好的,所以一行人都很討厭("疾")他,將之歸入"生倭"一類(洪翼漢,
1624 年 10 月 13 日日記)。在"倭寇"的對照之下,此時的中朝關係尤顯得
温情脈脈。1624 年 9 月 24 日,洪翼漢記録了在章丘與生員李如杜的一段
對話,李如杜讚歎在遼路爲後金阻隔的情況下朝鮮使臣能不憚航海,玉帛
相望,感激朝鮮對於中國的幫助,他説:"毛督府以客軍浮寄孤懸,得賴貴國
之助,躡後擊尾,使賊不得搖手舉足窺兵關外,吾等之至今奠麗安居,庸非
貴國之力乎?"又贊嘆朝鮮新國王"賢明仁哲","政目鼎新",斷言"天朝所恃
以復遼疆者,惟貴國耳"。洪書狀官反過來對中國表示感謝,他説:"向在
壬、丁兩年,幾盡没於倭寇,幸賴神宗皇帝字小興滅之德,再造藩邦,至今動
植飛走,咸被其澤,凡在含齒之類,猶思隕結之報。"9 月 28 日,洪翼漢記濟
南儒生復爲亦盛讚朝鮮之事大抗賊,同章丘儒生,"職答亦如前"。戰爭造
成的民族傷痛之深刻和民族情感之深厚由此可見。而李如杜、復爲之對於
朝鮮的感謝和信賴,可看作是使臣能完成此番使命的内在情感原因。

　　朝鮮使臣眼中的"韃""虜""奴""夷",如果不區分種族時似可混用,皆
指中國北方或以北的民族,若有意區別,則韃指"蒙古"人,"虜""奴"指女真
人,那些原爲漢或其他民族之人而歸順於蒙古或女真者則通被稱爲假韃。
使臣在朝鮮至登州的海島上遇到了"遼左避虜流民"和"假韃"。對"避虜流
民",特別是其中的讀書人,使臣滿是同情。如在廣鹿島上,押物官玄禮祥
住宿在金州"避地"士人、現以販酒爲生的李嵒家,第二日他對洪書狀官讚
歎"主人待遇禮甚厚,讀書聲達夜弗輟",這激起了書狀官對"醜虜"的責駡,
其對待漢滿的不同情感也表露無遺。他説:"咄!憬彼醜虜,宇宙間何物,
亂華窮兇一至於此,遂令儒士未免遁播落拓,困厄於島嶼瘴海中哉!殊不
知蒼蒼者天意竟何如? 其肯使數百年衣冠文物盡汙於腥羶之塵,而終不悔
禍耶?"(洪翼漢,8 月 16 日日記)"腥羶"之氣和"醜"是使臣心中和眼中蒙古
人、滿人等的身體、身份形象,是與"衣冠文物"的潔凈、體面相反的存在。
使臣眼中的"假韃"不但身體受到腥羶之氣的汙染,因剃髮而醜陋,更可怕
的是言行、精神、氣質也受到了污染。洪翼漢寫正、副使因暈船而租住在島
中一假韃家:"比屋皆窄陋,腥羶之氣襲人,聞可歐(嘔?)般,蓋假韃新自遼
歸,頭髮盡剃,鬖鬆若髡,看來醜狀,不忍正視。"(洪翼漢,8 月 17 日日記)這
位剃了女真人髮式的漢人已逃出東北成了流民,不過使臣還是稱其爲"假

韃",這可能是朝鮮使臣行紀中最早出現的遭遇削髮的漢人了,因爲剃了髮,在使臣眼中,他醜得慘不忍睹。與貌"醜"和體味腥膻相對的,是潔净而文雅的中國之士:"余獨於士人李崑家乞樓,頗蕭灑矣,遂贈一詩。"洪翼漢還用兩使離開租住之家時被房主"毆辱百端"和自己被房東再三稱謝作對比,强化了中國人和韃虜的禮義文明與野蠻禽獸的對比建構。

　　洪翼漢一行到達北京後真的遇見了"韃"、"虜"。一次是在會同館中提督辦公宴會之所。洪翼漢寫道:"與上、副使偕冬至使詣廓然亭,酒之。獾子四頭突入,饋之酒,則無厭,請益酒,環視不去,於是招通事開喻捽去。怒頰豕頜,腥臊之氣,人皆掩鼻而過。"(1625 年 2 月 13 日)能進入提督廳廓然亭,表明這四位應該是蒙古某部的使臣,聯繫明史此時相關記載,或許是虎墩兔、妙花部的使臣,這些蒙古部族"揚言助中國""捍大清兵",反正是明廷的盟友①。使臣"四頭"的措辭以及對其長相和體味的描繪都取自於"禽獸",無厭索酒加杯也非有禮之人的行爲。一次是朝鮮使臣與三法司等聯合審訊毛文龍所獻"俘""虜"之時。洪翼漢十月十四日日記:"會同三法司,取女直通事,課審毛都督所獻俘獲汗夷真假,則七百有八名俱是真夷。其中有塔處稱名者,年三十,本是高麗人,姓名金鄧南云。其言曰:'當三路債師之日,被奴挐去,不得走回,住奴五年,以其精悍猛健,慣爲奴用,且稍通華語,故住在把骨寨,常爲前鋒。'而真夷豹敗亦供其塔處與奴作前鋒云。"因爲會審時特置女真語翻譯,可見主要爲確定所獻俘虜的真假女真人身份,文中的"夷",從種族上看,指的是女真,這裏的 708 名俘虜最後都被確定爲"真夷",包括文中提到的豹敗和塔處。"塔處"是被女真人捉拿去的高麗人,從民族上講他不是女真人,但他是女真軍隊的前鋒,所以也被判爲"真虜",可見真假虜的判斷還需考慮政治背景和軍民身份。

　　朝鮮使臣最不能忍受的是自己被明人或明廷當作夷人看待。本來使

---

　　①　1623－1624 年李民宬《朝天録》有三處韃子入住會同館南館之西館的記載:一是"泰寧衛進貢韃五十名來寓西館"(1623 年 11 月 10 日)、"喜峯口獾子九十名來寓西館"(1624 年 1 月 7 日)、"西獾二百一十名來寓西館,兇獰無比,人皆畏避。"(1624 年 2 月 9 日)李民宬還記載了琉球國使者:"琉球國使臣馬勝連、林國用等來寓西館。"(1624 年 2 月 15 日)"琉球馬、林兩使臣來見而去,馬迺國舅,林長史,以請封來,俱端雅可愛,但不文耳。"(1624 年 2 月 23 日)

臣在中國覲見皇帝時,朝鮮使臣與別國使臣並列於午門外,1624 年奏聞使正使李德泂提出異議:"小邦舊以禮義稱,與夷班,辱也!"奏請朝於午門内,同年 11 月 17 日朝見時,朝鮮使臣得以"自東長安門入,歷承天門、端門、午門,抵五鳳樓前行禮。"這被看作是重要的外交勝利。1624 年請封使團與中國進行外交交涉時遭遇不少挫折,洪翼漢猜測個中原因:"無乃以下邦陪臣視同裔夷,陵侮而然耶? 若果然也,則尤爲痛骨矣。"(11 月 15 日日記)是因爲中國政治腐敗還是將我們視同蠻夷而有意凌辱? 如果是後者,那才是特別讓其痛心的。

　　使臣海上航行危險萬分,與之相應的是,海上遼東難民時刻昭示著中國東北亂局,然而使船登州靠岸,戰爭的氣氛似乎一掃而空,讓使臣印象深刻的是剛到任的登萊巡撫武之望的車隊,"金轎玉鞍,輝映通街,大旗長戟,環擁前後",使臣云:"怒馬鮮衣,凡諸器仗,非我國所曾覩,一軍門所帶如彼其盛!"使臣雖然批評此爲"浮華謬習",但也强烈感覺到了"大國威儀"。(洪翼漢,8 月 24 日日記)他們也領略了新及第者的出行威儀,不禁感慨:"中朝之優待士大夫,據此可知,而亦可見文物繁華。"(洪翼漢,9 月 17 日日記)之後,他們或奔馳在棉花如雪的田野中,或行走在高樓傑閣的城市裏,自河間府(今河北省河間市)開始,是直趨北京的明代高速公路。

　　朝鮮使臣眼中的中國人,除了與之有利害關係的官吏頗有令人失望者,明朝的普通百姓似乎都熱情好客、温良守禮。上文提到的章丘生員李如杜除了感謝朝鮮支持明朝抗擊女真人,還遣其子來問候使臣,贈送草書四幅爲禮,使臣也以朝鮮特産回禮(洪翼漢,9 月 24 日日記)。雖然朝鮮使臣批評中國官員、士民輕儒重佛,但使臣眼中的僧人,不論是新城堡、青州、鄒師縣、濟南城的城市或山間僧人,不論老僧幼徒,都熱情好文,誠懇有禮。如虎頭厓山僧:"霜眉老僧,叉手出迓,引而安床,接遇頗款。仍乞詩,走草一絶以贈。回問僧曰:'聞雛師縣裏,有名園花樹云,其主人誰,煩長老爲我紹介。'僧答曰:'是不難。太僕卿張老爺延登曾爲此園,名於縣地,今往京裏,惟留公子數輩耳,僧當陪爺去。'扶藜導我,雲披蘿迤,錦破楓岸,繞城角,穿巷口,透入園中。"(洪翼漢,9 月 23 日日記)第二天,"釋天龍自超龍洞來候,情意款厚,搆一絶以謝。"山僧淳樸,城市寺院的僧人亦復如此。如 9 月 26 日,一行宿濟南府城城南正覺寺中,僧慧光與洪書狀官同年而月份稍大,"來餽書畫四帖",使臣回謝,慧光還囑咐使行路上小心。道士亦熱情好禮,不管是花不注山下的道觀還是北京朝陽門外的東嶽廟,僧人"晨夕行香誦經",是嚴格的修行者,也是熱情好客的東道。就連小孩子們,在使臣眼裏也知禮義識廉恥的。使臣們走在秋天的齊魯大地上,"樹木蔥倩,雜植於田畝間者,皆梨、栗、柿、棗、胡桃,而所種行列甚整,遠近如一,時果爛熟,擺落覆地,群兒過之者視若不見,不取一介而啗,亦見中國廉恥之風猶行於小兒輩也。"(洪翼漢,9 月 25 日日記)即使有在北京的一些不愉快的經歷,使臣在回程還是感受到了中國人的熱情好客。如客中的 1625 年的三月三,旅店主人餉魚侑酒;三月初六,也有一段奇遇:"夕,太僕卿張延登子二人送門子請與相見曰:'前秋輶車見過,到處留題,適會俺出郊外,令好客草草而去,追猶耿想,目今梅花盛開,衆芳媚春,幸暫屈冠蓋。'惠投綺語,再三懇請,不得已諾之。"這些中國人似乎構成了朝鮮朝臣眼中的中國魅力。朝鮮使臣與之同質,也就自然地與他們痛恨者和恥與爲伍者拉開了距離。這是道德的微光,這是現實的微光,除了政治、經濟利益,這是朝臣尋求天朝封典的思想、道德動因之一吧。

結　語

　　1623 年綾陽君廢君自立事件,衝擊了支撐中國古代社會和建構朝貢體系的部分核心價值——三綱,所以,朝鮮政府急欲通過中國册封來消弭朝鮮國內的政治、道德危機;1623、1624 年兩起朝鮮奏聞册封使團努力讓中國政府接受和認同廢君自立的仁祖,也考驗了中國對挑戰三綱者的接受度以及在當時政局下的應變能力。中國政府決定啓動調查朝鮮民意的程序,想在"民爲貴"、"君爲輕"的價值層面上確立仁祖廢立的合理性。可以看出,中國政府實際肯定了"民爲貴"、"君爲輕"的價值觀,但並不在興論中特別強調這一點,而寧可渲染中國當下的現實政治、軍事處境的艱難以及受制于這一現實困境而作的政治權宜。

　　在處理朝鮮册封請求時,明代中國並不以一個國家的形象和國家的權力示人。由於明代政治運作模式以及朝鮮使臣努力搜集情報和中國官吏樂於提供情況,中國的地方政府、中央各部、監察部門、內閣以及皇帝等等都呈現在朝鮮使臣面前,使臣文獻以豐富的細節展示了明代權力關係的毛細血管般的分佈,各種權力之間的協作和博弈。可以説,1623、1624 年的明代政治中，任何權力都不是絕對的，即使是皇權，兵部尚書、登萊巡撫即通過自己對皇帝意旨的闡釋作了部分的消解；內閣雖受尊重，但也只能對禮部施加壓力而已……此外，明代政治運作中雖有文牘主義的傾向，但即使是最高官員也非高不可及、遙不可見，比如禮、兵部尚書，比如閣老，比如專擅國權的魏忠賢，甚至天啓皇帝，因此又具有簡易和親近的政治作風。

　　朝鮮使臣指責中國官場貪腐，這可能部分是真實的，但不可否認，其中也有以此來掩蓋和否定其外交使命中包含的更棘手的政治和道義問題的意圖，以經濟問題來消極政治問題，以道德問題來替換政見衝突，最終消解一切是非，也是使臣文獻中一些中國官吏的做法，研究者在使用這些材料時在此方面或當有一分警覺。

　　　　　　　　　　　　　　（作者單位：南京大學文學院）

日本漢籍研究

域外漢籍研究集刊　第十五輯
2017 年　頁 167—180

《四河入海》所引蘇詩佚注與《東坡別集》[*]

董舒心

　　《四河入海》是一部日本僧人撰寫的蘇軾詩歌注本,成書於日本天文三年(1534),是日本五山禪林研究蘇軾詩歌的集大成之作[①]。它在内容上是四種蘇詩抄物[②]的集合:太岳周崇(1345—1423)晚年所著《翰苑遺芳》;瑞溪周鳳(1391—1473)所著《脞説》(及續編本《脞説補遺》),成書於日本寬正四年(1463);桃源瑞仙(1430—1489)講、一韓智翃筆録的《一韓翁聽書》(又名《蕉雨餘滴》),成書於 1475 年左右;万里集九(1428—?)所著《天下白》,成書於日本文明十四年(1482);編纂者笑雲清三(生卒年不詳)的意見也附在文中。除此之外,嚴中周噩(1359—1428)所著《東坡詩抄》、惟肖得嚴(1360—1437)所著《東坡詩抄》、江西龍派(?—1446)所著《天馬玉津沫》等在《四河入海》中都有大量引用,各種抄物和各位禪師觀點之間的關係也比較複雜。該書以蘇詩注釋爲中心,旁徵博引,達到了 100 卷之巨的篇幅,其

---

　　[*]　本論文得到國家留學基金資助。

　　[①]　目前通行的《四河入海》版本主要有勉誠社《抄物大系》本和清文堂《抄物資料集成》本,兩者所依據的底本雖然不同,但源頭都是古活字版,本文所依據的《四河入海》版本爲清文堂本,並參考勉誠社本。大塚光信、岡見正雄編:《四河入海》,《抄物資料集成》第 2—5 卷,大阪:清文堂出版,1971 年;中田祝夫編:《四河入海》,《抄物大系別卷》1—12,東京:勉誠社,1970 年。

　　[②]　王曉平認爲:"抄物"是"日本室町中後期至江户時代漢籍、日本書籍、佛典的假名講義和聽課記録整理"。見王曉平:《抄物識讀的方法》,《日語學習與研究》2013年第 6 期,頁 86。但"抄物"也有用漢文書寫的,功能也不僅僅與講課有關,而比較接近注釋本。

中包含了許多蘇軾研究的重要資料，特別是某些珍貴而稀見的蘇軾著作，在書中有大量引用和抄録。

當時五山禪僧們能看到的蘇軾著作可以分爲兩類：蘇詩注本和蘇軾詩文合集。《四河入海》引用的蘇詩注本中以"分類注本"（即《王狀元集百家註分類東坡先生詩》，又稱"王狀元本""百家注本"）的版本最多①，另外一個重要的注本便是《施顧註蘇詩》，由於《四河入海》引用的很多蘇詩注在國內早已佚失，對這些佚注進行輯佚和研究便很有必要。早在上世紀六十年代，日本學者倉田淳之助、小川環樹和京都大學人文科學研究所團隊就進行了對《四河入海》的輯佚工作，並於 1967 年推出了此項研究的成果——《蘇詩佚注》（上、下），上册的内容就是從《四河入海》中輯出的"施顧注蘇詩"和"趙次公注蘇詩"②。其中，"施顧注蘇詩"的部分由於原書的發現和出版而重要性大打折扣③，而"趙次公注蘇詩"部分仍然是現存最完整的趙次公注輯録，對於蘇詩研究史來説是不可或缺的資料④。但是現在我們發現，《四河入海》中所引用的蘇詩佚注並不只有"施顧注蘇詩"和"趙次公注蘇詩"，還有一部分佚注來自早期的"集注蘇詩"，也就是説，《四河入海》（主要是《翰苑遺芳》）除引用"分類注"本和"施顧注"本之外，還參考了一個"集注蘇詩本"。

一　《翰苑遺芳》所引"集注蘇詩"

《四河入海》系列的抄物都曾引用蘇詩佚注，但《翰苑遺芳》（以下或簡

---

①　本文所參考"分類注本"爲《集註分類東坡先生詩》，《四部叢刊初編縮本》，據南海潘氏藏宋務本堂刊本縮印，上海：商務印書館，1936 年。

②　小川環樹、倉田淳之助編：《蘇詩佚注》，京都：京都大學人文科學研究所，1967 年。

③　（宋）施元之、顧景蕃合注；鄭騫、嚴一萍編校：《增補足本施顧註蘇詩》，台北：藝文印書館，1980 年。《施顧註東坡先生詩》，《中華再造善本》，據上海圖書館藏宋嘉泰六年淮東倉司景定三年鄭羽補刻本影印，北京：北京圖書館出版社，2005 年。

④　何澤棠：《論〈蘇詩佚注〉中的趙次公注》，《華北電力大學學報》2012 年第 1 期，頁 97—102。

稱《遺芳》）是抄録蘇詩佚注最多最全的一部,因此目前對蘇詩佚注的輯佚主要參考《翰苑遺芳》。《翰苑遺芳》完全是用漢文寫成的,和其他抄物相比,它最大的特點是很少辨析、講解和評論,絕大部分内容都是對其他蘇詩注本的摘抄,摘抄的原則是抄録底本"分類注本"上没有而其他注本上有的注文。太岳周崇在抄録時,有些注明了來源,如"施注""次公注"等,有的雖然没有注明來源,但通過與已發現的《施顧註蘇詩》比照,也很容易就能分辨出哪些是來自《施顧註蘇詩》的内容。但問題是,在《翰苑遺芳》中還有相當一部分詩注既不見於施顧注、也不見於"分類注",而且太岳周崇也没有注明來源,通常只標一"注"字,内容往往殘缺不全,或忽略上文,或忽略下文,似乎是對已有詩注的補充,我們暫且稱之爲"補注"。

《四河入海》卷廿五之三《病中夜讀朱博士詩》,"分類注本"在篇末引了"趙次公注",這條"趙次公注"篇幅較長,行文一氣呵成,應該是"趙次公注"的原始形式,但内容仍有删削。其中有這樣一句:

彼醉公子者,例只知紫餅之爲茶,豈識曾坑上品白茶方是真茶耶?以譬貴人但知世上好句爲詩,而不識古詩妙奇者爲真詩也。

《翰苑遺芳》云:

注方是真茶耶?張華博物志有云飲真(茶)令人少眠,今詩句以譬云云。

對照可知,《遺芳》所引恰爲"分類注本"中删去的一句"趙次公注",但由於太岳周崇並未注明"次公曰",爲《蘇詩佚注》所忽略而漏收。還有些此類"補注"被《蘇詩佚注》當作"趙次公注"給收録了,如卷廿二之一《送程之邵簽判赴闕》,"百家注本"中有兩句是這樣注的:

從來一狐腋　援　趙良言千羊之皮不如一狐之腋　或出五羖皮厚　百里奚亡秦走宛楚鄙人執之秦穆公以五羖皮贖之。

《遺芳》所引"趙次公注"很長,《蘇詩佚注》全部加以收録,其中有兩句:

注之腋千人之諾不如一士之諤云云　注以五羖皮贖之授之國政。

對照可知,這兩句不是趙次公注,而是"分類注本"中"(宋)援注""(李)厚注"被删去的部分。

從上面兩個例子可以看出,《翰苑遺芳》中的這些"補注"所補的確實是"分類注本"中删去的蘇詩注,而且並非只有趙次公注,還有其他注家的注文。

卷廿二之四《賀陳述古弟章生子》"甚欲去爲湯餅客"句,《遺芳》云:"注明皇事下次公曰此大非是。"查"分類注本"可知,所謂"明皇事"乃是宋援注"湯餅客"所引典故,《遺芳》所引的次公注乃是趙次公對宋援注的批評,並且太岳周崇所見到的這個注本中的趙次公注是寫在"援注"之下的,也就是說此本中不但有次公注,而且有宋援注。又卷廿三之一《自昌化雙溪館下步尋溪源至治平寺二首》之二"老去尚湌彭澤米"句,"分類注本"是這樣注的:

> 厚　陶潛爲彭澤令,在縣公田悉令種秫,妻子固請種秔,乃以二頃五十畝種秫,五十畝種秔。○次公　陶潛爲彭澤令,曰:安能爲五斗米折腰鄉里小兒耶?

《遺芳》云:

> 注五十畝種秔,次公曰:此與米字不相干,非是。

此條"次公注"分類注本不載,從《遺芳》所引可知,這一句次公注也是寫在"厚注"之下的,只不過"分類注"的編纂者在採用時删去了這句,保留了下句,因而從"分類注"中就看不出趙次公注和李厚注的關係了。實際上,趙次公注蘇詩是在批判前注的基礎上產生的,太岳周崇所見的這個注本比較完整地反映了這種關係。這跟趙次公注杜詩的形式是一樣的,據學者研究,趙次公注杜詩的底本"吳若注本"就是一個"集注"本,趙注杜詩的初衷就是正舊注之誤①。更直接的證據是,卷一之二《是日至下馬磧,憩於北山僧舍,有閣曰懷賢,南直斜谷,西臨五丈原,諸葛孔明所從出師也》"豈止十倍加"句,《一韓翁聽書》云:"集注趙次公云:'加'字則法正謂劉璋曰'今荆州道通,衆數十倍也。'"②此條"分類注本"不載,《翰苑遺芳》不載,《蘇詩佚注》也未收,而《一韓翁聽書》的用語"集注趙次公云"證明了這確實是一個集注本。

早期蘇詩集注本有"四注""五注""八注""十注"等,太岳周崇所見本是哪一種呢?經與"分類注"對照,除"趙次公注"外,這個集注本還包含以下

---

① 林繼中:《趙次公及其杜詩注》,《中華文史論叢》1988 年第 1 期,頁 193—232。

② 此條在宋刊《集註東坡先生詩前集》所保存的"十注本"中被標爲"胡注",是爲"十注本"之改竄。見何澤堂:《宋刊〈集註東坡先生詩前集〉注家考》,《内江師範學院學報》2010 年第 3 期,頁 88。

注家：

1.程縯注　例：卷廿四之一《胡完夫母周夫人挽詞》"絳帳清風聳搢紳"句，"分類注本"注作："縯 苻堅就韋逞母宋氏立講堂，置生員百二十人，隔絳紗幔而授業，號爲宣文君。"《遺芳》云："注縯苻堅問博士經典，乃憫禮樂遺缺，時盧壺曰：'廢學既久，竊見太常韋呈母宋氏，世學，傳其父業，年八十視聽無闕，自非此母無可以傳授。'於是云云。"此條應補於程縯注"就韋逞母宋氏立講堂"之前。

2.李厚注　例：卷廿之二《生日劉景文以古畫松鶴爲壽，且貺佳篇，次韻爲謝》"君今噲等伍"句，"分類注本"注作："厚曰：韓信廢爲淮陰侯，嘗過樊噲，噲趨拜曰：'大王乃肯臨臣。'信曰：'生乃與噲等爲伍。'"《遺芳》云："注曰韓信廢爲淮陰侯，信既失王而爲侯，怏怏不樂。"此條應補於李厚注"嘗過樊噲"之前。

3.宋援注　例：卷十八之三《答王定民》"五言今復擬蘇州"句，"分類注"有宋援注："白樂天謂韋蘇州歌行，才麗之外，頗近興諷，其五言詩又高雅閑淡，自成一家之體。"《遺芳》云："注自成一家之體，今之秉筆者誰能及之？然當蘇州在時，人未必甚愛重，必待身後始愛之。"此條當補於宋援注"自成一家之體"之後。

4.趙堯卿注　例：卷廿之二《送劉攽倅海陵》"劉郎應白髮，桃花開不開"句，"分類注本""堯卿注"引劉夢得詩："百畝中庭半是苔，桃花落盡菜花開。種桃道士歸何處？前度劉郎又再來。"《遺芳》云："注曰'前度劉郎又再來。'當時以爲譏諷朝廷，今獨取詩中劉郎字用耳。"此條當補於趙堯卿注"前度劉郎又再來"之後。

5.任居實注　例：卷十九之二《次韻子由使契丹至涿州見寄四首》之一"投文易水吊燕丹"句，"分類注本"有"任居實注"："燕丹，燕太子丹也，易水其所都也。荆軻歌曰'風蕭蕭兮易水寒'是也。"《遺芳》云："注'易水寒，壯士一去不復還。'吊之云意蓋此耳。"此條當補於任注"易水寒"之後。

6.師尹注　例：卷十一之三《雍秀才畫草蟲八物》"蜣蜋"篇"誰言轉丸手"句，"分類注"有"師尹注"："《莊子》：'蜣蜋之智在於轉丸。'"《遺芳》云："注師莊子蜣蜋之智在於轉丸，而笑蛣蜣者乃以蘇合爲貴。"此條當補於師注"蜣蜋之智在於轉丸"之後。

7.林子仁注　例：卷十一之四《次韻米黻二王書跋尾二首》之一末句：

“巧偷豪奪古來有，一笑誰似癡虎頭？君不見長安永寧里，王家破垣誰復修？”《遺芳》云：“説者謂米元章善模換人畫，且多方必取。故先生以巧偷豪奪戲之，撲句且復戒之。”此條不見於他書記載，也不可能是太岳周崇的原創，當是從宋人注本抄録而來。查諸注本，《施顧注蘇詩》無此數語，而“分類注”則在本詩詩尾有一條“子仁注”：“元章，米芾字。”由於“分類注”本上文的詩和注完全没有提到“元章”二字，此條“子仁注”似乎爲無的放矢，但合觀可知，“説者”云云當補於子仁注之前。

以上七家注加上趙次公注共爲八家注，已經超出“四家注”“五家注”的範圍，所以這個集注本是不是“八家注”或者“十家注”呢？現存最早的集注本是藏於北京圖書館的宋刊《集註東坡先生詩前集》殘帙，除目録外，只存四卷，卷一至卷三爲“十注本”，卷四爲“五注本”，筆者因尚未得見，暫以劉尚榮先生所引内容爲據，與《遺芳》所引進行比較①。以《鳳翔八觀》爲例，“十注本”所載的“分類注本”中删去的多條注釋（包括趙次公注、師尹注、堯卿注等）太岳周崇都没有提到，可知他所見的不是“十注本”，極有可能是“八注本”，或脱胎於“八注本”的版本。“八注本”早已不存，亦不見相關著録，有關論述都爲後人考證，王文誥《王施註諸家姓氏考》認爲，“八注”八家爲趙次公、趙堯卿、程縯、李厚、宋援、林敏功、師尹、任居實，與上文所考相合②。

關於這個“集注本”的編次，也可從佚注中找出線索。卷廿三之二《上巳日與二三子攜酒出遊，隨所見輒作數句，明日集之爲詩，故詞無倫次》詩“雪陣翻空迷仰俯”句，《遺芳》引次公注文“則前篇所謂冷煙濕雪也”，按《東坡集》編次則前一首《二月三日點燈會客》詩有“冷煙濕雪梅花在”句，與趙

---

① 劉尚榮：《宋刻〈集註本東坡前集〉考》，《蘇軾著作版本論叢》，成都：巴蜀書社，1988 年，頁 40—53。

② （清）王文誥：《蘇文忠公詩編註集成總案》（上），成都：巴蜀書社，1985 年。何澤棠根據宋刊《集註東坡先生詩前集》“十注本”殘卷所記載的注家認爲，“八家注”中無“任居實”而有“孫倬”。見何澤棠：《〈王狀元集百家註分類東坡先生詩〉考論》，《中國典籍與文化》2009 年第 4 期，頁 76—83。但“十注本”殘卷並不能反映“八注本”的情況。而且現存分類注本中孫倬的注釋數量較少，遠不及任居實注的條數，亦不足以位列八家。

次公所言吻合。又卷廿五之三《贈劉景文》詩,《遺芳》引次公注云:"此篇直書其事,然荷盡菊殘橙黃橘綠,當在九月十月之間,而反在梅花十絕之後,未詳。"按此篇載《東坡集》卷十八,前詩爲《次韻楊公濟奉議梅花十首》。可見,早期的蘇詩集注不但遵從《東坡集》的編次,而且認識到這種編次的實質在於編年。

　　初步統計,《翰苑遺芳》中的"補注"涉及到"分類注本"中的十餘卷約70首詩,將這些内容與"分類注本"對照,當能夠找到相應的位置,補足刪削的内容,從而部分復原了這部"集注東坡詩"的内容,這相當於爲蘇軾詩歌提供了一個早期集注的新版本,無疑具有重要的學術意義。但是《翰苑遺芳》中的很多詩注没有標明來源,也没有"注"字開頭,如上文"林子仁"注那一條,需要仔細辨析是否屬於"補注"的内容,這爲復原工作增加了相當的難度。另外,考察《翰苑遺芳》的内容不能不參考《翰苑遺芳》單行本,目前可見最早的單行本爲日本國立國會圖書館所藏抄本《翰苑遺芳》,此抄本共25卷,據卷末附注,此本爲五山僧人喜承所抄,抄寫時間爲日本延德二年九月至延德三年七月(1490—1491),早於笑雲清三的抄録約四十年①。此本可與《四河入海》本《翰苑遺芳》進行對校。

―――――――――

　　①　早在五山時期,《翰苑遺芳》就已經出現了不同的版本,《四河入海》卷十九之三《次韻劉景文見寄》有句"烈士家風安用此",《天下白》注"烈士"云:"劉平,字士衡,仁宗時人,即景文之父也。詳見《遺芳》。"而笑雲清三卻説:"予所持《遺芳》無劉平事蹟,恐别本有之歟?"同卷《詹守攜酒見過,用前韻作詩,聊復和之》有句"傳呼草市來攜客",《天下白》注"草市"云:"見《遺芳》也。"笑雲清三説:"予所持之《遺芳》出'草市'二字而不書故事,恐《遺芳》有異本歟?"可見,萬里集九與笑雲清三所參考的《翰苑遺芳》在内容版本上已經有所不同。查喜承所抄《翰苑遺芳》,卷十九的這兩首詩注略同清三所持本,《次韻劉景文見寄》一詩完全脱文,《詹守攜酒見過,用前韻作詩,聊復和之》只書"草市"二字,其下爲空白。但喜承所抄本和清三所持本在别處又有不同,如卷十一之三《僕曩於長安陳漢卿家見吳道子畫佛,碎爛可惜,其後十餘年復見之於鮮于子駿家,則已妝背完好,子駿見遺,作詩謝之》,《四河入海》本《遺芳》與喜承抄本相比,多出"多金"(部分)"朱繇""鹿皮"(部分)"秋毫顛""清然""脱字"六條注;又同卷《雍秀才畫草蟲八物》,喜承抄本僅有五條注,而《四河入海》本抄録的《遺芳》注文則多達十四條,遠比喜承抄本豐富。

二　“趙次公注蘇詩”與“趙次公和蘇詩”

　　由於《翰苑遺芳》中所引的“補注”大多標注不明，又遠遠不及“趙次公注”的數量，所以一直没有引起重視，以往的輯佚者和研究者主要把目光放在《四河入海》所引“趙次公注”上。倉田淳之助認爲太岳周崇參考了一個趙次公注的單行本，但中日書目中都未曾著録“趙次公注蘇詩”的單行本，考慮到《翰苑遺芳》所引的“趙次公注”和“補注”之間的密切關係（如上文所舉《賀陳述古弟章生子》“甚欲去爲湯餅客”句、《自昌化雙溪館下步尋溪源至治平寺二首》之二“老去尚湌彭澤米”句兩例詩注），我更傾向於認爲《翰苑遺芳》中所引用的趙次公注和部分“補注”來自同一個集注本。那麽爲什麽趙次公注在這個注本中所占的分量如此之大呢？結合趙次公批判舊注的形式，我推測，可能最初的蘇詩集注“四注本”就成於趙次公之手。趙次公在注釋蘇詩的同時，還對程縯等前人的蘇詩注進行辯正，結集的内容就成爲了“四注本”，以後“五注本”“八注本”等早期集注本都是在“四注本”的基礎上産生的，所以保留了四注本的大部分原貌，在這幾個集注本中，趙次公注所占的分量也應該是最大的。但由於趙次公注蘇詩具有逐句解説、務求詳盡的特點，不符合“分類注”本以注釋典故爲主的標準，“分類注”本的編纂者對其進行了大量删削，在“分類注”本系統的各家注中，趙次公注是被删削改造最多的一家。

　　趙次公除對蘇詩作注之外，還寫有不少“和蘇詩”，近年來，王連旺通過考察《四河入海》中的“趙次公和蘇詩”，先後完成了《趙次公“和蘇詩”輯考》①《趙次公詩文匯校稿》②兩篇文章，基本上將散見於《四河入海》中的“趙次公和蘇詩”都輯録了出來。這樣，《四河入海》中的“趙次公注蘇詩”和“趙次公和蘇詩”都有了整理本，爲蘇詩注釋和趙次公詩文研究奠定了基礎。但美中不足的是，由於《四河入海》卷帙浩繁，其中多有標注不明之處，

---

　　①　王連旺：《趙次公“和蘇詩”輯考》，《中國典籍與文化論叢》第 17 輯，南京：鳳凰出版社，2015 年，頁 36—53。

　　②　王連旺：《趙次公詩文匯校稿》，《筑波中國文化論叢》第 34 號，2015 年 10 月，頁143—160。

《蘇詩佚注》和《趙次公詩文匯校稿》的輯佚都存在漏收的情況。

"趙次公注蘇詩"方面,除上文所舉的例子外,再如《四河入海》卷三之二《次韻子由所居六詠》之二有句"詩人固多感,花發憶兩京。石榴有正色,玉樹真虛名"。《遺芳》云:

> 次公曰:上兩句憶兩京之花,已下仍言子由所居之花耳。石榴有正色,則以朱爲正色。

此條因只是解釋詩句大意而爲"分類注"所刪去,《蘇詩佚注》未收。此題六詠有六處《遺芳》引次公注,《蘇詩佚注》都未收。再如《次韻子由所居六詠》之五"近聞南臺松,新枝出餘僵。年來此懷抱,豈敢驚凡亡"?《遺芳》云:

> 肖 次公云:南臺松枝既枯僵矣,而出新枝,應亦是先生聞其舊所種之松如此。豈以凡未始亡比松之不遂僵死者邪?南臺何處?又如聞子由所種之松矣,亦未詳也。按公在徐種松詩'清陰滿南臺'云云。

"肖"爲惟肖得嚴之簡稱(倉田淳之助認爲"肖"乃"趙"之減筆①,但万里集九曾明確指出"肖"指"蕉雪","蕉雪"爲惟肖得嚴之號),《遺芳》在這裏引用了惟肖得嚴的《東坡詩抄》,顯然,此抄物也有引用趙次公注,但爲《蘇詩佚注》所忽略。《一韓翁聽書》也有引用趙次公注,如卷十一之三《僕曩於長安陳漢卿家見吳道子畫佛,碎爛可惜,其後十餘年復見之於鮮于子駿家,則已妝背完好,子駿見遺,作詩謝之》"不須更用博麻縷"句,《一韓翁聽書》云:

> 次公曰:如人采穭,初見麻取麻,次舍麻取麻皮,次舍麻皮取縷,次舍縷取布,次舍布取絹,次舍絹取銀,次舍銀取金。

此條《蘇詩佚注》也未收。

"趙次公和蘇詩"爲《趙次公詩文匯校稿》未收者有下例,《四河入海》卷十三之四《予少年頗知種松,手植數萬株,皆中梁柱矣。都梁山中見杜輿秀才,求學其法,戲贈二首》,《遺芳》引"次公和代杜秀才云":

> 種子偏宜小雨中,會看起陸萬蒼龍。今朝傳法東坡老,堪笑吾家四小松。

---

① 倉田淳之助:《趙次公注について》,《蘇詩佚注》(上),京都:京都大學人文科學研究所,1967年,頁281—290。

茯苓爲餌收奇效，豈止昌陽敵豕苓。不是松根得同煮，誰人與送渡江萍？（勉誠社本《四河入海》七，第 176 頁）

卷十四之三《次韻楊公濟奉議梅花十首》之一，《一韓翁聽書》引趙次公和詩末二句並自注：

正使同時有梨雪，婕妤端自屈嫇何。自注：漢武帝幸尹婕妤，又幸邢夫人，號嫇何。（勉誠社本《四河入海》七，第 414 頁）

關於"趙次公注蘇詩"與"趙次公和蘇詩"的關係，王連旺在《趙次公"和蘇詩"輯考》中指出，"趙次公和蘇詩"不是"趙次公注蘇詩"的一部分，兩者是獨立存在的關係，並根據《四河入海》卷一之二《別黃州》《過江夜行武昌山聞黃州鼓角》二首所引趙次公和詩有"男虎録所注"（即趙次公的兒子趙虎所抄録的趙次公對和詩的自注）等綫索，認爲"趙次公和蘇詩"和趙次公《杜詩先後解》被趙虎合刊行世，並稱之爲《男虎録》①。《四河入海》中趙虎抄録的標識僅見於此處，且縱觀《四河入海》中所引用的"趙次公和蘇詩"，與"趙次公注蘇詩"確實不是有機的關係，由此可以認爲"趙次公和蘇詩"曾與詩注分離，有別本單獨流傳。但是否存在《男虎録》這樣一本書，尚且存在疑問，從目前的綫索來看，只能説趙虎曾經抄録過趙次公《杜詩先後解》和"趙次公注蘇詩"，但兩者是否曾合刊行世，以及書名爲何，都還是不解之謎。

三　《東坡別集》

晁公武《郡齋讀書志》所附趙希弁《讀書附志》著録"《東坡先生別集》三十二卷、《續別集》八卷"，又陳振孫《直齋書録解題》著録"《東坡別集》四十六卷"②，以後《東坡別集》又見於《宋史·藝文志》《文淵閣書目》等書目著録，大約在清代中葉失傳。一般認爲，蘇軾著作中所謂"別集"者有兩個版

---

① 王連旺：《趙次公"和蘇詩"輯考》，《中國典籍與文化論叢》第 17 輯，南京：鳳凰出版社，2015 年，頁 40—42。

② 關於《東坡別集》，余嘉錫、劉尚榮等曾發表意見，當以楊忠《蘇軾全集版本源流考辨》一文所言爲是，收入《北京大學百年國學文粹·語言文獻卷》，北京：北京大學出版社，1998 年，頁 559—573。

本,即趙希弁著録之《東坡先生別集》三十二卷(《續別集》八卷本)與陳振孫
著録之四十六卷本《東坡別集》①。兩本俱爲補遺、輯佚本,但都已不傳,其
內容、體例無從得知。

　　《四河入海》中多次出現了"東坡別集",多家抄物都曾提及。如卷十之
二《司馬君實獨樂園》題下,《脞説》引"先生別集十三《與司馬溫公平簡》云
云"。卷一之四《荆州十首》"太守王夫子"句,《天下白》引"先生別集第十一
'書部'《上王兵部書》"云云。卷廿五之四《足柳公權聯句》題下,笑雲清三
云:"先生別集二十八'志林'論宋玉柳公權事云'貴公子雪中飲醉'"云云。
另外,笑雲所引"或本首書"(另一不知名抄物)也抄有"別集"。

　　如果諸家抄物所引是同一版本,那麼此"別集"是何種版本呢? 現將
《四河入海》中所引"別集"按卷次排列如下:

　　　　"先生別集第一載"《過宜賓見夷中亂山》詩(卷一之四《過宜賓見
　　夷中亂山》,《天下白》引)
　　　　"先生別集第一載"《泊南牛口期任尊聖長官到晚不及見復來》詩
　　(卷一之四《泊南牛口期任尊聖長官到晚不及見復來》,《天下白》引)
　　　　"先生別集第一載"《涮陽早發》詩(卷一之四《涮陽早發》,《天下
　　白》引)
　　　　"先生別集四"載《戎州》詩(卷一之四《戎州》,《天下白》引)
　　　　"先生別集第四'律詩部'載"《荆州十首》,"各有題如注而細字"云
　　云(卷一之四《荆州十首》,《天下白》引)
　　　　"先生別集第四載"《初貶英州贈馬夢得》詩(卷一之四《初貶英州
　　贈馬夢得》,《天下白》引)
　　　　"別集第四卷"載《出局偶書並跋》云云(卷廿五之四《出局偶書》,
　　《一韓翁聽書》引)
　　　　"先生別集第五'律詩部'載"《白塔鋪歇馬》詩,"改'窮千里'作'從
　　飛鳥'。"(卷一之四《白塔鋪歇馬》,《天下白》引)
　　　　"先生別集第五(《和魯人孔宗翰題詩二首》)篇有敍云'孔宗翰嘗
　　爲仙源令'"云云(卷廿四之一《和魯人孔宗翰題詩二首》,《一韓翁聽

_____

　　①　有學者認爲趙希弁、陳振孫兩人著録爲同一書,見江枰:《〈四庫提要辨證〉對
〈東坡別集〉的誤解》,《文獻》2015 年第 5 期,頁 31—34。

書》引，笑雲清三云“或本首書”亦引）

　　“先生別集第六‘律詩部’云‘壽陽岸下二首’”云云（卷一之四《壽陽岸下絶句》，《天下白》引）

　　“先生別集第六”載《送範德孺》詩（卷一之四《過範縣訪德孺》，《天下白》引）

　　“先生別集第七《歸去來詞》並引此，見長短句”云云（卷廿五之四《歸去來集字十首》，笑雲清三云“或本首書”引）

　　“先生別集第十一‘書部’《上王兵部書》”云云（卷一之四《荆州十首》之六，《天下白》引）

　　“先生別集十三《與司馬温公平簡》”云云（卷十之二《司馬君實獨樂園》，《脞説》引）

　　“先生別集十四《與滕達道手簡》”云云（卷十之二《司馬君實獨樂園》，《脞説》引）

　　“別集十四先生《與朱康叔書》云云”（卷廿五之四《歸去來集字十首》，笑雲清三引）

　　“先生別集十七載《代巢元修所作遺愛亭記》”云云（卷廿四之二《徐君猷挽詞》，《一韓翁聽書》引）

　　“先生別集十七《墨説》云‘金華潘衡初來儋耳’”云云（卷廿五之三《自笑一首》，《一韓翁聽書》引）

　　“先生別集十九有《葆光法師真讚》”云云（卷十六之三《和寄天選長官》，《脞説》引）

　　“別集二十《記三養》云‘東坡居士自今日已往’”云云（卷廿五之一《初到黄州》，笑雲清三云“或本首書”引）

　　“東坡別集二十三《書子明詩後》曰‘吾兄子明舊能飲酒’”云云（卷廿一之二《伯父送先人下第歸蜀詩云：人稀野店休安枕，路入靈關穩跨驢。安節將去，爲誦此句，因以爲韻，作小詩十四首送之》十四首之七，萬里集九云《脞説補遺》引）

　　“別集廿三《喜淵明歸去來》‘東坡喜讀淵明歸去來’”云云（卷廿五之四《歸去來集字十首》，笑雲清三引）

　　“先生別集二十四云‘庾征西初亦不服逸少’”云云（卷十二之三《次韻答舒教授觀余所藏墨》，萬里集九云《脞説補遺》引）

　　"先生別集二十四云'今年吾當請廣陵'"云云（卷十四之三《三月二十日多葉杏開》，《脞説》引）

　　"先生別集二十五'郗嘉賓既死'"云云（卷十九之四《和猶子遲贈孫志舉》，《脞説》引）

　　"先生別集二十八云'余少不喜殺生'"云云（卷十六之四《岐亭五首》之二，《脞説》引）

　　"先生別集二十八'志林'云'唐末五代文章藻麗，字畫隨之'"云云（卷廿五之二《題王逸少帖》，笑雲清三云"或本首書"引）

　　"先生別集二十八'志林'論宋玉柳公權事云'貴公子雪中飲醉'"云云（卷廿五之四《足柳公權聯句》，笑雲清三引）

　　"先生別集三十一載'諸公評'云'東坡爲公作獨樂園詩，只從頭四句便已都説盡'"云云（卷十之二《司馬君實獨樂園》，《脞説》引）

　　"先生別集三十一載'諸公評'云'然少遊此詩初無妙處'"云云（卷十四之二《和秦太虛梅花》，《脞説》引）

　　"先生別集三十一'諸公評'云'徐君猷、孟亨之皆不飲'"云云（卷十五之四《太守徐君猷、通守孟亨之皆不飲酒，以詩戲之》，《脞説》引）

　　"別集三十一載'諸公評'云'東坡作彭城守時'"云云（卷十八之一《陽關詞三絶》，《脞説》引）

　　"先生別集三十一載諸公評云'宣勸字東坡數用之'"云云（卷十九之三《次韻王晉卿奉詔押高麗燕射》，《脞説》引）

　　"東坡別集三十一'諸公評部'云'千丈坡，東坡《百步洪》詩'"云云（卷一之三《慈湖峽阻風五首》之五，《天下白》引）

　　"東坡別集三十一'用文忠公語戲二歐'東坡之在潁"云云（卷廿五之三《景貺、履常屢有詩督叔弼、季默唱和，已許諾矣，復以此句挑之》，笑雲清三云"或本首書"引）

　　"先生別集三十二《文與可畫墨竹屏風贊》"云云（卷廿五之一《林子中以詩寄文與可及余，與可既没，追和其韻》，笑雲清三引）

另有三處卷數不明：

　　東坡別集亦曰"王淩作諸葛誕也，司馬景王作司馬宣王也"云云（卷二之一《戲作賈梁道詩並引》，笑雲清三引）

　　"後看坡別集始知此詩全篇題醉僧像也。"（卷五之四《題惠州靈惠

院》，萬里集九云《脞説補遺》引）

東坡别集"景文以博學能詩交諸公間"云云（卷廿五之三《喜劉景文至》，笑雲清三引）

案：《四河入海》中所引"别集"的卷次最多到第三十二卷，又多稱之爲"先生别集"，則此版本爲三十二卷本《東坡先生别集》的可能性比較大。其内容多爲宋刊《東坡七集》所未收者，確實具有輯佚、補闕的性質。在體例上，此"别集"爲分類編次，從上文可以看出：卷四、五、六屬於"律詩部"；卷十一至十四屬於"書部"，所收文字爲東坡寄某人的書信；卷二十八收"志林"，但卷二十四、二十五兩條也被收入今存明刻本《志林》卷一之中，可能卷二十四至二十八都屬於"志林"的部分；卷三十一爲"諸公評部"。所謂"諸公評"乃是散見於各種詩話的關於蘇軾詩文的評論，如卷十之二《司馬君實獨樂園》，《脞説》引"先生别集三十一載諸公評云'東坡爲公作獨樂園詩，只從頭四句便已都説盡'"云云，便見於《詩話總龜》所引《王直方詩話》。又卷十五之四《太守徐君猷、通守孟亨之皆不飲酒，以詩戲之》，《脞説》所引"先生别集三十一諸公評"云云，見於《苕溪漁隱叢話》。"諸公評部"和"志林"還不一樣，因爲這些評論已經確定不是出自蘇軾的手筆，這使得此版"别集"不僅僅是個輯佚本，而且部分具有了"匯評"的性質，體現了宋代詩話對作家文集編纂的影響。

（作者單位：山東大學文學院）

域外漢籍研究集刊　第十五輯
2017 年　頁 181—206

江户末期至近代日人漢詩絶句選本研究 *

張奕琳

　　明治時代(1868—1912)是日本漢詩發展的高峰,雖受西方文化影響,新體詩勃興,然漢詩經千餘年之積澱,達至"全盛時代"①,不少評論家認爲此時名家輩出、詩作質量比同時代的和歌、俳句好②。明治漢詩之興,隨之而來的是日本詩家漢詩集編刊的流行,且與中國詩歌選本相比,呈現出日本特有的風貌,表現之一便是大量絶句詩集的編纂、刊行。昭和(1926—1989)漢學家木下彪在《明治詩話》中提及明治初期刊行詩集現象十分流行,其所列舉的七本代表作中,便有四本爲絶句選本,即《明治三十八家絶句》、《東京才人絶句》、《明治十家絶句》和《明治百二十家絶句》③。日人絶句選本編纂之風,自江户(1603—1868)末期始盛,延續至大正(1912—1926)、昭和前期,此乃日本漢詩壇特有的現象,其産生與日本傳統審美觀及時代需求有關。本文擬通過對江户末期至近代④日人漢詩絶句選本興盛背景、編纂特徵及流變軌跡的探析,考察其時的詩學觀及漢詩壇風尚,解讀日本漢詩既講究對中國詩學傳統的因襲、又自覺探尋與民族文化相適應

---

　　* 本課題屬教育部人文社會科學研究青年基金項目"日本近現代漢詩學文獻整理及研究"(15YJC751061)階段成果。

　　① （日)大町桂月《明治文壇の奇現象》,《筆のしづく》,公文書院,1911 年,頁173。

　　② （日)木下彪《明治詩話》,文中堂,1943 年,頁 354—356。

　　③ 同上,頁 164—165。

　　④ 本文所言的江户末期至近代,即 1800 年左右至 1949 年。

的本土化範式的雙重詩學取向。

一　日人漢詩絕句選本編纂之歷史及類型

1.江户前之萌芽

　　絕句作爲近體詩體裁之一，自唐而穩順，"遂爲百代不易之體"①，其選集亦自唐時始。唐代詩歌選本編纂興盛，唐末已出現專録絕句的詩集，如唐末五代《名賢絕句詩》(已佚)及録唐令狐楚、王涯、張仲素三家五七絕的《元和三舍人集》。南宋時因洪邁進呈《萬首唐人絕句詩》，掀起編纂唐絕之風，後有趙蕃、韓淲《唐詩絕句》，林清之《唐絕句選》，柯夢得《唐賢絕句》，劉克莊《唐五七言絕句》、《唐絕句續選》、《本朝五七言絕句》、《本朝絕句續選》、《中興五七言絕句》、《中興絕句續選》，時少章《續唐絕句》，宋末元初于濟、蔡正孫《唐宋千家聯珠詩格》等。明代絕句選本編纂風潮不再，但仍有編選者，如敖英《類編唐詩七言絕句》，淩雲據此書補輯爲《唐詩絕句類選》，又楊慎編有《絕句衍義》、《絕句辯體》、《唐絕搜奇》、《唐絕增奇》、《五言絕句》、《六言絕句》等多種唐絕選集。唐末至明代，絕句選本多爲集唐諸家詩，另有少量別集及唱和集，如明呂天成録其《紅閨麗事青樓韻語》絕句二百首爲《紅青絕句》、元馮子振、釋明本唱和集《梅花百詠》等。

　　日本自飛鳥(592—710)、奈良(710—794)朝起，漢籍東漸，"因隋唐交通開啓，且派遣留學生，漢文學漸漸隆盛"②。奈良時代日本第一部漢詩集《懷風藻》面世，現存漢詩116首，以五言八句詩最多，四句詩僅22首③。岡田正之認爲："近江、奈良朝之人正值初唐之際，因尚未接觸較多初唐詩人之詩，詩尚六朝，以此爲標準。"④故近體詩未興。此後的平安時代(794—1185)是漢文學發展第一個高峰，漢詩集編纂增多，最著名的是奉天皇命編纂的"勅撰三集"。其中《淩雲集》録詩91首，四句詩僅12首；《文華秀麗

---

　　①　(明)胡應麟《詩藪·內編》卷六《近體下·絕句》，中華書局，1962年，頁105。

　　②　(日)高津鍬三郎《國文學と漢文學との關係》，金港堂，刊年不明，頁5。引文原爲日文，筆者譯。本論文中引文原爲日文的，均爲筆者自譯，以下不再註明。

　　③　此處不言絕句、律詩，而言四句詩、八句詩，因其雖有押韻對偶，然聲律未諧。

　　④　(日)岡田正之《近江奈良朝の漢文學》，養德社，1946年，頁215。

集》錄詩 143 首,四句詩僅 46 首;詩文集《經國集》現存 210 首詩中,四句詩僅 44 首。平安後期漢詩集《扶桑集》、《本朝麗藻》、《本朝無題詩》等亦是八句詩居多。可見,奈良、平安時,絕句體雖在中國已發展成熟並得到大量創作,也開始出現絕句選本編纂的現象,但在日本卻非主流詩體,更無選本的編纂。

　　較早的日人絕句選本出現在五山文學①的室町時代(1336—1573),其中較著名的是《橫川和尚百人一首》及《花上集》。此二集是"五山文學的代表性詩選集"②,前者爲橫川景三所編,收絕海中津、義堂周信等百位禪僧七絕;後者乃文擧契"其執友而密者,抄近代諸老佳作爲一編以贈焉"③,收錄義堂周信等其時二十位五山名僧每人各十首七絕。檢五山時詩集,七絕數量增多,漸與律詩比肩,甚至遠超律詩。以五山文學兩大代表詩人爲例,絕海中津《蕉堅稿》律詩僅多於絕句二十多首;義堂周信《空華集》中五、七律共 793 首,而五、七絕有 1059 首。七絕成爲五山文學主流,是絕句選本出現的原因之一,此外亦與中國分體選詩選本開始傳入日本並廣爲流行有關。平安朝日人以《文選》和《白氏文集》爲漢詩教材:"此時梁昭明太子《文選》以及唐白居易之集傳於諸家,皆仿效之。"④此二集雖在所選詩體上有所明辨,但尚未彰顯出分體選詩的意識。至鐮倉朝,周弼《唐賢絕句三體詩法》(選七絕、五、七律三體)、于濟、蔡正孫《唐宋千家聯珠詩格》(專選七絕)及方回《瀛奎律髓》(選五、七律)等詩集東傳日本後不僅爲文士輩所賞,且成爲日人學詩的通俗教材。中國南宋後分體選詩及絕句選本的流行,激發了日人分體選詩的意識,使得五山時代成爲絕句選本編纂之濫觴。此類中國選本的流行甚至持續至江戶、明治時,明治詩家森槐南言:"吾國通行詩本爲鄉塾童蒙所熟者凡三種,曰《三體詩》、曰《唐詩選》,曰《聯珠詩格》。"⑤五山七絕流行及絕句選本的出現,乃江戶末期絕句選本興盛之鋪墊。

---

①　一般指鐮倉末期至室町時代。

②　(日)朝倉和《國立公文書館 內閣文庫藏〈花上集鈔〉乾卷の本文(翻刻)》,《広島商船高等專門學校紀要》2012 年第 34 號,頁 178。

③　(日)彥龍周興《花上集序》,《花上集》,時心堂,1631 年,"序"頁 1。

④　(日)深井鑑一郎《漢文學綱要》,寶文館,1910 年,頁 160。

⑤　(日)森槐南《唐詩選評釋》上卷,文會堂書店,1918 年,"發凡"頁 3。

2.江户末期始興,至明治而大盛

五山後的江户時代相當於中國明末至清中期,清代乃絶句選本編纂又一高潮,有王士禛《唐人萬首絶句選》,許人華《唐人千首絶句》,佚名《中晚唐人七言絶句》,薛雪《唐人小律花雨集》,顧有孝、吳兆騫、蔣以敏《名家絶句鈔》(選録明清絶句),周儀《五朝絶句詩選》(選録唐宋金元明五朝絶句),嚴長明《千首宋人絶句》,姚鼐《五七言絶句詩鈔》(選唐絶),陳廣尃《唐人七言絶句鈔》,楊希閔《卧雲居士唐絶句詩選》、《絶句詩選續》等。與前代相同,清代絶句選本總集仍以唐絶爲主,别集則較之前代不僅數量增多,且題材更爲多樣,如有哀悼類的吳騫《哀蘭絶句》、許傳霈《悼亡百絶句》,遊蹤類的何紹基《金陵雜述三十二絶句補續八絶句》,集句類的吳鎮《集古絶句》、《集唐絶句》、傅宬《漬槻堂集唐》,詩論類的廖鼎聲《冬榮堂論詩絶句》、馮繼聰《論唐詩絶句》,畫論類的奚岡《冬花庵題畫絶句》、吳修《青霞館論畫絶句》等。

江户時代,隨著儒學成爲官學及幕府文教政策的實施,研習漢學之人日增,此時乃漢文學發展又一高峰,尤其江户後期,漢詩“在藝術、技巧上也達到最成熟的階段”①。在五山絶句的基礎上,江户末期絶句創作已頗爲成熟,且因印刷技術的進步,詩集編纂興盛,出現了大量絶句選本。正如重野安繹在《明治二百五十家絶句》序中所言:“絶句之選,行於世者,文化、文政以後,不乏其書。少或數家,多不上三十餘家。”②與同時期中國絶句選本相比,中國選本以唐絶爲主,偶集宋明清,專録當朝詩作甚少;而日人選詩主流卻與之相反,多是編者所在時代的斷代詩選,且在選本題名上有意彰顯年號。據筆者統計,自江户倒數第九個年號(文政)起,幾乎每一年號都編有以“年號＋詩家數目＋絶句”爲題的絶句選本,分别爲:加藤玉香《文政十七家絶句》(1829)、三上静一《天保三十六家絶句》(1838)、北尾墨香《嘉永二十五家絶句》(1848)、額田正《安政三十二家絶句》(1857)、櫻井成憲《文久二十六家絶句》(1862)、内田修《慶應十家絶句》(1866),平均每十年一本。此外還有用“今”、“本朝”、“近世”代替年號的,如《本朝四家絶

---

① 陳福康《日本漢文學史》下册,上海外語教育出版社,2011年,頁11。
② (日)重野安繹《明治二百五十家絶句序》,(日)岸上操編《明治二百五十家絶句》,博文館,1902年,“序”頁1。

句》、《今四家絕句》等；或省略年代，但所選仍是當朝的《三大家百絕》、《新選十二家絕句》、《新選名家絕句》等。此外偶見通代絕句總集，如中井豐民《古今絕句所見集》上溯至室町朝詩家。

　　江戶後期還湧現出不少絕句別集，如服部元喬《南郭絕句集》、東夢亭《夢亭詠史百絕》、岩垣松苗《東園百絕》、梁川星巖《星巖絕句删》等。長尾雨山在《昕江絕句鈔序》中提到："予見唐宋以來詩家專集或工短詩或善長篇，天分所適，雖不比同。然未見全集止録絕句者。高槻藤井竹外專作七言絕句刻集行世，殆古來作家之所未有。"①可見編纂個人絕句選本自江戶末期始興。此時絕句別集亦有專録某類題材的，如荒川常春《櫻百絕》等，這倒與清代絕句別集編纂情況相似。江戶後期出現的絕句總集、別集，部分除初版外，還在短期內不斷再版，如《今四家絕句》1815 初版，1825 再版；《南郭絕句集》1774 年初版，1795 年再版，其時絕句選本編纂風尚可見一斑。

　　進入明治後，日人絕句選本在江戶末的基礎上得到更大發展。其時詩家結社成風，詩集編纂興盛，明治初期的《明治十家絕句》序中已言及"近來刻詩集者，不下數十百種"②，各類絕句選本編刊空前繁榮，考明治至昭和前期的絕句選本，按選編標準不同，有以下幾種類型。

　　總集類中，集時下詩家各題材之作，是此時絕句選本最常見模式，如石川省齋《皇朝分類名家絕句》、擁萬堂主人《明治三十八家絕句》、關三一《明治十家絕句》、關惟孝《近世名家絕句》、山田延太郎《明治大家絕句》、堀中徹藏《近世百家七絕集》、子安信成《近世名譽百家絕句》、谷喬《明治百二十家絕句》、堀中東洲《明治千家絕句》、佐藤六石《皇朝千家絕句》、岸上操《明治二百五十家絕句》等。又有集歷代詩家之作，如楢崎隆存《錦繡屏風：今古九十一家絕句》、谷壯太郎《皇朝絕句類選評本》、田邊輅《皇國名家絕句類纂》等；或集某地方詩家之作，如森春濤《東京才人絕句》、星野龜雄等編《上毛百人絕句》等；或集詩社詩家之作，如鱸松塘《七曲吟社閨媛絕句》等。

　　集個人各類題材絕句的別集數量亦較江戶大爲增加，有高階春帆《春

---

①　（日）長尾雨山《昕江絕句鈔序》，（日）入澤賢治《昕江絕句鈔》，入澤賢治刊，1927 年，"序"。

②　（日）關三一《明治十家絕句》，東生書館，1878 年，"例言"頁 1。

帆樓百絶》、山田東平《太刀山房絶句鈔》、逸見三省《指翠堂絶句鈔》、高谷遒《簡堂二十八字詩》等幾十種,茲不一一列舉。此外,還有專以某一題材爲選編標準的選本。此類選本以别集爲主,題材較江户更爲多樣化,如詠史類的村上剛《仏山堂詠史絶句鈔》、谷合南涯《日本英雄百絶》,遊歷類的佐久間鼎《西遊絶句鈔》、大島梅隱《戊子春東遊百絶》,評論類的薄井竜之《論畫絶句》,横川唐陽《論俳絶句》,詠時序、世情類的森山東陽《春題二十絶句》、大沼枕山《東京詞三十絶》等。

3.大正後絶句總集編纂有所回落

中國進入民國後,絶句選本編纂基本延續清代以唐絶爲主,兼顧明、清之風氣,如李蔭青《唐賢絶句讀本》、凌善清《白話唐詩五絶百首》、邵裴子《唐絶句選》、楊睿聰《明人絶句選》、陳友琴《清人絶句選》等。偶見民國絶句集,如陳桂琛《近代七言絶句初集》、《近代七言絶句續集》,選評晚清近人絶句,但此類選本數量較少。總集數量下降,别集編纂亦較清代有所減少,僅盧冀野自刊《夢蝶庵絶句百首》,李詳《丙辰五月奉懷滬上諸友絶句》、《丙寅遊杭絶句》,蔣士超《清朝論詩絶句》等爲數不多的詩集。

與民國絶句選本頗見式微相比,進入大正後,日人絶句選本編纂數量不少,但主要體現在别集編纂上。此時總集編纂有所回落,有小野湖山選、大沢中峰編、池田春渚補《近世三十六詩仙絶句》、内野悟等編《大正五百家絶句》、仁賀保成人等編《昭和七百家絶句》等;集地方詩家之作的東繁穗《九州百家絶句》、松村琴莊《新上毛百人絶句》、藍水同聲吟社《濃飛百家絶句》等;集詩社詩家之作的《土佐文庫》録《漱玉吟社絶句》、平松彌一郎《江南十家十絶句》等。

而别集數量則與明治相去不遠,有佐藤勤也《碧海絶句》,木南保《向陽書屋絶句》,入澤賢治《昕江絶句鈔》、《續昕江絶句鈔》,中島大次郎《懷故絶句集》,長沢範男《楫川觀櫻絶句》,大村西崖《論畫百絶》,淺田澱橋《水雲莊論泉絶句》等多種。

4.對中國詩家絶句的編選

如前所述,日本漢詩的流變、評價取向,受其時流行的中國選本影響,故日人在編選日本詩家漢詩集的同時,亦十分關注中國詩家作品。除刊印中國詩歌選本並對此進行箋註、集解外,日人還以自己的標準,對中國詩家之詩進行選編,絶句集便是常見形式。日人選編中國詩家絶句選本並非本文研究對象,兹簡述一二,以作對比。

選本常見類型是集某時代諸家詩選,所選與其時漢詩壇崇尚有關。較早的選本見於江户前期山本三徑收李白、杜甫、蘇軾、黄庭堅詩爲《四家絶句》,是五山文學推崇杜甫、蘇、黄的詩壇風氣的延續。江户中期古文辭派興起,詩壇大家荻生徂徠推崇唐詩及明復古派,故有其選李攀龍、王世貞、李夢陽等明人詩爲《絶句解》,浦池九淵集徐渭、袁宏道、鍾惺詩爲《三家絶句》等;《絶句解》更是日人學詩常用教材,多次再版。安永後宋詩流行,《唐絶新選》便有"某詩類明,享保前人所喜耳"、"某詩類宋,安永後人所喜耳"①之語。同時部分詩家雖主宋,但不廢唐。故進入17世紀,有多種唐、宋詩絶句選本出版,如津阪孝綽《唐詩百絶》,賴山陽《唐絶新選》,館機《晚唐十家絶句》、《晚唐十二家絶句》、《中唐十家絶句》、《中唐二十家絶句》、《晚唐百家絶句》等。宋詩則主推南宋四大家中范、楊、陸三家,有市河寬齋《三家妙絶》,大窪詩佛、山本謹《宋三大家絶句》,大窪詩佛、菊池五山《廣大三家絶句》等;另有柏木如亭《宋詩清絶》,卷大任《宋百家絶句》等。清詩編纂江户中期已出現,幕末更爲流行,村瀨褧輯、賴山陽閲《清百家絶句》、服部知孝《清十家絶句》及梁川星巖《清六大家絶句鈔》是其發軔,後明治詩壇名宿森春濤對清詩的推崇,使清詩成爲詩壇熱潮。森春濤便編有《清三家絶句》,另有服部知孝《清十家絶句》,土屋榮《清百家絶句》,菊地惺堂、内野皎亭編《嘉道六家絶句》等。此外,亦偶見有漢、魏、元詩,如《漢魏六朝五言絶句選》、《元百家絶句》、《雁門絶句鈔》等以及某些别集,如日柳政愬《漁洋山人精華録絶句鈔》等。

另一類以類爲目的分類絶句選本在五山時期已出現,如江西龍派《新選分類集諸家詩卷》録唐至明初諸家七言絶句,後人以此爲基礎作有《續新編分類諸家詩集》、《錦繡段》等書②。入江户後,分類絶句選亦時有編纂,如津阪孝綽《絶句類選》、市川王民《唐土歷代絶句類選》等。

考之上述各類選本的編纂時間及數量,日人編纂中國及本土詩家絶句

① (日)賴山陽編《唐絶新選》,須原屋茂兵衛等刊,1844年,"例言"頁4—5。

② 有關《新選分類集諸家詩卷》等總集的研究,詳見張珍《日本中世時期所編的中國詩歌總集研究》,碩士學位論文,南京大學文學院,2015年。

選本之風受中國詩歌創作及選本編纂風氣影響，於五山、江户前開始萌芽，而後興於江户後期。進入近代後，在中國，絕句選本編纂式微；在日本，日人編選中國詩家選本亦不多，反而本土選本繼續發展至大盛。總集在明治前、中期達至發展高峰，後期始日漸回落，尤其是最能體現本土特色的集時下諸詩家之選更爲式微，大正時僅有一本《大正五百家絕句》，昭和時亦僅有一本《昭和七百家絕句》。別集數量明治與大正、昭和前期倒是相去不遠，可見大正後絕句選本的編纂不再是社會風潮，更多是個人行爲，這與日本漢文學經歷明治時的輝煌，至大正時西學日盛，前代名詩家陸續辭世，積澱的漢文學傳統日漸淡化，"王朝以來千數百年之傳統至此而盡"①的流變軌跡是一致的。同時，在編纂內容上，日人編選中國詩家選本與中國一樣均以唐絕爲主，而本土詩家的選本卻基本是本朝詩家。以日人漢詩絕句選本編纂爲例，可見日本漢詩壇隨著時代發展、民族意識的彰顯、漢詩創作日趨本土化，逐漸呈現出與中國詩壇相異的發展軌跡。

二　日人漢詩絕句選本編纂特徵

1.受中國選本影響的同時，自成範式一脈相承

日人絕句選本編纂既受中國選本影響，又自成範式、不斷延續，在總集編纂上尤爲明顯。以人爲目和以類爲目的兩大類總集，均可見其傳承前代的清晰脈絡。

以人爲目是選本編纂的主流模式，自《文政十七家絕句》起，形成了一個以當時年號(或曰"今"、"近世"、"本朝"、"皇朝")、所選詩家數目與"家絕句"組成書名的選本範式，被後世編纂者所模仿，《明治二百五十家絕句》例言有云：

> 往時有《文政十七家絕句》之編，邇來天保三十六家、嘉永二十五家、安政三十二家、文久二十六家、慶應十家之絕句，相踵上梓。皆可以視風察俗，而今者則有二百五十家絕句，不獨可以觀明治之世，又可

---

① （日）木下彪《青厓詩存序》，（日）國分高胤撰，（日）木下彪編《青厓詩存》，明德出版社，1975年，"序"頁2。

以識昭代奎運之隆。①

　　從選本的命名、例言和序跋中可知，此範式中最强調的是編纂的時代感，即使題名省略時代的選本，序跋中仍會强調其時之情狀，如《新選名家絕句》序："迨近世文華日闡、詩風大興。"②至明治時還多了地域的遴選因素，如《明治讚岐百家一絕集》等，體現出編者明顯的時代意識以及本土意識。

　　所選詩家，除部分冠以"名家"、"才人"外，基本只稱"家"，言某數家，是仿效中國"南宋四大家"之類的稱呼，《今四家絕句序》云：

　　　　唐宋文人有八大家，豎稱之也。南宋詩人有四大家，橫稱之也。……范、陸、楊、尤一時唱酬，其名並齊，謂之南宋四大家，今日都下詩人，有河、柏、窪、池四家，亦一時唱酬，其名並高者也。書賈玉山堂主人刻行四家絕句各百首，題曰今四家絕句，其稱之由此刻本始，蓋從世人之稱也。③

　　選録詩家數從江户末的十至三十多家，至近代動輒成百上千，如《大正五百家絕句》、《昭和七百家絕句》、《皇朝千家絕句》等，《昭和七百家絕句》因人數之多，還在卷後新增了人名索引。詩家數量的變動，有出版規例的因素，以避免同名，《安政三十二家絕句》凡例言："頃者與同志謀，效文政以下絕句鈔之例，廣請諸公作得三十六家以鏤梓。偶與天保所刻同其數，而書賈條約不得犯舊刻書名，故姑以三十二家命集，以其詩數不滿三頁及詩之後到者四家，別爲附録。"④此外，詩家數目在明治以後大增，亦是明治乃漢詩全盛時期的體現：漢詩創作人數更多、詩家向編者投稿更爲積極、漢詩壇呈現出蓬勃興旺的姿態。

　　《文政十七家絕句》録文政時仍在世的著名詩家 17 人，七言絕句 557 首，基本按詩家生年排序，以人爲目，先簡介詩家字號、鄉里、生年、作品，後

---

① 　（日）岸上操編《明治二百五十家絕句》，博文館，1902 年，"例言"頁 2。

② 　（日）桑原鷲峰《名家絕句序》，（日）石川鴻、山本可諧編《新選名家絕句》，永樂屋東四郎等刊，1864 年，"序"。

③ 　（日）因是道人《今四家絕句序》，（日）細庵外史等輯《今四家絕句》，山城屋佐兵衛等刊，1815 年，"序"。

④ 　（日）額田正編《安政三十二家絕句》，擁萬堂等刊，1857 年，"目次"頁 2。

列其絕句。後世此範式的選本基本按此規例。這種編纂方式，乃中國詩歌選本，尤其是唐詩選所常見。宋代便有王安石的《唐百家詩選》，明清出現大量以“某時代某數量（名）家詩”爲題、以人爲目的詩集，如《唐百家詩》、《唐十二名家詩》、《晚唐十二家詩集》、《唐四十七家詩》、《宋五十家詩鈔》等。日人將唐詩選模式套入絕句選，呈現出中國絕句詩選所沒有的本朝、本土意識。

而另一類以類爲目的絕句選，則是在繼承中國傳統選本分類規範的基礎上，增添了日本特色。以類爲目編選漢詩，早在平安朝已出現。“勑撰三集”的《文華秀麗集》分遊覽、宴集等十一門，研究者認爲是效仿《文選》詩部分類①。中國自唐起便有多種分類唐詩選本，如《唐詩類苑》、《分門纂類唐歌詩》、《類編唐詩七言絕句》等，此後也出現歷朝詩歌分類選本，如專選唐宋五、七律的《瀛奎律髓》，這些選本爲日本分類選詩提供了範本。五山時《新選分類集諸家詩卷》分天文、節序等十九門，其類目名稱便有模仿唐土的跡象。此分類範式延續至江户，津阪孝綽《絕句類選》是著名的中國絕句選本，歷代流傳，多次再版，並有各類註釋、點評本。是書在前人基礎上有所增删，分節序、禁省、宴會、閒適、尋訪、遊覽、贈答、送別、客旅、感慨、悼傷、仙釋、憑弔、征戍、宮掖、閨閣、歌曲、詠古、農桑、圖畫、詠物二十一門。其後日人絕句分類選本的類目内容、排序基本以此爲範本。如大竹政正《皇朝絕句類選》僅在“宮掖”後增“官職”一門；谷壯太郎《皇朝絕句類選評本》減至十三類，除將“節序”改稱“時令”、增“雜部”外，餘均與《絕句類選》同。

考日人的分類選詩，在模仿中國範式的同時，融入了本土特色。如中國類書、詩歌類選，多以“天”類開篇，選詩側重天象、而非天時，“時序”類序位較後，如明代《類編唐詩七言絕句》“時序”位列倒數第三。而日本選本則多以“時序”（或“節序”）開篇，且基本以春夏秋冬的順序排列，有些“節序”類下，直接細分爲春夏秋冬細類，如《皇國名家絕句類纂》。這與日本人注重四時變化的思想觀念是一致的，《古今和歌集》先以春夏秋冬歌按自然歲時變化排序，而後再是離別、羈旅、物名、戀歌等。後起的俳句，其創作中必

---

① 如邵毅平《論中國文學分類規範對日本平安時期文學總集分類規範的影響》，《復旦學報》（社會科學版）1988 年第 2 期。

須要帶有季語（即表示春夏秋冬的用語）。研究者認爲："如此豐富的季語，可以説是構成日本文化的重要詞彙群。也是日本文化的一筆偉大業績。"①

在考察日本絕句選本時，常常發現不少選本都能在中國找到對應的範本。如《三大家百絕》、《勤王百絕》、《櫻百絕》等各類百絕選本，是日人仿效宋方信儒《南海百詠》、元韋珪《梅花百詠》等百詠體，集滿百首絕句，名曰"百絕"刊行。又如清代論詩絕句大盛，並衍生出論詞、論曲、論印、論畫、論醫、論域外等論各種名物的形式，且多單編一集。這些新趨勢被日人所吸收模仿，如清劉燕庭著有《嘉蔭簃論泉絕句》，日人淺田澂橋便效其著有《水雲莊論泉絕句》。同時還發展出了《論俳絕句》等日本特色的論名物絕句，橫川唐陽《論俳絕句》開篇即云："把俳句擬詩篇，以俳人比詩家，固失倫儔，遊戲之文字，亦複如是云爾。"②又如七香齋主人《訓蒙絕句》言："詩之有益於教育深矣，然若流於詩則生浮華之弊。宜先授此等訓辭，以定其根基。"③是書與朱熹《訓蒙絕句》、謝泰階《小學詩禮》等啓蒙類詩集的詩學觀是一致的，但用語則較中國詩集更通俗化、口語化，如第一首："愛敬德之本，忠君與孝親，若忘此十字，呼作人非人。"④且每首詩第一個字發音是按"あいうえお"的五十音序排列，讓兒童更易掌握及背誦。

2.七絕成爲詩選主流

絕句選本所選詩體幾乎全爲七絕，僅部分有五絕入選，如《明治百二十家絕句》、《蹈海絕句集》、《昕江絕句鈔》等，但比例亦遠不及七絕。可以説，自江户末始七絕選本大行其道。

江户前七絕的發展軌跡，主要仍受中國詩壇影響。中國七言詩的成熟自唐始，模仿六朝詩的奈良朝，其時漢詩集《懷風藻》基本是五言詩（五言有109首，七言7首），七言詩至平安時始增，到室町時成爲主流。謝琰統計出

---

① 劉德有《漫話季語——兼談俳句的欣賞》（上），《日語學習與研究》1997年第1期，頁3。

② （日）橫川德郎《論俳絕句》，橫川德郎刊，1911年，頁1。

③ （日）藤沢南岳編《七輯》卷中《訓蒙絕句》，泊園書院，1911年，頁67。

④ 同上，頁60。

五山詩作中"七絶一躍而佔據漢詩的半壁江山"①，並認爲是受廣爲流傳的
《聯珠詩格》影響②；日本學者堀川貴司亦認爲七言絶句在室町時代成爲主
流③，茲不贅述。此外，七絶流行也與五山文學的主體——詩僧身份有關。
周裕鍇認爲五山"瀟湘八景"詩多爲七絶，"這與南宋以來禪林詩偈以七言
絶句爲主的書寫風氣是一致的"④。而至江户末期，則開始呈現出與中國
詩壇風尚明顯相異的軌跡。七絶雖一直是中國詩家創作的主流詩體，卻未
有如日本這樣延續幾朝大規模編纂當代絶句或七絶選本的。雖有部分詩
家最擅七絶，如《夢山絶句》作者田中不二麻呂"尤工七言絶句"⑤、《太刀山
房絶句鈔》的山田東平"專用力於七絶，故先刻絶句"⑥。但大部分詩家並
非以七絶聞名。可見七絶選本大量出現，並非單純對中國詩集的模仿，亦
非詩家的個人偏尚，有其本土化、民族化、時代化的成因。

　　於民族文化而言，絶句字數少，吻合日人以小爲美的傳統審美取向。
《枕草子》提到小麻雀、小嬰兒、小蓮葉都惹人憐愛，"不管什麽東西，凡小小
者總是可愛"⑦。日本文學代表體裁的和歌、俳句，均體現了微觀審美文
化。和歌主要歌體短歌⑧的句式爲"五、七、五、七、七"五節，共三十一音。
在其基礎上發展出多人吟詠的長連歌，後日人將長連歌的發句（即第一句
"五、七、五"）獨立出來吟誦，即爲俳句。俳句的産生，學界有認爲是受中國
十七字詩影響，亦有認爲其乃和歌之"截句"，一如絶句之於律詩。俳句長

①　謝琰《〈聯珠詩格〉的東傳與日本五山七絶的發展——兼論中國文學經典海外
傳播的路徑與原則》，《江海學刊》2013 年第 3 期，頁 196。

②　同上，頁 194—200。

③　（日）堀川貴司《五山文學研究：資料と論考. 続》，笠間書院，2015 年，頁 1。

④　周裕鍇《典範與傳統：惠洪與中日禪林的"瀟湘八景"書寫》，《四川大學學報》
（哲學社會科學版）2014 年第 1 期，頁 77。

⑤　（日）森槐南《夢山絶句序》，（日）田中不二麻呂《夢山絶句》，雙芝仙館，1909
年，"序"。

⑥　（日）宮林彦等《太刀山房絶句鈔例言》，（日）山田東平《太刀山房絶句鈔》，山田
東平刊，1895 年，"例言"。

⑦　（日）清少納言著，林文月譯《枕草子》，譯林出版社，2011 年，頁 201。

⑧　《古今和歌集》的 1100 首和歌中，長歌僅 5 首，明治以後更是少人吟詠，故本文
不論。

短與絶句詩體最爲吻合。周作人言其體曰："仿佛如中國絶句,而尤多含蓄。"①俳句自江户始成熟興盛,而絶句選本亦自江户末期開始大量編刊,兩者應有一定關係。

和歌、俳句均屬短詩,而短詩是最適合日語語體特徵的詩體:"日本語很是質樸和諧,做成詩歌,每每優美有餘,剛健不足;篇幅長了,便不免有單調的地方,所以自然以短爲貴。"②故日人漢詩論中亦多有以短爲貴的意識,如太宰春台《詩論》認爲荆軻、項羽之歌短辭而調高,"今諷詠之,可以想見當時氣象"、"是知言不在多,多言無實,不可不戒也"③。家里松嶹序《文久二十六家絶句》更以花道作喻,呈現出纖幽的傳統審美傾向:

> 詩之有諸體,猶花之有諸種。而長篇大作,猶全樹之花,至於短篇小詩,其猶折枝花乎。蓋折枝花,雖僅僅數朵,而插之磁瓶,置於明窗淨几之間,則其鮮娟而清華,幽緻逸韻之饒,或有勝全樹之壯麗者,此世之所以多好短篇小詩歟④。

絶句中七絶,字數比五絶多,"出韻較五絶爲易,蓋每句多兩字,則轉折不迫促也"⑤,除其更易寫作外,誦讀節奏亦更吻合日本詩歌調式。松浦友久在論述五七言詩的日譯時,從詩歌拍節節奏上考慮,認爲七言詩節奏酷似"七五調",而五言詩節奏最近似"四六調"、"四五調",因二者並非詩歌基本定型,建議用"五七調"翻譯⑥。"七五調"恰好是日本詩歌最常見的調

---

① 周作人《日本之俳句》,周作人著,陳子善、張鉄榮編《周作人集外文(上):1904—1925》,海南國際新聞出版中心,1995年,頁242。

② 周作人《藝術與生活·日本的詩歌》,周作人著,張明高、范橋編《周作人散文》第三集,中國廣播電視出版社,1992年,頁211。

③ (日)太宰春台《詩論》,馬歌東編《日本詩話二十種》上卷,暨南大學出版社,2014年,頁50。

④ (日)家里松嶹《文久二十六家絶句序》,(日)桜井成憲編《文久二十六家絶句》,額田正三郎等刊,1862年,"序"頁1。

⑤ (清)施補華《峴傭説詩》,邵祖平《七絶詩論 七絶詩話合編》,巴蜀書社,1986年,頁65。

⑥ (日)松浦友久著,孫昌武、鄭天剛譯《中國詩歌原理》,遼寧教育出版社,1990年,頁167—174。

式：“《古今集》以後以‘七五調’爲主流，這是廣爲公認的事實。”①可見七絶比五絶更符合日本文學的書寫習慣，日人亦有感於此，早在平安時的和歌集《新撰萬葉集》中，每一首和歌之後，所附漢詩便是七絶。而澀橋逸隱序《會心百家絶句》亦云：“七言絶句，意淺味深、語約情該，猶如我國風三十一字，初學由此道悟入，則古近諸體皆通也。”②

自平安朝菅原道真上奏朝廷，建議廢止遣唐使並提出“和魂漢才”的觀念後，日人一直致力於民族文學的發展。七絶正是日人通過實踐，爲自己民族選擇的、抒發情感最適合民族文化習慣的漢詩體式。

於時代需求而言，七絶的流行與其時文學庶民化傾向有關。江户末明治初，漢文學通俗化、庶民化。木下彪在《明治詩話》中提到，寬政後因漢文普及到庶民階層，而受到了庶民文學的影響，使其平易化、遊戲化③。例如其時狂詩興盛，創作者大爲增加。狂詩是一種不講究聲律，以俗語、俚語入詩的漢詩，類似中國打油詩，不會寫正統漢詩的人，便以會寫狂詩爲榮。由此可見當時漢詩寫作階層的擴大，漢詩成爲社交的手段，不再僅是漢學家之詩。故於一般日人而言，七絶更易掌握。《淡窗詩話》中言：

> 今三都詩體之盛，無逾於七絶者。此乃招徠貴人、豪富町人入社之術。此輩僅能素讀，故其欲爲詩人，除絶句外，無可用力之處。盟主深知其情，所以稱詩之妙處皆在絶句，抄録古今詩集、亦專取其中七絶刊行於世者，以冀從學者日衆，則其書易行於世也。其識趣可謂鄙陋矣。④

一針見血地指出了編纂七絶選本的功利性，是吸引不會寫詩的貴人入詩社、以彰顯詩社名聲的策略。其時很多人只求附會時風，會寫漢詩、能在雅集上有所表現即可，並無打造詩藝的打算，因而七絶作爲學詩入門門徑大受歡迎。學詩入門路徑以何爲佳，歷代詩家均有不同看法，從絶句、七絶

---

① （日）松浦友久著，孫昌武、鄭天剛譯《中國詩歌原理》，遼寧教育出版社，1990年，頁163。

② （日）澀橋逸隱《會心百家絶句》，澀橋逸隱刊，1931年，“序”。

③ （日）木下彪《明治詩話》，文中堂，1943年，頁166－167。

④ （日）広瀬淡窓《淡窗詩話》，（日）池田胤編《日本詩話叢書》第四卷，文會堂書店，1920年，頁224。

學起,在中日詩壇中亦算是較主流的觀點。中國《唐詩絕句》、《唐絕句選》等選本"誨人學詩"①,專錄七絕。清薛雪《唐人小律花雨集敘》更云:"夫七絕者,小律也。善學者由此而遍及諸體,上溯諸家,以窺風雅。"②日人也指出七絕"上可以攀古風,下可以接律詩,初學誦習最爲至要"③。又言:"凡學作詩,當先從七言始。……其於體,當先從絕句始,絕句用辭不多,篇法易,習之已熟,則雖古詩律體篇法,既亦皆成於其中矣。"④《南郭先生燈下書》等文論亦多有學詩當自七絕始之論,此不贅述。故選本編者認爲:"初學者,難賦古體,近體亦多賦七絕。故專錄之,亦爲其平素易誦也。"⑤此外,七絕詩體的選擇也有編者自身的考量。欲要使選本更快面世,諸體皆備過於耗工夫:"若其雄篇大作,諸體備具,非一朝可辦,於是專取於七言絕句一體。"⑥尤其明治後國粹主義盛行,視漢文學爲重塑日本文化、國民精神的手段,文部省推出《日本精神叢書》,其中便有從漢詩論述日本精神的,如鹽谷溫的《漢詩與日本精神》。易被社會各階層接受的絕句,更是很好的推廣日本精神的手段。

　　除易學、易刊外,如梁橋《冰川詩式》所言:"唐人好詩多是征戍、遷謫、行旅、離別之作,往往能感動激發人意。他詩固多,而七言絕句爲甚,句少而意專。"⑦七絕抒情記事皆可:"七言絕句流行最廣。若論其風調,能述慷慨之志,亦可詠閒適之趣。能述關山兵戍之苦,亦可描閨閣兒女之情。"⑧這正符合明治時詩社活動頻繁、漢詩題材多元化的需求。

---

　　①　(宋)謝枋得《原序》,(宋)趙蕃、(宋)韓淲選,(宋)謝枋得註,黃屛點校《謝註唐詩絕句》,浙江古籍出版社,1988 年,"原序"。

　　②　(清)薛雪《唐人小律花雨集叙》,陳伯海主編《歷代唐詩論評選》,河北大學出版社,2003 年,頁 949。

　　③　(日)津阪孝綽編《絕句類選》,風月莊左衛門等刊,1862 年,"敘"頁 2。

　　④　(日)皆川淇園《淇園詩話》,馬歌東編《日本詩話二十種》上卷,暨南大學出版社,2014 年,頁 144。

　　⑤　(日)石川省齋編《皇朝分類名家絕句》,萬青堂,1870 年,"凡例"。

　　⑥　(日)加藤淵編《文政十七家絕句》,吉田屋治兵衛等刊,1829 年,"跋"頁 1。

　　⑦　(明)梁橋《冰川詩式》,周維德集校《全明詩話》第二冊,齊魯書社,2005 年,頁 1603。

　　⑧　(日)町田源太郎《漢詩講話》,東亞堂,1908 年,頁 25。

　　另一方面,撇除絶句的時代需求性,僅從詩歌藝術而言,日本詩家也意識到,七絶雖易學,卻難工。冢田大峰批評少年詩家以爲律詩難作,更能彰顯詩藝,於是未熟習絶句便强作律詩的行爲①。貝原篤信在《初學詩法》中説得更清楚,其引《滄浪詩話》並云:"'律詩難於古詩,絶句難於律詩,七言律詩難於五言律詩,五言絶句難於七言絶句。'唯深於詩者知之。"②故絶句一旦能工,便爲經典,有"寸鐵殺人"之功效:"至其工者,一誦三歎,咀嚼不盡,可以和人倫、泣鬼神,豈非所謂寸鐵殺人者耶。"③七絶選本既能讓只求通曉簡單格律、不求精通者更快學會寫作漢詩,又能讓深於詩者體會到絶句佳作風雅性靈的韻味,尤其是部分在詩歌宗尚上倡導性靈、排斥生僻的詩家,更認爲七絶"弦外有音,味外又味"④,得詩中三昧。

　　總而言之,絶句尤其是七絶選本的盛行,與其體裁符合當時漢詩壇、時代的需求和各階層受衆的閱讀趣味密不可分,呈現出漢文學本土化、時代化的軌跡。

　　3.隨得隨録,不作軒輊

　　總集中對詩家、詩作的選録與編排,往往體現了編者的詩學取向。江户末始盛的日人絶句選本總集,在編纂方面體現出多元化和包容性。

　　選録的詩家多仍在世,即便是編纂時已逝世者,亦是曾活躍於當朝。收録詩家較少(十位以内)之集,所選者多是詩壇名宿,如江户末《今四家絶句》的市河寬齋、柏木如亭、大窪詩佛和菊池五山四家,爲江户詩脈之傳承者:"我江户今日之詩,河寬齋唱之,柏如亭、窪詩佛、池五山和之。風流俊采皆一代之選也。"⑤後期入選人數漸多,既有名宿,亦有新秀,且詩家身份

　　①　(日)冢田大峰《作詩質的》,(日)池田胤編《日本詩話叢書》第四卷,文會堂書店,1920年,頁372—373。

　　②　(日)貝原篤信《初學詩法》,(日)池田胤編《日本詩話叢書》第四卷,文會堂書店,1920年,頁192。

　　③　(日)齋藤謙《嘉永二十五家絶句敘》,(日)北尾墨香編《嘉永二十五家絶句》,須原屋茂兵衛等刊,1848年,"序"。

　　④　(日)菊池桐孫《五山堂詩話》,馬歌東編《日本詩話二十種》上卷,暨南大學出版社,2014年,頁193。

　　⑤　(日)龜田鵬齋《今四家絶句序》,(日)細庵外史等輯《今四家絶句》,山城屋佐兵衛等刊,1815年,"序"。

多樣。《明治詩話》言及其時詩家身份云："學者、文人、書家、畫家、官員、處士、方外等,不論是專門的詩家還是把寫詩作爲餘業之人,全都是詩名顯著之人。"①考選本選錄之人,除專門詩家外,還有大量藩士、僧人、官員,既有以詩聞名於世者,亦有以政治家、儒學者、報刊主編身份顯名的。説明當時漢詩的普及化,這亦是江户末明治初漢詩壇興盛的證明。詩家不僅身份各異,且編者多不以流派、詩社、詩風爲選錄標準,入選詩家分屬不同吟社,有不同的詩學主張,甚至有對立者。以《明治十家絕句》爲例,既有下谷吟社創辦者大沼枕山,又有茉莉吟社創辦人森春濤,以及創辦晚翠吟社與茉莉吟社對峙的向山黄村等。其中的大沼枕山、森春濤是各種明治絕句選本中選錄詩作數目較多的兩大名將,前者宗宋、推崇放翁,詩學"頗近香山一派"②,排斥明治文明開化詩;後者宗清、"頗涉纖小"③,創辦《新文詩》,倡導吟詠新物事之風。以此可見選本在詩風宗尚上的博采衆家。與此對應,較多選本入選的詩作內容不一,風格多樣。既有詠史、詠物、交遊、時序、題畫等傳統題材,亦有如《明治十家絕句》所錄《博覽會雜詩》、《江南十家十絕句》所錄《夢乘飛行機》等文明開化新事物。選詩"不論格調之異,唯取其詩之工"④,詩風"或清豔,或勁健,有沖澹,有莊雅"⑤;"典雅沖澹、豪俊穠縟、幽婉奇險,變化不一"⑥。詩家與詩作的多樣化,充分呈現出當時漢詩壇蓬勃發展的風貌。

在入選詩作數目上,一種選錄法是諸家大致均等,如《近世三十六詩仙絕句》、《明治千家絕句》等每家各一首,《新選十二家絕句》上卷每家 20 首、下卷每家 25 首,《明治二百五十家絕句》人均 10 首,《明治十家絕句》基本

---

① （日）木下彪《明治詩話》,文中堂,1943 年,頁 166。

② （清）俞樾編,曹昇之、歸青點校《東瀛詩選》,中華書局,2016 年,頁 981。

③ 同上,頁 1120。

④ （日）桑原鷲峰《名家絕句序》,（日）石川巖、山本可諧編《新選名家絕句》,永樂屋東四郎等刊,1864 年,"序"。

⑤ （日）伊藤信《濃飛百家絕句序》,藍水同聲吟社編《濃飛百家絕句》,藍水同聲吟社,1937 年,"序"。

⑥ （日）菅夏長《安政三十二家絕句序》,（日）額田正編《安政三十二家絕句》,擁萬堂等刊,1857 年,"序"頁 2。

每人在 40—50 首左右。另一種方法是除若干位名宿外，餘者數目均等，如《安政三十二家絕句》除梁川星巖 27 首、大沼枕山 28 首外，餘者均在 19—22 首之間。《新選名家絕句》除無名氏外，基本均録 5 首，只梁川星巖、大沼枕山、森春濤等八位録有 10—14 首。詩家排序一般以生年爲序，"一從作者年齒少長"①，《昭和七百家絕句》這類詩家衆多的，便"一據作者姓氏頭字五十音序"②。因其時漢詩文雜誌興盛，部分選本直接彙集雜誌專欄詩作，按雜誌期數或收稿前後排序："編次之序，一依《太陽報》所載之舊，從當初接手先後。不敢有所次第也。"③同時，編者十分謹慎地强調，排序完全無評判月旦的成分："從其年齒，不敢容優劣於其間。"④並補充説明詩作乃隨得隨録，未得者以俟日後補編："今人之詩，則隨得隨録，不敢爲序次，亦非以前後爲之優劣也。"⑤"隨得隨録，非故爲取捨也。若其遺漏，他日續之編次當補之。"⑥從其選詩數目及編序可見，編者並無以選本軒輊詩家之意，"方今名家，固不止於此，脱蒙惠新作，當集以續刊"⑦。

不作軒輊還體現在少作點評上。其時出版詩集中，多有對中國詩家絕句註釋、點評者，日人別集亦以請名家點評爲榮，如《西遊絕句鈔》每首均有大沼枕山等人點評。但總集大多非點評型選本⑧，只偶見對名物風俗的解釋，少有涉及詩風之語。某些選本註明點評非編者所爲："原稿有評語者悉收録之，至其無者，不敢以鄙意評。"⑨甚至有特意删去原評語者："當時《太陽報》所載，或有評語而缺批圈，或有批圈而無評語，或兼有焉，或俱闕焉。蓋隨獲隨録，所以致區區如此。今此書悉削去評語而附圈點，以一體例。

---

① （日）石川鴻、山本可諧編《新選名家絕句》，永樂屋東四郎等刊，1864 年，"凡例"。

② （日）仁賀保成人等編《昭和七百家絕句》，昭和七百家絕句編纂局，1938 年，"例言"。

③ （日）岸上操編《明治二百五十家絕句》，博文館，1902 年，"例言"頁 1。

④ （日）關三一《明治十家絕句》，東生書館，1878 年，"例言"頁 1。

⑤ （日）中井豊民編《古今絕句所見集》，萬機堂，1850 年，"例言"。

⑥ （日）石川省齋編《皇朝分類名家絕句》，萬青堂，1870 年，"凡例"。

⑦ （日）額田正編《安政三十二家絕句》，擁萬堂等刊，1857 年，"目次"頁 2。

⑧ 亦有很少數選本有較多詩法、詩風點評的，如《明治百二十家絕句》。

⑨ （日）谷喬編《明治百二十家絕句》，文海堂，1883 年，"凡例"。

聊欲清覽者之眉目,亦非敢爲品隲。"①同時一再强調詩之好壞,全由讀者自己判斷:"然至其精與不精,亦不能自知也。"②"故至其詩之孰似牡丹海棠,孰似桃李梅杏梨,孰似山茶木蘭薔薇水仙等,則讀者自能知之。固不待予之品評也。"③

　　由此可見,編者旨在録詩,不在評詩,呈現出一種隨見隨録的收羅姿態:"諸家之什,隨得隨録,忽而江湖,忽而臺閣,次序固不拘,多寡亦無例。"④其目的不在於月旦詩家、討論流派,而僅是客觀地呈現當時詩壇、詩作風貌而已。當然,選本雖無主觀評價,但還是能從客觀上見其時漢詩壇之流變的。以明治兩大詩壇領袖大沼枕山和森春濤爲例,江户末期前者文政本、天保本無收録,自嘉永本始收,數量均在選本之最;後者僅在安政本、文久本有録,但數量已接近枕山。明治時選本,春濤則反超枕山,如明治前期兩本選集《明治三十八家絕句》、《明治十家絕句》中,分別是春濤 38 首、46 首;枕山 37 首,36 首,可見兩人詩壇盟主地位的更迭。

三　日人漢詩絕句選本的編纂目的及詩學思想

1.以詩徵文運之盛、知一世之史的詩史意識

　　從孔子"興觀群怨"説、《毛詩序》等文論指出政治、時代與詩歌的密切關係,到《文心雕龍·時序》提出"時運交移,質文代變"、"歌謠文理,與世推移"、"文變染乎世情,興廢繫乎時序"⑤的文學觀,文學的發展、文運的興衰與時代遞嬗的關係一直是中國文論的傳統論題。日人繼承了中國的詩學觀,在奈良時代《懷風藻》序中便已提到不同時代、國家文教政策對文學的

---

①　(日)岸上操編《明治二百五十家絕句》,博文館,1902 年,"例言"頁 1。

②　(日)石川嶂、山本可諧編《新選名家絕句》,永樂屋東四郎等刊,1864 年,"凡例"。

③　(日)家里松嶹《文久二十六家絕句序》,(日)桜井成憲編《文久二十六家絕句》,額田正三郎等刊,1862 年,"序"頁 2。

④　(日)森春濤編《東京才人絕句》,額田正三郎刊,1875 年,"凡例"。

⑤　(南朝梁)劉勰著,詹鍈義證《文心雕龍義證》,上海古籍出版社,1989 年,頁 1653、1657、1713。

影響。江村北海在《日本詩史》中言：“古曰：‘文學盛衰，有關乎世道汙隆。’信哉！徵之我邦，夫誰曰不然。”①日人將詩與時代歷史聯繫起來，創作了大量詩史作品，使詩史觀成爲日本漢詩學的核心範疇②。這種詩史意識中村敬宇有清晰的闡述：

> 我邦嘉永以還，至明治爲事變之最錯雜者，而世既不乏私史，此編則集近世名人之詩，可與時事相表裏者，另開生面，出人意表，名曰“詩史”，固其當矣。③

隨時而錄的絕句選本，是日人詩史意識下的自覺的詩學訴求，具體體現如下：

一是詩隨時代興替，故可徵文運之盛的意識。很多編者都認識到詩道是變動發展的，《明治三十八家絕句》序便用日人最喜見的四時比喻詩與時序的關係：“詩道之興替，猶四時之循環歟。”④時有治亂，則詩有興衰，長谷川域云：

> 弘仁、天曆之際，菅藤諸公輩出，詩賦兼著傳於世，斯文之盛可謂極矣。而後數百載，詩賦漸寥落者何也。蓋非才之罪，王化陵夷亦不暇及耳。保平以降，威權歸平氏，縉紳之徒棲遲匿身，豈亦有詩賦乎。自源氏開霸府於東州，武弁之徒恣威，而遂迫南北擾亂，亦百數十載不假詩賦。……逮神祖勃興，鋤暴裁亂，偃武修文，首興隆儒學，邦國建校聘師，於是乎奎運開而詩賦再盛於世。爾來昇平殆三百載，斯文之盛視之於往古，亦可以無恥矣。嗚呼，不盛乎哉。頃者内田栗齋刊現存作者小詩，命曰慶應十家，是亦昇平之具也。⑤

---

① （日）江村北海《日本詩史》，馬歌東編《日本詩話二十種》上卷，暨南大學出版社，2014 年，頁 107。

② 日人詩史觀的有關論述詳見高平《日本近代“詩史”觀論析》，《外國文學評論》2015 年第 1 期。

③ （日）中村敬宇《近世詩史序》，（日）太田真琴編《近世詩史》，玉山堂等刊，1876 年，“序”。

④ （日）山本秀夫《明治三十八家絕句序》，（日）擁萬堂編《明治三十八家絕句》，擁萬堂、文政堂刊，1871 年，“序”頁 1。

⑤ （日）長谷川域《慶應十家絕句序》，（日）内田修編《慶應十家絕句》，山城屋佐兵衞等刊，1868 年，“序”頁 1—2。

此序梳理了日本歷代文學之消榮，指出文學的興盛不僅取決於人才，更多是與社會的安穩、文教的普及、政策的支持等密切相關。如今詩家董出、文運日隆，這種對自己所處時代的自豪感，選本中隨處可見：“方方昇平，詩教日隆，薄海之内，大家名家以詩名者，棋佈星羅”①，“迨至明治，風雅盛行，占壇坫樹旗幟者，蔚然並興”②。《大正五百家絶句》便在廣告中闡明其編纂宗旨：“此書乃是爲對昭代文運之鼓吹，讓大正詩華得以千古照耀。”③選本的興盛，離不開其時詩家選詩“徵文運之盛者”④的訴求。

二是一世之詩可觀一世之風、知一世之史的觀點。編者認爲時代不同，世風各異，一代有一代之詩，當今之詩自是異於前代之詩。《明治十家絶句》編者在序中便指出：

> 往時有文政十七家、天保三十六家之選，而後嘉永、安政、慶應之詩，隨時而録，繼出於世，則明治之詩奚得獨不生於世哉。……故文政之詩自爲文政之詩，天保之詩自爲天保之詩，嘉永、安政、慶應之詩自爲嘉永、安政、慶應之詩。則明治之詩亦奚得不明治之詩視之哉。……嗚呼，吾二十餘年間，其所遇之變移如是，以推之茫茫六七十年世改物變，其否泰屯亨、醇和慘黷可知矣。其間詩人更出迭起，所遇各不同，所發亦不能不異。則由一世之詩而足以知一世之變矣。⑤

將每個時代的詩記録下來，用以載一代之時風，知一世之變。故“詩雖小技，可以見世運”⑥，“亦靡不爲觀風知政之具焉”⑦。例如川田剛在《東京才人絶句》中明確指出古之東京不同於今之東京，今之才人又不同於古之

---

① 　（日）加藤淵編《文政十七家絶句》，吉田屋治兵衛等刊，1829年，“跋”頁1。
② 　（日）重野安繹《明治二百五十家絶句序》，（日）岸上操編《明治二百五十家絶句》，博文館，1902年，“序”頁1。
③ 　《官報》1927年12月17日第292號，大藏省印刷局，1927年，頁487。
④ 　（日）巽世大《文久二十六家絶句跋》，（日）桜井成憲編《文久二十六家絶句》，額田正三郎等刊，1862年，“跋”頁2。
⑤ 　（日）小永井小舟《明治十家絶句序》，（日）關三一《明治十家絶句》，東生書館，1878年，“序”頁1—4。
⑥ 　（日）川田剛《東京才人絶句序》，（日）森春濤編《東京才人絶句》，額田正三郎刊，1875年，“序”頁2。
⑦ 　同注⑤，“序”頁4。

才人:"是故讀今詩,斯知今之東京矣;知今之東京,斯知今之才人矣。"①他更將選本與記録歐洲政治的《文明史》相比,譽爲"詩史":"作詩史讀,可也。即作文明史讀,亦無不可。"②體現出以詩存史的詩史意識。

　　2.執柯以伐柯的教學意識

　　上文言及絶句選本興盛原因之一在於其易學,日人編纂選本除以載時世外,還有"執柯以伐柯之意"③。中國絶句選本一直便有教學的功能,較早的經典選本《萬首唐人絶句詩》便是洪邁用以教授童蒙:"身入老境,眼意倦罷,不復觀書,惟時時教稱兒誦唐人絶句。則取諸家遺集,一切整彙,凡五七言五千四百篇,手書爲六帙。"④後劉克莊《唐五七言絶句》等一系列絶句選本亦是"余家童子初入塾,始選五七言各百首口授之"⑤的啓蒙教材。日人絶句選本編纂,亦有教學上的訴求。於童蒙、初學者而言,提供了誦讀材料。日人認爲"凡學作詩,先欲多誦得古詩"⑥,"欲學詩者須先多讀詩,諺曰:'唐詩誦得一千首,不會做詩也會吟',亦此意也"⑦。從而達到"觀其所聚,執柯以伐柯,觸類而長之"⑧的效果。此外,因詩作有"詩史"之用,還可通過詩來學習歷史,《皇國名家絶句類纂》收録了賦明君賢臣、名將勇士之作,故"童蒙因其詩而知其人,並知其時而可矣"⑨。

　　而對於非初學者,絶句選本則是打破詩壇陋習的好門徑。所謂陋習者

　　①　(日)川田剛《東京才人絶句序》,(日)森春濤編《東京才人絶句》,額田正三郎刊,1875年,"序"頁1—2。

　　②　同上,"序"頁2。

　　③　(日)鴻漸老人《新選十二家絶句叙》,(日)大槻磐溪編《新選十二家絶句》,須原屋伊八刊,1854,"叙"頁2。

　　④　(宋)洪邁輯《萬首唐人絶句》,文學古籍刊行社,1955年,"序"頁1。

　　⑤　(宋)劉克莊《唐五七言絶句序》,曾棗莊、劉琳主編《全宋文》三二九册,上海辭書出版社、安徽教育出版社,2006年,頁97。

　　⑥　(日)皆川淇園《淇園詩話》,馬歌東編《日本詩話二十種》上卷,暨南大學出版社,2014年,頁142。

　　⑦　(日)津阪孝綽編《絶句類選》,風月莊左衛門等刊,1862年,"叙"頁1。

　　⑧　同上,"叙"頁2。

　　⑨　(日)田辺明庵編《皇國名家絶句類纂》,朝盛堂,1885年,"例言"頁5。

有三,一是只通曉中國典故而不知本土史事,"雖明彼朝史乘,而懵於我朝
事蹟"①。又因中日、古今有"歲月之遠、邦國之異,有寡於彼而多於我、無
於古而有於今者"②,"故初學者,於我邦事蹟,不肯輒賦,賦則陷於俗套
矣"③。故選本既可"警後進之不熟於邦典"④,同時亦因賦本土事,而使學
詩者更易領悟:"體限絕句,人限皇國。蓋絕句則諷誦上口,國人則痛癢關
身,皆取其易領會也。"⑤陋習二爲只學古而不知今。日人的詩史意識使其
認識到一代有一代之詩,每一代之詩因貼合時代而具有其獨特性和非模仿
性。故而編者強調要多讀當下之詩而非前代之詩,纔可以擺脱模仿前人的
陋習:"後世乃有捨今仿古,專以模擬爲詩者焉。夫苟模擬則性情固不能
真,而風裁亦非時世之實,猶剪綵之花無有香氣,而雖形狀終不能與真同
也。"⑥只有脱離了對唐土、對前代詩作的模仿,以本朝之心、本朝之言,賦
本朝之事,其詩纔見真性情,纔有意義。其三則是只知數家,眼界不廣。江
户時廣瀬淡窗就批評日人"讀書不多,故無見識"⑦,宋詩流行皆學放翁、清
詩流行就只讀袁枚這種"一代之中,只學一人"⑧的狹隘目光。故選本備諸
家之詩,可供讀者體味各種詩風、詩技。

　　3.彰顯文名的功用意識

　　江户末至明治,漢詩壇興盛,詩社、文會蓬勃發展,《明治詩話》便描寫
了其時詩家爭相創辦吟社、舉行文會的盛況。欲在衆詩家中脱穎而出,其
一是加入詩社、從名宿遊,以擡高詩名,如長尾雨山序入澤賢治別集云:"予
聞亡友高野竹隱曾結西川吟社,才俊多從之遊,昕江亦在同人之列,其造詣

---

　　①　(日)大沼枕山《皇朝分類名家絕句序》,(日)石川省齋編《皇朝分類名家絕句》,
萬青堂,1870 年,"序"。

　　②　(日)石川省齋編《皇朝分類名家絕句》,萬青堂,1870 年,"凡例"。

　　③　同上,"凡例"。

　　④　同注①。

　　⑤　(日)田辺明庵編《皇國名家絕句類纂》,朝盛堂,1885 年,"例言"頁 5。

　　⑥　(日)藤原資愛《十七家絕句序》,(日)加藤淵編《文政十七家絕句》,吉田屋治兵
衞等刊,1829 年,"序"頁 2。

　　⑦　(日)広瀬淡窓《淡窓詩話》,(日)池田胤編《日本詩話叢書》第四卷,文會堂書
店,1920 年,頁 271。

　　⑧　同上,頁 272。

可知焉。"①其次是將自己的詩作刊行於世,廣爲傳播。聲名未顯者,別集刊行傳播效果未必佳,最好的方法是入選總集。尤其是絕句總集,因其易誦、普及面廣,受衆甚多,更易讓各領域人士認識自己。故而,選本詩作來源有編者約稿,更有詩家主動投稿,如《明治百二十家絕句》言:"篇什有採摭諸集者,或有因來投者,或有遠聞其名,不論存没,乞其人或其友而郵致者。"②又《古今絕句所見集》:"投托之作,已收載初篇,二篇之後又有來投之作,則隨而收之次篇。"③《昭和七百家絕句》甚至"應募者六百九十餘家"④。即使是地方性詩選,投寄人亦甚多:"此集投寄篇什,殆及一千百餘首。"⑤這與清董文涣所論七絕盛行於唐,"或一篇出,即傳誦人口,上之流播宫廷,下之轉述婦孺,由是聲名大起,遂爲終身之榮"⑥,其理一也。

　　詩家希望通過選本彰顯文名,另一方面編者亦欲以編纂選本提高自己的詩壇地位,並通過選本吸引更多達官貴人入吟社,提升編者的社會地位。森春濤便是很好的一例,作爲詩家,其詩通過《明治三十八家絕句》等衆多選本的傳播,聲名大顯。森春濤的研究者陳文佳認爲諸絕句選本對森詩的收錄,使其作出遷居東京的決定:"森春濤在當時的漢詩壇,其實力和聲望已經得到世人的承認。恐怕這正是春濤毅然舉家遷往東京的契機。"⑦而遷居東京後,森春濤創辦茉莉吟社,纔確立了與大沼枕山在明治詩壇分庭抗禮的地位。同時,作爲編者的森春濤,靠編纂詩集使其地位超越了大沼枕山,其編纂了多部清詩選本,大江敬香指出,清詩得以傳播,實乃森春濤刊《清廿四家詩》、《清三家絕句》等選本之功,並認爲這亦是森春濤勝於大

---

　　① 　(日)長尾雨山《昕江絕句鈔序》,(日)入澤賢治《昕江絕句鈔》,入澤賢治刊,1927 年,"序"。

　　② 　(日)谷喬編《明治百二十家絕句》,文海堂,1883 年,"凡例"。

　　③ 　(日)中井豐民編《古今絕句所見集》,萬機堂,1850 年,"例言"。

　　④ 　(日)國分青崖《昭和七百家絕句序》,(日)仁賀保成人等編《昭和七百家絕句》,昭和七百家絕句編纂局,1938 年,"序"頁 1。

　　⑤ 　藍水同聲吟社編《濃飛百家絕句》,藍水同聲吟社,1937 年,"凡例"。

　　⑥ 　(清)董文涣《聲調四譜圖説》,邵祖平《七絕詩論 七絕詩話合編》,巴蜀書社,1986 年,頁 59。

　　⑦ 　陳文佳《論文の要約:森春濤の香奩體詩受容と漢詩創作——韓偓の香奩詩から森春濤の艷體詩へ》,博士學位論文概要,名古屋大學文學院,2013 年,頁 4。

沼枕山之處①。而其編纂的日人漢詩選本《東京才人絶句》刊行後，"立刻大受世上歡迎，詩名提昇"②。森春濤最後以《新文詩》的編刊對漢詩壇産生極大影響，成爲明治詩壇盟主③。可見，當時絶句選本的編纂，還帶有編者、詩家用以彰顯文名的功用意識。

四　結語

從江户末至近代日人絶句選本的詩學觀，可見其時選本編纂宗旨側重於記録時代歷史、普及傳播漢詩，而對詩法、詩風則無太明確的傾向。當然，選本畢竟不能脱離時代而存在，從序跋隻言片語中還是可見時代詩潮的影響。如江户後期詩風受袁枚等性靈派影響，反對模擬復古，提倡直書性情。在江户末明治初的選本序跋中，便偶見提及詩主性情的觀點，如《安政三十二家絶句》序云："詩，性情也，一以意趣爲主。……要之自不失性情之正，而使讀之者忘倦，聽之者悠然神往焉。"④又《虚白庵百絶》序："物觸物而動，形於言爲詩，以出於性情、不涉僞巧也，亦足以感天地人神焉。"⑤以及前文言及日本詩家反對模擬前代，"夫苟模擬則性情固不能真"⑥等詩論，可見其時詩家對性靈派的接受。

總而論之，江户末至近代日人絶句選本，其價值不在於承載編者的文學批評意圖，更在於展現社會整體風貌的"詩史"作用。絶句選本的編纂雖帶有一定的功用訴求，然卻不能否認其在西風東漸的日本文壇，對漢詩、漢文學的堅守起到重要的作用。其流變從横向看一直或多或少受中國詩壇

①　（日）大江敬香《明治詩家評論》，《敬香遺集》，大江武男刊，1928 年，頁 141。

②　（日）三浦叶《明治漢文學史》，汲古書院，1998 年，頁 23。

③　陳文佳《論文の要約：森春濤の香奩體詩受容と漢詩創作——韓偓の香奩詩から森春濤の艷體詩へ》，博士學位論文概要，名古屋大學文學院，2013 年，頁 4—5。

④　（日）菅夏長《安政三十二家絶句序》，（日）額田正編《安政三十二家絶句》，擁萬堂等刊，1857 年，"序"頁 1—3。

⑤　（日）芳野世經《虚白庵百絶序》，（日）森心觀《虚白庵百絶》，山静堂，1875 年，"序"頁 1。

⑥　（日）藤原資愛《十七家絶句序》，（日）加藤淵編《文政十七家絶句》，吉田屋治兵衞等刊，1829 年，"序"頁 2。

習尚的影響;從縱向看則是對中國文學從模仿、借鑑到形成本土範式的漢詩本土化、民族化的過程。對江户末至近代日人絶句選本的研究,能爲考察整個江户末至近代日本漢詩壇、時代思潮以及漢文學的域外文化傳遞和文化移植提供一個很好的角度。

（作者單位：中山大學中國語言文學系）

域外漢籍研究集刊　第十五輯
2017 年　頁 207—219

内藤湖南《中國近世史》承襲趙翼
《廿二史劄記》略考[*]

單　磊

　　一貫致力於弘揚中國傳統史學之世界價值的杜維運斷言:"日本史學家寫中國歷史,取趙翼《廿二史劄記》之説最多。我曾將内藤虎次郎撰寫的《中國近世史》,與《廿二史劄記》相對照,其間完全相同之處甚多,無怪西方漢學界懷疑内藤抄襲《劄記》了。"[①]此論語驚四座,惜未見有具體論證。的確,《中國近世史》[②]在具體觀點、論據選取、論證方法、敘述思路、遣詞造句上顯著地表露出承襲《廿二史劄記》的痕跡。本稿選取兩部名著共同論及的部分問題,運用文獻對照和邏輯推演的方法對此略加考述,以揭明趙翼(1727—1814)對内藤湖南(Naito konan,1866—1934)産生的直接而深刻的影響。

一　藩鎮割據問題

　　在對唐末、五代藩鎮割據的敘述上,内藤明顯承襲了趙翼著作。爲使讀者有一直觀認識,茲列表 1 對照如下(左右兩側引文相同下劃線内容對讀,下同):

---

　　* 本文受中央高校基本科研業務費專項資金資助。

　　① 杜維運《中國史學史》(第三册),商務印書館,2010 年,頁 940 注釋 37。

　　② 原名《支那近世史》,收入《内藤湖南全集》第 10 卷,初版於 1947 年,系根據他於 1926 年講授的"支那近世史"課程的筆記整理而得。

表 1　藩鎮割據

《廿二史劄記》	《中國近世史》
節度使多有兼按察使、安撫使、支度使者。既有其土地，又有其人民，又有其甲兵，又有其財賦，於是方鎮之勢日强。安禄山以節度使起兵，幾覆天下。及安、史既平，武夫戰將以功起行陣爲侯王者，皆除節度使。大者連州十數，小者猶兼三四，所屬文武官悉自置署，未嘗請命於朝，力大勢盛，遂成尾大不掉之勢。或父死子握其兵而不肯代，或取舍由於士卒，往往自擇將吏，號爲留後，以邀命於朝。天子力不能制，則含羞忍恥，因而撫之。姑息愈甚，方鎮愈驕。其始爲朝廷患者，只河朔三鎮，其後淄青、淮蔡無不據山倔强。甚至同華逼近京邑，而周智光以之反；澤潞亦連畿甸，而盧從史、劉稹等以之叛。迨至末年，天下盡分裂於方鎮，而朱全忠遂以梁兵移唐祚矣①。	節度使在其領地統攬了兵權和財權。節度使一掌握財權，地方向朝廷納稅減少了。並且，在注重軍事上的隨機應變的機制下，任免所屬部下文武官員的權力全都一任節度使處理，致使地方官吏和士兵幾乎都成了節度使的家臣。所以，如節度使死亡，其部下不願聽從新來的官吏的指揮。如前任節度使的兒子有能力，就上奏朝廷允許其子繼任；如無子，或有子卻無能，常常上奏朝廷准許從其部下中挑選。在任命尚未下來這段時間裏，暫時代理者叫作"留後"，朝廷有時在不得已的情況下，認可這個"留後"。這樣一來，朝廷姑息政策越來越多，嚴重時，出現了地方官吏占有大片領地拒絕向朝廷納稅，以至於叛離朝廷，自封爲帝的情況②。

　　節度使掌握地盤、兵力、財力和勞動力，儼然是獨立王國；藩鎮内各種勢力盤根錯節，潛滋暗長；割據勢力尾大不掉，朝廷難以節制，不得不委曲求全，最終還是被藩鎮顛覆。對照表中内容可以看出，内藤在意涵、邏輯、用語上都明顯照搬了趙翼的敘述。

　　朝廷對藩帥百般籠絡，藩帥對藩兵曲意逢迎。趙翼評析了唐末、五代藩兵驕横的現象：

　　　　藩帥既不守臣節，毋怪乎其下從而效之，逐帥殺帥視爲常事。爲之帥者，既慮其變而爲肘腋之患，又欲結其心以爲爪牙之助，遂不敢制以威令，而徒恃厚其恩施，此驕兵之所以益横也。③

---

①　（清）趙翼著，王樹民校證《廿二史劄記校證》卷二〇《唐節度使之禍》，中華書局，2013 年，頁 455。

②　（日）内藤湖南著，夏應元等編譯《中國近世史》，《中國史通論》（上册），社會科學文獻出版社，2004 年，頁 337－338。

③　趙翼著，王樹民校證《廿二史劄記校證》卷二〇《方鎮驕兵》，頁 456。

軍士擅廢立之權，往往害一帥立一帥，有同兒戲。……諸鎮由朝命除拜者十之五六，由軍中推戴者十之三四。藩鎮既由兵士擁立，其勢遂及於帝王，亦風會所必至也。乃其所以好爲擁立者亦自有故。擁立藩鎮，則主帥德之畏之，旬犒月宴，若奉驕子，雖有犯法，亦不敢問，如魏博牙兵是也。擁立天子，則將校皆得超遷，軍士又得賞賜、剽掠。……王政不綱，權反在下，下淩上替，禍亂相尋。藩鎮既蔑視朝廷，軍士亦脅制主帥，古來僭亂之極，未有如五代者，開闢以來一大劫運也。①

朝廷因仰仗藩鎮勢力來維系統治而姑息之，最終被玩弄於股掌之中；藩帥因表彰驕兵悍將擁立之功而縱容之，同樣被玩弄於股掌之中。上行下效，惡性循環，以致舉國上下離心離德，幾成一盤散沙。內藤沿其思路敘及藩鎮亂象：

軍隊跋扈至極，成爲節度使後繼人者，不是由於其實際能力强於他人，而是由於他能維護軍隊的利益，受到軍隊的擁戴，所以，用威力壓服軍隊是做不到的。後任節度使如果與軍隊發生矛盾，輕者被趕走，重者遭殺害。唐朝末年，軍隊十分傲慢，甚至可以把文官出身的節度使視同玩物。……如果掌管軍隊的人沒有全權，難以保障對軍隊的控制；即使有全權，如果能力不强，下屬的勢力也會不斷膨脹。士兵不是來自貴族之家，貴族子弟不當兵，當兵的都是平民百姓家的人，造成平民得勢。②

內藤基本循著趙翼思路展開敘述，所述內容是趙翼所述內容的一部分。相較而言，趙翼除敘述現象外，還評析了原因，內藤則將之引到平民勢力抬頭的問題上，從中可感知內藤試圖借助趙翼提供的思想資源來建構中國歷史的解釋體系。

---

① 趙翼著，王樹民校證《廿二史劄記校證》卷二一《五代諸帝多由軍士擁立》，頁491—493。

② 內藤湖南《中國近世史》，《中國史通論》（上冊），頁338。

二　武夫干政問題

亂離之世往往是武夫的樂園和文士的地獄。五代時，軍政要職多被武夫把持，大小事務皆以武備爲核心，結束唐、五代統治的都是武夫。與武夫威福自用形成强烈對比的是，文士動輒得咎，飽嘗欺凌之苦。趙翼對此著墨甚濃，内藤顯著承襲之，兹列表 2 對照如下：

表 2　武夫干政

《廿二史劄記》	《中國近世史》
五代之初，各方鎮猶重掌書記之官。蓋群雄割據，各務争勝，雖書檄往來亦恥居人下。戰國者並於此觀其國之能得士與否，一時遂各延致名士，以光幕府。……然藩鎮皆武夫，恃權任氣，又往往凌蔑文人，或至非理戕害。……是時諸侯方重書記已肆虐如此，此外副使、判官之類，更何論矣！……是時藩郡凡奏刑殺，皆順其命，故當時從事鮮賓客之禮，重足累跡事之，猶不能免禍。……由是觀之，士之生於是時者，縶手絆足，動觸羅網，不知何以全生也①。 　用兵之世，武備是亟，故五代藩鎮貢獻，多以鞍馬器械爲先。……又詔諸道進獻，不得以金寶裝飾戈甲劍戟，至於鞍勒，亦不用塗金及雕刻龍鳳。②	士人即讀書人的境遇最悲慘。由於是武夫跋扈的社會，讀書人最多能有個秘書工作，並且武夫不講理，出現問題就性命難保。在給天子的奏表中有很多名文，可武夫跋扈的時代根本不注重這些③。 　唐朝時期，地方武官全都由士兵中產生，地方的文官由士人即讀書人中產生。然而到五代時，連文官職務即州刺史，也從士兵中產生了。……政治以前由貴族出身的官吏負責，在五代時也都變成由軍人提拔的官吏負責了。……節度使雖向朝廷納貢，可不是納稅，貢品全是鞍馬兵器。甚至拿到宴會上的東西也用到身上，用很多金玉裝飾這些東西，已經相襲成風。④

取自《廿二史劄記》的引文省略的内容是大量武夫欺凌文士的例證，

---

① 趙翼著，王樹民校證《廿二史札記校證》卷二二《五代幕僚之禍》，頁 500—502。
② 趙翼著，王樹民校證《廿二史札記校證》卷二二《五代諸侯貢奉多用鞍馬器械》，頁 504。
③ 内藤湖南《中國近世史》，《中國史通論》（上册），頁 352。
④ 内藤湖南《中國近世史》，《中國史通論》（上册），頁 349—350。

《中國近世史》只節取了其中一小部分加以概述,觀點、思路都與之十分接近,承襲關系十分明顯。所不同者是,趙翼敘述旨趣在於哀憐文士境遇之悲慘,而內藤敘述旨趣在於論證貴族政治受武夫干政的沖擊而趨於崩潰,體現出承襲性和發展性的統一。

三　亂世氣節問題

五代門閥消融,時局動蕩,忠義節烈往往被抛置一邊。在對該問題的認識和敘述上,內藤承襲了趙翼的見解和思路,茲截取二人所論內容之一部分列表 3 對照如下:

表 3　亂世氣節

《廿二史劄記》	《中國近世史》
張全義媚事朱溫,甚至妻妾子女爲其所亂,不以爲愧。……馮道歷事四姓十君,視喪君亡國未嘗屑意,方自稱長樂老,敘己所得階勳官爵以爲榮。二人皆可謂不知人間有羞恥事者矣。然當時萬口同聲,皆以二人爲名臣,爲元老。……蓋五代之亂,民命倒懸,而二人獨能以救時拯物爲念。……(馮道)對耶律德光則言:"此時百姓,佛出救不得,惟皇帝救得。"論者謂一言而免中國之人夷滅。……是道之爲人,亦實能以救濟爲心,公正處事,非貌爲長厚者①。	在這個是非不分的時代,得勢的是馮道、張全義這些不知恥不要臉的人。張全義受到朱全忠的重用,其妻被朱全忠調戲都不吭一聲。馮道是四朝宰相,他既有善理事務的本領,又滑稽機靈,巧妙地在不好侍侯的武將之間周旋,甚至契丹的天子都能爲其所左右。契丹的太宗入侵時,他做出願爲其效力的樣子,當太宗問他:"天下百姓如何救得",他回答説:"此時佛出救不得,惟皇帝救得。"用這種吹捧的方式或許某種程度救濟了百姓。面對軍人或夷狄的粗暴,從長計議,可謂是一種緩和矛盾的天才②。

①　趙翼著,王樹民校證《廿二史劄記校證》卷二二《張全義　馮道》,頁 511—512。
②　內藤湖南《中國近世史》,《中國史通論》(上册),頁 352—353。

馮道、張全義之流朝秦暮楚、恬不知恥,當然大節有虧,但從知人論世的視角審視之,並非全無可取之處。二人置身亂世,尚能拯物濟民,實屬難得。趙翼的見解不落俗套,絕非耳食之徒所能企及。內藤幾乎復述了趙翼所述內容,且表現出對其見解的深度認同,承襲關係一目了然。

四　宋代仁政問題

在對待敗降者的態度上,宋之前動輒族滅,手段殘忍,而趙宋統治者表現出寬仁品性。趙翼對此津津樂道:"角力而滅其國,角材而臣其人,未有不猜防疑忌而至於殺戮者,獨宋初不然。……統計諸降王及諸降臣無一不保全者"①;"宋太祖以忠厚開國,未嘗戮一大將"②;"周子孫封崇義公,歷宋三百餘年,世襲不替,比於諸帝獨幸矣"③,"柴氏之賞延直與宋相終結,其待亡國之後可謂厚矣"④。趙翼還用因果報應之說解釋宋末趙氏宗室受到元朝優恤之事:"報應之說固屬渺茫,然宋太祖削平諸國,未嘗殺一降王,……及臨安之亡,則獨免屠戮之慘,冥冥之中似有司其契者。"⑤趙翼的見解和思路爲內藤所承襲。內藤對宋朝的寬仁之政做出了與趙翼近似的評述:

> 五代時期一改朝換代,常有將前朝皇帝全家殺死的例子,而趙匡胤與軍人嚴格約定,決不允許對幼帝動一手指,決不虐待他們。由於趙匡胤這件事做的得人心,人說宋朝是以德建國,趙氏王朝延續很長時間,據說即使被元打敗時,也沒有受到元朝的虐待,宋朝滅亡後家族還有香煙延續。⑥

---

① 趙翼著,王樹民校證《廿二史劄記校證》卷二四《宋初降王子弟佈滿中外》,頁546—547。

② 趙翼著,王樹民校證《廿二史劄記校證》卷二五《宋軍律之弛》,頁567。

③ 趙翼著,王樹民校證《廿二史劄記校證》卷二二《五代諸帝皆無後》,頁509。

④ 趙翼著,王樹民校證《廿二史劄記校證》卷二五《宋待周後之厚》,頁558。

⑤ 趙翼著,王樹民校證《廿二史劄記校證》卷三〇《金元二朝待宋後厚薄不同》,頁728。

⑥ 內藤湖南《中國近世史》《中國史通論》(上冊),頁364—365。

由於在很短的歲月裏局面急劇變化,五代的天子都没有後裔。只有周世宗的曾孫在新誕生的宋朝受到優遇,與宋朝一起延續其家系長達三百年。①

作爲軍人他(趙匡胤)是剽悍的猛將,但當天子卻用的是極其温和的手段,……這種温和可以説是其長處,太祖覺得在五代的戰亂中輕視百姓的生命是不好的,所以盡量不殺人。……宋朝優待前朝的遺族,更寬待功臣的後代,……太祖的温和政策,對於安撫唐末以來受到摧殘的民心十分有效,宋朝第一代處處顯示出仁厚之風。其後的宋太宗是個陰險多疑的人,但大體上還過得去,其中有太祖的感化作用。爲此,據中國人説,到宋朝滅亡時,其子孫也受到蒙古人的優待。②

内藤所述全部信息都可在趙翼著作中找到蹤影,用於歷史解釋的報應之説也被運用,只是趙翼所述内容散落各處,而内藤將之捏置一起,同條共貫,依然掩飾不了承襲趙翼著作的事實。

五　王安石變法問題

趙翼和内藤都對王安石變法施以重墨,所述内容具有邏輯上的一致性。

趙翼認爲,施行變法的主要動力並非王安石的政治宏圖,而是宋神宗的凌雲之志;變法失敗的原因並非新法本身有問題,也非王安石德才庸劣,而是神宗急功近利、朝野齊聲反對、任用庸腐小人。其敘述思路是:神宗躊躇滿志,欲大展宏圖卻苦於無賢臣輔佐,適逢王安石倡導變法,遂大喜過望,縱有朝野反對,仍引爲心腹;實施青苗、免役之法以聚財,任用吕惠卿、章惇之徒以理政,皆爲建功立業之手段;新法推行不久,神宗便迫不及待地發動對外戰爭,不料兵敗如山倒,舉朝皆驚,神宗方悔好大喜功之失③。趙翼分析新法失敗的原因道:"古來未嘗無良法,一經不肖官吏,輒百弊叢生,

---

① 内藤湖南《中國近世史》,《中國史通論》(上册),頁 352。
② 内藤湖南《中國近世史》,《中國史通論》(上册),頁 368—369。
③ 趙翼著,王樹民校證《廿二史劄記校證》卷二六《王安石之得君》,頁 587—588。

所謂有治人無治法也。"①將之歸咎於所任非人,而未否定新法的良法性質。在論者異口同聲譴責王安石變法禍國殃民的情勢下,趙翼勇敢地提出超拔於庸淺的見解,難能可貴。

　　內藤認同趙翼的見解,並沿其思路敘述道:宋立國百餘年,君臣多因循苟且,無所作爲;神宗即位時年輕氣盛,胸懷大志,感憤於安享百年太平而制禦不了西夏這樣的偏弱夷狄,遂起富國强兵之意;居東宮時便聞知王安石懷握强國方略,登大位後即擢拔之爲宰相,令其主持變法②。在對變法失敗原因的認識上,內藤顯然接受了趙翼的見解。他肯定了王安石變法的良苦用心和新法本身的益處,也評析了實施變法的必要性與朝野反對、百姓不思進取之間的矛盾,還指出一批無德無才的投機者爲圖發跡混進了變法隊伍而招致非難,阻礙了新法推行③。細繹之,便可探知二者之間的承襲關系。

六　宋金和議問題

　　在宋金和議問題上,趙翼和內藤所持態度、所選例證和論證思路均十分相近。關於宋金之間的戰與和,曆代論者如雲,多以義理相尚,崇戰而貶和。趙翼從時勢著眼,將宋金和議納入具體的歷史環境中去考察,認爲主戰之議雖陳義甚高,卻不利於社稷蒼生,主和之議雖有失國體,卻有裨於國運穩固、百姓安居,最後旗幟鮮明地指出:"宋之爲國,始終以和議而存,不和議而亡。蓋其兵力本弱,而所值遼、金、元三朝,皆當勃興之運,天之所興,固非人力可爭,以和保邦,猶不失爲圖全之善策。"④其見解振聾發聵,深深地打動了內藤。內藤接受了其見解,並沿此思路表明了態度:"總起來説,與金和睦二十年中没有戰亂,雖説完全失去了國家的形象,百姓卻避免

---

　　①　趙翼著,王樹民校證《廿二史劄記校證》卷二六《青苗錢不始於王安石》,頁590。
　　②　內藤湖南《中國近世史》,《中國史通論》(上册),頁401。
　　③　內藤湖南《中國近世史》,《中國史通論》(上册),頁404—407。
　　④　趙翼著,王樹民校證《廿二史劄記校證》卷二六《和議》,頁580。

了戰爭之苦。先前,自徽宗、欽宗末年開始到高宗初年,臨近戰場的居民死傷很多,非常悲慘。……從國家的尊嚴來説,岳飛的主張是正確的,但不符合一般百姓的心意。"①論述思路與趙翼所論别無二致。

七　元代交鈔問題

在元代交鈔問題上,趙翼落墨較多,内藤幾乎照搬了趙翼的叙述,此處只節選部分内容列表4對照如下:

表 4　元代交鈔

《廿二史劄記》	《中國近世史》
元太宗八年,始造交鈔。世祖中統元年,又造中統元寶交鈔。據《食貨志》,其法以絲爲本,每銀五十兩易絲鈔一千兩,諸物之直並從絲例之文。以十計者,曰十文,二十文,三十文,五十文。以百計者,曰一百文,二百文,五百文。以貫計者,曰一貫文,二貫文。每二貫准白銀一兩。行之既久,物重鈔輕。至元二十四年,乃改造至元鈔,……鈔雖以錢爲文,而元代實未嘗鑄錢也。……各路立平准行用庫,貿易金銀,平准鈔法。每銀一兩入庫,其價至元鈔二貫,出庫二貫五分。金一兩入庫二十貫,出庫二十貫五百文。……又立回易庫,凡鈔之昏爛者,許就庫兑換新鈔,增工墨費每貫三分。换存之昏鈔,則解部焚燒。隸行省者,行省委官監燒之。是鈔之敝壞者,可赴庫易新鈔也。至元四年,世祖詔諸路民間包銀聽以鈔輸納,……丁錢田賦皆可以鈔納也,此所以通行天下也。……其後監燒昏鈔者欲取名色,率以應燒昏鈔指爲僞鈔,使管庫官吏誣服。……	太宗滅亡金國後發行了"交鈔",世宗時代在中統年間發行了"中統鈔",至元年間發行了"至元鈔"。發行紙幣當然需要有可與之兑换的東西,這種兑换的東西最初不是銀而是絲,以絲和銀的行情爲根據發行紙幣。兑率是五十兩銀换絲鈔一千兩。至元鈔時期紙幣使用的最多,十文、二十文、三十文、百文、一貫文、二貫文的鈔都有。這時期鈔直接與銀兑换,五貫文的鈔兑换一兩銀。因此,元朝初期幾乎没鑄造硬幣。爲了紙幣順利流通,地方上都建立了官署金庫——平准行用庫。在這裏一兩銀可兑换至元鈔二貫;而用鈔兑换銀則以二貫五十文兑换一兩銀;一兩金是一兩銀的十倍。還設立了只兑换紙幣的"回易庫"。在這裏可以把舊紙幣兑换成新紙幣,兑换一貫紙幣收取三十文的手續費。舊紙幣回收後立刻焚燒掉。爲了盡量流通紙幣,規定用鈔納税。……操作中出現了誤認舊紙幣是假幣和確實誤收了假幣等問題。要嚴罰收了假舊幣的官吏,……造成舊紙幣貶值,物價上漲。

---

① 内藤湖南《中國近世史》,《中國史通論》(上册),頁430。

續表

《廿二史劄記》	《中國近世史》
而民間所存昏鈔又不能納賦税，易貨物，於是遂成廢紙矣。且板紙印造，尤易滋僞。鉛山多造僞鈔者，有豪民吴友文爲之魁，遠至江淮、燕薊，莫不行使，遂致大富①。	民間中出現僞造紙幣和由此發財的人②。

　　對照表中相同下劃線内容，可以很清晰地看出兩者之間的承襲關系。事實上，趙翼對元代交鈔的敘述十分繁富，内藤只是承襲了一部分，所述内容完全没有超過趙翼所述範圍，遠不及趙翼敘述得詳實。此外，趙翼引述文獻的内容也被内藤承襲，甚至於趙翼敘述不准確之處，内藤也跟著錯下去。這些情況更加能夠説明内藤承襲趙翼著作的事實。

八　元朝崇佛問題

　　趙翼在《陔餘叢考》中連篇累牘地敘述了元朝尊奉佛教的情況。他注意到，僧人（尤其是西僧）在政治、經濟、司法、文化、社會生活上都享有特權：皇帝登基前必先詣帝師受戒，“后妃公主無不膜拜。正衙朝會，百官班立，帝師獨專席隅坐”；迎來送往多僭越規制，“雖親王太子不及也”；爲攫取利益而巧取豪奪，欺行霸市，掠奪大量田産和勞動力，私自征派賦役；藐視國法，擾亂公堂，執掌生殺予奪大權；僧徒欺凌臣民不受懲處，但臣民如其砧板之肉，法律明文規定“凡毆西僧者截其手，詈者斷其舌”。僧徒蠻橫如此，引發趙翼的感慨：“此其威勢之橫，雖强藩悍相不過也。由此觀之，朝廷之政爲其所撓，天下之財爲其所耗，説者謂元之天下半亡於僧，可爲炯鑒云。”此外，他還提及王公貴戚與僧徒爭道被打和僧徒領袖楊璉真珈盜掘宋帝陵寢二事③。這些信息多被内藤捕捉，《中國近世史》之“喇嘛的蠻橫”一

①　趙翼著，王樹民校證《廿二史劄記校證》卷三〇《元代專用交鈔》，頁723—725。
②　内藤湖南《中國近世史》，《中國史通論》（上册），頁469—470。
③　趙翼《陔餘叢考》卷十八《元時崇奉釋教之濫》，上海古籍出版社，2011年，頁319—322。

節選取了趙翼所述內容的一部分展開敘述：

> 喇嘛非常受寵，造成喇嘛蠻橫無禮，以至成爲亡國的原因之一。對喇嘛的待遇非常優厚，不用説平民百姓，所有官吏都要給其行禮，連親王、公主都必須給其讓路。罵喇嘛的人被割舌，打喇嘛的被斷手。如果喇嘛與皇族成員在路上相遇，皇族成員不給喇嘛施禮被喇嘛打了，喇嘛也不會受到任何處罰。作爲喇嘛蠻橫的一個極端例子，有個叫楊璉真加的喇嘛，在他任江南各寺院的總主持時，竟大膽妄爲地掘開南宋陵墓，盜走墓中的財寶。①

稍加對照，即可看出二者的承襲關系。可見，《中國近世史》不僅對《廿二史劄記》多有承襲，對《陔餘叢考》亦有一些承襲。

九　元代士風問題

在對元末士風的敘述上，趙翼運用了欲揚先抑的技巧，如，在敘述元季推尚風雅之現象時稱：

> 元季士大夫好以文墨相尚，每歲必聯詩社，四方名士畢集，讌賞窮日夜，詩勝者輒有厚贈。……獨怪有元之世，文學甚輕，當時有"九儒十丐"之謡，科舉亦屢興屢廢，宜乎風雅之事棄如弁髦，乃搢紳之徒風流相尚如此。蓋自南宋遺民故老，相與唱歎於荒江寂寞之濱，流風餘韻，久而弗替，遂成風會，固不系乎朝廷令甲之輕重也歟。②

元朝輕蔑文化事業，科舉制度粗疏不堪，但無論是居廟堂之高者，還是處江湖之遠者，皆能以風雅相尚，可知文化風尚自成一脈，非政治形勢所能輕易改變。緊接著，趙翼仍用欲揚先抑的筆觸敘述了元末進士殉節的現象：

> 元代不重儒術，延祐中始設科取士，順帝時又停二科始復。其時所謂進士者，已屬積輕之勢矣，然末年仗節死義者，乃多在進士出身之

---

① 内藤湖南《中國近世史》，《中國史通論》（上册），頁 474—475。

② 趙翼著，王樹民校證《廿二史劄記校證》卷三〇《元季風雅相尚》，頁 736。

人。……諸人可謂不負科名者哉,而國家設科取士亦不徒矣。①
元末進士未必受到朝廷隆恩,依然舍生取義,受到時人和後人稱賞。

　　內藤顯然注意到了趙翼所述現象,同樣采用欲揚先抑的敘述技巧,同
樣提及"九儒十丐"之謠以表現儒士處境之凄慘,同樣敘述了科舉不興無法
滿足讀書人的文化需求而導致江南民間盛行推尚雅趣之風②。對進士殉
節現象,內藤做出了幾乎相同的敘述,還解釋了其原因:"這時代科舉出身
的人中也有非常執著的人。……精選出來的人中確有正人君子,元朝滅亡
時大義守節,爲元朝以身殉國。由於那時科舉出身的人極少,非常重名譽,
嚴格恪守對當時天子盡忠的職責。"③其敘述顯然是循著趙翼的思路展開
的。此外,趙翼所述的兩種現象處於前後相連的兩個條目下,內藤也將之
置於緊挨著的敘述序列,更可説明內藤對趙翼著作的承襲。

　　內藤《中國近世史》大量承襲了趙翼《廿二史劄記》的內容,當屬確鑿無
疑。杜維運的論斷確有根據,絶非故作驚人之語。就承襲方式而言,既有
明確指出援據之處,又有含糊其辭或全然不提之處,既有復述形式的通盤
照搬,又有概括、節選形式的部分引述,還有在邏輯上的依循、駁斥、折衷。
本稿僅略舉諸例,覽其概貌,揭明其旨,對兩部名著承襲關系的具體情況還
可做更加細致的考證。

　　《中國近世史》並非全然承襲《廿二史劄記》,還參考了不少其他材料。
不過,可以肯定的是,內藤使用的一手材料是十分有限的,甚至有可能完全
沒有使用一手材料。整部《中國近世史》基本上是援據中國古代史家的研
究性著作而成,但是,這並不意味內藤著作全無價值。大量承襲《廿二史劄
記》的《中國近世史》之所以久負盛名,既有趙翼示後學以軌轍的貢獻,又有
內藤借助優秀思想資源建構中國歷史解釋體系的功績。內藤承襲趙翼著
作並非爲承襲而承襲,而是取彼之思想資源爲我所用,借彼之歷史敘述而
馭之在我。事實上,《中國近世史》只是節選了《廿二史劄記》的一部分,有
些不符合內藤建構意圖的見解被摒棄。《中國近世史》可謂以舊錢充鑄而

①　趙翼著,王樹民校證《廿二史劄記校證》卷三〇《元末殉難者多進士》,頁737。
②　內藤湖南《中國近世史》,《中國史通論》(上冊),頁475—476。
③　內藤湖南《中國近世史》,《中國史通論》(上冊),頁477。

得良幣的典範,其閃光點並不在於其材料珍稀翔實,也不在於其論證縝密、有力,更不在於其敘述精當、優美,而在於卓越的史識。從這層意義上説,《中國近世史》也是有其獨特價值的。

(作者單位:湖南大學嶽麓書院)

越南漢籍研究

域外漢籍研究集刊　第十五輯
2017 年　頁 223—241

越南漢喃院藏漢文燕行文獻述論

嚴　豔

　　越南使臣燕行文獻一直是域外漢籍中的重要文獻之一,主要包括燕行詩文、燕行日記與使程圖。2002 年出版的《越南漢喃文獻目録提要》(下文簡稱《提要》)中收録漢文燕行文獻 93 種,其中"燕行文獻"條目收 8 種、"日記"條目收 5 種,"北使詩文"條目收 80 種。《提要》對越南漢喃文獻的整理功不可没,但參與該文獻編修的學者劉玉珺也坦言其尚存在版本鑒定過於草率、書名訛誤、書籍的漏收與誤收、書籍單元的判定標準不統一等十個主要錯誤①。復旦大學 2010 年出版的《越南漢文燕行目録集成》(下文簡稱《集成》)中收録 52 位使臣,79 部作品,然而正如臺灣學者陳益源先生所言"這套集成仍存在選擇失當、遺漏重要著作、出版説明錯誤等若干缺陷"②。近幾年學界對越南使臣的燕行文獻研究成果豐富,僅 2011－2016 年這六年的博碩士論文就有 19 篇之多。在學界研究的熱潮之下,越南燕行文獻各抄本之間的比較梳理及未刊抄本存世情況的厘清尤其顯得必要。學界一些有識之士已對此有所論及,大陸學者牛軍凱、王志强、韓周敬對單個具體抄本内容加以比較厘正;臺灣學者陳益源對部分出使廣東公幹使臣所記録文獻進行補充考證;越南學者阮黄燕難能可貴地對世界各國未出版的燕

---

　　①　劉玉珺:《〈越南漢喃文獻目録提要〉商榷》,《越南漢喃古籍的文獻學研究》,中華書局,2007 年版,頁 464－485。

　　②　陳益源:《清代越南使節於中國廣東的文學活動——兼爲〈越南漢文燕行文獻集成〉進行補充》,《明清文學研究》(《嶺南學報》復刊第六輯),上海古籍出版社,2016 年版,頁 248。

行文獻進行爬梳,認爲未出版的燕行録資料"具有極爲重要的歷史、文獻價值"①。然而遺憾的是阮黄燕對所列漢喃院館藏未刊燕行漢文文獻僅列明12種,其所列部分還有3種已經在《集成》中公開出版,1種並非是燕行文獻;所列美、法、日等國圖書館藏漢文燕行文獻種類,除北江阮黎光《北行雜詠》外均可見于越南漢喃院。筆者據實地考察,就前人研究成果之上,據越南漢喃院藏31部未刊文獻,對其中16部與《集成》已刊本16部予以比較,對《提要》中所收4部之誤進行糾正,3部未查到館藏予以存疑,同時列出8種未刊漢文燕行文獻的内容簡要,以求教于方家。

一　相同燕行文獻未刊抄本與《集成》已刊本之比較

　　由於越南燕行文獻在抄寫過程中的錯訛混亂,這導致同一種燕行文獻有不同的題名與作者,或在燕行文獻中雜入非燕行資料。《集成》在録入燕行文獻時對各抄本有所甄别,並選擇了字跡相對清晰、内容相對完整的抄本進行刊印,然畢竟存在挂一漏萬之處,《集成》仍遺漏許多相對精良的燕行文獻。本文擬以《集成》中已刊本作比較,梳理越南漢喃院館藏未刊同種類燕行文獻。未刊抄本與已刊抄本的比較更能清晰展示各抄本的優劣。雖然現有成果中有王志强對《往津日記》與《建福元年如清日程》、陳益源對《元立粤行雜草詩》與《粤行雜草》進行比較,但漢喃院仍留存衆多與《集成》本同種類的未刊漢文燕行文獻,筆者對漢喃院留存16種未刊抄本與《集成》中16種已刊本進行考證對比如下:

---

① 牛軍凱的《"越南蘇武"黎光賁及其在華詩作〈思鄉韻録〉》,《東南亞研究》,2015年第4期,頁103—104,就《提要》所記黎光賁《思鄉韻録》的内容之誤予以糾正;王志强的《越南漢籍〈阮述〈往津日記〉與〈建福元年如清日程〉的比較》《東南亞縱横》,2012年12月,頁56—59,就《往津日記》與《集成》中所收《建福元年如清日程》抄本内容加以比較,並指出前者實比後者更多寫實,更具文獻價值;陳益源的《清代越南使節於中國廣東的文學活動——兼爲〈越南漢文燕行文獻集成〉進行補充》;阮黄燕的《國内外未出版的越南燕行録資料及其研究價值》,《域外漢籍研究集刊》(第十三輯),頁254—257。

　　1.後黎朝阮宗窐《壬戌科使程詩集》(越南漢喃院藏 VHv.2597 號抄本①)、佚名《使華叢詠後集》(A.700,收録于《華程後集》)與《集成》本阮宗窐《使華叢詠集》、《使程詩集》,阮宗窐、阮翹《乾隆甲子使華叢詠》

　　《壬戌科使程詩集》今存抄本一種,爲壬戌年(1742)阮宗窐隨正使阮翹出使求封所作。《壬戌科使程詩集》内容與《集成》所録的三本内容皆有重合之處,其原因在於《集成》所録三本亦是阮宗窐燕行詩文的不同抄本,然《壬戌科使程詩集》還有許多内容爲這三本未録部分,主要爲兩類:其一與中國文人的交往之作,如《江南寶城人枚毅,乙未科翰林出身,學習儀禮畢令而謁呈諸詩稿》、《到北京謝鴻臚寺正卿梅一律》、《陝西縣寧夏趙之坦令録呈詩稿》、《到桂林餞鎮差鄭大人詩二首》、《餞伴送嵩崖陳先生詩一律》等。其二與本國官吏唱和之作,如《我國吏部右侍郎陳謙齋和》、《我國監察使阮舒齋和》等。此外,該抄本中記行程如《先賢廟題詩勒石以垂不朽》亦可見越南文人對中國文化的態度與心理,在抄寫格式上其對阮宗窐(舒軒)、阮翹(浩軒)二人各自唱和内容標注十分清晰,對於未留存燕行文獻的阮翹而言,其價值自不待言。

　　《使華叢詠後集》(A.700)收録于武輝瑨所作燕行詩文《華程後集》集中,收詩歌 79 首,未題撰寫人,有金陵張漢昭序言一篇。其内容大多可見于阮宗窐《使華叢詠集》中的《使華叢詠後集》,其未被收録部分,亦可見於其所作另兩種燕行集《乾隆甲子使華叢詠》、《使程詩集》。

　　阮宗窐《使華叢詠集》在幾本同種類抄本中抄寫最爲工整,從文前胡仕棟乾隆戊戌年(1778)序中可知該本由其子阮居正所編撰“余得全稿,見舊紙多有補葺。因請壽之梨棗,居正言‘吾志也’……阮廷棟舒軒,公故吏也,嘗隨公北使省。居正因將詩稿前後二集囑他錄梓,且寓書托餘寶訂僞舛立爲之序。”由“多有補葺”可見阮居正所據底本已非原本,因而該書才遺漏許多内容;《使程詩集》未題撰寫人,前後文已佚,詩集前半部分文首有點評,如點評《臨清旅次》爲“秀麗絶倫,幾可與屈宋作衙官”,文末附贈答諸律;《乾隆甲子使華叢詠》更側重于抄録阮宗窐、阮翹唱和部分。對比這五個抄本,《壬戌科使程詩集》所收内容更全面,疑其更接近底本。

　　2.後黎朝黎侗《北行略記》(VHc.2012)與《集成》本黎侗《北行叢記》

---

① 　下文中僅出現越南漢喃院所藏抄本號。

　　兩抄本所録内容基本相同,不同之處在于其文首收録序一篇。從《北行略記》序言中可知,嗣德帝因讀黎侗留存文章頗感其忠義,因感念所見不多,於嗣德拾年讓大臣收集黎侗詩文集。吏部遂派人到黎侗後人處得家藏抄本,因而借閲原本考閲抄録。比較二書正文,亦有細微不同,如年號處的部分修改,《北行叢記》以後黎朝紀年,輔以清朝年號,《北行略記》均以清朝年號紀年;人稱人名上的修改,前者稱黎朝鄭王,後者改鄭王爲鄭楷,後者將裨將阮文任改爲武文任;後者多附録昭統帝賜詩三首(欠一)。由此可以推知《北行叢記》更接近底本,然其抄寫用紙爲版心刻"福合造"的紅格上下雙欄帳簿,"時"採用避嗣德帝阮福時之諱,略寫爲"寺"或改爲"辰"字,且行文以第三人稱,文中還可見黎侗之名,可知該集應是嗣德之後據底本抄録。相較於《北行叢記》中字跡潦草、部分筆跡難辨,《北行略記》抄寫目的是進奉給嗣德皇帝閲覽,因而抄本整潔工整,可以之校《北行叢記》本字跡不清之處。

　　3.《柴山進士潘公詩集》(A.2822 收入《日南風雅統編》)與《集成》本西山朝潘輝益《星槎紀行》

　　今存抄本一種,收入《日南風雅統編》,12 頁。收録潘輝益出使中國燕行詩。其中所録一部分可見于潘輝益所作《星槎紀行》如《經五險灘》、《蒼梧江次》、《昭君墓》等,但其中亦有《集成》中未存部分,如《十七夜泊舟沿翠山下》、《晚泊洱河望升龍城懷古》,然翠山、珥河爲越南本地地名,應非燕行之作。雖該抄本内容相對單薄,但因其爲供中國使越使臣勞崇光所閲讀"崇光初抵京館即求觀本國詩,乃命集諸皇親並諸臣名作者名爲《風雅統編》許觀,崇光深所歡賞"①。《日南風雅統編》集前還收勞崇光序一篇,因其可見中越文化交流。

　　4.西山朝段阮俊《海派詩集》(A.310)、《段先生詩文集》(A.2822,收入《日南風雅統編》)與《集成》本段浚《海煙詩集》、《海翁詩集》

　　《海派詩集》今存抄本一種,書中題作者爲"裴玉櫃"著。然其内容實與《海翁詩集》基本相同,其作者應爲段阮俊。《提要》中在收録時已注意到此問題予以糾正。究其原因可能是抄録詩集名稱時的筆誤,段阮俊(浚)被封

---

　　①　《大南實録正編・第四紀》卷四,慶應義塾大學語學研究所,昭和五十四—五十五年 [1979—1980],頁 5775(105)。

爲“海派侯”，“海派”又爲裴樻（玉櫃）之號。《海派詩集》與《海翁詩集》不同之處在詩集開頭收録的幾首詩，《海派詩集》中多收録出使前與親友的留別詩，如《仲冬中院得命北向侯奉貢使，留劄富春京新舊契識》及吴時僎、阮攸的和詩。《段先生詩文集》亦收入《日南風雅統編》，其燕行詩部分與《海翁詩集》内容略同。《提要》中稱其“收録段阮俊使華之作一百四十一首詩，内容涉及甯明江道、翠山、蕭山寺等”，然其内容並非完全“使華之作”，後一部分實爲越南境内景物，如《那山》、《宿營栐有感》、《宿横山屯聞海濤聲》等。

5. 阮朝阮公基《湘山行軍草録》（A.2583）與《集成》本阮思僩《燕軺詩文集》

《湘山行軍草録》今存抄本一種，題作者爲阮公基，實爲阮思僩，《提要》已注意到此問題並已置疑更正。其内容與阮思僩《燕軺詩文集》基本相同，但遺漏卷首詩文，部分還存在抄寫混亂的問題，如將《燕軺詩文集》卷前記述行程的《三迭山夜望》、《珥河曉發》、《自北芹赴仙麗驛記見》幾首詩抄至南寧津次之後。但其亦有與《燕軺詩文集》相互參考之價值，後者文字常有筆誤，如題《花梨塘舟中即景》參見前者知實爲廣西境内的花山塘。此外，阮思僩《燕軺詩草》（VHv.1436）、《燕軺集》（VHv.1389）後一部分、《燕軺詩集》（A.1221）燕行部分内容亦與《燕軺詩文集》同，亦可相互參見。

6. 阮朝阮述《往使天津日記》（A.1471）（阮述《往津日記》）與《集成》本阮朝範慎遹、阮述《建福元年如清日程》比較。

《往使天津日記》與《往津日記》爲同一底本不同抄本。阮述《往津日記》爲法國學者戴密微所獲得抄本，其題爲“荷亭公往津日記集”，有葦野老人（阮綿寊）序。饒宗頤先生見而悦之，戴密微教授慷慨相贈，1980 年陳荆和先生又整理出版①。《往使天津日記》與《集成》本内容上相似，實爲不同抄本。前者爲官呈本是阮述等回國後上交皇帝禦覽之用，後者以私人形式記録，因而《往津日記》與《集成》本存在一定的差異性，其不僅多了綿寊序言，内容上也更爲詳細，前者記述 375 天之事，後者僅記事 246 天。無獨有偶，臺灣學者陳益源也指出“《往津日記》實比呈遞御覽之《建福元年如清日

---

①　龔敏：《阮述〈往津日記〉引發的學術因緣——以香港大學饒宗頤學術館藏戴密微、饒宗頤往來書信爲中心》，《社會科學論壇》，2011 年第 3 期，頁 43—49。

程》更富有史料價值”①。

7.阮朝範熙亮《北溟雛羽偶録》（VHc.2118）與《集成》本範熙亮《北溟雛羽偶録》

兩抄本在内容上雖大體相同，但仍有出入之處，表現在兩點：一是其中有些詩歌《集成》本並不見録入，其中不乏有一定價值之處，如其與中國伴官及朝鮮使臣李容肅的詩歌唱和之作；二是其中一些詩歌與《集成》本也存在差異，在詩歌内容上的差異，如《奉命進覲留柬都城諸友》中“塞笳余響未全休，瓊玖興歌重報酬。錫貢事珠雖遜舊，濟師人至如經秋。朔風楊柳關南笛，晴雪江山薊北樓。鄭重香橋今日别，敢將裘馬侈斯遊。”在詩歌標題上的差異，如《口占贈菊人》、《詠雪次菊人韻》、《柬朝鮮李菊人》，而《集成》本爲《口占贈朝鮮李宗肅》。此外，該抄本有有竹堂範教之評點，如其對《奉命進覲留柬都城諸友》的點評是“西昆嗣響”，還有“清新”、“是長吉錦囊中語”亦可見越南文人詩文觀念。

8.阮朝汝伯仕《粤行雜草》（VHv.1797）、與汝伯仕《元立粤行雜草》（A.1285）《集成》本汝伯仕《粤行雜草編輯》

三種抄本正文内容基本相同，爲汝伯仕與李文馥等人於明命十四年（1834）送廣東漂風船回國時所做燕行詩文。《元立粤行雜草》所收内容均可見其它兩抄本，且部分内容漏抄。汝伯仕《粤行雜草》分爲上下兩册，抄寫工整，附注説明以小字標注，以示與正文作一區分，而《集成》本則附注説明與正文字體大小皆同，字跡相對潦草。《粤行雜草》上册與《集成》中抄本内容同，然其下册内容《集成》本並未録入，其内容可分爲三部分，第一部分爲中國文人如陳雲波、繆艮、黄同等人的贈詩，第二部分爲汝仕伯在廣東文人梁毅庵處所抄録廣東詩社文人結社時所作的 16 首詩歌，並有相應介紹文字“廣東詩社，揭匾出題，曰‘請教’。題有典者必注明。間曾因毅庵妙得儒家詩社新舊詩幾篇，而今尚存者附編集後，並敘其社風韻如此。”第三部分爲汝仕伯抄録在廣州書行所見的《筠清行書目》。陳益源先生已肯定其

---

① 陳益源：《清代越南使節於中國廣東的文學活動——兼爲〈越南漢文燕行文獻集成〉進行補充》，《明清文學研究》（《嶺南學報》復刊第六輯），上海古籍出版社，2016 年版，頁 247—275。

價值並所抄書目並進行整理①,而其中第二部分對瞭解廣東文人結社内容及中外文學交流亦有一定價值,並無人關注。

　　9.阮朝阮登選《燕台嬰語》(AB.285)、裴玉櫃《使程要話曲》(A.1312)、裴玉櫃《燕台嬰話》(收入《有竹先生詩集》)與《集成》本阮朝裴樻、佚名《燕台嬰語》、裴樻《燕行總載》、裴樻《燕行曲》

　　《燕台嬰語》作者題名爲阮登選,作者實爲裴樻。《集成》本在選入時已進行更正,指出阮登選應爲其喃文演音的作者。這 6 種抄本内容都是裴樻(玉櫃)于嗣德元年(1848)出使中國時所作的燕行長詩,正文内容除在字句上的改動外,基本相同。兩本題名爲《燕台嬰語》的抄本,僅在抄録格式上存在差異,未刊本採用上喃文下漢文,而《集成》本採取上漢文下喃文。相較于《集成》本字跡相對潦草,未刊本每句七言形成排律形式,排版整齊、字跡清晰工整,並在篇末題杜俊大朱評、範芝香墨評,但遺憾的是並未見有任何點評抄録。相比《燕台嬰語》兩抄本内容,其它四種抄本在收録其長詩的正文之後都有解釋説明文字。其中《燕行總載》除長詩部分,還在文首多收録紹翼宗命裴氏等人告哀上諭及出使前親朋友人的餞別詩文,《使程要話曲》在後半部分亦附有衆人餞別詩,但比前者的數量要少,且其文末雜抄入勞崇光《日南風雅統編》序與嗣德二年欽命魏公侯呈給勞崇光所閱的吟詠詩 12 首。就幾部抄本具體内容對勘,《燕台嬰語》用語簡樸、描述形象,如"古樓村落知何處,一胡罪惡書青史。銅柱茫茫無問津,紛紛記載成疑似。"在其它幾本題作"古樓貼浪今何處,前胡後莫汙留史。銅柱茫茫無問津,百年何日伸疆事。"在其題下説明有"季犛命黃晦鄉以古樓五十九村還之没隸廣西……莫氏簒黎稱藩内附於明,嘉靖十九年亦割安、廣二州……黎末黃公舒倡亂於興化,其子公替丙投雲南,誇安西十州民半附於清,置爲六猛各寨";《燕台嬰語》中"踏盡良鄉三石橋,神京咫尺瞻依邇。"在其它抄本題爲"踏盡良鄉三百橋,戒我車徒言庋止。"等等。疑《燕台嬰語》即爲底本,其它幾種抄本中正文長詩部分應在其基礎之上潤色修改加説明文字而成。

　　10.阮朝阮文超《壁垣藻鑒》(A.2589)與《集成》本阮文超《方亭萬里集》

　　今存抄本一種,158 頁。吳陽亭評品,書中收録 257 首詩,主要是嗣德二年(1849)出使清朝所作的作品。考其内容,書中所記出使内容與在越南

---

　　① 　陳益源:《越南漢籍文獻述論》,中華書局,2011 年版,頁 71—86。

所作詩歌雜抄一處，出使作品也没有按照出使順序抄録。其出使部分大部分可見于阮文超北使詩文集《方亭萬里集》，但該本所録燕行詩也有少量《方亭萬里集》未收部分，主要爲與中國文人及伴送官的贈答唱和之作，如與長送柳州太守問梅、伴送向武知州王石、廣東文人遊子廖搶英等詩，還記録了讀中國文人的作品（《舟别桂林兼句風雨，讀〈鄭夢白家世又門詩集〉之作》）。這對於瞭解越南使臣與中國文人之間的交往不無補充。

　　11.阮朝裴文禩《大珠使部唱酬》（VHc.2620）與《集成》本裴文禩《中州酬應集》

　　今存抄本一種，158 頁。《提要》中稱《大珠使部唱酬》爲“丙子年（1876）裴文禩出使清朝時與越南名人和中國名人唱和詩集，有中國唐景崧、倪懋禮所撰寫的序文”，《中州酬應集》爲“裴文禩使華時與若干中國友人唱和詩集，書中收録即事、詠景、感作、勸誡待類詩一百九十首”①。然而兩本内容除個别字跡因抄寫有異之外，所録内容完全一致，對此《集成》本在録入《中州酬應集》時也予以指出。至於兩本題名差異，筆者認爲“中州”指中國，“中州酬應”即爲在中國的應酬，其主語稱謂爲裴文禩本人；而“大珠”爲裴文禩的號，“大珠使部唱酬”應爲他人所重抄録本，故《中州酬應集》之題名更接近於原作之名。

　　除以上所列，越南漢喃還留存有與《集成》本同種類的不同抄本，如範世忠《使華卷》（A.1757）與《集成》本《使清文録》、李文馥《皇華雜詠》（A.1308）與《集成》本《使程遺録》等，其所作内容基本相同，在抄寫方式上也與《集成》本不相上下，可以相互校刊，因而本文不再贅述。

二　《集成》未收録越南漢文燕行文獻梳理

　　越南漢喃院現留存未刊越南漢文燕行文獻以兩種方式留存，一種是專門的燕行文獻文集，另一種是收録在使臣個人文集之中，此外還有部分散見於詩歌總集中。关于越南漢喃院未刊本，此前臺灣學者陳益源對其中《中外

---

① 劉春銀、王小盾、陳義：《越南漢喃文獻目録提要》，中研院中國文哲研究所，2002 年版，頁 747—748。

群英會録》、《柏悦集》、《東行詩録》,韓周敬對《金台草》有所論及①。越南學者阮黃燕文中所漢喃院未刊 12 部抄本中汝伯仕《粤行雜草》(《粤行雜草編輯》)與裴文禩《萬里行吟》已分別收入《集成》第 13 册與 21 册②,所描述黎光賁《思鄉韻録》所載内容與《提要》相同,但其内容與實際並不相符。筆者補録 8 種未刊本簡要及存疑 3 種如下:

(一)未刊使臣漢文燕行文集

1.後黎朝黎光賁《思鄉韻録》(A.699)

今存抄本一種,156 頁。黎光賁(字純夫,號晦齋),明代嘉慶二十七年(1548)由越南莫氏政權派遣來華朝貢,卻被扣留廣西達十幾年之久。《提要》所稱"嘉靖三十三年(1554)起出使中國的十九年,撰述本社祀典中諸先靈詩集的 66 首詩。輯自其仙鄉的詩集、神跡、神譜等書。附載壽嶺伯武公道(號時叟)的 276 首詩。"然比照原抄本其内容並不準確,牛軍凱也曾撰文予以糾正③。該抄本正文收詩歌 307 首,其中黎光賁(蘇郡公)詩歌 60 首,武公道(壽齡伯)詩歌 84 首,其它人詩歌 163 首,並附録收黎光賁 36 首詩。其内容爲記録本鄉先賢,包括官吏、文人、僧人。對於所收録僧人,書中還予以解釋説明"陳朝重教,儒道釋嘗設試法,多崇梵教。故以是職爲尊,因贈與"。

2.阮朝武文俊《周原學步集》(A.2934)

今存抄本一種,62 頁。收録武文俊於壬子年(1852)至癸醜年(1853)使華時所作詩歌。其内容主要有二:一是記録使程途中記景記事,如所見風景有孝子山、萬灘、木鷹灘、葆華山寺、馬伏波將軍廟、蠟燭山、八賢祠、大黄江等等,既有自然景觀也有人文之景。其記事有邕城即事、領方即事等。

① 陳益源:《清代越南使節於中國廣東的文學活動——兼爲〈越南漢文燕行文獻集成〉進行補充》,《明清文學研究》(《嶺南學報》復刊第六輯),上海古籍出版社,2016 年版;韓周敬:《從〈金台草〉看越南阮朝名臣潘清簡的使華之行》,《域外漢籍研究集刊》(第十四輯)。

② 阮黃燕:《國内外未出版的越南燕行録資料及其研究價值》,《域外漢籍研究集刊》(第十三輯),頁 254-257。

③ 牛軍凱:《"越南蘇武"黎光賁及其在華詩作〈思鄉韻録〉》,《東南亞研究》,2015 年第 4 期,頁 103-104。

二是使程途中贈答唱和詩,因是年恩貢、歲貢兩部並進,武文俊與兩部正使潘輝詠、範芝香都有唱和,與中國文人吳瀋園、李孟群、李秉鈞等人亦有唱和。本抄本最具價值之處在於其詩下注釋,因是次出使正值中國多事之秋,尤其西南邊陲之亂,在其注釋中記載頗詳,如《邕城即事》中載"咸豐三年春,使船泊邕江見招安丁壯與附郭回,鄉民互相械鬥,屍橫江洲。其招安丁壯再往亭子墟掠財物燒家,屋火日夜不絕。城中官吏閉門不出。伊墟民數百口離此二三里登山顧望,環立對泣而死。"記載使程途中"路梗"之事,《領方即事》中云"永淳縣土著户三百餘村坊莊寨與客户廣東、福建人二十四散甲以不納刑租,占爭田土,咸豐元年來兹決縣衙前隔岸相械鬥。縣主亦不能制,轉成路梗。"《煙火塘》中又記"永淳縣與橫州交界處,山水行屈又亦爲險要。永淳縣土人李文彩占踞一路梗,州縣不能制。咸豐三年使船至此見轟發大礮甚烈,江山爲之震撼。伊以貢差事重發礮恭喜,也不留難。競委船護送入橫州境。"

3.繆艮輯《中外群英録》(A.138)

繆艮編輯並印于道光三年(1833),收録李文馥、汝伯仕、阮文章、黄同等人來粤期間與中國文人所做的酬應詩文集。分上下兩集,上卷主要收唱和詩,下卷除收録唱和詩外,還收録衆人詩文集序及來往書信。繆艮在其跋文中記"癸巳七月初五日,余與越南李鄰芝諸君作中外群英會,自辰至午只得古今體詩二十五首,厥後諸君各以詩文下問,且乞爲序。是冬歸國,賦詩留別,餘皆和韻送行。甲午秋鄰芝複銜命來粤……余與越南諸君酬答詩文手録一編,宿遷陸吉謙見而悦之,厘爲二卷,爰付梓人。餘乃述其顛倒始末如此",可知其上卷爲李文馥、汝伯仕等第一次來粤時的唱和詩,下卷爲繆艮爲第一次來粤越南使臣所作燕行集作序,並有李文馥再次來粤帶來衆人的書信與贈詩,以及當時的唱和詩。其中記"越南國購先生(繆艮)《文章遊戲》十部歸國"以及李文馥帶越南皇子許春公詩集讓繆艮作序之事,其對中國兩國文獻交流的記載亦頗有價值。

4.鄧輝㷍《柏悦集》(A.2459)

今存印本一種,題嗣德戊辰(1868)冬十月暮鎸,鄧季祠堂藏板,18頁。集前有鄧氏自序一篇,其居廣東期間聞其弟鄧輝燦登越南鄉試第九名,喜而作賀詩示於"五羊諸同好"。衆人紛紛和詩,於是其編輯成軼。並交待取名因由"一人有喜,則同類交相慶,猶友柏之悦松者焉,同道同心故耳。

餘之名是集也，蓋有取於斯云”。集中録詩 28 首，其一爲鄧氏自作。《提要》稱其餘 27 首“皆由中國文人作”並不正確，其中 25 首的確爲中國人（廣東番禺 6 人、鶴山 3 人、南海 11 人、順德 1 人、三水 3 人以及客居廣東的福建 1 人），另有李氏父子二人卻爲僑居廣東的越南人。同時鄧氏所交往的同一地方中國文人多爲同族人，其與廣東文人交遊關係之深厚可見一斑。

　　5.李文馥《粤行續吟集》（Vhv.1145）

　　此集與李文馥《三之粤雜草》合抄，82 頁。《粤行續吟集》（《粤行續吟》）爲李文馥於 1843 年第二次到廣東時燕行文獻，該集與其記一、三兩次出使的《粤行吟草》、《三之粤雜草》合抄，亦可見於 A.2685、A.300 號抄本。該抄本卷前題繆蓮仙、楊燕石墨評，何巽甫原評，及李文馥所作於明命十五年的小引。其詩主要内容爲與中國文人的往來唱和詩，如繆艮、梁毅庵、楊燕石等人；以及記敘行程及詠物之作；記行詩如《再抵虎門作》、《虎門遠眺》、《舟抵獵德江舊所安泊》等，詠物詩如《破裘》、《舊劍》、《殘畫》等。是集最大價值在於中越文人間的文化交流，如李文馥爲楊燕石《越南紀略新編》作序，楊燕石贈李文馥《玉人吟草》集等。其文末附楊燕石詠詠物詩 40 首，贈答詩 2 首。

（二）使臣個人文集中所見漢文燕行文集

　　1.阮朝潘清簡《金台草》（《梁溪詩草》卷十二，VHV.151）

　　其内題收録詩歌 126 首，内容主要爲三種：一是紀行詠景詩，對使程途中所見景物景觀的描寫，如洞庭湖、黃鶴樓、邯鄲古觀、帝堯廟等。二是與贈答題詩，潘清簡不僅與廣西右江兵備道覺羅莫爾庚阿、廣西義寧調新太協鎮善成、短送湖南衡永彬桂兵備道張公惠官員有交往，還與遊歷文人劉夢蓮有來往，爲他所著《楚遊集》題詩三首。三是對中國歷史人物紀詠詩，包括有馬援、屈原、賈島、荊軻、張飛等歷史人物。

　　2.阮朝範富庶《東行詩録》（《蔗園全集》卷四，A.2629）

　　今存抄本一種，收録于于範富庶《蔗園全集》中。其記録内容爲范富庶於嗣德四年（1851）與李文馥等送廣東漂風船回廣東之事。其中所録詩歌内容主要有兩類，一類是范氏于行程途中記事詠物之作，另一類是與廣東文人唱和之作，如梁毅庵、黎文石、黎鏡卿等人。

(三)雜録於使臣個人文集中漢文燕行文獻

後黎朝陳名案的《陳柳庵詩集》(VHv.108)、《寶齋(篆)詩集》(A.1376)、《散翁遺稿》(A.1797、A.2157)

這幾本都是陳名案個人詩集的不同抄本,所録内容主要是陳名案與黎佪等人隨後黎昭統帝來華求助時所作之詩文,如《僑居述懷》、《南寧病中示阮葆棠》、《呈南寧知府趙問病》、《題北國醫家》等。其中《陳柳庵詩集》47頁,與黎佪《北行集》合抄,收 73 首作品;《寶齋詩集》内題"寶篆陳黄甲官撰集"。其中以《散翁遺稿》(A.1797)抄本較爲工整清晰,其内題"了庵散翁遺稿",160 頁,每頁 6 行,每行 18 字。首頁附黎昭統帝上大清皇帝詩一首。此外陳名案詩集抄本還有不題撰者的《逸夫詩集》及題陳名案撰的《寶篆陳黄甲詩文集》亦雜録有燕行詩文。

另有部分燕行文獻散見於越南文人個人詩文集中,如鄧輝燉《鄧黄中文抄》(A.1145)中收録有其如粵買辦時所作《禱雨》告文、《廣東旅次餘先考忌日》等,其中亦不乏有一定價值之文,如《自題》中述"乙丑是夏,餘奉派如粵,剃髪結辮,一如清妝"。對於改妝之事,鄧氏感慨"身體髪膚,惟君子使""蠻貊之邦行矣"云云。

(四)存録於越南詩文總集中漢文燕行文獻

一些燕行文獻還收録在越南詩文總集中,其中一部分燕行者個人文集均已散佚無存只能從這些詩文總集中才能零星窺知燕行途中記録,因此亦有較大的文獻價值,如《皇越詩選》(A.3162)中收録 1698 年擔任如清副使的鄧廷相已佚燕行集《奉使集後》中燕行詩 5 首《看旅舍壁上畫竹圖》、《過殷太師比干墓》、《立春日即事》、《題唐宗璟作梅花賦處》、《答豐城貢生任光禧》,1723 年擔任如清正使的范謙益燕行詩 4 首《遊赤壁山》、《端陽小雨》、《謝兩廣總督孔公並序》、《恭誦雍正皇帝》,1771 年擔任如清正使的段阮俶燕行詩 7 首《南關晚渡》、《題伏波廟》、《過洞庭湖》、《赤壁懷古》、《題赤鼻蘇東坡祠》、《濟黄河》、《餞朝鮮國使尹東昇、李致中》,1783 年擔任如清副使阮香燕行詩《甲辰五月二十三日,使舟到烏紗夾遇賀壽使回國,寄呈列位年家附呈諸親友》。鄧廷相、範謙益使團衆人未見有任何燕行文集留存,而阮香使團更是在越南正史中都不曾有任何著録,由可這些燕行詩數量雖少,亦有一定的史實價值。

此外尚有 3 種《提要》中列爲越南漢喃院館藏的燕行文獻,但筆者實地考察時圖書館人員沒找到而未經眼：阮朝範芝香《使燕京詩》（A.2207），抄本一種，5頁，爲範芝香出使清朝時所做題詠關聖廟的一首即事詩，附於《南史私記》書首，書中批語稱其實爲吳時任所作；佚名《星槎書事》（A.1815），抄本一種，90頁，錄詩158首。《提要》稱"書中所錄包括《鄭州途中》、《登黃鶴樓》、《游興隆寺》、《廣平途中》等篇"，但興隆寺、廣平都在越南境内，且廣平北接河静、南臨廣治，處於越南中部，不可能是使程路線，據此可知《星槎書事》至少包含出使中國與未出使在越南境内所作兩部分之詩；《賞心雅集》（A.521），抄本一種，110頁。《提要》中稱其爲"越南人出使中國時所作的詩文聯集，書中包括莫挺之題扇詩、黎貴惇與中國文士和朝鮮使臣的唱和詩等"，據此可知其爲越南常見的詩文雜抄文獻類型，其中未必完全爲燕行文獻。少量燕行文獻的不同抄本，如李文馥集成本《閩行雜詠草》的另一抄本《閩行詩話》未完全看完，就所見而言在部分用字上存在差異。姑俟日後完善。

三 《越南漢喃目録提要》及《越南漢文燕行目録集成》待商榷及訛誤之處

《提要》中收錄燕行文獻的錯誤有兩類：一類是作者問題，一種是内容收錄問題。對於《提要》中所收錄越南漢文文獻作者之誤，《集成》在收錄時加以考證修改的作品有3種：題爲岳潘侯所撰的《使程雜詠》，《集成》中收入時將改爲阮朝使臣潘輝湜；題爲阮朝潘清簡所撰的《使程詩集》，《集成》中收入改爲西山朝佚名之作，因其内容所涉及爲西山朝；題爲裴文禩所撰的《輶軒叢筆》，《集成》中收入改爲阮朝潘輝注之作。然筆者認爲《提要》中仍有待商榷及明顯錯誤之處。下文對《提要》未刊4種抄本訛誤進行糾正，2種予以商榷；《集成》中已刊2種予以商榷。

（一）《提要》收錄漢文燕行文獻訛正

《提要》中所收漢文燕行文獻之誤，除上文中提到阮登選《燕台嬰語》作者實爲裴樻之外，尚有4部抄本在收錄時存在錯誤。

其一，燕行文獻内容誤收一種。《提要》中對越南漢喃院留存燕行詩文内容收錄之誤，其收錄爲燕行類文獻，然考其内容並無燕行内容。阮黃燕文中列武茂甫《北使江隱夫茂甫原稿》内容與《提要》同。武茂甫《北使江隱夫茂甫原稿》（VHc.2074）。今存抄本一種，42 頁（原抄本 142 頁，與《越史詩集》《天南詠史集》合抄）。《提要》中題其爲武茂甫（號江隱夫）的北使詩集“正文收録作者出使中國時所作的八十七首餞送、感懷、詠景詩；附有作者詠靖王鄭森、宜妃、鄧氏惠、碩郡公等人的詩篇及與吳時仕唱和的詩篇等”①。集中實際收詩七十首，並非是燕行作品，而是作者在越南所做詩歌及附録他人詩歌。其内容有以下幾類：一是景物題詠詩，如題清樂台、崇思寺、龍宫寺、回蘭寺、興福寺、恒山寺、靈山寺、羅山、興道王廟等詩，其中地名都爲越南境内，側重於景物描寫；二是往來贈答詩，如與温其氏、如丹氏、恬然氏等人贈詩；三是感懷詩，如過橫山有感、傷貧感懷、省家慈墓有感、前黎尚書被西山捉監太廟有感；四是歌詠人物，如靖王、宜妃、碩郡王、宦官、金蘭烈女、雲耕李先生、樂道楊先生、兩廣孫夫人、月益劉先生等，其中除孫夫人外基本都是越南人；五是附録其它人物所做詩歌，如録黎朝會試四人詩、鄧尚書自述詩、吳時仕與陳繽唱和詩等。由其詩内容可推知，本抄本作於後黎被西山吞併不久，兵火仍現。作爲後黎故人，作者對後黎時人多有感觸而作詩或緬懷或記頌等。《提要》中之所以誤收，最大因由在於其中有《閑與故人步洋湘江上觸景成》《閑憶洋湘處士》兩篇涉及“洋湘”二字，在越南使臣燕行文獻中常見此指“瀟湘”。然其詩歌内容並無關涉瀟湘之景或中國之事，或是其中“洋湘”非指中國瀟湘而是越南的“瀟湘”地名，《大南一統志》載“八景山……上有雲夢、勝覽諸寺。古人以山水頗似瀟湘，因之名曰瀟湘山，亦曰八景山”②，《皇越地輿志》亦載“八景山在金榜之光承社九十九峰，周匝數十里，有雲夢勝覽……鄭毅祖以山水似瀟湘因命曰瀟湘山”③。姑且存疑。

　　其二，燕行文獻作者誤收四種。

---

①　劉春銀、王小盾、陳義：《越南漢喃文獻目録提要》，中研院中國文哲研究所，2003 年版，頁 749。

②　（越）阮朝國史館：《大南一統志·河内志》，法國亞洲學會藏本，編號 SA.HM2128。

③　（越）佚名：《皇越地輿志》，《域外珍本文庫（第三輯）》第 25 册，西南師範大學出版社、人民出版社，2012 年版，頁 205。

1.阮朝潘輝詠《如清使部潘輝詠詩》(VHc.2684)

實爲李文馥《使程志略草》。《提要》中稱其内容爲"紹治元年(1841)潘輝詠出使中國朝貢、爲舊君告訃並爲新君紹治帝求封時所作的日記體詩"。《如清使部潘輝詠詩》今存抄本一種，52頁。但對比《集成》中所收李文馥《使程志略草》，該抄本内容與其基本相同，《集成》在收録潘輝泳《輶程隨筆》時對此也指出潘輝泳僅在嗣德六年至八年時(1853-1855)出使過一次中國。之所以在抄寫過程中題名爲《如清使部潘輝詠詩》的原因可能在於受該集文首所録嗣德帝於嗣德八年所作賀潘詠回國詩作誤導所致。

2.裴樻《有竹先生詩集》(VHc.419)

今存抄本一種，340頁。書中抄録燕行詩文兩種，其一爲裴樻《燕行嬰話》，與其所作《燕行曲》除個别字句有異，基本相同；其二爲誤抄阮思僩《燕軺詩文集》中燕行詩文，從《已巳歲貢使部蒙升鴻臚寺卿充甲副使瀕行范竹堂尚書招同人設祖於私第，詩以告别兼呈諸公》到《和參政武公端午日見贈詩韻》共245首。

3.張登櫃《使程萬里集》(A.2769)

今存抄本一種，70頁，收録173首詩。《提要》題爲張登桂於嗣德四年(1851)年的北使詩集。然比對其内容，實爲阮文超《方亭萬里集》的不同抄本。兩者内容皆一致。

4.阮香編《使紹吟録》(A.2542)

今存抄本一種，收録兩部燕行文獻，内題阮香《使紹吟録》、陳文著《華軺侯命集》。無論是《提要》中的書寫，還是該抄本中所題撰寫者皆誤。

阮香《使紹吟録》，收録詩文60篇。《提要》中題其内容爲"阮廷素出使中國時所作的五十四首詠景詩，附有范喬年、陳輝照的餞贈詩"，該集題名下書"阮香號複庵，東安平民人。景興三十年(1769)進士"，將阮香列爲撰寫者。其内容實爲武希蘇的燕行詩文，内容均可見于《華程學步集》。武希蘇與阮香於嘉隆三年(1804)共同出使中國。《使紹吟録》中側重於記録行程，該抄本將武氏燕行詩歌標題進行簡化，以突出地名爲主，並删除詩歌標題下的説明文字以及該集中涉及文人交往的3首詩歌。

陳文著《華軺侯命集》，收録詩文103篇。《提要》稱其"乃1743年進士陳文著出使中國時所作的詩文"。該集題名下書"先生姓陳諱文著,青沔慈烏人。景興四年(1743)正進士,景興辛巳(1761)冬奉命伴送使回程"。然考其内容卻是武輝瑨《華原隨步集》與潘輝注《華程續吟》以及所附著名跡的雜抄。該集前 80 首内容皆可見武輝瑨《華原隨步集》,但將其詩歌題目進行簡化以突出行程,如《至芹營阻雨留住山村漫興》改爲《芹營阻雨》、《登母子窖山感成古風一首》改爲《登母子窖山》,甚至其中一些詩篇題目改動後與原意不符現象,如《涿州夜行回觀家尊詩稿有"涿州見雪"之作依韻書懷》改爲《涿州夜行見雪》;該集中間部分附錄 23 處詩中名跡的解釋説明,如梧州、洞庭湖、灘江、長沙、五險灘、飛來寺等;該集集末附錄爲潘輝注《華程續吟》集末的附錄,潯州知府孫世昌、新泰協鎮那丹珠、桂林紳員龔一貞三篇送行詩。

(二)《提要》收録漢文燕行文獻編目、收録商榷

其一,燕行文獻編目商榷。《提要》中所列越南燕行文獻分類爲"燕行文獻"側重收録散文類燕行文章,"日記"側重收以具體日期爲記述的燕行文獻,"北使詩文"側重收燕行詩文集。越南常以"北"或"華"稱中國而以"南"指越南,並常以"北人"、"北客"指中國人,因而越南使臣常用"北使"一詞指出使中國,如陶公正《北使詩集》、黎貴惇《北使通録》;亦有以"北行"指稱,如阮攸《北行雜録》、丁翔甫《北行偶筆》。然"北使"的身份爲"使臣",仍有一部分越南文人實並不是"使臣"身份而是以從人身份,其至中國所記文獻就不能以"北使"冠之,如黄碧山《北遊集》,其集中有詩《乙使阮憲山邀之同使部北遊口占》,在《圓明園外直客思》中有"獨陪臣入園,餘皆外直"之語,當使臣被召覲見時他被留在外面等侯。汝伯仕、李文馥至粵期間也並不是以出使"使臣"身份而是以"公幹"大臣身份送漂風船,因而他們所著的燕行詩文集亦不能歸入"北使詩文"之列。

《集成》則以三者合一,以"燕行文獻"統稱三者。"燕行"之稱主要來源於朝鮮,清朝時期使臣出使中國均稱爲"燕行",其所著文集都收録於《燕行録》中,其中亦收録未至北京行程,如現存最早朝鮮燕行録金宗所寫的《潘陽日乘》。越南使臣亦有以"燕"、"燕行"指代出使中國,如雜抄武輝瑨、吳時任、潘輝益三人的出使詩文集《燕台秋詠》,裴檳的《燕行總載》、《燕行曲》,阮思僩的《燕軺詩文集》,裴文禩的《燕軺萬里集》等,行程一定是到北京,而越南亦有派往廣東、福建、天津公幹事務人員,他們所記中國之行文集則多冠以中國具體地方名稱，如阮述《往津日記》、李文馥《閩行雜記》、汝伯仕《粵行雜草編輯》等。然不同於朝鮮使臣清代"燕行録"與明代"朝天録"對待兩個朝代情感上存在的差異，越南之"北使"與"燕行"在情感上實無太大區別。因而筆者認爲在暫無更有學理性界定之前姑且從俗，以"燕行文獻"統稱所有越南人中國之行中所記録的文獻。

　　其二，燕行文獻收録問題商榷。其中涉及兩種内容，一是越南漢文的餞送詩文集，如《提要》"北使詩文"條目中收《馮使君餞詩並景物詠》詩集，今存抄本一種，88頁。所收内容爲越南文人送馮使君出使中國的餞贈詩集，作者有陳成思、範雲碧、阮瑞軒等人。書中另有詠景詩聯若干。然其内容並無北使成份。二是邦交類文章。《提要》將《如燕文草》(VHc. 2677)收入"北使詩文"條目。《如燕文草》今存抄本一種，10頁。文章名下題嗣德三十四年歲貢。然考其内容爲邦交文章五篇，分別是：抄録表文兩道，陳邊情疏文一道，柬文兩道。此外，越南學者阮黄燕也將邦交類文章收録爲燕行文獻，其對未刊的燕行文獻進行梳理時收入《西山邦交集》"内容涉及西山王朝期間越南與中國的各種外交資料"。這些邦交文章中收録各種中越兩國之間的政事外交，許多並不涉及出使。筆者認爲，對於僅收録越南文人單獨餞送文章，内容不涉及使臣北使、燕行等不應當定義爲燕行文獻；對於僅收録邦交文章，内容不涉及使臣出使，亦不應當定義爲燕行文獻。

(三)《集成》收録漢文燕行文獻收録待商榷

　　《集成》中收録《使程日録》作者爲阮公基，其原載於嗣德十二年重修的《春早尚書阮進士家譜》中題阮公基北使之作的《使程日録》，復旦大學編《越南漢文燕行集成》第一册中收録，認爲其雖然有托僞成份，但其中細節若非當事人也並不能如此詳知。在《春早尚書阮進士家譜》中録入時，就對此爲阮公基之作頗多疑議，認定其爲僞作"以堂堂國使，所至皆有文牒，過諸省城，皆有使館，使部所至，某省謁其至吏，乃禮之常，及至京城，各有使館。使部至京，先謁相府，俟臣達而敢行陛見，其國書貢物，悉由政府檢查合約，然後陛見。此禮昭然耳目，人皆得知之。且柳升之事未必至相公而

其儻歟？清史載已詳之矣。何得妄爲詩詡，認爲相公之事耶？"①筆者認爲
該集實爲以北使爲題材的小説。"北使"題材在越南漢文小説中亦常可見，
如《公餘捷記》中"阮公登記"條、"阮登縞記"條②等，常以誇耀北使之才，折
服北人爲套路。《集成》收《北使佳話》亦屬此類。由此，《使程日録》作者極
有可能不是阮公基之作，只能存疑。

四　小　結

　　綜上述，越南使臣燕行文獻不僅是越南重要文獻，越南使臣從他者之
眼反觀中國，也更是中國域外漢籍研究中重要的一部分。越南使臣燕行文
獻資料多以抄本存世，其中一部分燕行文獻留存於使臣個人詩文集中，其
間難免出現抄本混亂及其訛誤之處。這一部分漢文文獻極需要保護與重
視，就目前文獻留存來看，許多越南使臣漢文燕行文獻已散佚。在黎崱《安
南志略·歷代遣使》中有姓名記載的使臣有一百多位，未見一本燕行文獻
留存；吳士連《大越史記》中有姓名記載的三百多位元使臣僅留存十幾部漢
文燕行文獻。現存漢文燕行文獻主要集中於十九世紀阮朝約八十年的時
間，《集成》中所録 79 部漢文燕行文獻中阮朝占了 50 部之多。已佚燕行文
獻僅能從一些史籍、家譜、文人文集等文獻中零星得知一些線索，如從《春
早尚書阮進士家譜》（A.1481）中記"乙未年正永盛十一年，歲貢二部至期，
奉差正使，准給民禄田禄如制。至拜謝辭行之日，王殿頒詩國音二首，丹墀
賜宴，席啓二筵，江次再行於祖餞。鴻達靡憚於關山，四牡馳驅，擁使旌而
觀光上國……因循異渥之恩綸，特降公手著《黃華敘實記》"得知 阮公基曾
作有燕行文獻《黃（皇）華敘實録》；據繆艮輯《中外群英録》（A.138）中收有
繆艮所作《黃健齋〈粵行吟草〉序》，在《汝元立〈粵行雜草〉序》中又提到"癸
巳秋，余于越南諸君子之詩已序。李君鄰芝吟卷二删，黃健齋吟集二删矣。
今汝元立又以《粵吟雜草》囑予序之"得知黃炯曾作有燕行文獻《粵行吟

---

① （越）《春早尚書阮進士家譜》，越南河内漢喃研究所藏 A.1481 號抄本，頁62b—
64。

② 孫遜、鄭克孟、陳益源：《越南漢文小説集成》第 9 輯，上海古籍出版社，2011 年
版，頁 150—151。

草》。此外還有李文馥《澳門志行詩抄》、阮貴德《華程詩集》、鄧廷相《祝翁奉使集》、鄭春澍《使華學部詩集》等等都已散佚。因而本文在梳理越南漢喃院館藏燕行文獻的同時,也希翼引起更多學界同仁對越南燕行文獻的整理研究與保護。由於漢文燕行文獻的抄本訛誤及混亂,可能還有部分待整理發現。

（作者單位:暨南大學文學院）

漢籍交流研究

域外漢籍研究集刊　第十五輯
2017 年　頁 245—270

論日本古寫經中的《廣弘明集》

——以卷二十二和卷三十爲中心

河上麻由子

序　言

　　《廣弘明集》是南山律宗開創者道宣爲護持佛法而編撰的書。三十卷本十篇的《廣弘明集》，有不分卷上卷下的刊本，有卷二十七、二十八、二十九、三十設爲卷上卷下的刊本，有一部分分爲上下卷的刊本；也有將全書分爲十篇四十卷的刊本。各刊本的正文没有太大差異①。但是，開版時並非完全没做文字的更改，刊本間有很多細微的文字差異。

　　筆者在舊稿中，爲研究隋代仁壽年間興建舍利塔之事，以日本古寫經中《廣弘明集》卷十七（考察了中尊寺、興聖寺、金剛寺、七寺、西方寺一切經中的寫本）爲中心，探討了現存刊本（高麗初雕本、高麗再雕本、思溪版、開元寺版）與古寫經的文字差異。探討的結果表明了以下幾點：

　　①古寫經中的《廣弘明集》卷十七與現存諸刊本並非完全一致。

　　②有關與現存刊本不一致之處，古寫經間抄寫的是相同文字。

　　③《廣弘明集》卷十七中現行刊本作"民"字之處古寫經中抄寫的是

---

　　①　有關《廣弘明集》的基本性質，藤善真澄《僧祐より道宣へ》，《道宣傳の研究》，京都大學學術出版會，2002 年，和劉林魁《〈廣弘明集〉研究》，中國社會科學出版社，2011 年中很詳細。

“人”字。

　　以上分析結果中，③對於認識古寫經祖本的文本特性非常重要，因爲在撰述《廣弘明集》的唐代初期，書寫第二代皇帝太宗名諱“李世民”時盛行避諱、缺筆。爲進一步探討③的意義，筆者考察了古寫經中《廣弘明集》全部三十卷里唐代皇帝的名諱，判明了關於“虎”、“淵”、“民”、“世”、“基”、“治”等文字，數卷存在使用其他字、缺筆的實例①。

　　有關唐代皇帝的諱，不能因爲存在使用其他字、乃至缺筆文字的實例，就立即將祖本判斷爲唐代的文本。正如竺沙雅章所指出的一樣，後晉天福五年（940 年）完成的《新集藏經音義隨函錄》（高麗藏）中不僅將“虎”“治”等唐代皇帝名諱缺筆，也將“敬”、“弘”、“殷”、“鏡”、“竟”等字缺筆②。在十世紀的中國，存在將唐代皇帝名諱缺筆的同時也將宋代皇帝名諱缺筆的情形。接著考察了刊本大藏經多避諱的宋代皇帝名諱（敬、竟、鏡、競、弘、殷、愍）在古寫經《廣弘明集》全部三十卷中的狀況③，將宋代皇帝名諱避諱的實例一例也沒發現④。

　　上述事實可能暗示了古寫經的祖本抄寫於唐代，即唐代皇帝名諱應缺筆成爲共識的時代，也即用其他字替換過的唐代皇帝名諱應還原爲原來的字成爲共識以前的時代。本文以卷二十二和卷三十爲對象，指出古寫經和刊本正文間存在的差異，驗證這一可能性能否成立。

---

　　①　現在金剛峰寺所藏《廣弘明集》卷十、十一（《清衡經》）中唐太宗李世民的“民”字缺筆。由此，泉武夫指出了相應寫本抄寫唐代寫本系統的文本的可能性。見《研究概要》《中尊寺經を中心とした平安時代の裝飾經に関する総合的研究　科研基盤研究（A）》，研究代表者興膳宏，頁 23。

　　②　竺沙雅章《契丹大藏經小考》，《宋元佛教文化史研究》，汲古書院，2000 年，初版 1978 年，頁 300—301。

　　③　高麗初雕版、高麗再雕版和金版連蜀版的缺筆字（敬、竟、鏡、競、弘、殷、愍）也照原樣翻刻。參見：上杉智英《七寺藏一切經本〈集諸経禮懺儀〉卷下　解題》，國際佛教學大學院大學學術前沿實行委員會《日本古寫經善本叢刊　第四輯》，2010 年、佐々木勇《北宋版一切經開寶藏の欠筆とその傳播·受容について》，《廣島大學大學院教育學研究科紀要第二部文化教育開発関連領域》62，2013 年。

　　④　以上見拙稿《廣弘明集卷十七について》，《日本古寫經研究所紀要》2、2017 年3 月。

一　日本古寫經中《廣弘明集》的基礎資料

首先匯總一下有關本文使用的日本古寫經中的《廣弘明集》的基本信息。依據國際佛教學大學院大學在網上公開的日本古寫經資料庫①，興聖寺、金剛寺、七寺、西方寺、石山寺、新宮寺、妙蓮寺的一切經中保存了平安時代以後的《廣弘明集》寫本。全三十卷的殘存狀況各寺院不同。承蒙落合俊典教授的關照，國際佛教學大學院大學向筆者提供了調直或觀摩興聖寺一切經、金剛寺一切經、七寺一切經、西方寺一切經中《廣弘明集》資料的機會。有關這些古寫經，根據前人研究簡單地匯總其抄寫年代、特徵如下。

興聖寺一切經（京都府京都市）

長寬元年（1163 年）至嘉應元年（1169 年）間抄寫的丹波西樂寺的一切經於鐮倉時代捐贈給海住山寺。興聖寺一切經即以此爲母體。慶長年間（1596－1615 年）由海住山寺轉讓給興聖寺，之後又經過數次補寫。原來是卷子裝，江户時代改成了折本形式。

興聖寺一切經底本的種類多種多樣：將奈良時代抄寫時的跋語照原樣抄寫下來的《文殊師利問菩提經》《菩薩修行四法經》，含有"延曆四年（785 年）"抄寫的跋語的《大唐西域記》卷一，抄寫了北宋開寶藏的刊記的《出三藏記集》卷三、四、五、九、十、十一②。此外，還包含了以貞觀二三年（649 年）階段的《續高僧傳》爲底本的寫本③。

興聖寺一切經中的《廣弘明集》于平安時代抄寫，全三十卷完備，各卷沒有任何的破損。一行一七字左右。沒有跋語。本文稱作"興聖寺本"。

金剛寺一切經（大阪府河內長野市）

以平安至鐮倉時代金剛寺爲中心抄寫的經典爲主體，包括八田寺一切

---

① 　http://koshakyo-database.icabs.ac.jp/index.seam.

② 　基本信息參見：《京都府古文書調查報告書一三 興聖寺一切經調查報告書》京都府教育委員會，1998 年。

③ 　藤善真澄《〈續高僧傳〉玄奘傳の成立》《〈續高僧傳〉管見——興聖寺本を中心に》，《道宣傳の研究》，該文最初發表於 1999 年。

經等在其他地方抄寫的經典①。其中有傳抄開寶藏的刊記和奈良時代抄寫時的跋語的寫本。近年的研究表明金剛寺一切經中包含《大正新修大藏經》(以下稱《大正》)中所没有的散逸經典的傳抄本②。

金剛寺一切經中的《廣弘明集》,合計保留二十七卷。殘存卷請參照第三章。據跋語可知卷三抄寫於嘉禎二年(1236年),卷七、卷十、卷十八、卷二十四、卷二十八抄寫於嘉禎三年(1237年)。從1236年到翌年,應總共抄寫完全三十卷。卷三有在和泉國泉郡上條鄉豐中村抄寫的跋語,卷十八有在槇尾寺金堂抄寫的跋語。一行一四至一八字左右,與其他寫本相比有偏差。卷子本。本文稱作"金剛寺本"。

七寺一切經(愛知縣名古屋寺)

七寺一切經是承安五年(1175年)至治承二年(1178年)間因尾張當地官員大中臣安長發願而書寫、校對所成。發願當年抄寫了大般若經,其後四年間抄寫、校對了其他經典。元禄九年(1696年)進行了補寫。原來是卷子本,享保二年(1717年)改裝爲折本。

抄寫地區以尾張中嶋郡爲中心,也涉及美濃。此外,對於尾張地區不能獲得的經典,抄寫的是京都清水寺中的法勝寺金字經③。因存在抄寫了北宋開寶藏刊記的經典,可以確認七寺一切經中,有些經卷的底本使用的是開寶藏。還有,七寺一切經中判明了奈良時代所抄寫文本的傳抄本的存在。

七寺一切經中的《廣弘明集》,總計保留十八卷。卷十、十六有抄寫于安元三年(1177年)的跋語。勸進僧榮俊做了很多校訂工作(卷四、五、六、

①　赤尾榮慶《河內長野金剛寺一切經管見—中間報告にかえて—》,《賴富本宏博士還曆記念論文集　マンダラの諸相と文化　下　胎藏界の卷》,法藏館,2005年、大塚紀弘《天野山金剛寺一切經の來歷について》,《寺院史研究》15,2016年。

②　基本信息參見:《平成12年度～平成15年度科學研究費補助金　基盤研究(A)・(1)研究成果報告書　金剛寺一切經の基礎的研究と新出仏典の研究》,研究代表者落合俊典,2004年,以及《平成16—18年度科學研究費補助金　基盤研究(A)研究成果報告書　金剛寺一切經の總合的研究と金剛寺聖教の基礎的研究》,第1・2分册,研究代表者落合俊典,2007年。

③　基本信息參見:《尾張史料　七寺一切經目録》,七寺一切經保存會,1968年。

七、九、十、十四、十七、十九、二十一、二十三、二十五、二十九、三十）。各卷
的筆記和書寫形式沒有太大差別。一行一七字左右。本文稱作"七寺本"。

西方寺一切經（奈良縣大和郡山市）

十七世紀末，西方寺購入攝津國大門寺一切經。西方寺一切經由平安
至鐮倉、江户時代抄寫的卷子和折本形式的元版、春日版構成。西方寺一
切經含有開寶藏的傳抄本，另一方面也被認爲包含北魏所抄寫經典的傳
抄本①。

西方寺一切經中的《廣弘明集》，共計保留十三卷，各卷缺損嚴重，卷首
有缺損的就有九卷。一行一七字左右，卷子本。卷十二、十三、十五、十九
附有千字文的"亦"字，卷二十一、二十二、二十六、三十附有千字文的"聚"
字，卷十四、十五、二十一、二十二、二十四、二十七、三十附有音義②。本文
稱作"西方寺本"。

卷十七的卷尾寫著弘安五年（1282 年）。紙質雖未見顯著差異，但可以
看出卷十七的筆跡與其他卷相異。内題、外題方面，卷十七也和内題、外題
同刊本系一致的其他卷相異，卷十七也未附有千字文或是音義。一般認
爲，作爲古寫經底本的寫本或刊本以卷爲單位出現缺損的情形，缺損的卷
的部分會以其他地方所藏的文本爲底本③。卷十七存在與西方寺一切經
《廣弘明集》中其他卷的底本相異的可能性。

上文已經説明了各寺一切經中《廣弘明集》的概要。接著進入下一節，
進一步深入探討各卷的内容。

---

① 基本信息參見：元興寺文化財研究所編《西方寺所藏一切經調查報告書》，大和
郡山市教育委員會，1984 年。

② 卷十九的尾題之前有"廿一紙尾　何思印造"。與大藏經開版相關的刻工名稱
參見野澤佳美《宋版大藏經と刻工—附·宋版三大藏經刻工一覽（稿）—》，《立正大學文
學部論叢》11，1999 年。

③ 例如，前述興聖寺一切經中的《大唐西域記》因西樂寺一切經中缺少此書而用
更古老的其他寫本予以補充。《西方寺所藏一切經調查報告書》石川登志雄執筆部分，
頁 454。

二 論卷二十二所收《奘上重請經題序啓》和 《奘師謝皇太子聖教序啓》

首先依據高麗再雕版,將卷首的篇目羅列如下:

衆生佛不相異義(南齊沈約字休文)
六道相續作佛義(沈約)
因緣義(沈約)
形神義(沈約)
神不滅義(沈約)
難範縝神滅義(沈約)
因緣無性論　陳沙門眞觀(並朱世卿自然論)
北齊三部一切經願文(魏收)
周藏經願文(王褒)
寶台經藏願文(隋煬帝)
<u>三藏聖教序(並表請謝答　太宗文帝)</u>
<u>述三藏聖教序(並謝答　今上)</u>
述注般若經序(唐褚亮)
金剛般若經集注序(司元大夫李儼)
與翻經諸僧書(並答)　太常博士柳宣

　　這之中成爲問題的是劃線部的太宗撰《三藏聖教序(並表請謝答　太宗文帝)》和今上(高宗。《述三藏聖教序》撰成當時爲皇太子)撰《述三藏聖教序(並謝答　今上)》。包括《三藏聖教序》《述三藏聖教序》相關聯的文章,將高麗再雕版相應部分正文中的標題征引如下。①到⑧的番號爲行文上的便宜,由筆者所加。

①　請御制經序表
②　勅答玄奘法師前表
③　重請經題序啓
④　三藏聖教序

⑤　謝勅齎經序啓

⑥　勅答謝啓

⑦　皇太子臣治述　聖記三藏經序

⑧　皇太子答沙門玄奘謝聖教序書

　　④是卷頭篇目的《三藏聖教序》,⑦相當於《述三藏聖教序》。事實關係上,先是玄奘請求御制序文(①),太宗勅答謝絕(②),玄奘再度奉啓請求序文(③),由此有《三藏聖教序》(④)的撰述。只是③《重請經題序啓》正文標記爲"本闕",沒有收録。

　　確認相應部分的正文標題在高麗初雕版中的情形:正文標題的順序、記載的文章與高麗再雕版相同。

　　另一方面,開元寺版(宮内廳書寮部所藏)和思溪版(愛知縣岩屋寺所藏)的情形大異。首先開元寺版:

①　請御制經序表

②　勅答玄奘法師前表

③　<u>奘上重請經題序啓</u>

④　三藏聖教序

⑤　謝勅齎經序啓

⑥　勅答謝啓

⑦　皇太子臣治述　聖記三藏經序

⑧　皇太子答沙門玄奘謝聖教序書

　　標題的順序與高麗初雕版、高麗再雕版一致。但高麗初雕版、高麗再雕版中記爲"本闕"的《重請經題序啓》變作了《奘上重請經題序啓》,收録在正文中。

　　接著,思溪版遵循的標題順序是:

①　請御制經序表

②　勅答玄奘法師前表

③　<u>奘上重請經題序啓</u>

④　三藏聖教序

⑤　謝勅齎經序啓

⑥　勅答謝啓

⑦　　皇太子臣治述　聖記三藏經序
＊6＊奘師謝皇太子聖教序啓
⑧　　皇太子答沙門玄奘謝聖教序書

　　③《奘上重請經題序啓》和爲感謝皇太子（高宗）的經序所作的＊《奘師謝皇太子聖教序啓》收錄在正文中。

　　這些刊本間的差異中，有關③，似應理解如下。高麗初雕版、高麗再雕版中②《勅答玄奘法師前表》末尾有“又云，新撰《西域記》者，當自披覽，勅奘尚”的記載。末尾的“勅奘尚”是“勅奘尚法師”的縮寫①。而開元寺版、思溪版中的②《勅答玄奘法師前表》作“又云，新撰《西域記》者，當自披覽，勅”，以“勅”一字結尾，“奘尚”改作“奘上”編入了下一行的標題。應是開元寺版、思溪版開版前嘗試增補只有標題的③《重啓經題序啓》，但處理太宗的勅答的末尾文字時混亂生起，將“勅奘尚”中“勅”這一字理解成位於②《勅答玄奘法師前表》文末，剩下的“奘尚”中的“尚”改作動詞“上”，排入標題中。若③《重請經題序啓》由道宣本人修改，大概這種標題上的混亂不會生起。如此，更改玄奘的啓的標題、將啓收錄于正文中，就是道宣之外的何人所爲了。

　　古寫經中的情形如何？《廣弘明集》卷二十二，在筆者收集的古寫經中，興聖寺本、金剛寺本、西方寺本保留了下來。古寫經中，卷末抄寫了音義的西方寺本屬於刊本系統。③的標題是《奘上重請經題序啓》、存在＊《奘師謝皇太子聖教序啓》，這與上面提及的思溪版最接近。

　　興聖寺本和金剛寺本的標題如下。錯字在注釋中表示。
　　①　　請御制經序表
　　②　　勅答玄奘法師前表
　　③　　重請經題序啓②
　　④　　三藏聖教序
　　⑤　　謝勅齎經序啓

---

①　　圍繞御製經教，玄奘、太宗間的往來記錄於《大唐大慈恩寺三藏法師傳》。相應太宗的勅答《三藏法師傳》中以“又云，新撰《西域記》者，當自披覽，勅奘尚法師”作結。

②　　“啓”……金剛寺本作“冬冬”。

⑥　勑答謝啓

⑦　皇太子臣治述　聖記三藏經序

⑧　皇太子答沙門玄奘謝聖教序書

與高麗初雕版、高麗再雕版一致①。

但興聖寺本、金剛寺本同高麗初雕版、高麗再雕版間存在幾處差異。第一，高麗初雕版、高麗再雕版中③《重請經題序啓》作"本闕"。但兩寺的寫本中没有"本闕"兩字。添入的"本闕"兩字，只能在高麗初雕版、高麗再雕版中得到確認。

另，卷二十二起首的篇目中，高麗再雕版作"述三藏聖教序並謝答今上"之處，高麗初雕版作"述三藏聖教序並謝答今上即高宗"，附上了"今上"是"高宗"的注。同樣的文字在興聖寺本、金剛寺本中没有，但能在開元寺版、思溪版和西方寺本中找到。

以上兩點表明了興聖寺本、金剛寺本屬於同一寫本系統，只是都與現存諸刊本不同。

李治逝於弘道元年(683)，獻上高宗的廟號是在逝後不久②。因爲《廣弘明集》的作者道宣逝於乾封二年(667)，高麗初雕版、開元寺版、思溪版、西方寺本的篇目中的"即高宗"的文字當是道宣逝後附加上的文字③。不僅高麗初雕版卷首的篇目，開元寺版、思溪版、西方寺本卷首的篇目，連其正文也由道宣以外的人修改過。"本闕"兩字，恐怕也是道宣以外的某人加入的。

綜上，可以判定關於卷首的篇目、兩封啓，没有修改和添入文字的興聖

---

①　但興聖寺本中，②末尾的"勑奘尚"從"勑"字改行，"奘尚。重請経題序啓"寫在同一行。與開元寺版、思溪版的標題構成相近，没有以"上"置换"尚"，也没記載啓的正文。古寫經在改行之處生起紊亂的情形極多。本文後文述及的其他特征與金剛寺本共通的興聖寺本，有關興聖寺本的改行之處與金剛寺本的改行之處的差異，有關"敕"字的處理方式，可理解爲傳抄過程中生起了某些誤解。

②　劉昫等撰《舊唐書》，中華書局，1975年，頁112。

③　同樣的狀況可在《續高僧傳》卷三中得到確認。藤善真澄《〈続高僧傳〉管見》，《道宣傳の研究》，頁248—249。

寺本、金剛寺本,相比于其他諸本更好地保留了道宣執筆當時的形態①。

三　論卷三十所收《梁開善寺藏法師奉和 武帝三教詩一首》

卷三十中大致以時代爲序收録了晉至唐的詩。以下,僅限於隋代以後的詩文,列舉出高麗再雕版中卷頭的篇目。爲行文的便利,①到⑧的番號由筆者所加。

① 隋煬帝遊方山靈巖寺詩(並和)
② 隋煬帝陛樓望春燈詩(並和)
③ 隋著作王胄述淨名詩
④ 隋薛道衡入鳳林寺詩 (唐文帝暮冬過寺一首)
⑤ 唐文帝遊并州大興國寺(二首詩)
⑥ 今上遊京師大慈恩寺(並和詩)
⑦ 唐常州宣法師詠高僧
⑧ 唐宣法師遊東山尋殊曇二法師

上引高麗再雕版中,篇目是按時代順序排列的。很可惜高麗初雕版中相應部分不存在。另一方面,思溪版、開元寺版如下:

① 隋煬帝遊方山靈巖寺詩(並和)
② 隋煬帝陛樓望春燈詩(並和)
③ 隋著作王胄述淨名詩
④ 隋薛道衡入鳳林寺詩
＊梁開善寺藏法師奉和武帝三教詩一首
⑤ 唐文帝遊並州大興國寺二首
⑥ 今上遊京師大慈恩寺(並和)
⑦ 唐常州宣法師詠高僧
⑧ 唐宣法師遊東山尋殊曇二法師

這裏没有高麗再雕版中④附帶的《唐文帝暮冬過寺一首》,但在④和⑤之間插入了＊《梁開善寺藏法師奉和武帝三教詩一首》(以下《奉和三教詩》)。

---

① 此外,《大正藏》裏的《廣弘明集》中完全没有指明唐朝第三代皇帝高宗的文字。

正文中情況如何？首先，舉出高麗再雕版中正文的標題如下：

① 煬帝謁方山靈巖寺
　　奉和方山靈巖寺應教
② 正月十五日於通衢建燈夜陞南樓一首
　　奉和通衢建燈應教
＊捨舟登陸示慧日道場玉清玄壇德衆一首
③ 隋著作王冑臥疾聞越述淨名意
④ 薛道衡展敬上鳳林寺
＊梁開善寺藏法師奉和武帝三教詩一首
⑤ 太宗文皇帝謁并州興國寺二首
　　文帝詠佛殿前幡
⑦ 常州弘善寺宣法師三首
　　奉和竇使君同恭法師詠高僧二首
　　竺佛圖澄
　　釋僧肇
⑧ 秋日遊東山寺尋殊曇二法師
⑥ 帝謁大慈恩寺一首並和
　　大慈恩寺沙門和

　　這裏，篇目④附帶的《唐文帝暮冬過寺一首》沒有載録，篇目中沒有的
※《捨舟登陸示慧日道場玉清玄壇德衆一首》（以下《捨舟登陸詩》）加在②
和③之間，＊《奉和三教詩》加在④和⑤之間。＊《奉和三教詩》以下的詩與
篇目的順序相異，以⑤⑦⑧⑥的順序排列。
　　接著看思溪版和開元寺版的情況。首先，列舉開元寺版如下：
① 謁方山靈巖寺
　　奉和方山靈巖寺應教
② 隋煬帝正月十五日於通衢建燈夜陞南樓一首
　　奉和通衢建燈應教
＊隋煬帝捨舟登陸示慧日道場玉清玄壇德衆一首
③ 隋著作王冑臥疾聞越述淨名意
④ 薛道衡展敬上鳳林寺詩

＊梁開善寺藏法師奉和武帝三教詩一首

⑦　常州弘善寺宣法師奉和竇使君同恭法師詠高僧二首

竺佛圖澄

釋僧摩

⑧　秋日遊東山寺尋殊曇二法師

⑤　太宗文皇帝謁并州興國寺二首

文帝詠佛殿前幡

⑥　帝謁大慈恩寺一首並和

大慈恩寺沙門和

其次，引用思溪版如下：

①　謁方山靈巖寺詩

奉和方山靈巖寺應教

②　隋煬帝正月十五日於通衢建燈夜陞南樓一首

奉和通衢建燈應教

＊隋煬帝捨舟登陸示慧日道場玉清玄壇德眾一首

③　隋著作王冑卧疾聞越述淨名意

④　薛道衡展敬上鳳林寺詩

＊梁開善寺藏法師奉和武帝三教詩一首

⑤　太宗文皇帝謁并州興國寺二首

文帝詠佛殿前幡

⑥　帝謁大慈恩寺一首並和

大慈恩寺沙門和

⑦　常州弘善寺宣法師奉和竇使君同恭法師詠高僧二首

竺佛圖澄

釋僧肇

⑧　宣法師秋日遊東山寺尋殊曇二法師

　　思溪版和開元寺版正文中的標題，在①到＊《奉和三教詩》的排列順序、記載了※《捨舟登陸詩》、缺《唐文帝暮冬過寺一首》等三點上一致。但《奉和三教詩》以後的標題，與開元寺版按⑦⑧⑤⑥的順序排列相對，思溪版按⑤⑥⑦⑧，模仿卷頭篇目的順序排列。

　　最後看看古寫經的卷頭篇目。卷三十的興聖寺本、七寺本、金剛寺本保留了下來。三種寫本的卷頭篇目都如下：

①　隨煬帝遊方山靈巖寺詩（並和）
②　隋煬陛樓望春燈詩（並和）
③　隨①著作王胄述淨名詩
④　隋薛道衡入鳳林寺詩
⑤　唐文帝遊並州大興國寺（二首）
⑥　今上遊京師大慈恩寺（並和）
⑦　唐常州宣法師詠高僧
⑧　唐宣法師遊東山尋殊曇二法師

　　與思溪版、開元寺版相同，没有《唐文帝暮冬過寺一首》。但在＊《奉和三教詩》不存在這點上與高麗再雕版相近。另外，刊本中①③寫作“隋”之處，古寫經中寫作“隨”；刊本中②作“隋煬帝”之處，古寫經作“隋煬”，能發現細微的文字差異。

　　接著確認正文中的標題。錯字在注釋中表示。

①　煬帝謁方山靈巖寺
　　奉和方山靈巖寺應教
②　正月十五日於通衢建燈夜陛南樓一②首
　　奉和通衢建燈應教
　　＊捨舟登陸示慧日道場玉清玄壇德衆一首
③　隋著作王胄臥疾閩越述淨名意
④　薛道衡展敬上鳳林寺
⑤　太宗文皇帝謁並州興國寺二首
　　文帝詠佛殿前幡
⑦　常州弘善寺宣法師三首
　　奉和寶使君同恭法師詠高僧二首
　　竺佛圖澄
　　釋僧肇
⑧　秋日遊東山寺尋殊曇二法師

---

①　“隨”……金剛寺本作“阝着”。
②　“一”……七寺本脱字。

⑥　帝謁大慈恩①寺一首（並和唐今上）
　　大慈恩寺沙門和

加入了卷頭篇目中没有的※《捨舟登陸詩》，這點與各刊本相同。但未收録各刊本④后附帶的＊《奉和三教詩》。④以後的排列順序與高麗再雕版一致。

《廣弘明集》收集、分類了南北朝隋唐與佛教相關的文章、詩文，採用按時代順序排列文章的體例。但是，《奉和三教詩》在各刊本中都排在了④隋代的《薛道衡展敬上鳳林寺》之后，唐代詩文之前。

《廣弘明集》中未按時代順序排列的文章不是僅存在於卷三十。有關從《北代魏天子招拔珪書》到《爲太穆皇后追福願文》按時代順序排列的卷二十八的排列順序，接著突然加入《大周二教鍾銘》的主要原因，藤善真澄認爲，這是由於道宣針對麟德元年（664 年）暫時撰述完畢的《廣弘明集》，將《大周二教鍾銘》和《興善寺鍾銘》《西明寺鍾銘》一起補録進去所致②。參考藤善氏的研究，考慮到＊《奉和三教詩》在高麗再雕版的卷頭篇目裏没出現、卷頭的篇目順序和④以下正文排列順序之間的紊亂，違反《廣弘明集》排列方針的《奉和三教詩》，恐怕是《廣弘明集》于麟德元年撰寫完畢之後增補的文章。

此外，梁代的＊《奉和三教詩》排列在隋唐間的理由，目前可做如下説明。本卷的前半收録《梁武三教詩》后，應把《奉和三教詩》收録在本卷，將《奉和三教詩》加入卷三十的人如此考慮。修改之際，爲避免重新再排列卷三十全體的煩瑣作業，部分打破了按時代順序排列的基本方針。只是作爲最終卷的卷三十應以當代的詩文來結束這一認識被優先考慮，＊《奉和三教詩》才被放在了隋代之後、唐代之前的奇妙位置。藤善氏對卷二十八的分析中假想的類似情況也可推定在卷三十修改之際發生過。

前一節探討過，卷二十二因道宣逝世後經別人之手添加了新內容，由此正文的標題產生了不同。雖然尚不清楚添加新內容的人是誰，但應是爲

---

①　"恩"……七寺本脱字。

②　藤善真澄《薬師寺東塔の檫銘と西明寺鍾銘》（收于《道宣傳の研究》，京都大學學术出版會，2002 年，該文最初发表于 1999 年，頁 413－414。另外，《廣弘明集》卷二十中收録了麟德三年的《法苑珠林序》，這是麟德元年以后增補的內容。（同上，頁 410）。

明確太宗、高宗執筆御製序文的事實經過,而從其他書中補入兩封啓。

　　但是＊《奉和三教詩》,即使是爲明確史實經過,促成其他人增訂的積極事由仍難以設想。説來卷三十的卷頭篇目和正文標題的錯亂,相比于其他卷更加嚴重。也許是道宣經常改訂作爲最終卷的卷三十所致。如果是這樣,經道宣之手修改的可能性也浮上水面了,但在目前,這只是推測而已。

　　不管怎樣,古寫經中的《廣弘明集》卷三十是＊《奉和三教詩》被添入之前的文本的祖本,相比于高麗再雕版、開元寺版、思溪版,保留了更古的形態。如舊稿指出的那樣,興聖寺本、七寺本的卷三十中可發現被缺筆的"世"字、"民"字,刊本中作"民"之處,興聖寺本、七寺本、金剛寺本作"人"①。綜合考慮以上幾點,大致可以確定卷三十的祖本是唐代抄寫,傳到日本的文本。

四　論內題、尾題

　　最後,簡單探討《廣弘明集》各卷的內題、尾題。匯總興聖寺、七寺、金剛寺等古寫經中的《廣弘明集》,以及開元寺版、思溪版、高麗版(高麗初雕版優先,高麗初雕版不存在的場合使用高麗再雕版)的內題、尾題如下。各古寫經、刊本中的錯字、脱字照原樣表示。

	興聖寺本	七寺本	金剛寺本	開元寺版	思溪版	高麗版(存在初雕本的使用初雕本)
1	廣弘明集序 唐麟德元年 終南山釋氏 廣弘明集卷 第一	廣弘明集序 唐麟德元終 南山釋氏 廣弘明集卷 第一	廣弘明集序 唐麟德元終 南山釋氏 廣弘明集卷 第一	廣弘明集卷 第一　　典 唐麟德元年 終南山釋氏 廣弘明集序 廣弘明集卷 第一　　典	廣弘明集卷 第一　　典 唐麟德元年 終南山釋氏 廣弘明集序 廣弘明集卷 第一　　典	廣弘明集卷第 一　　典 唐麟德元年西 明寺沙門釋道 宣撰 廣弘明集卷 第一 (再雕本)

---

　　①　見前揭拙稿《〈廣弘明集〉卷十七について》。

	興聖寺本	七寺本	金剛寺本	開元寺版	思溪版	高麗版（存在初雕本的使用初雕本）
2	廣弘明集歸正篇一之二　卷二 廣弘明集卷第一		廣弘明集歸正第一之二　卷二 廣弘明集卷第二	廣弘明集卷第二　典唐終南山釋氏歸正篇第一之二 廣弘明集卷第二　典	廣弘明集卷第二　典唐終南山釋氏歸正篇第一之二 廣弘明集卷第二　典	廣弘明集卷第二　典大唐西明寺沙門釋道宣撰歸正篇第一之二 廣弘明集卷第二（再雕本）
3	廣弘明集歸正篇第一之三　卷三 廣弘明集卷第三	廣弘明集歸正篇第一之三　卷三 廣弘明集卷第三	廣弘明集歸正篇第一之三　卷三 廣弘明集卷第三	廣弘明集卷第三　典唐終南山釋氏歸正篇第一之三 廣弘明集卷第三　典	廣弘明集卷第三　典唐終南山釋氏歸正篇第一之三 廣弘明集卷第三　典	廣弘明集卷第三　典大唐西明寺沙門釋道宣撰歸正篇第一之三 廣弘明集卷第三（再雕本）
4	廣弘明集歸正篇第一之四　卷四 廣弘明集卷第四		廣弘明集歸正篇第一之四　卷四 廣弘明集卷第四	廣弘明集卷第四　典唐終南山釋氏歸正篇第一之四 廣弘明集卷第四　典	廣弘明集卷第四　典唐終南山釋氏歸正篇第一之四 廣弘明集卷第四　典	廣弘明集卷第四　典大唐西明寺沙門釋道宣撰歸正篇第一之四 廣弘明集卷第四（再雕本）

	興聖寺本	七寺本	金剛寺本	開元寺版	思溪版	高麗版（存在初雕本的使用初雕本）
5	廣弘明集辨惑篇第二卷五　唐終南山釋氏 廣弘明集卷第五		首欠 廣弘明集卷第五	廣弘明集卷第五　典唐終南山釋氏辨惑篇第二 廣弘明集卷第五　典	廣弘明集卷第五　典唐終南山釋氏道宣撰辨惑篇第二之一 廣弘明集卷第五　典	廣弘明集卷第五　典大唐西明寺沙門釋道宣撰辯惑篇第二 廣弘明集卷第五（再雕本）
6	廣弘明集辨惑篇第二之二　卷六列代王臣滯惑解上　唐終南山釋氏 廣弘明集卷第六	廣弘明集辯惑篇第二之二　卷六列代王臣滯惑解上　終南山釋氏 廣弘明集卷第六		廣弘明集卷第六　典終南山釋氏辨惑篇第二之二 廣弘明集卷第六　典	廣弘明集卷第六　典終南山釋氏辨惑篇第二之二 廣弘明集卷第六　典	廣弘明集卷第六　典大唐西明寺沙門釋道宣撰辯惑篇第二之二 廣弘明集卷第六（再雕本）
7	廣弘明集辨惑篇第二之三　卷七 叙列代王臣滯惑篇　下 廣弘明集卷第七	廣弘明集辯惑篇第二之三　卷七 叙列代王臣滯惑篇　下 廣弘明集卷第七	首欠 廣弘明集卷第七	廣弘明集卷第七　典唐終南山釋氏辨惑篇第二之三 廣弘明集卷第七　典	廣弘明集卷第七　典唐終南山釋氏辨惑篇第二之三 廣弘明集卷第七　典	廣弘明集卷第七　典大唐西明寺沙門釋道宣撰辯惑篇第二之三 廣弘明集卷第七

續表

	興聖寺本	七寺本	金剛寺本	開元寺版	思渓版	高麗版（存在初雕本的使用初雕本）
8	廣弘明集辨惑篇第二之四　卷八 廣弘明集卷第八	廣弘明集辨惑篇第二之四　卷八 廣弘明集卷第八		廣弘明集卷第八　典 唐終南山釋氏 辨惑篇第二之四 廣弘明集卷第八　典	廣弘明集卷第八　典 唐終南山釋氏 辨惑篇第二之四 廣弘明集卷第八　典	廣弘明集卷第八　典 大唐西明寺沙門釋道宣撰 辯惑篇第二之四 廣弘明集卷第八 （再雕本）
9	廣弘明集辨惑篇第二之五　卷九 廣弘明集卷第九		廣弘明集辨惑篇第二之五　卷九 廣弘明集卷第九	廣弘明集卷第九　典 唐終南山釋氏 辨惑篇第二之五 廣弘明集卷第九　典	廣弘明集卷第九　典 唐終南山釋氏道宣撰 辨惑篇第二之五 廣弘明集卷第九　典	廣弘明集卷第九　典 大唐西明寺沙門釋道宣撰 辯惑篇第二之五 廣弘明集卷第九 （再雕本）
10	廣弘明集辨惑篇第二之六　卷十 廣弘明集卷第十		廣弘明集辨惑篇第二之六　卷十 廣弘明集卷第十	廣弘明集卷第十　典 唐終南山釋氏 辨惑篇第二之六 廣弘明集卷第十　典	廣弘明集卷第十　典 唐終南山釋氏道宣撰 辨惑篇第二之六 廣弘明集卷第十　典	廣弘明集卷第十　典 大唐西明寺沙門釋道宣撰 辯惑篇第二之六 廣弘明集卷第十 （再雕本）

續表

	興聖寺本	七寺本	金剛寺本	開元寺版	思溪版	高麗版（存在初雕本的使用初雕本）
11	廣弘明集辨惑篇第二之七　卷十一 廣弘明集卷第十二	廣弘明集辯惑篇第二之七　卷十一 廣弘明集卷第十一	廣弘明集辨惑篇第二之七　卷十一 尾欠	廣弘明集卷第十一　亦大唐西明寺釋　道宣撰辨惑篇第二之七 廣弘明集卷第十　亦	廣弘明集卷第十一　亦大唐西明寺釋　道宣撰辨惑篇第二之七 廣弘明集卷第十一　亦	廣弘明集卷第十一　亦大唐西明寺沙門釋道宣撰辯惑篇第二之七 廣弘明集卷第十一（再雕本）
12	廣弘明集辨惑篇第二之八　卷十二 廣弘明集卷第十二		廣弘明集辨惑篇第二之八　卷十二 廣弘明集卷第十二	廣弘明集卷第十二　亦大唐西明寺釋道宣撰辨惑篇第二之八 廣弘明集卷第十二	廣弘明集卷第十二　亦大唐西明寺釋道宣撰辨惑篇第二之八 廣弘明集卷第十二　亦	廣弘明集卷第十二　亦大唐西明寺沙門釋道宣撰辯惑篇第二之八 廣弘明集卷第十二（再雕本）
13	廣弘明集辨惑篇第二之九　卷十三 廣弘明集卷第十三	（前半別卷） 廣弘明集卷第十三	廣弘明集辯□□□二之八　卷十三 廣弘明集卷第十□	廣弘明集卷第十三　亦大唐釋道宣撰辨惑篇第二之九 廣弘明集卷第十三　亦	廣弘明集卷第十三　亦大唐釋道宣撰辨惑篇第二之九 廣弘明集卷第十三　亦	廣弘明集卷第十三　亦大唐西明寺沙門釋道宣撰辯惑篇第二之九 （初雕版後半欠）
14	廣弘明集辨惑篇第二之九　卷十四 廣弘明集卷第十四		廣弘明集辨惑篇第二之十　卷十四 廣弘明集卷第十四	廣弘明集卷第十四　亦大唐西明寺釋道宣撰辯惑篇第二之十 廣弘明集卷第十四　亦	廣弘明集卷第十四　亦大唐西明寺釋道宣撰辯惑篇第二之十 廣弘明集卷第十四　亦	廣弘明集卷第十四　亦大唐西明寺沙門釋道宣撰辯惑篇第二之十 廣弘明集卷第十四

續表

	興聖寺本	七寺本	金剛寺本	開元寺版	思溪版	高麗版（存在初雕本的使用初雕本）
15	廣弘明集佛德篇第三唐終南山釋氏　　十五 廣弘明集卷第十五	廣弘明集佛德篇第三唐終南山釋代十五 廣弘明集卷第十五		廣弘明集卷第十五　亦大唐西明寺釋道宣撰佛德篇第三　唐終南山釋氏 廣弘明集卷第十五　亦	廣弘明集卷第十五　亦大唐西明寺釋道宣撰佛德篇第三 廣弘明集卷第十五　亦	廣弘明集卷第十五　亦大唐西明寺沙門釋道宣撰佛德篇第三 廣弘明集卷第十五
16	廣弘明集佛德篇第三之二　卷十六 廣弘明集卷第十六		廣弘明集佛德篇第三之二　卷十六 廣弘明集卷第十六	廣弘明集卷第十六　亦大唐西明寺釋道宣撰佛德篇第三之二 廣弘明集卷第十六	廣弘明集卷第十六　亦大唐西明寺釋道宣撰佛德篇第三之二 廣弘明集卷第十六　亦	廣弘明集卷第十六　亦大唐西明寺沙門釋道宣撰佛德篇第三之二 廣弘明集卷第十六
17	廣弘明集佛德第三之三　卷十七 廣弘明集卷第十七	廣弘明集佛德第三　卷十七 廣弘明集卷第十七	廣弘明集佛德第三　卷十七 廣弘明集卷第十七	廣弘明集卷第十七一亦大唐釋道宣撰佛德篇第三之三 廣弘明集卷第十七　亦	廣弘明集卷第十七　亦大唐釋道宣撰佛德篇第三之三 廣弘明集卷第十七　亦	廣弘明集卷第十七　亦大唐西明寺沙門釋道宣撰佛德篇第三之三 廣弘明集卷第十七

續表

	興聖寺本	七寺本	金剛寺本	開元寺版	思渓版	高麗版（存在初雕本的使用初雕本）
18	廣弘明集法義篇第四唐終南山釋氏　十八 廣弘明集卷第十八	（前半別卷） 廣弘明集卷第十八	廣弘明集法義篇第四十八　唐終南山釋氏 廣弘明集卷第十八	廣弘明集卷第十八　亦大唐西明寺釋道宣撰法義篇第四 廣弘明集卷第十八	廣弘明集卷第十八　亦大唐西明寺釋道宣撰法義篇第四 廣弘明集卷第十八　亦	廣弘明集卷第十八　亦大唐西明寺沙門釋道宣撰法義篇第四 廣弘明集卷第十八
19	廣弘明集法義篇第四之二　卷十九 廣弘明集卷第十九	廣弘明集法義篇第四之二　卷十九 廣弘明集卷十九	廣弘明集法義篇第四之二　卷十九 廣弘明集卷第十九	廣弘明集卷第十九　亦大唐西明寺釋道宣撰法義篇第四之二 廣弘明集卷第十九	廣弘明集卷第十九　亦大唐西明寺釋道宣撰法義篇第四之二 廣弘明集卷第十九　亦	廣弘明集卷第十九　亦大唐西明寺沙門釋道宣撰法義篇第四之二 （初雕版後半欠）
20	廣弘明集法義篇第四之三　卷第廿 廣弘明集卷第廿		廣弘明集法義篇第四之三　卷廿 廣弘明集卷第廿	廣弘明集卷第二十　亦大唐西明寺釋道宣撰法義篇第四之三 廣弘明集卷第二十	廣弘明集卷第二十　亦大唐西明寺釋道宣撰法義篇第四之三 廣弘明集卷第二十　亦	廣弘明集卷第二十　聚大唐西明寺沙門釋道宣撰法義篇第四之三 廣弘明集卷第二十（再雕本）

	興聖寺本	七寺本	金剛寺本	開元寺版	思溪版	高麗版（存在初雕本的使用初雕本）
21	廣弘明集法義篇第四之四　卷廿一 廣弘明集卷第廿一	廣弘明集法義篇第四之四　卷廿一 廣弘明集卷第廿一	（上部欠）義篇第四之四卷廿一 廣弘明集卷第廿一	廣弘明集卷第二十一聚 大唐西明寺釋道宣撰 法義篇第四之四 廣弘明集卷第二十一　聚	廣弘明集卷第二十一聚 大唐西明寺釋道宣撰 法義篇第四之四 廣弘明集卷第二十一　聚	廣弘明集卷第二十一　聚 大唐西明寺沙門釋道宣撰 法義篇第四之四 廣弘明集卷第二十一
22	廣弘明集法義篇第四之五　（卷廿二）① 廣弘明集卷第廿二		廣弘明集法義篇第四之五　卷廿二 廣弘明集卷第廿二	廣弘明集卷第二十二聚 大唐西明寺釋道宣撰 法義篇第四之五 廣弘明集卷第二十二　聚	廣弘明集卷第二十二　聚 大唐西明寺釋道宣撰 法義篇第四之五 廣弘明集卷第二十二　聚	廣弘明集卷第二十二　聚 大唐西明寺沙門釋道宣撰 法義篇第四之五 廣弘明集卷第二十二
23	廣弘明集僧行篇第五唐終南山釋氏　廿三 廣弘明集卷第廿三	廣弘明集僧行篇第五唐終南山釋氏　廿三 廣弘明集卷第廿三	廣弘明集僧行篇第五唐終南山釋氏　卷廿三 廣弘明集卷第廿三	廣弘明集卷第二十三　聚 大唐西明寺釋道宣集 僧行篇第五 廣弘明集卷第二十三　聚	廣弘明集卷第二十三　聚 大唐西明寺釋道宣撰 僧行篇第五 □□□□②卷第二十三　聚	廣弘明集卷第二十三　聚 大唐西明寺沙門釋道宣撰 僧行篇第五 廣弘明集卷第二十三（再雕本）

①　貼在裱紙後的薄紙佔據了紙面的第一行，從部分能夠確認的筆畫推斷出記載的是卷數。

②　本卷末上部欠損，用油紙裱上了。裱紙裏有別筆，欠損部分補上了“廣弘明集”。

續表

	興聖寺本	七寺本	金剛寺本	開元寺版	思溪版	高麗版(存在初雕本的使用初雕本)
24	廣弘明集僧行篇第五之二　　卷第廿四 廣弘明集卷第四	廣弘明集僧行篇第五之二　卷廿四 廣弘明集卷第四	廣弘明集僧行篇第五之二　卷廿四 廣弘明集卷第廿四	廣弘明集卷第二十四　聚大唐西明寺釋道宣撰僧行篇第五之二 廣弘明集卷第二十四　聚	廣弘明集卷第二十四　聚大唐西明寺釋道宣撰僧行篇第五之二 廣弘明集卷第二十四　聚	廣弘明集卷第二十四　聚大唐西明寺沙門釋道宣撰僧行篇第五之二 廣弘明集卷第二十四
25	廣弘明集僧行篇第五之三　卷廿五 廣弘明集卷第廿五		廣弘明集僧行篇第五之三　卷廿五 廣弘明集卷第廿五	廣弘明集卷第二十五　聚大唐西明寺釋道宣撰僧行篇第五之三 廣弘明集卷第二十五　聚	廣弘明集卷第二十五　聚大唐西明寺釋道宣撰僧行篇第五之三 廣弘明集卷第二十五　聚	廣弘明集卷第二十五　聚大唐西明寺沙門釋道宣撰僧行篇第五之三 廣弘明集卷第二十五(再雕本)
26	廣弘明集慈濟篇序　唐終南山釋氏　廿六 廣弘明集卷第六	廣弘明集慈濟篇序　唐終南山釋氏　廿六 (後半是別卷)	廣弘明集慈濟篇序　廿六　唐終南山釋氏 廣弘明集卷第廿六	廣弘明集卷第二十六　聚大唐西明寺釋道宣撰慈濟篇序 廣弘明集卷第二十六　聚	廣弘明集卷第二十六　聚大唐西明寺釋道宣撰慈濟篇序 廣弘明集卷第二十六　聚	廣弘明集慈濟篇序卷第二十六　群大唐西明寺沙門釋道宣撰 廣弘明集卷第二十六(再雕本)

續表

	興聖寺本	七寺本	金剛寺本	開元寺版	思渓版	高麗版（存在初雕本的使用初雕本）
27	廣弘明集誠功篇序　唐終南山釋氏廿七 廣弘明集卷第廿七	廣弘明集誠功篇序　唐終南山釋氏廿七 廣弘明集誠功篇序	廣弘明集誠□□序　唐終南山釋氏卄 廣弘明集卷第廿七	廣弘明集卷第二十七　聚唐終南山釋氏戒功篇序 廣弘明集卷第二十七　聚	廣弘明集卷第二十七　聚唐終南山釋氏道宣撰戒功篇序 廣弘明集卷第二十七聚	廣弘明集誠功篇序第二十七卷　群大唐西明寺沙門釋道宣撰 廣弘明集卷第二十七（再雕本）
28	廣弘明集啓福篇序　終南山釋代廿八 廣弘明集卷第廿八	廣弘明集啓福篇序　終南山釋氏 廣弘明集卷第廿八	廣弘明集啓福篇序　廿八　終南山□□ 廣弘明集卷第廿八	廣弘明集卷第二十八　聚終南山釋氏啓福篇序 廣弘明集卷第二十八　聚	廣弘明集卷第二十八　聚終南山釋氏道宣撰啓福篇序 廣弘明集卷第二十八　聚	廣弘明集啓福篇序卷第二十八　群大唐西明寺沙門釋道宣撰 廣弘明集卷第二十八
29	廣弘明集統歸篇序 廣弘明集卷第廿九	首欠 （後半是別卷）	廣弘明集統歸篇序（下部欠） 廣弘明集卷第廿九	廣弘明集卷第二十九　聚大唐西明寺釋道宣撰統歸篇序 廣弘明集卷第二十九　聚	廣弘明集卷第二十九　聚大唐西明寺釋道宣撰統歸篇序 廣弘明集卷第二十九　聚	廣弘明集統歸篇序卷二十九　群大唐西明寺沙門釋道宣撰 廣弘明集卷第二十九（再雕本）

續表

	興聖寺本	七寺本	金剛寺本	開元寺版	思溪版	高麗版（存在初雕本的使用初雕本）
30	廣弘明集統歸第十下卷卅	廣弘明集統歸篇第十下卷卅	首欠	廣弘明集卷第三十　聚唐終南山釋氏統歸篇第十	廣弘明集卷第三十　聚唐終南山釋氏道宣撰統歸篇第十	廣弘明集統歸篇第十卷三十群大唐西明寺沙門釋道宣撰
	廣弘明集卷第卅	廣弘明集卷第卅	廣弘明集卷第卅	廣弘明集卷第三十　聚	廣弘明集卷第三十　聚	廣弘明集卷第三十（再雕本）

從上述表中可得的見解總結如下。

1.古寫經的内題、尾題中，先述篇目，後述卷數，與此相對，開元寺版、思溪版、高麗版先述卷數。只是高麗版卷二十六——三十相比于卷數，先記録了篇目。

2.古寫經中道宣所屬爲終南山，高麗版爲西明寺，各自毫無例外。開元寺版、思溪版中，道宣所屬是西明寺的卷與是終南山的卷都有。

3.古寫經將作者稱作“釋氏”，高麗版作“沙門釋道宣”，各自毫無例外。開元寺版、思溪版中，作“釋氏”、“釋氏道宣”、“釋道宣”的卷都有。

4.有關内題、尾題，古寫經可説最爲始終一貫。

麟德元年正月完成《大唐内典録》的道宣因同年二月玄奘的逝世，由西明寺移居到終南山的净業寺①。雖然不清楚《廣弘明集》于麟德元年的何時完成，除高麗版外，古寫經和刊本的卷一卷頭將道宣的所屬寫作終南山這點仍就很重要。刊本系《廣弘明集》將作爲執筆者的道宣的所屬寫作西明寺，這似應與《大唐開元録》中《廣弘明集》由“大唐西明寺沙門釋道宣”所作關聯起來考慮。

---

① 藤善真澄《晚年の道宣》，《道宣傳の研究》，最初發表于1992年，頁168—169。

結　語

　　本文第二節、第三節選取卷二十二、卷三十,第四節著眼于內題、尾題,指出相比于刊本,古寫經的祖本可能更好地保留了道宣執筆當時的形態。

　　過去,日本古寫經被看作刊本系大藏經的粗劣寫本,在日本國內只被給予極低評價。1990 年代以後,深入經卷內部的考察興盛起來,對古寫經的評價也隨之變高。特別是最近十年間,以落合俊典爲中心,生機勃勃的古寫經研究逐漸展開,判明了日本古寫經中包含衆多以唐代的文本爲祖本的經典。儘管如此,寫本一切經數量龐大,深入經卷內部的細緻考察並不十分完備。今後,有必要對其他卷也加以同樣的分析,推進對反映分析結果的文本的研讀。

　　　　　　　　　　　　　　　　　　　（作者單位:日本奈良女子大學）

域外漢籍研究集刊　第十五輯
2017 年　頁 271—286

淺論日本古籍中所引《論語義疏》

——以《令集解》和《政事要略》爲中心

高田　宗平　撰　梁辰雪　伊藤裕水　譯

一　導言

　　自古以來，日本即受中國影響，從其文化中汲取營養。具體而言，日本接受了中國的漢字和漢籍，又以此爲媒介，從中國系統地接受了漢學、律令、佛教等，這已經是衆所周知的事實。

　　日本從古代起，就有很多漢籍傳入。例如，天平年間正倉院文書中可以明確見到《毛詩》、《論語》、《孝經》、《漢書》、《文選》、《千字文》等名①；也有寫有《論語》、《老子》、《文選》、《王勃集》、《千字文》等内容的木簡②出土；此外，平城宫遺址出土了寫有《論語》、《文選》等書名的習字（“習書”）墨書土

---

　　①　正倉院文書中，天平二年（730）七月四日《寫書雜用帳》（《大日本古文書》一，東京大學出版會，1968 年版，頁 393），天平年中（729—749）《讀誦考試歷名》（《大日本古文書》二四，東京大學出版會，1970 年版，頁 555）中可以見到多種漢籍書名。《論語》可見於《寫書雜用帳》中有“論語廿卷”，《讀誦考試歷名》中有“丹比真人氣都讀毛詩上帙論語十卷”。關於正倉院文書中所見的漢籍，參照石田茂作《寫經より見たる奈良朝佛教の研究》（東洋文庫，1930 年）《附録　奈良朝現在一切經疏目録》所收《〔附〕漢籍》。

　　②　關於寫有漢籍的木簡，可參考佐藤信《習書と落書》（岸俊男編《日本の古代 14 卷ことばと文字》，中央公論社，1988 年。後收入佐藤信《日本古代の宫都と木簡》，吉川弘文館，1997 年）。

器;漆紙文書有,平城京遺址右京八條一坊十四坪出土的《論語集解》(斷片)、膽澤城遺址(今岩手縣奧州市)出土的《古文孝經》(斷簡)與《文選》(習字),山王遺址(今宮城縣多賀城市)出土的《古文孝經》(斷簡)①。

　　就以上正倉院文書和出土史料的事例可見,曾有大量漢籍傳入古代日本。

　　其中,就《論語》的木簡而言,不僅限於宮城,地方官府相關的遺址中也有出土,尤多見於七世紀後半到八世紀前半期②。由此可見,《論語》在這一時期,不僅流行於中央,也廣泛滲透於地方官僚之中。漢籍傳入日本並

---

　　①　平城宮遺址的溝瀆出土的土師器殘片底部外面寫有"論語"之字(《平城宮出土墨書土器集成》Ⅰ,奈良國立文化財研究所,1983 年,頁 320),平城宮遺址的土坑出土的土師器盤底部内外有墨書習字,寫有"文選卷"之字(前揭《平城宮出土墨書土器集成》Ⅰ,頁 20)。參見佐藤信《習書と戲畫》(《月刊文化財》三六三號,第一法規出版,1993 年。後收入佐藤信《古代の遺跡と文字資料》,名著刊行會,1999 年)。關於平城京遺址右京八條一坊十四坪出土的漆紙文書《論語集解》,參照奈良文化財研究所編《平城京漆紙文書》一(東京大學出版會,2005 年)。關於膽澤城遺址出土的漆紙文書《古文孝經》,參看平川南《漆紙・第二十六號("古文孝經"斷簡 SK 八三〇土壙出土)》(《岩手縣水澤市佐倉河膽澤城跡—昭和五十八年度發掘調查概要》,岩手縣水澤市教育委員會,1984 年。後改題爲《第六章古文孝經寫本—膽澤城跡第二六號文書》收入平川南《漆紙文書の研究》,吉川弘文館,1989 年);西崎亨《〈古文孝經〉斷簡—膽澤城跡および山王遺跡出土漆紙文書》(《鳴尾説林》五號,1997 年)。關於膽澤城遺址出土的漆紙文書《文選》,參見平川南《漆紙・第二號(第三七次整地層出土)》(《岩手縣水澤市佐倉河膽澤城跡—昭和五十六年度發掘調查概要》,岩手縣水澤市教育委員會,1982 年);參照前揭佐藤信《習書と落書》。關於山王遺址出土的漆紙文書《古文孝經》,參見《山王遺跡Ⅲ(多賀前地區遺物編)》(《宮城縣文化財調查報告書》一七〇,宮城縣教育委員會,1996 年);以及前揭西崎亨《〈古文孝經〉斷簡—膽澤城跡および山王遺跡出土漆紙文書》。

　　②　參見三上喜孝①《習書木簡からみた文字文化受容の問題》(《歷史評論》六八〇,2006 年。後收入三上喜孝《日本古代の文字と地方社會》,吉川弘文館,2013 年);②《論語木簡と古代地方社會》(前揭《日本古代の文字と地方社會》),橋本繁《古代朝鮮における〈論語〉受容再論》(《アジア地域文化學叢書 4》朝鮮文化研究所編《韓國出土木木の世界》,雄山閣,2007 年)。日本出土的《論語》木簡有關的先行研究,參看高田宗平《日本古代〈論語義疏〉受容史の研究》(塙書房,2015 年)《序章　日本古代中世〈論語義疏〉研究序説—先行研究的整理と本書の分析視角》。

被廣泛研讀，進而滲透入于日本文化之中，《論語》當是傳入漢籍之中非常重要的一部。

日本從古代開始，即研究、傳抄漢籍。在整個日本古代中世時期，日本的"漢籍講究"經由書寫、講讀、校合校訂（校勘）、訓點傳授、注釋、搜集、引用、抄撮等過程逐漸形成。其中，以傳入日本的唐鈔本作爲祖本或底本，由日本人傳抄的漢籍，被稱爲"舊鈔本"。日本古代進行漢籍研究時，所用均爲舊鈔本①。以遣唐使帶來的唐鈔本作爲祖本或底本，經由日本人傳抄的舊鈔本在日本有一定數量的存在②。

到中世時期，傳抄舊鈔本時，會與新傳入的宋本進行校勘，在舊鈔本的行間中加入校注。而在日後繼續傳抄的過程中，偶有校注混入本文，部分改變了唐鈔本的本來面貌，另一方面，宋元本又在這一時期成爲了傳抄過程中新的底本。這是中世時期特有的現象③。

在此，簡單論述如題目所示的日本古籍中所引用漢籍的特點。日本人在撰寫典籍時，以唐鈔本或者舊鈔本作爲底本，對漢籍加以引用。現存的舊鈔本多抄寫于平安時代中期至室町時代，但早至奈良時代撰寫的日本文獻中，已經開始引用漢籍。雖然所引文都只是漢籍中的一些片段，但據此或可上溯到舊鈔本之前的原文，故而十分珍貴。此外，舊鈔本及日本古籍等的紙背、欄外也部分存在加筆寫有漢籍的情況。這些日本古籍中所引用或加筆所寫的漢籍，作爲輯佚資料，也頗具價值。

---

① 關於舊鈔本的文獻學意義，參見阿部隆一《漢籍》（《文化財講座・日本の美術15・典籍Ⅱ》，第一法規出版，1983年。後收入《阿部隆一遺稿集・第三卷・解題篇二》，汲古書院，1987年）。

② 關於日本現存的舊鈔本，參見：阿部隆一《本邦現存漢籍古寫本類所在略目録》（1960年代前半稿。後收入《阿部隆一遺稿集・第一卷・宋元版篇》，汲古書院，1993年）。

③ 關於這一中世特有的現象，參見如下文獻：阿部隆一《古文孝經舊鈔本の研究（資料篇）》（《斯道文庫論集》六輯，1968年）；太田次男①《舊鈔本を中心とする白氏文集本文の研究》上（勉誠社，1997年）；②《舊鈔本を中心とする白氏文集本文の研究》中（勉誠社，1997年）；③《舊鈔本を中心とする白氏文集本文の研究》下（勉誠社，1997年）；山城喜憲《河上公章句〈老子道德經〉の研究——慶長古活字版を基礎とした本文系統の考索》（汲古書院，2006年）。

二　《論語義疏》略述

本節首先簡要介紹本文的研究對象——《論語義疏》一書。

(一)流傳略論

《論語義疏》是中國六朝梁時皇侃(488—545)所撰寫的《論語》注釋書,是對之前成書的《論語集解》一書的注釋。《論語義疏》的作者皇侃,梁時吳郡人,師事以三禮爲家學的賀瑒(452－510),進而精通三禮、《論語》、《孝經》。據《隋書·經籍志》①,在《論語義疏》、《禮記講疏》及《禮記義疏》之外,皇侃還撰有《喪服文句義疏》、《喪服問答目》、《孝經義疏》等,但除《論語義疏》外已經全部散佚。《論語義疏》在中國早已散佚,但仍存於日本已是衆所周知的事實。關於其在中國的散佚年代,通過翻檢歷代書目可知:北宋初期王堯臣等所撰的《崇文總目》、南宋前期晁公武的《郡齋讀書志》、尤袤的《遂初堂書目》中均有著錄,但南宋後期陳振孫的《直齋書錄解題》中不見記載,可推測此書大約佚於南宋。在日本,天平十年(738)左右撰寫的《古記》和延曆六—十年(787－791)左右撰寫的《令釋》中都曾引用過《論語義疏》,因此基本可以認爲在奈良時代該書已經傳入日本。

(二)文獻學之側面

接下來簡要介紹《論語義疏》的諸本②。

現存的《論語義疏》鈔本,爲室町時代以來所抄的舊鈔本,共三十六册

---

① 《隋書·經籍志》引自興膳宏·川合康三《隋書經籍志詳考》(汲古書院,1995年)。

② 在日本,"版本"意味雕版本,版本與抄本(寫本、鈔本)之間有嚴格區別,"諸本"一詞即中文中的"版本"之意。並不存在"抄本的版本"之説法。借此機會,對使用日本文獻進行研究的學者提示此事。

（含北京大學圖書館藏足利學校遺蹟圖書館藏本影鈔本爲三十七本）①。根據這些鈔本所作的刊本可以大致分爲以下兩個系統。

〈1〉《論語集解義疏》，根本武夷校正，寬延三年（1750）刊本（以下略稱爲根本本）。

〈2〉《論語義疏坿校勘記》②，武内義雄校正，大正十三年（1924）懷德堂刊本（以下略稱爲武内本）。

根本本是江户時代漢學家、考據學家根本武夷（1699－1764）以足利學校遺蹟圖書館所藏《論語義疏》爲底本校訂刊刻的。但是，根本對底本的形式做出了部分改動。爲修訂這一問題，武内義雄以龍谷大學大宫圖書館寫字臺文庫所藏文明九年（1477）鈔本爲底本，與其他十本舊鈔本《論語義疏》進行對校，對校舊鈔本《論語義疏》的本文而復原《論語義疏》之原文。這即是《論語義疏坿校勘記》，所謂武内本。這一版本出版之後，成爲了《論語義疏》的權威版本。

爲改進武内本的不足之處，影山輝國目前正在對所有《論語義疏》現存舊鈔本進行全面地調查，並以此爲基礎，編寫新的校本③。

在三十六本《論語義疏》舊鈔本之外，另有法國國家圖書館（Bibliothèque nationale de France）所藏敦煌本《論語疏》（P.3573）④。

---

①　關於《論語義疏》的諸本，請參看影山輝國的如下一系列研究：①《〈論語義疏〉校定本及校勘記—皇侃自序》《別册年報》Ⅹ，實踐女子大學文藝資料研究所，2006年）；②《〈論語義疏〉校定本及校勘記—何晏集解序疏》《年報》26 號，實踐女子大學文藝資料研究所，2007 年）；③《まだ見ぬ鈔本〈論語義疏〉（一）》《實踐國文學》七八號，2010 年）；④《まだ見ぬ鈔本〈論語義疏〉（二）》《實踐國文學》八〇號，2011 年）；⑤《まだ見ぬ鈔本〈論語義疏〉（三）》《實踐國文學》八二號，2012 年）；⑥《まだ見ぬ鈔本〈論語義疏〉（四）》《實踐國文學》八四號，2013 年）；⑦《まだ見ぬ鈔本〈論語義疏〉（五）》《實踐國文學》八六號，2014 年）；⑧《まだ見ぬ鈔本〈論語義疏〉（六）》《實踐國文學》八八號，2015 年）；⑨《〈論語〉と孔子の生涯》（中央公論新社，2016 年）。

②　武内義雄《論語義疏坿校勘記》（懷德堂記念會，1924 年。後收入武内義雄《武内義雄全集・第一卷・論語篇》，角川書店，1978 年）。

③　請參看前揭影山輝國的一系列研究：①—⑨。

④　關於敦煌本《論語疏》，參看王重民《敦煌古籍敘録》（中文出版社，1979 年）；許建平《敦煌經籍敘録》（中華書局，2006 年）。

以上論及的先行研究，都是對《論語義疏》舊鈔本之間進行的對校，未利用日本古籍中所引用的《論語義疏》來進行校勘和復原工作。本文以《令集解》和《政事要略》爲例，通過分析日本古籍中所引用的《論語義疏》，表明日本古籍中所引用漢籍的研究價值。

三　《令集解》及《政事要略》略述

本節對《令集解》和《政事要略》進行簡單的介紹。

(一)《令集解》

《令集解》是明法博士惟宗直本（生殁年不詳）在貞觀年間（859－877）編纂的《養老令》的私撰注釋書。惟宗直本編纂《令集解》時，引用明法諸家之説，如《大寶令》的注釋書記和《養老令》的注釋書《令釋》。

《令集解》中引用《論語義疏》共有十三處①。如果按照明法各家進行區分，其中《古記》有七處，《令釋》有五處，《讚記》有一處。通常認爲，《古記》成書於天平十年（738），《令釋》成書於延曆六－十年（787－719），《讚記》成書於弘仁、貞觀年間（810－877）②。

由此可以認爲，《令集解》中的《古記》、《令釋》、《讚記》所引用的《論語義疏》，都保留了唐鈔本的本文。有鑑於此，《令集解》所引用的《論語義疏》，對於校勘和復原《論語義疏》，在文獻學方面有重要意義。

(二)《政事要略》

《政事要略》是平安時代中期長保四年（1002）明法博士惟宗允亮（生年不詳－約 1009 年）撰寫的關於朝儀和官吏事務的法制書。《政事要略》引用《論

---

① 前揭高田宗平《日本古代〈論語義疏〉受容史の研究》中《第一章　〈令集解〉所引〈論語義疏〉の性格——”五常”の條をめぐって》及《第五章　日本古代に於ける〈論語義疏〉受容の変遷》。

② 參照井上光貞《日本律令の成立とその注釋書》（《日本思想史大系 3》井上光貞・關晃・土田直鎮・青木和夫校注《律令》所収《解説》，岩波書店，1976 年。後收入《井上光貞著作集・第二卷・日本思想史の研究》，岩波書店，1986 年）。

語義疏》僅有四條,但與《令集解》等其他日本古籍相較,各條引用字數都更
多①。相較於其他室町時代以後所抄的舊鈔本《論語義疏》,《政事要略》所引
用的《論語義疏》保留了可以上溯到平安中期的文本内容。因此,《政事要略》
所引用的《論語義疏》在《論語義疏》的本文校勘方面,是不可忽視的文獻。

　　具有以上特徵的《令集解》和《政事要略》都引用了大量漢籍,對輯佚、
校勘、日本古代漢籍接受史、漢學史等研究而言,都頗有裨益。

四　比較研究

　　作爲古文獻學的重要前提,在調查引文和文字異同時,需要選定合適
的文本。因此在比較研究之前,先對文本的情況進行基本介紹。

　　首先介紹《論語義疏》的諸本情況。如前所述,舊鈔本《論語義疏》諸本
現存全三十六本②。其三十六本中,最重要的諸本有如下三種:舊鈔本《論
語義疏》中,有現存最早的年款的〈1〉前田育德會尊經閣文庫所藏應永三十
四年朱筆書入本;武内將其作爲武内本的底本的〈2〉龍谷大學大宮圖書館
寫字臺文庫所藏文明九年本;武内、高橋二人都評價頗高的〈3〉天理大學附屬
天理圖書館所藏清熙園本。這三本都是非常重要的舊鈔本③。具體而言,

---

　　①　前揭高田宗平《日本古代〈論語義疏〉受容史の研究》《第三章　〈政事要略〉所
引〈論語義疏〉の性格》。
　　②　請參看前揭影山輝國的一系列研究:①—⑨。
　　③　三種諸本的索書號如下所示:
〈1〉應永三十四年本(無函架號碼)〈2〉文明九年本(021 — 20 — 5 寫字臺)〈3〉清熙園本
(123・3—イ17)應永三十四年本及文明九年本筆者都使用原本,清熙園本則使用複印本
來進行研究。龍谷大學大宮圖書館寫字臺文庫所藏文明九年本,被選爲前揭《論語義疏
坿校勘記》(所謂,武内本)的底本。關於天理大學附屬天理圖書館所藏清熙園本,武内
義雄《論語皇疏校訂の一資料—國寶論語總略について》(《日本學士院紀要》六卷二・
三合併號,1948 年。後收入前揭《武内義雄全集・第一卷・論語篇》及高橋均《舊抄本
論語義疏について—邢昺の論語正義の竄入を中心として》(《日本中國學會報》四一
集,1989 年。後改題爲《舊抄本〈論語義疏〉成書過程の解明》收入高橋均《論語義疏の
研究》,創文社,2013 年),兩文中都評價頗高。關於這三個諸本的文獻學情況,參見前
揭高田宗平《日本古代〈論語義疏〉受容史の研究》《序章　日本古代中世〈論語義疏〉研
究序説—先行研究の整理と本書の分析視角》。

〈1〉前田育德會尊經閣文庫所藏應永三十四年（1427）以前傳寫，應永三十四年朱書本（以下略稱爲應永三十四年本）

〈2〉龍谷大學大宮圖書館寫字臺文庫所藏文明九年（1477）鈔本（以下略稱爲文明九年本）

〈3〉天理大學附屬天理圖書館所藏清熙園本，室町時代鈔本（以下略稱爲清熙園本）

本文所探討的對像是以下篇目中所引用《論語義疏》之文：（一）《令集解》1，卷六東宮職員令、傅、古記，2，卷十一，户令、國遺行條、讚記，3卷十九，考課令、德義者内外稱事、古記；（二）《政事要略》卷六十七，糾彈雜事（男女衣服並資用雜物等事）。在舊鈔本《論語義疏》應永三十四年本、文明九年本和清熙園本之中，對這些部分所引之文句進行校勘的結果，發現並無不同之處。因此，本文以時間最早的應永三十四年本作爲底本。

其次介紹《令集解》的諸本情況。關於《令集解》諸本的系統，石上英一、水本浩典二位做出過詳細的研究①。根據石上所做《令集解》諸寫本的

① 　關於《令集解》諸本的系統性研究，有如下幾種。石上英一①《〈令集解〉金澤文庫本の行方》《日本歷史》三七一號，1979 年。後收入石上英一《日本古代史料學》，東京大學出版會，1997 年）；②《〈令集解〉金澤文庫本の再檢討》（《史學雜誌》八八編九號，1979 年。後收入前揭《日本古代史料學》）；水本浩典①《〈令集解〉諸本所在目錄》（《古代文化》三一卷四號，1979 年。後收入水本浩典《律令注釋書の系統的研究》，塙書房，1991 年）；②《〈令集解〉寫本に關する一考察—内閣文庫本と菊亭文庫本—（上）》（《續日本紀研究》二〇二號，1979 年。後改題爲《〈令集解〉寫本に關する一考察—紅葉山文庫本と菊亭文庫本》收入前揭《律令注釋書の系統的研究》）；③《〈令集解〉寫本に關する一考察—内閣文庫本と菊亭文庫本—（下）》（《續日本紀研究》二〇三號，1979 年。後改題爲《〈令集解〉寫本に關する一考察—紅葉山文庫本と菊亭文庫本》收入前揭《律令注釋書の系統的研究》）；④《〈令集解〉諸本に關する基礎的研究》《法制史研究》二九號，1980 年。後改題爲《〈令集解〉諸本の系統的研究》收入前揭《律令注釋書の系統的研究》）；⑤《ハーバード大學法學部所藏〈令集解〉について—無名の國學者山川正彬との關係から》（《神戶學院大學教養部紀要》二二號，1986 年。後改題爲《江戶期における〈令集解〉研究の一例—ハーバード大學法學部所藏〈令集解〉を中心に》收入前揭《律令注釋書の系統的研究》）；⑥《解題》（律令研究會編《譯注日本律令　十一　令義解譯注篇　別册》，東京堂出版，1999 年）。

系統略圖①,較爲重要的寫本如下四種②。

1.國立歷史民俗博物館所藏田中本(以下略稱田中本),江户時代前期寫本。

2.宮内廳書陵部圖書寮文庫所藏鷹司家本(以下略稱爲鷹司家本),江户時代寫本。

3.國立國會圖書館所藏清家本(船橋本)(以下略稱爲清家本),慶長二—四年(1597—1599)寫本。

4.國立公文書館内閣文庫所藏紅葉山文庫本(以下略稱爲紅葉山文庫本),江户時代初期寫本。

如上四種之外,本文再加上東山御文庫本。由於閱覽難度較大,東山御文庫本的研究尚未推進,但本文也使用此本探討。

5.宮内廳侍從職所管東山御文庫本(以下略稱爲東山御文庫本),江户時代寫本。

本文暫將上述 1—5 諸寫本作爲《令集解》的底本。

最後介紹《政事要略》的諸本情況。《政事要略》傳存寫本較多,目前學界認定研究最爲充分的是新訂增補國史大系本《政事要略》③,本文將其底

---

① 參見前揭石上英一《日本古代史料學》《第二編　古代史料の基本構造—綫條構造と時系列的重層構造》《第二章　〈令集解〉金澤文庫本の再檢討》的《結語》圖 2・2・2。

② 本文中所選用《令集解》諸寫本的索書號如下所示:

1.田中本(H—743—231)

2.鷹司家本(266 — 734)

3.清家本(WA16—37)

4.紅葉山文庫本(特 110 — 2)

5.東山御文庫本(勅封番號 74—3)

1—4 均使用原本,5 則使用明治大學中央圖書館所藏複製本《令集解(東山本)》1—11(322.13/80//H)。

③ 《新訂增補國史大系》所收本《政事要略》(吉川弘文館,1935 年版)。

本大阪市立大學學術情報綜合中心福田文庫藏本（江户時代後期抄寫）①
選爲底本。

此處選作底本的《令集解》和《政事要略》的寫本，都是江户時代所傳寫
的新寫本。

另外，（一）《令集解》所引之文與法國國家圖書館所藏敦煌本《論語疏》
之間有相同的部分②；（二）《政事要略》所引之文與醍醐寺所藏文永五年鈔
本《論語集解》卷七紙背文書的《論語義疏》之間有相同的部分③。因此，也
將這兩份寫本作爲資料加以探討。

下面將以上提及的舊鈔本《論語義疏》、《令集解》五本、《政事要略》、敦
煌本《論語疏》、文永五年鈔本《論語集解》卷七紙背筆記作爲材料，進行比
較探討。

（一）《令集解》

此處考察《論語義疏》卷第一爲政第二"子張問，十世可知也"一章中的
對"周因于殷禮，所損益可知也"的《集解》"馬融曰：所因謂三綱五常也"的
疏文。

這條疏文，《令集解》中有如下三處引用：

①卷第六（東宮職員令、傅、古記）

②卷第十一（户令、國遣行條、讚記）

③卷第十九（考課令、德義者内外稱事、古記）

如前所述，《古記》成書於天平十年（738），《讚記》成書於貞觀年間
（810—877）④。因此，兩書所引用的《論語義疏》，應當保留了源自唐鈔本的
文本面貌。

---

①　關於大阪市立大學學術情報綜合中心福田文庫所藏本（索書號：322·1—
KOR—福田文庫），前揭高田宗平《日本古代〈論語義疏〉受容史の研究》《第三章　〈政
事要略〉所引〈論語義疏〉の性格》。本文使用原本進行研究。

②　本文使用東洋文庫所藏微縮膠片複製本《Pelliot chinois Touen—houang
3573》。

③　本文使用小林芳規《醍醐寺藏論語卷第七文永五年點》（《研究紀要》二號，醍醐
寺文化財研究所，1979 年）所收影印資料。

④　參照前揭井上光貞《日本律令の成立とその注釋書》。

首先將舊鈔本《論語義疏》卷第一爲政第二中的該部分内容引用如下：

> 五常謂仁義禮智信也。就五行而論，則木爲仁，火爲禮，金爲義，水爲信，土爲智。人稟此五常而生，則備有仁義禮智信之性也。人有博愛之德謂之仁。有嚴斷之德爲義，有明辨尊卑敬讓之德爲禮，有言不虛妄之德爲信，有照了之德爲智。此五者是人性之恒，不可暫捨，故謂五常也。雖復時移世易，事歷今古，而三綱五常之道不可變革。故世世相因百代仍襲也。

接下來，我們來看《令集解》所引《論語義疏》的内容。

①《令集解》卷第六、東宫職員令中，對"傅一人"的本注"掌以道德輔導東宫"的注釋《古記》中引用了如下内容：

○田中本

> 皇侃云：五常謂仁義禮知(1)信也。就五行論，人稟此五氣而生，則備有仁義禮智信也。人有博受(2)之德謂之仁。有嚴斷之德爲義，有明辨尊卑敬讓之德爲禮，有言不虛妄之德爲信，有照了之德爲智。是五掌(3)之道不可變革也。出論語疏。

○鷹司家本、清家本、紅葉山文庫本、東山御文庫本

> 皇侃云：五常謂仁義禮智(1)信也。就五行論，人稟此五氣而生，則備有仁義禮智信也。人有博愛(2)之德謂之仁。有嚴斷之德爲義，有明辨尊卑敬讓之德爲禮，有言不虛妄之德爲信，有照了之德爲智。是五掌(3)之道不可變革也。出論語疏。

(1)田中本作"知"，鷹司家本、清家本、紅葉山文庫本、東山御文庫本作"智"。

(2)田中本作"受"，鷹司家本、清家本、紅葉山文庫本、東山御文庫本作"愛"。

(3)清家本"掌"右旁寫有"常也"的校注，從筆迹來判斷，此校注和正文同人所寫的。

②《令集解》卷第十一、户令中的國遣行條對"敦喻五教，勤勸農功"的注釋《讚記》中引用了如下内容：

> 論語皇侃疏云：五常謂仁義禮智信也。就五行論，人稟此五氣而生，則備有仁義禮智信也。釋名曰：德者，得也。得事宜也。人有博愛

之德謂之仁,有嚴斷之德爲義,有明辨尊卑敬讓之德爲禮,有言不虚妄之德爲信,有照了之德爲智。是五常之道不可變革也。

○田中本、鷹司家本、清家本、紅葉山文庫本、東山御文庫本諸本之間並無不同。

③《令集解》卷十九、考課令中的德義者内外稱事"德義有聞,爲一善"中"得義有聞"的注釋當中《古記》引用了以下内容:

> 皇侃疏云:五常謂仁義禮智信也。就五行論,人稟此五氣而生,則備有仁義禮智信也。人有博愛之德謂之仁,有嚴斷之德爲義,有明辨尊卑敬讓之德爲禮,有言不虚妄之德爲信,有照了之德爲智。是五常之道不可辨革也。

○田中本、鷹司家本、清家本、紅葉山文庫本、東山御文庫本諸本之間並無不同。

敦煌本《論語疏》該部分内容如下所示:

> 五常謂仁義禮智信也。就五行而論,則木爲仁,火爲禮,金爲義,水爲信,土爲智。人稟此五氣而生,則備有仁義禮智信之性也。木有博愛之德謂之仁,金有嚴斷之德爲義,火有明辯尊卑敬讓之德爲禮,水有照了之德爲信,土有信不虚忘之德爲智。此五者是人性之恒,不可蹔捨,故謂五常。雖複時移代易,事歷今古,而三綱五常之道不可變革。故世相因百代仍襲也。

以上羅列了《令集解》中所引《論語義疏》、舊鈔本《論語義疏》以及敦煌本《論語疏》之文。其中,最值得思考的是波浪綫來標出的"五氣"和"五常"的出入①。《令集解》和敦煌本《論語疏》中作"五氣",舊鈔本《論語疏》作"五常"。作"五氣"的《令集解》中的《古記》成書於天平十年(738),《讚記》成書於貞觀年間(810—877)。而敦煌本《論語疏》則爲唐代寫卷。與此相對,寫爲"五常"的舊鈔本《論語義疏》是室町時代抄寫而成的。因此,寫爲"五氣"的《令集解》所引《論語義疏》,可以推測爲是唐鈔本的文句。更由於敦煌本是唐代寫本,"五氣"與"五常"相比,應該是更爲接近早期文本的情況。雖然只是部分内容,但是可以從中看到《令集解》所引《論語義疏》與唐

---

① 前揭高田宗平《日本古代〈論語義疏〉受容史の研究》《第一章　〈令集解〉所引〈論語義疏〉の性格—"五常"の條をめぐって》中詳細論述了這一問題。

代敦煌寫本《論語疏》存在相同之處。

（二）《政事要略》

此處所考察的《論語義疏》，是卷第七憲問第十四“子貢曰：管仲非仁者與”一章中“微管仲，吾披髮左衽矣”的疏文。《政事要略》卷六十七，糾彈雜事（男女衣服並資用雜物等事）中引用了這條疏文。

該部分內容在舊鈔本《論語義疏》卷第七憲問第十四中的記載如下所示：

> 此舉受賜之事也。被髮，不結也。左衽，衣前從右來向左（※）。孔子言，若無管仲，則今我亦爲夷狄。故被髮左衽矣也。

《政事要略》卷六十七，糾彈雜事（男女衣服並資用雜物等事）中對“衣服”的注釋中引用了《論語義疏》：

> 《論語》憲問篇云：子貢曰：管仲非仁者與云。餘子曰：管仲相桓公霸諸侯。壹匡天下，民到於今受其賜。微管仲，吾其被髮左衽矣。注云：微，無也。無管仲，則君不君、臣不臣，皆爲夷狄也。疏云：被髮，不結也。衽，衣前也。左衽之從右來向左也。中國結髮，而衣衽向右。夷狄被領，而衣衽向左。君十時，無管仲，則令我亦爲夷狄。故云被髮左衽也。

無管仲，則君不君不君，臣不臣。皆爲夷狄也。

文永五年鈔本《論語集解》卷七的紙背所書《論語義疏》記載爲：

> 衽，衣前也。左衽，衽從右來向左也。中國紒髮，而衣衽向右。夷狄被頑，而衣衽向左。若於時，天(1)管仲，則今我亦爲夷狄故云——

(1)“天”字原文處有刪除符號，右旁有與本文字迹相同字迹來寫“無”字。

前文列舉了《政事要略》所引《論語義疏》、舊鈔本《論語義疏》和文永五年鈔本《論語集解》卷七紙背所書的《論語義疏》。其中，最需要注意的是下劃波浪綫的“中國結（紒）髮而衣衽（衽）向右夷狄被領（頑）而衣衽（衽）向左”一句的有無。《政事要略》所引《論語義疏》中有“中國結髮，而衣衽向右。夷狄被領，而衣衽向左”（“領”或爲“髮”字異體字的誤寫）一文。文永五年鈔本《論語集解》卷七的紙背文書中有“中國紒髮，而衣衽向右。夷狄被頑，而衣衽向左”（“頑”或爲“髮”字異體字的誤寫）之文。兩書在通用字（“結”與“紒”）和異體字（“衽”與“衽”）方面均有所不同。另一方面,舊鈔本《論語義疏》在"中國結髮"之後還應有其他内容,筆者已經用※予以標注。

但是,以"中國結髮"開頭的一段不見於舊鈔本《論語義疏》中。如果只有《政事要略》所引《論語義疏》中存在"中國結髮"一文的話,那或許可以認爲是作者惟宗允亮的添筆或是傳抄過程中不愼竄入的結果。但文永五年鈔本《論語集解》卷七紙背文書所寫《論語義疏》中也有幾乎同樣的内容。

由此可見,《政事要略》所引《論語義疏》及文永五年鈔本《論語集解》卷七紙背文書中的"中國結(紒)髮而衣衽(袵)向右夷狄被領(頒)而衣衽(袵)向左"之文,並非撰者惟宗允亮的添筆,也非《政事要略》傳抄過程中不愼竄入的結果,而是舊鈔本《論語義疏》中已佚的内容,我們可以推定這些文獻中所引的《論語義疏》保存了早期寫本的狀態①。相較於舊鈔本《論語義疏》,《政事要略》中所引《論語義疏》及文永五年鈔本《論語集解》卷七的紙背文書的内容,更接近早期文本的面貌。

筆者進一步認爲,文永五年鈔本《論語集解》卷第七紙背文書,在文永五年(1267)正文書寫完成之後,又于文永七年(1270)校合之後,在其背面再次書寫了"勘物(注記)"。《政事要略》所引《論語義疏》與文永五年鈔本《論語集解》卷第七紙背所寫的《論語義疏》基本一致。因此,文永五年鈔本《論語集解》卷第七的紙背文書雖爲鐮倉時期所寫,但可以推測爲其所引用《論語義疏》的祖本是平安時代的文本。

五　小結

本文對《令集解》、《政事要略》兩書中引用的《論語義疏》和舊鈔本《論語義疏》、敦煌本《論語疏》等文獻進行了比較研究。

基本可以認爲,《令集解》、《政事要略》兩書所引用的《論語義疏》,其引文來源於唐鈔本,相較於舊鈔本的《論語義疏》,保存了原有的狀態,更接近早期原本的面貌。

---

① 高橋均《舊抄本論語義疏の研究》(前揭高橋均《論語義疏の研究》)中認爲是此處内容是作者惟宗允亮補充改寫的。筆者不能同意這一觀點。

但是，因爲舊鈔本《論語義疏》同樣保留有來自於唐鈔本的文本内容，所以《令集解》所引《論語義疏》與舊鈔本《論語義疏》之間的異同，是作爲底本的唐鈔本之間文本系統（小系統）的區別所致。《政事要略》所引《論語義疏》以及文永五年鈔本《論語集解》卷七紙背所書《論語義疏》和舊鈔本《論語義疏》之間的出入也是源自於如此。

敦煌本《論語疏》之正文較爲特殊，在文本系統方面，筆者以爲應該區別敦煌本與《令集解》所引《論語義疏》。但如前所述，敦煌本《論語疏》是唐鈔本，而《令集解》所引用《論語義疏》也保存了源自唐鈔本的正文，由此敦煌本《論語疏》和《令集解》引用《論語義疏》存在部分相同之處。二者之間的相同之處，應當正是復原《論語義疏》原本的重要綫索，或許可以視爲《論語義疏》六朝鈔本的痕迹。

《論語義疏》文本校勘和復原的先行研究，基本是對舊鈔本《論語義疏》之間進行對校，其復原工作乃僅止步於室町時代。日本還保存有較之於舊鈔本時代更早的資料——日本古籍中所引用的《論語義疏》。《論語義疏》以外，日本古籍所引漢籍以及舊鈔本漢籍中，也往往存在誤抄、脱字等情況，尤其是日本古籍中引用漢籍還時有節略。因此，需要在詳細調查、準確掌握日本古籍所引《論語義疏》特點的基礎上，才能進行用包括日本古籍所引用《論語義疏》的全部《論語義疏》來校勘和復原工作。

在以往的校勘學中並沒有充分利用日本古籍所引漢籍和舊鈔本。這些日本所特有的資料，是日本歷史中孕育出的漢籍研究的成果，我們在賦予其在日本歷史中的價值定位的同時，也應將其作爲文本校勘的重要資料，用於復原工作。作爲這些研究的前提，我們必須做出紮實的佚文搜集、文本研究等文獻學方面的工作。

本文僅舉出幾例進行檢討，反復推測驗證而已。尚請博雅君子不吝賜教。

附記：本文爲日本學術振興會科學研究費助成事業（學術研究助成基金）若手研究（B）"爲全面把握日本中世漢學史的基礎性研究"（"日本中世漢學史の包括的把握への基礎的研究"）（項目編號：16K21103）及 2016 年國家社科基金重大攻關項目"日本《十三經注疏》文獻集成"（項目編號：16ZDA109）之階段成果。

　　謝詞：本文投稿之際，承蒙南京大學文學院童嶺副教授賜予關照，茲表示衷心感謝。

　　　　　　　（作者單位：日本大阪府立大學人類社會學研究科
　　　　　　　譯者單位：京都大學大學院人間・環境學研究科、
　　　　　　　　　　　　京都大學大學院文學研究科）

域外漢籍研究集刊　第十五輯
2017 年　頁 287—301

《天寶集》考

富嘉吟

　　唐人佚書《天寶集》，其記載完全不見於中國史料，只在日本古書志中留下了些許蹤跡。《日本國見在書目録》（以下，簡稱《見在目》）“總集家”著録：

　　　　天寶～三、～～～～九①。

　　日本學者有關《見在目》的論著不少，而罕有提及《天寶集》者②。唯矢島玄亮氏在《日本國見在書目録：集証と研究》中，推測《見在目》所著録的《天寶集》三卷本、九卷本或是“同類”③，又引《通憲入道藏書目録》（以下，簡稱《通憲目》）如下：

　　　　《天寶文苑集》六弓。朽損④。

　　矢島氏並未對《通憲目》的這一記載作出解釋，大概是以《天寶文苑集》、《天寶集》同爲一書，而又没有更多證據的緣故⑤。《通憲目》所收六卷

---

　　① 藤原佐世編《日本國見在書目録》，古典保存會，1925。

　　② 狩谷棭齋《日本現在書目證注稿》（《覆刻日本古典全集》本，現代思潮社，1978）及小長谷惠吉《日本國見在書目録解説稿》（小宫山書店，1956），均未對《天寶集》一書作出考證。

　　③ 矢島玄亮《日本國見在書目録：集証と研究》，汲古書院，1984，頁 228。

　　④ 藤原通憲編《通憲入道藏書目録》，《日本書目大成》本，汲古書院，1979，頁 55。

　　⑤ 福田俊昭《李嶠と雜詠詩の研究》認爲《天寶集》與《天寶文苑集》可能是並非一書（汲古書社，2012，頁 491），存疑。

本《天寶文苑集》處於"朽損"的狀態，或許是《見在目》所收九卷本《天寶集》的殘本。《見在目》又有三卷本《天寶集》，大概是另一種殘本。

陳尚君氏《唐人編選詩歌總集敘録》一文，較早利用《見在目》考知《天寶集》其書的存在。不知是否資料所限，文中將《見在目》原文誤植爲"三卷，又九集"，也未能作出更進一步的考釋①。孫猛氏《日本國見在書目録詳考》，爲新近出版的《見在目》研究集大成之作。然而，其中有關《天寶集》的部分，依然不過引用了《通憲目》的記載。孫氏同時提到，由於《舊唐書》、《新唐書》未著録《天寶集》一書，其具體内容難以確知②。

《天寶集》原書雖然散佚已久，在日藏古文獻及其注釋中，卻仍有部分佚文留存。其中相當一部分佚文，已爲日本學者揭出。可惜的是，這些研究成果散見各處，未能引起足夠的重視。另有《和漢朗詠集》所見佚文一則，則是本文作者新近發現的。本文即以《天寶集》佚文的梳理爲中心，試對其成書背景、收録内容作一簡略的考察。

一　《和漢朗詠集》古注釋所見《天寶集》佚文

（一）佚文内容

《和漢朗詠集》卷上"雁・付歸雁"（以下，簡稱《雁》詩）第三一七：

> 萬里人南去，三春雁北飛。不知何歲月，得與汝同歸③。

有關《雁》詩的創作背景，撰作於平安後期的《和漢朗詠集私注》（東京大學本，以下簡稱《私注》）中，敘述如下：

> 天寶集詩。唐玄宗皇帝天寶末歲，楊國忠爲相，召軍令徵雲南王

---

① 陳尚君《唐人編選詩歌總集敘録》，《中國詩學》第 2 輯，南京大學出版社，1992。後收入《唐代文學叢考》（中國社會科學出版社，1997，頁 221）。

② 孫猛《日本國見在書目録詳考》，上海古籍出版社，2015，頁 2038。

③ 傳藤原行成筆《粘葉本和漢朗詠集》，二玄社，1993，頁 93。"三春"，粘葉本作"三秋"，川口久雄譯注本（講談社，1982）及大曾根章介、堀内秀晃校注本（新潮社，1983）均據他本改作"三春"，可從。

閣羅鳳。文集曰：無何天寶大徵兵，户在三丁抽一丁，點將驅向何處
去，五月萬里雲南行。又曰：厂秋南來，春北皈也①。

根據作者釋信救的記載，可知《天寶集》中收録有《雁》詩。晚於《私注》
成書的《和漢朗詠注略鈔》、《和漢朗詠集永濟注》中，也可以看到類似的内
容。《和漢朗詠注略鈔》（黑木氏藏本，以下，簡稱《略鈔》）：

　　　　此句，天寶集詩也。唐土玄宗皇帝，天寶年終興兵伐雲南之時，往
彼人萬之一一歸，皆死事有也。其人不歸，吾亦不可還歎也。白居易
被流歎也。文集云：五月萬里雲南行云々。又曰：雁秋南來，春北
歸也②。

《和漢朗詠集永濟注》（永青文庫本，以下，簡稱《永濟注》）：

　　　　此ハ、天寶集ノ詩也。意ハ、唐玄宗皇帝ノトキ、天寶ノ末ノト
シ、楊國忠トイヒシ丞相ノ、位ヲヌスミテ、ヨヲホシイママニセシア
マリ、ツハモノヲアツメテ、雲南ノ王ヲウチキ。ユクモノハ千万人、
ヒトリモ、カエルコトナシ。文集云、無何天寶大征兵、户有三丁抽一
丁、點將駆向何処去、五月万里雲南云々。万里人南去トイハ是也。
次句ハ、雁ハ秋ハ南ニ來タリ、春ハ北ニカヘル故ニ、カク云ナリ。雁
ハ、期アレハ北ヘカヘルトモ、南ニユキヌル人、カリト同クカヘリキ
タラムコトハ、イットモシラスト云也。或云、白居易、三月ニ尋陽江
ニムカヒタマフニ、雁ノ北ニカヘルヲミテ、ツクラレタル也。我ハ
南ニ行ク、汝ハ北に帰ヘル、何レノ時ニカ帰リアハムトスルト云也
云々③。

三種古注釋的表述方式雖然略有出入，但根據行文脈絡來看，《略鈔》、
《永濟注》應當都是沿襲了《私注》的内容。

與之相對的，早於《私注》成書的《和漢朗詠集江注》（以下，簡稱《江注》），

　①　釋信救撰《和漢朗詠集私注》（東京大學本），大學堂書店，《和漢朗詠集古注釋
集成》，1989－1997，頁 442。本文所引《和漢朗詠集》古注釋，均據《和漢朗詠集古注釋
集成》轉録。

　②　《和漢朗詠注略鈔》（黑木氏藏本），頁 738。

　③　《和漢朗詠集永濟注》（永青文庫本），頁 111。

則有全然不同的記載：

　　　　南中詠雁絕句韋承慶云々唐詩類撰第六／李陵（天理本）①

　　　白南中詠懷韋承慶唐詩類撰第六（正安本）②

　　　《唐詩類撰》一書，應當就是唐人顧陶所編《唐詩類選》的別稱。根據《江注》的記載可知，《唐詩類選》同樣收錄有《雁》詩，作者爲韋承慶③。

　　　藤原公任在編撰《和漢朗詠集》之時，究竟是依據哪一種書收錄的《雁》詩，這一問題還有討論的餘地。考慮到《私注》的成書，在很大程度上是對與《江注》相區別的菅家舊注的繼承這一事實④，《私注》所以摒棄《江注》的"《唐詩類撰》說"而採用"《天寶集》說"，若非作者釋信救目睹了《天寶集》原書，恐怕便是轉引菅家舊注而來的。《私注》略記天寶年間唐與南詔戰爭的史事，用以理解《雁》詩的創作背景，這一特徵也與菅家紀傳道的學風相合。可惜的是，《和漢朗詠集》的菅家舊注今已不存，無法就此問題作更深入的考察。

　　　有關天寶年間唐與南詔的戰爭，《舊唐書》卷一九七《南蠻傳》敍述如下：

　　　閣羅鳳忿怨，因發兵反攻，圍虔陀，殺之。時天寶九年也。明年，仲通率兵出戎、嶲州。（中略）十二年，劍南節度使楊國忠執國政，仍奏徵天下兵。（中略）會安禄山反，閣羅鳳乘釁攻陷嶲州及會同軍，西復降尋傳蠻⑤。

　　　由此可見，這場戰爭始於天寶九載（750），持續到安史之亂爆發以後。《資治通鑒》卷二一六記載：

---

　　①　《和漢朗詠集江注》（天理本），頁 126。

　　②　《和漢朗詠集江注》（正安本），頁 126。

　　③　顧陶《唐詩類選》及其與《和漢朗詠集》之關聯，參見三木雅博《中國晚唐期の唐代詩受容と平安中期の佳句選》（《國語と國文學』，2005，第 5 期）並拙文《顧陶〈唐詩類選〉について》（《學林》第 62 號，中國藝文研究會，2016）。

　　④　太田次男《釋信救とその著作について》（《斯道文庫論集》5，1967，頁 256）。

　　⑤　（後晉）劉昫等撰《舊唐書》卷一九七《南蠻傳》，中華書局，1975，頁 5280。

制,大募兩京及河南北兵,以擊南詔①。

《雁》詩中"萬里人南去"一句,或許正是指稱自兩京、河南北一帶至南詔的距離。當然,這一解釋是在《私注》基礎上的進一步申發,其正確與否則留待下文的探討。

(二)、《雁》詩作者考

《和漢朗詠集》諸本所收《雁》詩,其本文內容大概一致,詩題、作者卻有很大的差異,僅列舉如下:

1.《和漢朗詠集》古寫本

延慶本　白/南中詠雁絶句事承慶

嘉曆本　白/賦李陵五言絶句

粘葉本、伊豫切　文選

傳後京極良經筆　文選韋承慶

京都府立圖書館藏古抄本　李陵文選

以上,參見《校異和漢朗詠集》(大學堂書店,1981)。

2.《和漢朗詠集江注》

天理本　南中詠雁絶句韋承慶云々唐詩類撰第六/李陵

正安本　白南中詠懷韋承慶唐詩類撰第六

嵯峨切　事②承慶/文選

3.《和漢朗詠集私注》

東京大學本　南中詠厂絶句白

東洋文庫岩崎文庫本　南中詠雁白

4.《和漢朗詠注略鈔》

黑木氏藏本　雨③中詠雁/白

5.《和漢朗詠集永濟注》

永青文庫本　白

以上,參見《和漢朗詠集古注釋集成》。

---

① (宋)司馬光撰《資治通鑒》卷二一六,中華書局,1976,頁6907。

② "事",或即"韋"之誤字。

③ "雨",或即"南"之誤字。

《和漢朗詠集》以外，中國古文獻中有關《雁》詩的收録狀況如下：

6.《國秀集》（《唐人選唐詩新編（增訂本）》本，中華書局，2014）卷下

《南行別弟》于季子

7.《文苑英華》（明刊本）卷三二八、《唐詩紀事》（《四部叢刊》本）

卷九

《南中詠雁》韋承慶

8.《萬首唐人絶句詩》（嘉靖本）"五言"卷一一

《南行別弟》韋承慶

由此可見，包括前引《江注》、《私注》在内，《雁》詩的作者存在李陵、韋承慶、白居易、于季子等四種説法。這不僅僅涉及《雁》詩的歸屬問題，也是考察《天寶集》成書的重要材料之一。

一部分古寫本及天理本《江注》中，有"李陵"、"文選"、"李陵文選"之類的記載，恐怕與《雁》詩的作者、出處問題並無關聯。僅將《雁》詩的平仄、用韻，標記如下：

萬里人南去　●●○○●

三春雁北飛　○○●●○　　廣韻・上平八微　　平水韻・五微

不知何歲月　●○○●●

得與汝同皈　●●●○○　　廣韻・上平八微　　平水韻・五微

由此可見，《雁》詩大致遵照了近體詩的創作規範，絶不可能是漢人李陵的作品。古注釋中所以保留了這樣的記載，或許是出於以下的原因。《文選》卷二九有李陵《與蘇武詩》三首，其真僞問題暫且不論。這組作品是五言離別詩中較早的一種，對魏晉以降的離別詩的形成產生了重要影響①。《和漢朗詠集》古注釋的作者，大概是爲了更好地對《雁》詩加以解讀，方纔引用《文選》所收李陵詩。不知道是注釋時的省略，或是後人的鈔漏，最終成了"李陵"、"文選"、"李陵文選"這樣容易被誤讀的形式。

還有一部分古寫本及《私注》、《略鈔》、《永濟注》等記載爲"白"，根據日本古注釋的通例，應當指代白居易。對於這類記載，柿村重松氏在《和

———————

① 參見松原朗《蘇武李陵詩考》（《中國詩文論叢》第 21 集，2002），後收入《中國離別詩の成立》，研文出版，2003。

漢朗詠集考証》中提到,《私注》以下諸本多作白居易,唯《諺解》引《羅山文集》"爲韋承慶詩",斷此非白樂天之句,今從之改注①。柿村氏所引《諺解》的部分,即岡西惟中《和漢朗詠集諺解》卷三"雁·付歸雁"的欄外注記:

> 羅山文集十五,爲韋承慶詩。言雁歸而人不得歸,不亦恨乎②。

然而,對於《羅山文集》"爲韋承慶詩"的這一說法,柿村氏並未提出更多證據,這裏略作補充。上文所引《國秀集》,其序文如下:

> 自開元以來,維天寶三載,譴謫蕪穢,登納菁英,可被管弦者都爲一集③。

可知《國秀集》所收作品,其寫作時間都在天寶三載(744)以前,《雁》詩的作者絕無可能是白居易。而柿村氏所提到的"《私注》以下諸本多作白居易",大概是指《私注》、《略鈔》、《永濟注》等古注釋。這裏,再次引用東京大學本《私注》如下:

> 天寶集詩。唐玄宗皇帝天寶末歲,楊國忠爲相,召軍令征雲南王閣羅風。文集曰,無何天寶大徵兵,戶在三丁抽一丁,點將驅向何處去,五月萬里雲南行。又曰,厂秋南來,春北皈也④。

"文集"即《白氏文集》的簡稱。注釋中引用的"無何天寶大徵兵"一段文字,出自白居易《新豐折臂翁》。《私注》明確指出《雁》詩的背景是在天寶年間,決不至如柿村氏所言,忽略年代的常識,認爲《雁》詩即白居易所作。《私注》之所以引用《新豐折臂翁》一詩,大概是這一作品同樣以天寶年間唐與南詔的戰爭爲背景,能夠幫助讀者更好地理解《雁》詩的主旨。其後的"厂秋南來,春北皈也"一句不見於《白氏文集》,應當是對"三春雁北飛"一句的解釋,這也與《私注》爲初學者而撰寫的性質相合⑤。

正如柿村氏所提到的,成書晚於《私注》、並受到其很大影響的《略鈔》、

---

① 柿村重松《和漢朗詠集考証》,藝林舍影印本,1973,頁280。
② 本文所引岡西惟中《和漢朗詠集諺解》,據椙山女學園大學電子圖書館公開圖像轉錄。考《羅山先生文集》(平安考古學會,1918)卷一五,無此段落,不明。
③ (唐)芮挺章編《國秀集》,《唐人選唐詩新編(增訂本)》本,頁280。
④ 釋信救撰《和漢朗詠集私注》(東京大學本),頁442。
⑤ 三木雅博《和漢朗詠集とその享受》,勉誠社,1995,頁228。

《永濟注》,對於《雁》詩的解讀大致沿用了《私注》的説法。然而,在這一沿用的過程中卻産生了不小的謬誤。《和漢朗詠注略鈔》:

> 此句,天寶集詩也。唐土玄宗皇帝,天寶年中興兵伐雲南之時,往彼人,萬之一不歸,皆死事有也。其人不歸,吾亦不可還歎也。<u>白居易被流歎也。</u>文集云,五月萬里雲南行云々。又曰,雁秋南來,春北歸也①。

《和漢朗詠集永濟注》:

> 此ハ、天寶集ノ詩也。意ハ、唐玄宗皇帝ノトキ、天寶ノ末ノトシ、楊國忠トイヒシ丞相ノ、位ヲヌスミテ、ヨヲホシイママニセシアマリ、ツハモノヲアツメテ、雲南ノ王ヲウチキ。ユクモノハ千万人、ヒトリモ、カエルコトナシ。文集云、無何天寶大徵兵、戸有三丁抽一丁、點將駆向何処去、五月万里雲南云々。万里人南去トイハ是也。次句ハ、雁ハ秋ハ南ニ來タリ、春ハ北ニカヘル故ニ、カク云ナリ。雁ハ、期アレハ北ヘカヘルトモ、南ニユキヌル人、カリト同クカヘリキタラムコトハ、イツトモシラスト云也。<u>或云、白居易、三月ニ尋陽江ニムカヒタマフニ、雁ノ北ニカヘルヲミテ、ツクラレタル也。</u>我ハ南ニ行ク、汝ハ北に帰ヘル、何レノ時ニカ帰リアハムトスルト云也云々②。

《略鈔》、《永濟注》不約而同地將《雁》詩的創作背景,附會爲白居易被流放邊地之時,這顯然是對《私注》引用《白氏文集》這一行爲的誤讀。

除此以外,正安本《江注》及古寫本中的延慶本、嘉曆本中,也可以見到"白"的注記。延慶本、嘉曆本的問世雖然晚於《私注》,卻並不能認爲是直接採用了《私注》的説法。考慮到兩種古寫本與菅家傳本有著相當關聯的這一事實③,不如認爲是與《私注》同樣吸收了菅家舊傳的朗詠注。

---

① 《和漢朗詠注略鈔》(黑木氏藏本),頁738。
② 《和漢朗詠集永濟注》(永青文庫本),頁111。
③ 《校異和漢朗詠集》"諸本解説",頁25、32。

　　有關《雁》詩與白居易關係的討論到此告一段落，再迴到作者問題上。除了已經被否定的李陵、白居易兩種説法外，今本《國秀集》記載的于季子一説也是不可信的。《國秀集》目録及本文情況如下：

　　　　目録　　侍御史于季子一首
　　　　　　　　校書郎吕令問一首
　　　　　　　　校書郎敬括二首
　　　　　　　　監察御史韋承慶一首
　　　　　　　　進士祖詠二首①
　　　　正文　　于季子《南行別弟②》
　　　　萬里人南去，三春雁北飛。不知何歲月，得共爾同歸。
　　　　　　　　祖詠《薊門別業》

　　別業在幽處，到來生隱心。南山當户牖，澧水在園林。竹覆經冬雪，庭昏未夕陰。寥寥人境外，閑坐聽春禽③。

　　對照目録、正文以及上文所引《文苑英華》、《唐詩紀事》等的記載，可知《國秀集》的正文部分在《南行別弟》的詩題與“萬里人南去”的正文之間存在大量脱落。脱落的内容包括《南行別弟》正文、吕令問一首、敬括二首，以及“萬里人南去”一詩的作者及標題。這一結論，早已爲前人所闡明④。而上文所引《和漢朗詠集》諸本中，也有不少以韋承慶爲《雁》詩的作者，更驗證了這一説法。宋人洪邁《萬首唐人絶句》中，已將“萬里人南去”一詩以韋承慶《南行別弟》的名義收入。考慮到此書有據《國秀集》收録作品的情況⑤，並且所收《雁》詩的文本内容也與《國秀集》基本一致，洪邁所採用的恐怕正是一個與今本類似的、已經殘缺的本子。不同的是，他將“南行別弟”四字歸下、作爲《雁》詩的標題處理，不知是出於何種考慮。

────────

　　①　（唐）芮挺章編《國秀集》，《唐人選唐詩新編（增訂本）》本，頁283。
　　②　《四部叢刊》本誤作“第”，《唐人選唐詩新編（增訂本）》據汲古閣本改正，可從。
　　③　（唐）芮挺章編《國秀集》，《唐人選唐詩新編（增訂本）》本，頁352—353。
　　④　參見佟培基《全唐詩重出誤收考》（陝西人民教育出版社，1996，頁27—28）及《唐人選唐詩新編（增訂本）》本《國秀集》校記（頁352）。
　　⑤　陳尚君《洪邁〈萬首唐人絶句〉考》，《唐研究》第20期，2014，頁397。

　　根據以上分析,可知《雁》詩的作者是韋承慶無疑。《舊唐書》卷八八
《韋承慶傳》:

　　　神龍初,坐附推張易之弟昌宗失實,配流嶺表①。
由此推測,《雁》詩應當就是韋承慶左遷嶺南時所作的。首句“萬里人南
去”,是指稱長安到嶺南的距離。韋承慶究竟是經由何處到達嶺南的,雖然
没有直接的證據,但是考慮到當時大庾嶺尚未開發,恐怕是與後來的韓愈
一樣經由衡州前往的②。“三春雁北飛”一句,正是韋承慶路經過衡陽迴雁
峰時的有感而發。“不知何歲月,得與汝同歸”,則是感歎自己長流邊荒,不
知何時得以與大雁一樣北歸。

　　然而,韋承慶早在神龍年間就已去世③,他的作品爲何被編入《天寶
集》中? 金子元臣、江見清風二氏《和漢朗詠集新釋》以爲《私注》引《天寶
詩集》云云,誤④。然而,據山崎誠氏的研究表明,《作文大體》之中也可見
有關《天寶集》收録《雁》詩的記載⑤。《天理圖書館善本叢書》本《作文大
體》:

　　　凡五言詩者,上句五字,下句五字,合十字,成章之名也。　天寶
　　集云。

　　　萬里人南去,三春雁北飛。不知何歲月,得與汝同皈⑥。
又智山文庫本《作文大體》:

　　　第二五言詩,凡五言詩者,上句五字,下句五字,合十字,成一章之
　　名。天寶集曰,二四不同,二九對之,避下三連病云云。

---

①　(後晉)劉昫等撰《舊唐書》卷八八《韋承慶傳》,頁 2865。

②　參見陳偉明《唐五代嶺南道交通路線述略》(《學術研究》第 1 期,1987)。

③　《大唐故銀青光禄大夫□□□侍郎贈禮部尚書韋府君墓誌銘》:“粵以神龍二年
十一月十九日寢疾薨於京師萬年縣大寧里第,春秋六十有七。”(《唐代墓誌彙編續集》,
上海古籍出版社,1992,頁 421)

④　金子元臣、江見清風《和漢朗詠集新釋(改修版)》,明治書院,1946,頁 199。

⑤　山崎誠《李嶠百詠續貂》,《中世學問史的基底與展開》,和泉書院,1993,頁 53。

⑥　藤原宗忠編《作文大體》,《天理圖書館善本叢書》本,天理大學出版部,1984,
頁 8。

　　　　萬里人南去，三春雁北飛。他起也。

　　　　不知何歲月，得與汝同歸。白作也①。

　　可見《天寶集》收録有《雁》詩這一事實，並非《私注》誤記。而在《天寶集》中收録天寶年間以外的作品，究竟是原書的誤收，亦或是另有别的原因，則留待下文討論。值得注意的是，智山文庫本《作文大體》所引用的《天寶集》，還包括了"二四不同，二九對之，避下三連病"之類探討聲律的内容，不知是否是其他文本的誤入。

二　《注百詠》、《百詠和歌》所見《天寶集》
佚文及《天寶集》之再檢討

（一）佚文内容

　　《和漢朗詠集》古注釋以外，陽明文庫藏《李嶠百詠》注釋本《注百詠》的"桂""鶯"二詩中，同樣有《天寶集》的佚文殘存。這一點，已爲福田俊昭氏《李嶠と雜詠詩の研究》一書所論及②。《注百詠》"桂"：

　　　　俠客條爲馬。

　　　　《天寶集·王昭君詞》云：琴悲桂條上，笛怨柳花前。

　　這裏記載的《王昭君詞》，《全唐詩》卷四〇收録爲上官儀《王昭君》，卷十九"相和歌辭"類同。《全唐詩》以外，則有《文苑英華》（明刊本）卷二〇四、《樂府詩集》（文學古籍刊行社影宋本）卷二九、《唐詩紀事》（《四部叢刊》本）卷九，均收録作上官儀《王昭君詞》。

　　又《注百詠》"鶯"：

　　　　含啼妙管中。

　　　　《天寶文苑集》曰：谷裏鶯和弄玉簫。

　　此處所引《天寶文苑集》，與上文所引《通憲目》的著録相同，應當就是《天寶集》的别名。"谷裏鶯和弄玉簫"一句，見於《全唐詩》卷九一韋嗣立

---

　　①　山崎誠《智山書庫藏〈作文大體〉翻刻と解題》，調查研究報告，人間文化研究機構國文學研究資料館調查收集事業部，2003，頁70。

　　②　福田俊昭《李嶠と雜詠詩の研究》，頁491。

《奉和初春幸太平公主南莊應制》。卷一〇三有趙彦昭同題重出之作，無異文。《全唐詩》以外，則有《文苑英華》卷一七六收録作韋嗣立詩。

陽明文庫本《注百詠》中所收録的《天寶集》佚文兩則，不見於慶應大學本《李嶠雜詠》中。山崎誠氏認爲，《注百詠》所保存的不見於慶應大學本的五十餘處引用，大概是來自張庭芳的原注①。張庭芳注的撰作時間，則見於慶應大學本所收序文：

　　　　　于時巨唐天寶六載，龍集强圉之所述也②。

如果山崎氏的推測成立，那麼《天寶集》的成書必然在天寶六載（747）以前。上文所論證的《雁》詩的寫作背景決非天寶九年（750）以後的唐與南詔戰争這一結論，也得到了再次的確認。

根據山崎誠氏的研究，除了陽明文庫本《注百詠》以外，《百詠和歌》一書的注釋中也有對於《天寶集》的引用③。《百詠和歌》第十二“素”：

　　　　　《天寶文苑集·搗衣詩》云：杵調風裏韻，練守月前輝④。

遺憾的是，在現有的文獻之中，並没有關於此詩標題、作者的更多信息。

（二）《天寶集》再檢討

綜上可知，在日藏古文獻中留存有《天寶集》佚文的，包括《和漢朗詠集私注》、《作文大體》注兩種、陽明文庫本《注百詠》、《百詠和歌》注等四種。值得注意的是，《私注》的注解中有大量來自《李嶠雜詠》古注釋的轉引，其中既有標明“百詠注曰”的情況，也有隱没出處的情況⑤。考慮到這一點，《私注》所引的《天寶集》的佚文，是否是來自《李嶠雜詠》古注釋的轉引呢？查現存陽明文庫本《注百詠》的“靈禽·雁”一詩，可知其中並未記載“萬里人南去”的内容。而在陽明文庫本以外的諸本中，也似乎不見有這一

---

① 山崎誠《李嶠百詠統貌》，頁 53。

② 李嶠撰、張庭芳注《日藏古抄李嶠詠物詩注》，《海外珍藏善本叢書》本，上海古籍出版社，1998，頁 2。

③ 山崎誠《李嶠百詠統貌》，頁 53。

④ 《百詠和歌》，《續群書類從》本，續群書類從完成會，1972，頁 182。

⑤ 三木雅博《和漢朗詠集とその享受》，頁 249。

佚文的存在。這樣看來,《私注》與陽明文庫本《注百詠》對於《天寶集》的引用,應當分别有著不同的文獻來源。再加上《作文大體》注、《百詠和歌》注的引録,可見《天寶集》在日本有著相當的流傳,因而常常得以被採入注釋之中。

　　現存《天寶集》所收録的作品,包括韋承慶《雁》、上官儀《王昭君詞》、韋嗣立(或趙彦昭)《奉和初春幸太平公主南莊應制》及無名氏《搗衣詩》四首,其詩體並無一定之規,可見《天寶集》並非單純收録某一種詩體的選集。就風格來看,似乎也没有特别明顯的審美傾向。

　　現存《天寶集》所收詩的作者,無論韋嗣立①、趙彦昭②還是上官儀③,與《雁》詩的作者韋承慶一樣都是生活在天寶年間以前的人。因此,《天寶集》所收作品的年代範圍,大概正如福田俊昭氏所推測的在初唐至天寶年間④。同時,上文根據山崎誠氏的推論,斷定《天寶集》的成書在天寶六載(747)以前,書名中的"天寶"二字應當是指稱成書的年代。

　　在唐人這一類以年號命名爲《××集》的著述中,年號與所收内容存在著不同的關係。有的收録内容僅限於該年號的年份之内的,如《直齋書録解題》卷七"《景龍文館記》八卷":

　　　　唐修文館學士武甄平一撰。中宗初置學士以後館中雜事、及諸學
　　士應制・倡和篇什雜文之屬。亦頗記中宗君臣宴褻無度、以及暴崩。
　　其後三卷、爲諸學士傳。今闕二卷。平一、以字行⑤。

　　根據陶敏氏的研究,《景龍文館記》收録的爲中宗景龍年間宫廷詩人的作品⑥。因此,這裏的"景龍"的年號,限定了集中所收録的作品只可能是

---

　　①　《全唐文》卷二三二張説《中書令逍遙公墓誌銘》:"開元七年九月二日,薨於歸德里。"

　　②　《舊唐書》卷九二《趙彦昭傳》:"俄而姚崇入相,甚惡彦昭之爲人,由是累貶江州别駕,卒。"

　　③　《舊唐書》卷八〇《上官儀傳》:"麟德元年,宦者王伏勝與梁王忠抵罪,許敬宗乃構儀與忠通謀,遂下獄而死。"

　　④　福田俊昭《李嶠と雜詠詩の研究》,頁491。

　　⑤　(宋)陳振孫撰《直齋書録解題》,上海古籍出版社,1987,頁196。

　　⑥　參見陶敏《〈景龍文館記〉考》(《唐代文學與文獻論叢》,中華書局,2010)。

在這五年(707—710)間。

　　也有的以年號命名的集部著述,其收録範圍包括在此年號以前的相當長的時段,最爲人所熟知的就是白居易的《白氏長慶集》。《元氏長慶集》(《四部叢刊》本)卷五一《白氏長慶集序》:

　　　長慶四年,樂天自杭州刺史以右庶子詔還。予時刺會稽,因得盡徵其文,手自排續,成五十卷,凡二千二百五十一首。前輩多以《前集》、《中集》爲名,予以爲國家改元長慶,訖於是,因號曰《白氏長慶集》。

　　這裏的年號"長慶",主要是指文集的成書時間,其收録範圍則包括了長慶以前的大量作品。《天寶集》書名中使用的年號,就屬於這一類型。

　　以上兩種,是以年號命名的集部著述中較爲常見的類型。另外的例子,則有《日本國見在書目録》"總集家"類:

　　貞觀～一。

　　　狩谷掖齋氏認爲,《貞觀集》即《新唐書》所著録的唐稟《貞觀新書》。

《新唐書》卷六〇《藝文志》:

　　　唐稟《貞觀新書》三十卷。稟,袁州萍鄉人,集貞觀以前文章[1]。

　　《見在目》"總集家"中還收録有《開成集》,其内容不明。根據《天寶集》、《貞觀集》各自有別稱的情況看,或許是《見在目》習慣性地將這類書名以年號的方式縮略。《貞觀集》的編者唐稟生活在晚唐時期,齊己的作品中保留有贈予他的幾首詩[2]。唐稟《貞觀集》既非貞觀年間編纂而成的,卻以"貞觀"命名;其所收録的内容,卻又包括貞觀以前的部分。這在以年號命名的集部著述中,是較爲特殊的例子。

　　以上幾種不同類型的集部著作的存在則提示我們,在探討這類以年號命名的著作之時,必須注意到三種命名情況的不同。否則,便會像《和漢朗

_____

　　[1]　(宋)歐陽修、宋祁撰《新唐書》卷六〇《藝文志》,中華書局,1975,頁1625。

　　[2]　《全唐詩》卷八四一有齊己《寄唐稟正字》、《送唐稟正字歸萍川》,卷八四五有齊己《寄萍鄉唐稟正字》。以上材料,承澤崎久和先生示教。

詠集私注》的作者釋信敩一樣,爲書名所惑,將天寶年間唐與南詔的戰争誤植爲《雁》詩的寫作背景,從而造成理解的謬誤。

（作者單位：立命館大學）

域外漢籍研究集刊　第十五輯
2017 年　頁 303—347

日藏唐抄本《畫圖讚文》及其作者考述[*]

定　源（王招國）

　　近十幾年來，隨著我國學術研究領域的進一步拓展，許多學者把收集資料的眼光投向域外，從而興起一股域外漢籍的研究熱潮。關於域外漢籍，從世界範圍看，東瀛日本以其獨特的地理優勢和歷史文化背景等因素，無論在接受漢籍、撰述漢籍，還是保存漢籍等方面始終保持著高度熱情和積極態度。日本所藏漢籍不僅數量豐富，而且珍稀善本甚多，其中不乏中國古逸的文獻。這批文獻，自從上個世紀初中國學者黎庶昌、林述齋、楊守敬等人開始，經過數代人的不懈努力，以收購影印、録文研究等方式陸續介紹回中國，爲近現代中國學術的研究提供了大量珍貴史料。然而，由於受到各方面條件的限制，日本還有不少珍貴的漢籍尚未引起注意，缺乏研究。筆者前幾年負笈日本，在完成學業之餘，曾對日藏漢籍有所關注，而且出於個人的學術興趣，對日藏中國佛教的散佚文獻關注尤多，由此進一步認識到這些文獻具有的重要史料價值。

　　本文探討的《畫圖讚文》，即屬於日藏中國佛教的古逸文獻之一。此書全帙不存，在日本目前得以確認者僅有兩卷，均爲寫本，首尾完整。其中一卷早在 1910 年就已刊佈全文圖版，並被日本著名學者内藤湖南（1866—1934）與狩野直喜（1868—1947）所關注，兩人並撰有跋文。另一卷全文圖版迄今尚未影印公開，鮮爲人知。本文擬對此兩卷寫本進行介紹，在探討

　　* 本文爲國家社會科學基金一般項目“杏雨書屋藏敦煌遺書編目與研究”（編號：15BZJ015）、上海市浦江人才計劃項目“杏雨書屋藏敦煌佛教文獻研究”（編號：14PJC084）、上海市高校高峰高原學科建設計劃資助項目之研究成果。

其内容結構與資料來源的基礎上，針對此書的作者問題加以考述，略陳己見，以期引起有關學者的注意與研究。

一　《畫圖讚文》現存寫本概況

《畫圖讚文》一書在日本現知者僅有第二十六、二十七兩卷，前者藏東京五島美術館·大東急記念文庫（以下簡稱"大東本"），後者藏兵庫白鶴美術館（以下簡稱"白鶴本"）。兩卷大體情況如下：

（一）大東本

卷子本，首尾全，白麻紙，墨書楷體，無烏絲欄，無天地界。共十紙，每紙約二十七行，每行十四字不等。紙高 27.0cm，紙長 67.6cm，全卷長450.9cm。首尾均題"畫圖讚文卷第廿六"。卷首有三則目録，分別是：

　　　　住法相佛在時諸王造像立塔感瑞圖讚
　　　　住法相佛滅度後造瑞靈並彌勒下生圖讚
　　　　住法相佛涅槃後寺塔相續圖讚

正文中也有標題，但與卷首目録文字不盡相同，分別是：

　　　　第十八圖讚聖迹住法相佛在時［諸］王造像立塔感通靈瑞
　　　　第十九圖讚聖迹住法相佛滅度後諸造瑞靈塔並彌勒下生
　　　　第二十圖讚聖迹住法相佛涅槃後寺塔相續

卷面有三處校改字，均先寫在小紙片上，後張貼於所校字旁邊。校改文字與原卷文字風格不一，或爲後人校勘時所加。值得注意的是，"大東本"第一紙與第二紙之間似有落脱，即第一紙末行"光間起諸王以力欲舉終莫之動"與第二紙首行"肉身乃至食竟一粒之食非用功夫"之間文意無法承接。查第一紙末行文字，未知出處，而從第二紙第一行首字開始至本紙"永興（與）情愛辭"爲止，其所抄文字完全與道宣（596—667）抄略的一卷本《統略淨住子淨行法門》（見《廣弘明集》第 27 卷，以下簡稱《淨住子》）"極大慚愧門第十八"中的文字相同。與《淨住子》相比，第二紙首行之前屬於"極大慚愧門第十八"内容大約還有五百七十餘字。若按"大東本"一紙二十七行，每行十四字計算，第一紙與第二紙之間大約缺落兩紙左右。

"大東本"所藏地——五島美術館，位於東京世田谷區上野毛。該館由東京急行電鐵株式會社原社長五島慶太(1882—1959)先生創立。五島先生畢生從事鐵道事業,同時愛好收集古寫本及繪畫、陶瓷等各種美術品。現館藏部分主要是他的收集品。而大東急記念文庫原來在東京目黑區,1960 年併入五島美術館,作爲該館的一部分。該文庫以收藏和書、漢籍爲主,總數達四萬餘册。有關該文庫收藏的佛典情況,可以參見川瀨一馬先生於 1956 年編纂出版的《大東急記念文庫貴重書解題第二卷・佛書之部》。但是,該目録未著録"大東本"。同時在《大東急記念文庫貴重書解題》的其它部類目録也未見著録。我們懷疑,"大東本"可能是在川瀨先生編目完畢之後收入文庫的。其實,大東急記念文庫的藏品來源比較複雜,部分來自久原文庫①與井上通泰②的舊藏。因此,"大東本"原爲久原文庫或井上通泰所藏,也未可知。

　　學界獲知"大東本"的存在,大致始於 20 世紀 70 年代中後期。當時日本文化廳組織一批學者對日本各大博物館、圖書館、文庫以及個人所藏單位的文物進行田野式考察。其成果後來編有《重要文化財》系列叢書(1975年,每日新聞社出版)。在該叢書第二十卷"書迹・典籍・古文書Ⅲ"中刊佈了"大東本"以及本文後面談到的"白鶴本"兩卷尾部黑白圖版各一張。之後,2007 年大東急記念文庫出版《典籍逍遥——大東急記念文庫の名品》圖録,將"大東本"作爲該文庫的名品之一予以簡要介紹,並刊佈卷首尾彩色圖版各一張。

　　通過以上兩種圖録,大致可以瞭解"大東本"的基本情況,但因其全部

---

　　①　久原文庫的藏書是日本書誌學家和田維四郎(1856—1920)個人收集的,由於該文庫主要由日本企業家、政友會總裁久原房之助(1869—1965)出資支助,故命此名。其所藏以和書爲主,約有 1500 餘册。

　　②　井上通泰(1866—1941),日本明治時期詩人、文學家、眼科醫生。出身兵庫,幼名泰藏,別號南天莊。原姓松岡,其父親松岡操也是一名學者與醫生。通泰十二歲時,成爲井上碩平的養子,故而改姓。十五歲就學於東京帝國大學醫學部預科,開始學習桂園派的和歌,從此與森鷗外結爲終生好友。二十四歲,與森鷗外共同組織"新聲社",與森鷗外共譯並刊出《于母影》詩集。二十五歲大學畢業,擔任醫科大學附屬醫院眼科助手。後轉任姬路醫院眼科主任醫師,不久任岡山醫學專門學校教授。三十七歲辭職上京,在東京成立井上眼科醫院。三十九歲獲得醫學博士學位。井上通泰一生著述頗豐,著有《萬葉集新考》、《南天莊歌集》。另外,還參加編纂過《明治天皇御集》。

圖版至今尚未影印公開,具體内容仍然不爲外界所知,故未能引起人們的注意與研究。2013 年 3 月 16 日,筆者有幸對"大東本"進行了調查①。據瞭解,大東急記念文庫將庫藏善本以叢書的方式陸續影印刊出,其中已把"大東本"列入影印計劃,我們非常期待"大東本"的圖版能夠早日公開發表。

(二)白鶴本

卷子本,首尾全,白麻紙,楷體墨書,無烏絲欄,無天地界。共十二紙,每紙約二十七行,每行十四字不等。紙高 27.0cm,紙長 67.6cm,全卷長567.3cm。首尾均題"畫圖讚文卷第廿七"。卷首有三則目録,分別是:

　　　聖迹住法相過去佛本生地全散舍利塔今見在圖讚
　　　聖迹住法相此神州感通育王瑞像圖讚
　　　聖迹住法相此神州佛像立塔感通事迹圖讚

正文中有標題,但與卷首目録文字不盡相同,分別是:

　　　第二十一圖讚聖迹住法相過去三佛本生地全散舍利塔今見在
　　　第二十二圖讚聖迹住法相此神州感通育王瑞像
　　　第二十三圖讚聖迹住法相此神州佛像立塔感通事迹

"白鶴本"現藏地——白鶴美術館,位於兵庫縣神户市東灘區。該館由日本美術品收藏家嘉納治兵衛(1862—1951)於 1931 年創立,1934 年正式對外開放。嘉納治兵衛,號白鶴翁,出生奈良,是中村堯圓的兒子,因入贅嘉納氏,故而改姓。他曾在奈良正倉院工作,對美術品感興趣。早年主要精力收集奈良、平安時期的經卷以及佛教工藝品,隨後興趣轉向收集中國商、周時期的青銅器,以及唐、宋以後的陶瓷、銀器等美術品。白鶴美術館藏品的主體部分是白鶴翁收集的文物,共一千餘件,"白鶴本"是其中之一。

關於"白鶴本",先後出版過兩種圖版。

第一種圖版明治四十三年(1910)八月由大阪油谷博文堂影印出版,經摺裝。卷末附有狩野直喜與内藤湖南所作的跋文。這兩篇跋文堪稱研究《畫圖讚文》的開山之作,極爲重要。故録文如下:

　　[狩野直喜跋]

　　　天平寫經之流傳人間者,賞鑒家視如拱璧,兼金争購,殊不知當時

---

① 承蒙大東急記念文庫好意,慨允筆者調查"大東本",並録文研究,特此致謝!

命工人寫之，雖筆法謹密，終病平俗。至風神奕奕，浮動於楮墨之表者，亦唯一代風氣令然，然而書之工拙不與焉。此卷舊藏於東大寺，後千有餘年，歸御影豪族白鶴嘉納君。按：楷法前半用筆端勁，後半則稍雜，斌媚娟麗之態，乃知其於右軍《聖教序》得力尤深，殆非庸工之所能辦萬一也。或謂此係李唐名流手抄，果然其可寶，更何如乎？嘉納君夙耽墨妙，名迹滿架，今又獲之，喜不自禁。將刷印玻璃版，以饗海內好事者之需。夫天下至寶，不因緘藏而增光，而世俗或愛惜之，不肯示人。由是觀之，君之此舉，其過於人遠矣！此書題云“畫圖讚文卷第二十七”，其中所載《净住子·净行法》文及頌。我友內藤炳卿得之於齊竟陵王、王寧朔各集錄，有考語，是以不論。論其書法，且述印行緣起如此①。明治庚戌立秋，熊本狩野直喜。（朱印：“狩野直印”）

八洲畠山運成書。（朱印：“八洲”）

[內藤湖南跋]

南都尊勝院聖語藏舊藏寫經數千卷，皆聖武、孝謙二朝間物，往往見有唐人真蹟。麻殘綺帶，古香芬郁，漢翰精絕，絢爛舒錦。維新之後，舉入秘府。然其時散落人間者，已多不可窮詰矣！御影嘉納白鶴君，頃以重價購獲唐抄《畫圖讚文》，亦爲尊勝院舊物。既藏薩摩稅所子爵家，展轉歸嘉納氏。其書出於唐人刪錄，全袠久就散逸。白鶴君所獲乃其第廿七卷，分爲三章，其一曰“第廿一過去三佛本生地全散舍利塔今見在圖讚”。郊取法顯、玄奘所述西域語成文。其二曰“第廿二此神州感通育王瑞像圖讚”。其三曰“第廿三此神州佛像立塔感通事跡圖讚”。並驪括道宣《集神州三寶感應錄》中事。每章宜有圖，今皆不存。章末綴錄蕭齊竟陵王《净住子·净行法》及王融《净行頌》（净行法自慶畢故止新門第十一，大忍惡對門第十二，緣境無礙門第廿三及各門頌次第，皆與圖讚相合），與張溥編《竟陵王集》、《王寧朔集》所收校對，無甚異同。書法雋勁秀媚，脱出經生，畦逕規撫懷仁集《聖教序》，而論其格勢，竟近徐季海、顏清臣二公，豈開、天間名手所寫耶！白鶴君既獲此奇寶，不忍獨享其

_____

① 此則跋文收入狩野直喜文集《君山文》（京都，中村印刷，1959年）卷三，題爲“畫圖讚文跋”。此後，神田喜一郎《敦煌學五十年》（東京，二玄社，1960年初版）中揭載有該跋文的書影。

福,用玻璃版照印,將以貺世之同好焉。聞此書今存三卷外,嘉納氏所獲,而浪華上野氏,寧樂中村、橋井諸氏藏有數十行。余考其文,皆當在第廿五卷内<small>(上野氏藏三十三行,及余藏二行,並淨行法・十種慚愧門及頌中語。橋井氏藏十行,斷絶疑惑門及頌中語。寧樂石埼氏藏二行,極大慚愧門中語。中村氏藏卅行,記聖跡語,多從《西域記》中出)</small>但東京古澤氏所藏一卷,未詳卷第之數。子者亦皆善於鑒藏,篤於好古。若能以其所藏照印布世,猶白鶴君,則藉以補苴内典,宣揚勝業,功德無量。豈秖希遘墨妙,快覩比於星鳳云而已哉! 予實跂而望之。明治卅三年八月廿日,鹿角内藤虎①。(朱印:"鹿角")
(朱印:"宇氏炳卿")

　　兩則跋文皆作於明治四十三年,影印本雖然把狩野氏跋文放置在前,但據各自内容及文末所署時間來看,内藤氏跋文撰述在前,狩野氏跋文撰寫在後。内藤氏跋文主要就"白鶴本"的流傳、内容、書法風格以及其它散藏情况進行了考述,而狩野氏跋文則在書法風格及影印緣起方面作了若干補充。據此可知,"白鶴本"原藏奈良東大寺尊勝院,後經薩摩税所子爵家税所篤(1827—1910)之手,最終爲嘉納治兵衛所得。内藤氏認爲,《畫圖讚文》係唐人作品,原本圖文并茂,可惜圖畫現已不存。"白鶴本"當抄於開元、天寶年間(713—756),其書法頗似懷仁集《大唐三藏聖教序》,具有唐代書法家徐季海(703—782)與顏真卿(709—785)的風格。此外,除了"白鶴本",内藤氏交待,在日本《畫圖讚文》還有多種零本,其中除了他自己所藏的兩行之外,親自過目的有浪華上野氏藏三十三行、寧樂(即奈良)橋井氏藏十行、石埼氏藏二行、中村氏藏三十行,並認爲這些零本屬於卷二十五内容。至於東京古澤氏所藏一卷,因未目驗,卷次不詳。

　　内藤氏跋文提到的上野氏,當指上野有竹(1846—1919),名理一,別號清静庵。明治、大正時期之茶人,藪内範庵門下,丹波篠山(今兵庫縣多紀郡篠山町)人,富收藏②。橋井氏,當指橋井善二郎,收藏家,當過奈

---

　　① 此則跋文收入《湖南文存》卷五,題爲"畫圖讚文跋"。見《内藤湖南全集》卷十四,長野,筑摩書房,1976年7月。
　　② 上野有竹與内藤湖南、羅振玉等均有交往。富收藏,關於他收藏中國書畫部分,1966年京都國立博物館曾出版過《上野有竹齋蒐集中國書畫圖録》,可以參見。

良市長。石崎氏，當指石崎勝藏（1847—1920），醫生，富收藏。中村氏，當指中村準策（1876—1953），企業家兼收藏家，創立寧樂美術館。古澤氏，當指古澤滋（1847—1911），土佐人，明治早期官員，愛好收藏古籍，曾任奈良縣知事。然而，他們各自所藏零本的所在目前尚未得到確認，考慮内藤氏的藏書已歸大阪關西大學内藤文庫，石崎氏所藏已歸大阪府立中之嶋圖書館石崎文庫，所以他們兩人所藏的零本，或許現存各自文庫①。

　　無論如何，需要指出的是，内藤氏將上野氏、橋井氏、石崎氏、中村氏等四人所藏零本視作《畫圖讚文》卷二十五部分，恐怕未妥。因爲"大東本"卷二十六第一章末已抄至《浄住子》"極大慚愧門第十八"。根據内藤氏交待，石崎氏所藏兩行屬於"極大慚愧門第十八"部分，既然如此，那它就不可能是卷二十五，而應該是卷二十六部分。其實，"大東本"脱落的兩紙文字相當於"極大慚愧門第十八"之前半部分。我們懷疑石崎氏所藏兩行或許就是"大東本"脱落文字的一部分。不僅如此，東京古澤氏藏一卷也有可能是現存的"大東本"。因爲，古澤氏藏一卷首尾完整，與"大東本"現況相同，而古澤氏藏本至今下落不明，"大東本"的來源也不清楚。所以，"大東本"在收入大東急記念文庫以前，原本爲古澤氏所藏，也未可知。當然，這僅是筆者的臆測，尚待進一步確認。

　　第二種圖版見於大阪市立美術館編《唐鈔本》。該書 1981 年由京都同朋舍出版，主要收録多種散藏於日本且被斷定爲唐代的珍貴鈔本，"白鶴本"亦在其中，並揭載有全部圖版，但没有收録内藤、狩野兩人的跋文，而附有中田勇次郎（1913—2012）執筆的簡短解題。因其解題内容大體不出狩野、内藤兩氏所述範圍，故不贅引。此外，附帶指出，"白鶴本"作

---

　　① 需要説明的是，筆者查閲了《關西大學所藏内藤文庫漢籍古刊古鈔目録》（大阪，關西大學圖書館，昭和 61 年（1986）10 月）以及《關西大學所藏内藤文庫リスト1—5》（大阪，關西大學圖書館，平成元年（1989）8 月—平成 8 年（1996）3 月），其中均未見《畫圖讚文》的著録。當然，因爲是兩行殘片，尚未整理也有可能。

爲一種書法作品，其卷首圖版曾被《日本書法通鑒》收入，並附有簡要的說明①。

　　總之，《畫圖讚文》一書目前得以確認的僅有上述"大東本"與"白鶴本"兩卷。值得注意的是，這兩卷都屬於唐抄本，而且在紙質、行款以及書寫風格上完全一致，可以肯定是同一人所抄，屬於同一書的散藏。因此，"大東本"與"白鶴本"一樣，早期應該共同藏於東大寺尊勝院。至於内藤氏提到的其它零本，雖有待確認，但也有可能是尊勝院的舊物。無論如何，現存《畫圖讚文》因爲是唐抄本，具體何時傳入日本是一個問題。對此，我們查閱了最澄、空海、圓珍、圓仁等諸家求法目録，均未見著録。我們在《正倉院聖語藏經卷目録》（奈良帝室博物館正倉院，1929 年）、《舊尊勝院聖語藏古經卷目録》（玉井久次郎編，1940 年）以及東大寺文書等資料②中也未找到相關記載。因此，關於《畫圖讚文》的東傳時間與經過，尚有待進一步探討。

　　現存《畫圖讚文》兩卷均已被指定爲日本重點文物，作爲唐抄本日本學界已有所關注，但也許由於不明此書作者等原因，自狩野、内藤兩氏之後，尚未有人對此展開研究。

二　《畫圖讚文》現存内容來源辨析

　　《畫圖讚文》全帙無存，整體内容不得而知。從書名推斷，誠如内藤氏所言，此書的原來形態是圖文并茂的，可惜圖畫部分現已散佚，僅存部分文字。就現存文字來看，其内容大體由兩大部分組成：一是圖讚部分；二是

---

　　① 該説明文字是"畫圖讚文在歷史上没有著録，是何人於何時作書，皆不可詳考。此卷藏於東大寺尊勝院的聖語藏，明治維新時流落民間，作者是否爲日本人也未定論，但似乎更像唐人的墨跡。以書法度之，楷法端勁秀媚，迥異於普通的經卷生手段，卻不無一絲大王書風的痕跡。内藤湖南認爲它可能是唐開元天寶年間的名手所爲，但不管是何人作書，作爲稀有的名跡是毫不遜色的"。見陳振濂編著，《日本書法通鑒》，鄭州，河南美術出版社，1998 年 6 月，頁 52。

　　② 比如《東大寺文書》（1—22，別集 1），東京，東京帝國大學文學部史料編纂所，1944—2014 年。奈良國立文化財研究所編《東大寺文書目録》（1—6），京都，同朋舍出版，1979—1984 年。

《净住子》部分。爲了簡明起見,兹將兩卷的具體章目列表如下:

表一

卷數	本文内具體章目(内容結構)	備注
卷二十六	第十八圖讚聖跡住法相佛在時王造像立塔感通靈瑞(後半缺落)	圖讚(印度)
	净住子净行法·極大慚愧門第十八(前半缺落)①	《净住子》
	第十九圖讚聖跡住法相佛滅度後諸造瑞靈塔並彌勒下生	圖讚(印度)
	净住子净行法·善友勸獎門第十九	《净住子》
	第二十圖讚聖跡住法相佛涅槃後寺塔相續	圖讚(印度)
	净住子净行法·戒法攝生門第二十	《净住子》
卷二十七	第二十一圖讚聖跡住法相過去三佛本生地全散舍利塔今見在	圖讚(印度)
	净住子净行法·自慶畢故止新門第二十一	《净住子》
	第二十二圖讚聖跡住法相此神州感通育王瑞像	圖讚(中國)
	净住子净行法·大忍惡對門第二十二	《净住子》
	第二十三圖讚聖跡住法相此神州佛像立塔感通事跡	圖讚(中國)
	净住子净行法·緣境無礙門第二十三	《净住子》

　　據上表可知,每卷内容由六個章節組成,圖讚與《净住子》各三個章節。每個章節交互抄寫,先抄圖讚,後抄《净住子》。並以兩個章節爲一組,前後序號相互對應。

　　先看《净住子》部分。《净住子》是南齊司徒竟陵王蕭子良(460—494)所編撰的佛教作品,原書共二十卷,内容包括南齊秘書丞王融(467—493)

---

　　① 卷二十六因缺紙之故,導致第十八圖讚的後半部分與其後《净住子》的前半部分文字有脱落。表中"净住子净行法·極大慚愧門第十八"的序號由筆者根據道宣一卷本《净住子》補入,特此説明。

所撰頌文。不過,如今二十卷本《淨住子》已經亡佚①,存世者有道宣抄略的一卷本《淨住子》。以一卷本《淨住子》與《畫圖讚文》中所抄的《淨住子》進行比對,除了若干文字因誤訛、脱衍等而有差異之外,兩者内容完全一致。顯然,《畫圖讚文》所抄的《淨住子》就是道宣的一卷本《淨住子》。

再看圖讚部分。從上表的備注可以知道,這部分是按照先印度而後中國的順序進行編撰的。從卷二十六至卷二十七中的第二十一圖讚爲止,主要記録印度及西域各國有關佛像、寺塔等佛教聖迹;第二十二圖讚記録東吴孫皓、東晉沙門曇翼、元魏沙門惠達(即劉薩訶)、東晉丹陽尹高悝等與阿育王造像相關的靈驗事迹;第二十三圖讚記録與阿育王塔相關的靈驗事迹。相對《淨住子》而言,這部分内容比較豐富。然而,從史源學的角度考察,這一部分到底參考或引述過哪些資料呢? 查其内容,首先明確引述過的資料有兩種:

(一)《精異記》

卷二十七"第二十二圖讚"云:

　　魏吴孫皓時,後園獲一金像,皓穢之,愚患甚篤,求命謝之,乃損。此乃育王本像也。

　　西晉建興元年,有二石佛浮在吴松江,初疑爲海神。巫祝迎之,風濤彌盛。奉黄老者,爲是天師,往接不獲,風浪大動。有奉佛者,至滬瀆口迎之,風潮忽静。接置岸上,乃是石佛,高七尺,銘其背:一曰維衛;二曰迦葉。以狀奏聞,令(今)吴郡通玄寺。見《精異記》。

第一段是關於魏吴孫皓污穢金像患疾事;第二段是關於石佛浮松江事。文末提到的《精異記》,又稱《精異傳》,費長房《歷代三寶紀》卷十二有著録,十卷,相州秀才儒林郎侯君素奉勅撰②。另據《隋書·經籍志》、《舊唐書·經籍志》、《大唐内典録》、《續高僧傳》、《集神州三寶感通録》以及《法

---

　　①　日本學者矢吹慶輝最早發現敦煌遺書斯00721號背抄有《淨住子》卷十八部分。隨後,鹽入良道對此有録文研究,但由於當時他只看到縮微膠卷,誤作爲《淨住子》卷八。此是現知僅存的二十卷本《淨住子》殘卷,圖版可見方廣錩、[英]吴芳思主編,《英國國家圖書館藏敦煌遺書》第12册,桂林,廣西師範大學出版社,2013年3月,頁205—224。

　　②　《大正藏》第49卷,頁106。

苑珠林》等記載,侯君素所撰爲《旌異記》,且卷數有十五卷①。無論如何,此書作爲《畫圖讚文》的參考材料之一則無異議。

(二)《僧史》

卷二十七"第二十三圖讚"記載:

> 撿《僧史》云:晉時離石僧慧達,感通靈異,往江南丹楊(陽)、會稽吳郡,禮阿育王塔及浮江石像。於揚州登越城,望見異光,乃長干寺刹也。每放光,乃掘入丈許,得三石匣,有鐵銀金函相盛,中有三舍利,一爪甲一髮。髮申長數尺,放卷成螺,光色炫燿。自此以前,無有佛法。今掘得之,明是周宣王時,育王立八萬四千之一塔也。又往吳郡通玄寺禮浮江石像,三年懺悔。又往會稽禮鄮縣塔,亦是育王所造,歲久荒涼,示存其蹤。又見神光焰發,因立龕砌石。塔上踊非人所造,群鳥不栖,漁田無獲,道俗移信。

> 又石趙時,佛圖澄謂二石曰:臨菑城有阿育王塔,靈盤佛像,可掘以成臨漳舊塔。遂圖掘之,深二十丈,果得盤像焉。據此現事,育王立塔,處處不虛。

《僧史》作爲書名,目前僅有齊文宣王記室王巾撰《僧史》(共十卷)。但這裏的《僧史》,是否指王巾《僧史》,因該書不存,無從查核。僅從《僧史》名稱看,不能排除泛指某部僧傳著作的可能。上文第一段記載的離石僧慧達,即劉薩訶,有關他的生平事蹟,散見於慧皎《高僧傳》卷十三、道宣《續高僧傳》卷二十五所收之"釋慧達"傳等資料。通過比較,如上文所載的"釋慧達"部分事蹟不見於《續高僧傳》,而與《高僧傳》所述內容大體相同。不僅如此,上文第二段"又石趙時……果得盤像焉"部分,也可在《高僧傳》卷九"佛圖澄"傳中找到相應文字。因此,上文所謂的《僧史》,很可能就是指《高僧傳》②。

其次,《畫圖讚文》中還提示它可能參考過的兩種資料。其一,卷二十六第十九圖讚"彼傳云:自有此像,教法方流至於震旦"。與此相近文字,目前僅見於玄奘《大唐西域記》卷三"自此有像,法流東派"③與道宣《釋迦方

---

① 《隋書》、《舊唐書》、《新唐書》明確著録作"十五卷"。

② 《宋史·藝文志》有"釋慧皎《僧史》二卷"。慧皎所著通稱爲《高僧傳》,共十四卷(或有十卷)。著録"二卷"雖然有誤,但這是將釋慧皎《高僧傳》稱作《僧史》之例。

③ 《大正藏》第 51 卷,頁 884。

志》卷一"自此有像,法方東流也"①。從"彼傳"的稱呼來看,指《大唐西域記》的可能性較大,因爲《大唐西域記》又可簡稱作《西域傳》,如道宣《關中創立戒壇圖經》載"玄奘法師《西域傳》"②。其二,卷二十七第二十一圖讚"律中佛行中野,見有耕者,告諸比丘,迦葉如來全身舍利在此地中,即取耕土,爲佛起塔,比丘相從,效佛爲之,遂成大聚。佛因説偈:假使百千金,持用行佈施。不如一搏泥,爲佛起塔勝"。此"律中"所述部分,目前在律藏中能夠找到與之對應的只有佛陀耶舍譯《四分律》卷五十二③。所以,這段内容可能是參考《四分律》編寫而成。

　　總體而言,由於圖讚部分涉及許多印度或西域的佛教聖蹟,所以有些内容與《大唐西域記》的記載重疊。然而,需要指出的是,通過整體考察顯示,其中大部分文字雖與《大唐西域記》有相似之處,但並非完全源自該書,反而與道宣的《釋迦方志》有著更密切的關係。爲了便於説明,以下我們根據《畫圖讚文》内容,並從《大唐西域記》、《釋迦方志》中列出能與之相應的部分進行對照,以見一斑。

表二

畫圖讚文	釋迦方志	大唐西域記
又中印度橋睒彌國城内故宫大精舍,高六十餘尺,中有檀像,上懸石蓋,即佛在憂陀延王之所造也。靈光間起,諸王以力欲舉,終莫之動。(卷二十六第十八圖讚聖跡)	城内故宫大精舍。高六十餘尺。刻檀佛像上懸石蓋。即鄔陀衍那王(古優陀延也,唐云出愛)之所造也。靈光間起,諸王以力欲舉,終莫之移。	城内故宫中有大精舍,高六十餘尺,有刻檀佛像,上懸石蓋,鄔陀衍那王(唐言出愛,舊云優填王,訛也)之所作也。靈相間起,神光時照,諸國君王恃力欲舉雖多人衆,莫能轉移。

① 《大正藏》第 51 卷,頁 995。

② 《大正藏》第 45 卷,頁 810。

③ "佛告阿難:乃往過去世時,有迦葉佛,般涅槃已。時有翅毘伽尸國王,於此處七歲七月七日起大塔已,七歲七月七日與大供養,坐二部僧於象蔭下,供第一飯。時去此處不遠,有一農夫耕田,佛往彼間取一搏泥來置此處,而説偈言:設以百千瓔珞,皆是閻浮檀金。不如以一搏泥,爲佛起塔勝。"見《大正藏》第 22 卷,頁 958。

畫圖讚文	釋迦方志	大唐西域記
又北印度泥婆羅國城南不遠有水火村，東一里許有深水，周二十步，旱澇湛然，常自然沸。家火投之，遍地煙焰。但投土木，亦即焰起，而成煨燼。架釜水上，煮食立熟。昔有金匱王使人取，挽之不動，夜神告曰：此乃慈氏之冠，下生擬著，凡人不合恆有，火龍護之。（卷二十六第十九圖讚聖跡）	城東南不遠有水火村，東一里許有阿耆波涔水，周二十步，旱(旱)澇湛然，不流常沸。家火投之，遍池火起，烟焰數尺。以水灑火，火更增熾。碎土以投，亦即燃盡。無問投者，並成灰燼。架釜水上，煮食立熟。云此水中先有金櫃，國王將人取之。櫃已出泥人象，挽之不動，夜神告曰：此是慈氏佛冠下生，擬著不可得也，火龍所護。	都城東南有小水池，以人火投之，水即焰起，更投餘物，亦變爲火。
摩揭羅西南菩提寺，庭宇六院，觀閣三層，周垣高六丈。南海師子國上坐部，僧減千人，習大乘上座部。立寺來經四百年，僧法嚴正，爲中國上矣！（卷二十七第二十圖讚聖跡）	樹垣北門外，即摩訶菩提寺，庭宇六院，觀閣三重，周垣高五丈許。佛像鑄金銀，莊嚴工巧，極世華美。塔又高廣有佛舍利大如指節。光澤鮮白，通徹內外。內舍利者，大如青珠，形帶紅色。每年至佛大神變月，出以示人（即印度十二月三十日，於唐正月十五日也）於此時也，放光雨華，大起深信。其寺常僧減一千人，習大乘上座部，法儀清肅。是南海僧伽羅國王，請中印度大吉祥王立之，經今四百年矣。故寺多師子國人。	菩提樹北門外摩訶菩提僧藍，其先僧伽羅國王之所建也。庭宇六院，觀閣三層，周堵垣牆高三四丈，極工人之妙，窮丹青之飾。至於佛像，鑄以金銀，凡厥莊嚴，廁以珍寶。諸窣堵波，高廣妙飾，中有如來舍利，其骨舍利，大如手指節。光潤鮮白，皎徹中外。其肉舍利如大真珠，色帶紅縹。每歲至如來大神變月滿之日，出示衆（即印度十二月三十日，當此正月十五日也）。此時也，或放光，或雨花。僧徒減千人，習學大乘上座部法，律儀清肅，戒行貞明。

續表

畫圖讚文	釋迦方志	大唐西域記
中印度波羅奈國東北十餘里,有鹿野寺,區界八分,連垣重閣,甎龕四周,節級百數。前有石柱,高七十餘尺,隨其善惡而影現中,即佛轉法輪地(卷二十七第二十圖讚聖跡)	河東北十餘里鹿野寺也。區界八分,連垣周堵。層軒重閣,僧徒一千五百人。並小乘正量部。有佛精舍高二十餘丈。甎龕四合,節級百數。皆隱起金像鍮石佛等。次西南塔高百餘尺,前有石柱,高七十餘尺,洞澈清净,誠感像現,隨其善惡,即成道已,初轉法輪處。	婆羅疤河東北行十餘里,至鹿野伽藍,區界八分,連垣周堵,層軒重閣,麗窮規矩。僧徒一千五百人,並學小乘正量部法。大垣中有精舍,高二百餘尺,上以黄金隱起作菴没羅果,石爲基階,甎作層龕,龕匝四周,節級百數,皆有隱起黄金佛像,精舍之中有鍮石佛像,量等如來身,作轉法輪勢。
又拘尸那國城東北角,純陀故宅,設供穿井,見在香美。西北四里,度河西岸,婆羅林間,四樹特高,大精舍中像北首而卧。塔高二百餘尺,前有石柱,記佛滅來經今貞觀二十一年,則一千二百一十二年者。菩提寺中石柱記云:千三百年或千五百年者。蓋以宜聞不等有參差。(卷二十七第二十圖讚聖跡)	拘尸那揭羅國(中印度)城頹荒人物少也。内東北角塔是准陀故宅,其井猶美,營供所穿。城西北四里,度阿恃多伐底河,此云有金也。近西岸娑羅林,兩林間相去數十步,中有四樹特高。大甎精舍中,作佛涅槃像,北首而卧。旁塔高二百餘尺,前有石柱記佛滅相,有云:當此土三月十五日者。説有部云:當此九月八日。諸部異議云:至今貞觀二十年,則經一千二百一十二年矣。此依菩提寺石柱記也。或云:千三百年,或千五百餘年。	城内東北隅,有窣堵波,無憂王所建,准陀(舊曰純陀,訛也)之故宅也。宅中有井,將營獻供,方乃鑿焉。歲月雖淹,水猶清美。城西北三四里,渡阿恃多伐底河(唐言無勝,此世共稱耳。舊云阿利羅跋提河,訛也。典言謂之尸賴拏伐底河,譯曰有金河)。西岸不遠,至娑羅林。其樹類斛,而皮青白,葉甚光潤。四樹特高,如來寂滅之所也。其大甎精舍中作如來涅槃之像,北首而卧。傍有窣堵波,無憂王所建,基雖傾陷,尚高二百餘尺。前建石柱,以記如來寂滅之事,雖有文記,不書日月。聞諸先記曰:佛以生年八十,吠舍佉月後半十五日入般涅槃,當此三月十五日也。説一切有部則佛以迦剌底迦月後半八日入般涅槃,此當九月八日也。自佛涅槃,諸部異議,或云千二百餘年,或云千三百餘年,或云千五百餘年,或云已過九百,未滿千年。

續表

畫圖讚文	釋迦方志	大唐西域記
中印度迦毗羅國城南五十里故城中塔,是人壽六萬歲時,拘樓孫佛本生,城東南塔,即此是佛遺身也。無憂王於前建石柱,高三丈餘。 又東北故城中塔,是人壽四萬歲時,迦那含牟尼佛本生城,城東北塔,此佛遺身也。前有石柱,高二丈餘。無憂造。(卷二十七第二十一圖讚聖跡)	城南五十里,故城中塔,是人壽六萬歲時。迦羅迦村馱佛本生城。城東南塔,即此佛遺身也。無憂王於前建石柱高三丈餘。 又東北三十餘里故城中塔,是人壽四萬歲時,迦諾迦牟尼佛本生城,城東北塔,即此佛遺身也。無憂王爲建石柱銘記之,高二丈餘。	迦羅迦村馱佛城東北行三十餘里,至故城,中有窣堵波,是賢劫中人壽四萬歲時,迦諾迦牟尼佛本生城也。東北不遠有窣堵波,成正覺已度父之處。次北窣堵波,有彼如來遺身舍利,前建石柱,高二十餘尺,上刻師子之像,傍記寂滅之事,無憂王建也。

通過上表比較,不難推斷三書之間的關係。尤其從第二例内容以及表中下線所示的部分來看,有些文字僅見於《畫圖讚文》與《釋迦方志》兩書,即相對《大唐西域記》而言,《畫圖讚文》與《釋迦方志》的關係更爲密切。眾所周知,《大唐西域記》是玄奘西行求法的見聞記録,貞觀十九年(645)玄奘回國後,受唐太宗李世民之命於翌年秋撰成。而《釋迦方志》,據道宣自序①,它成書於《大唐西域記》之後,大部分内容乃是撮略《大唐西域記》而成。因此,這兩書的承襲關係不言而喻。至於《釋迦方志》與《畫圖讚文》之間的關係,根據上表對照文字即可得知,尤其從上表第四例下線文字中有一處細微的差別,即《釋迦方志》中的"貞觀二十年",《畫圖讚文》改作"貞觀二十一年"來看,雖僅一年之差,卻側面反映了他們兩者的先後關係。因此,三書的具體關係當是《大唐西域記》→《釋迦方志》→《畫圖讚文》。由此觀之,《畫圖讚文》的聖跡部分,儘管有直接引述《大唐西域記》的痕跡,但更多則引自《釋迦方志》。

綜上所論,圖讚部分的資料來源,除了參考《精異記》、《高僧傳》、《大唐西域記》以及《四分律》等文獻外,道宣的著作——《釋迦方志》是其主要的參考資料之一。

---

① "泉(洎)貞觀譯經,嘗參位席,傍出西記,具如别詳。但以紙墨易繁,閲鏡難盡,佛之遺緒,釋門共歸。故撮綱猷,略爲一卷。貽諸後學,序之云爾"。文中《西記》當指《大唐西域記》。見《大正藏》第51卷,頁948。

　　關於圖讚部分有參考過道宣的著作，我們還可以舉出另外的例子來進一步説明，如卷二十七"第二十二圖讚聖跡"中另一則關於"釋慧達"的記載，全文如下：

　　　　元魏太武太延元年，沙門惠達行至涼州，望御谷山，禮之曰：不久此山瑞像出見，若形相不具，天下將亂。後八十七年，大風雪震，山裂出像，身長二丈，唯無其首，隨作隨落。魏道陵遲，後於州東得首，安之符合。今感通寺是也。

　　以上事蹟不見於《高僧傳》之"釋慧達"傳，相近文字分別見於道宣的著作——《續高僧傳》卷二十五"慧達傳"①、《釋迦方志》卷二②、《廣弘明集》卷

---

　　①　"至元魏太武大延元年，流化將訖，便事西返，行及涼州番禾郡東北，望御谷而遥禮之，人莫有曉者。乃問其故，達云：此崖當有像現，若靈相圓備，則世樂時康。如其有闕，則世亂民苦。達行至肅州酒泉縣城西七里石澗中死，其骨並碎，如葵子大可穿之。今在城西古寺中塑像手上，寺有碑云：吾非大聖，遊化爲業。文不具矣。爾後八十七年至正光初，忽大風雨，雷震山裂，挺出石像，舉身丈八，形相端嚴，惟無有首。登即選石命工彫鐫別頭，安訖還落，因遂任之。魏道陵遲，其言驗矣。逮周元年，治涼州城東七里澗，忽有光現，徹照幽顯，觀者異之，乃像首也。便奉至山巖安之，宛然符會。儀容彫缺四十餘年，身首異所二百餘里，相好還備，太平斯在。保定元年，置爲瑞像寺焉。乃有燈光流照，鍾聲飛嚮，相續不斷，莫測其由。建德初年，像首頻落，大冢宰及齊王，躬往看之，乃令安處，夜落如故。乃經數十，更以餘物爲頭，終墜於地。後周滅佛法，僅得四年，隣國殄喪，識者察之，方知先鑒。雖遭廢除，像猶特立。開皇之始，經像大弘，莊飾尊儀，更崇宇寺。大業五年，煬帝躬往禮敬厚施，重增榮麗，因改舊額爲感通寺焉。故令模寫傳形，量不可測。約指丈八，臨度終異，致令發信，彌增日新。余以貞觀之初歷遊關表，故謁達之本廟，圖像儼肅，日有隆敬。自石、隰、慈、丹、延、綏、威、嵐等州，並圖寫其形，所在供養，號爲劉師佛焉。因之懲革胡性，奉行戒約者殷矣。見姚道安制像碑。"見《大正藏》第 50 卷，頁 644—645。

　　②　"元魏太武大延元年，有沙門劉薩何者，家于離石南高平原，今慈州也。昔行至涼州西番禾郡，東北望御谷而遥禮曰：此山當有像現，靈相備者，世樂時平。如其有闕，世亂民苦。後經八十七歲，至魏正光元年。因大風雨雷震，山巖挺出，像身一丈八尺。形好端嚴，惟無其首。登即選石命工，安訖還落。魏道陵遲，其言驗矣。至周元年，始治涼州，城東七里澗，忽見佛首，石彩光明，乃往安之，恰然符合。神儀彫缺，四十餘年，身首異處。二百餘里，一朝圓具，衆咸嗟歡。時有燈光流照，鍾聲飛響，莫知來處。建德初年，像首頻落，大冢宰及齊王躬往看之，乃令安處，夜落如故。經于數十更換餘頭，終墜如故。後滅佛法，僅得四年。四喪滅嗣，斯言又驗。故模寫其狀，畢量有差。今爲感通寺焉。"見《大正藏》第 51 卷，頁 972。

十五①、《集神州三寶感通録》卷二②。上文末提到的"感通寺",大業五年
(609)由隋煬帝賜額。因此,這則記録不會早於大業五年,引自道宣著作的
可能性極大。

　　此外,圖讚部分關於東吳孫皓、東晉沙門曇翼、東晉丹陽尹高悝以及石
像浮江等靈驗事蹟,在道宣《集神州三寶感通録》中也有不同程度的記載。
這説明道宣對這些感應事蹟相當瞭解,並傾力收集而加以宣揚。

　　總之,在現存《畫圖讚文》内容中,不僅《净住子》部分與道宣一卷本《净
住子》相同,圖讚部分也與道宣的著作具有密切關係,這一現象非常值得
注意。

三　《畫圖讚文》作者及相關問題

　　《畫圖讚文》未見歷代書目著録,從書名推測,其原來形態是圖文並茂

---

　　①　"涼州西番禾縣瑞石像者,元魏太延中,沙門劉薩河(訶)行至番禾東北,望神御谷而
禮曰:此山中有佛像出,若相不具,國亂人苦。經八十七載,正光年初,風雨震山像出,長三
丈許,惟無其首,登即命造,隨安隨落。魏道陵遲,分東西矣。後四十年,州東七里澗内,
獲石佛首,即以安之,恰然符合。周保定中,像首又落。隋初還復,立瑞像寺。煬常西征
過之,改爲感通寺。今圖寫多依量莫(模)准。"見《大正藏》第52卷,頁202。

　　②　"太武大延元年,有離石沙門劉薩訶者,備在僧傳。歷遊江表,禮鄮縣塔,至金
陵開育王舍利。能事將訖,西行至涼州西一百七十里,番禾郡界東北,望御谷山遥禮,人
莫測其然也。訶曰:此山崖當有像出,靈相具者,則世樂時平。如其有缺,則世亂人苦。
經八十七載,至正光元年,因大風雨雷震,山巖挺出石像,高一丈八尺,形相端嚴,唯無有
首。登即選石命工,安訖還落。魏道陵遲,其言驗矣。至周元年,涼州城東七里,澗石忽
出光,照燭幽顯,觀者異之,乃像首也。奉安像身,宛然符合。神儀彫缺,四十餘年。身
首異處,二百餘里。相好昔虧,一時還備。時有燈光流照,鍾聲飛響,皆莫委其來也。周
保定元年,立爲瑞像寺。建德將廢,首又自落。武帝令齊王往驗,乃安首像項,以兵守
之,及明還落如故,遂有廢法國滅之徵。接焉備于周釋道安碑。周雖毁教,不及此像。
開皇通法,依前置寺。大業五年,煬帝西征,躬往禮觀,改爲感通道場,今仍存焉。依圖
擬者非一,及成長短,終不得定。云云。"見《大正藏》第52卷,頁417。

的,類似於古代"圖經"、"圖讚"以及"瑞應圖"的作品①。現存"大東本"與
"白鶴本"卷首均無作者名,卷尾亦無題記。内藤氏指出"其書出於唐人删
録",認爲係唐人作品,可惜他没有進一步論證。所以,關於此書作者至今
依然不明。但根據以下論述,筆者推斷它是唐代沙門道宣的作品。

　　道宣是中國佛教史上舉足輕重的人物之一,他一生勤於筆耕,著述甚
豐,内容涉及史書、戒律、目録、感通等多種領域。關於道宣的著作,最早他
自己在《大唐内典録》卷五中列出十八部,其中就有兩部圖讚類著作,分
別是:

　　　聖迹見在圖讚
　　　佛化東漸圖讚(一部二卷)②

　　這兩部著作在《法苑珠林》③、《新唐書·藝文志》④有著録。對於《聖迹
見在圖讚》,《法苑珠林》著録作一卷,而《新唐書·藝文志》著録作二卷,不
同文獻之間,記載稍有差别。

　　《聖迹見在圖讚》與《佛化東漸圖讚》二書均未被歷代大藏經所收,屬於
古逸之書。僅從書名看,不難推測《聖迹見在圖讚》是描述關於佛教聖蹟的
内容,而《佛化東漸圖讚》是記載關於佛法東漸(東傳)的事蹟。由於兩書名
稱均題有"圖讚",作品的原來形態應該都是圖文並茂的,這點與《畫圖讚
文》一致。不僅如此,"白鶴本"卷首三則目録均有"聖迹……圖讚",尤其第
一條目録明確標有"聖迹……見在圖讚",與《聖迹見在圖讚》的書名完全吻
合。所以應該承認,《畫圖讚文》與《聖迹見在圖讚》之間存在著某種關聯。

　　隨後,道宣的圖讚類著述,在宋代元照《芝園遺編》卷三"南山律師撰集

---

① 在古代寫本中,以圖文並茂的形式保存至今的作品實際不多,比如敦煌遺書伯
2683《瑞應圖》可謂是代表作之一。該遺書上半幅爲彩繪圖像,下半幅爲圖像解説。圍
繞此遺書的相關研究成果不少,主要有饒宗頤,《敦煌本"瑞應圖"瑞應圖跋》,載《敦煌研
究》,蘭州,1999年。鄭炳林、鄭怡楠,《敦煌寫本 P.2683"瑞應圖"研究》,載《敦煌文獻:
考古、藝術綜合研究》,北京,中華書局,2011年。

② 《大正藏》第55卷,頁828。《佛化東漸圖讚》中之"化"字,當是"法"字之音誤。

③ "聖跡見在圖讚一卷,佛化東漸圖讚二卷",見《大正藏》第53卷,頁1023。

④ "聖跡見在圖讚二卷,佛化東漸圖讚二卷",見《新唐書卷五十九·志第四十
九·藝文三》(北京,中華書局,2003年),頁1527。

録"中也有著録,分別如下:

> 佛法東漸圖讚二卷(顯慶五年製,或云化佛,未見)
>
> 佛教東漸化跡一卷(顯慶五年夏中製,未見)
>
> 聖跡見在圖讚一卷(名出内典録,未見)
>
> 住法圖讚一卷(顯慶五年製,後分二卷,見行)①

　　值得注意的是,原來《大唐内典録》所著録的兩部,降至宋代則變成了四部。爲何如此,首先應該關注《佛法東漸圖讚》(或作《化佛東漸圖讚》)與《佛教東漸化跡》之間的關係。這兩部書的書名大體一致,而且創作年代相同,均撰述於顯慶五年(660),僅在卷數方面有二卷與一卷的區別。《佛教東漸化跡》書名不見於《大唐内典録》,元照根據什麼資料進行著録,詳情不明。對於這兩部書,我們認爲有兩種可能:第一、兩者屬於同書異名,因元照没有見到原書,故而予以分別著録;第二、這兩部書原來僅是一部,後在流傳過程中圖文分流,保持最初圖文并茂的名爲《佛法東漸圖讚》,僅存其中文字或圖畫的部分則名爲《佛教東漸化跡》。《佛法東漸圖讚》之所以作二卷,而《佛教東漸化跡》僅作一卷,或緣於此。無論如何,元照當年並没有見過這兩部書,可能在元照之前就已經散佚。

　　其次,《聖跡見在圖讚》與《住法圖讚》兩書的關係也值得注意。根據元照記載,《聖跡見在圖讚》是依《大唐内典録》著録的,但《住法圖讚》的書名卻未見於《大唐内典録》。有趣的是,從《住法圖讚》的書名,使我們聯想到了"大東本"與"白鶴本",因爲前者卷首三則目録明確標有"住法相……圖讚",後者卷首三則目録明確標有"聖跡住法相……圖讚",兩卷章目文字雖有不同,但與《住法圖讚》的書名極其吻合。如此看來,《畫圖讚文》一書,除了《聖跡見在圖讚》名稱外,《住法圖讚》可能是它的另一種異名。當然,這僅是通過書名與目録的對應關係進行推定的結果,應該説尚缺乏足夠的説服力,想要坐實這一推論,還需要更加可靠的材料。

　　關於道宣的圖讚類著作,無論是他自己著録的兩部,還是後來元照著録的四部。根據元照自己交待,他當年親眼見到的僅有《住法圖讚》而已。雖則如此,《住法圖讚》目前是否存世,尚未得到確認。通過電子佛典集成CBETA(2016)檢索顯示,我們在後唐景霄《四分律行事鈔簡正記》,元照

---

① 《續藏經》第 59 卷,頁 650。

《四分律行事鈔資持記》、《佛制比丘六物圖》以及允堪《四分律隨機羯磨疏正源記》、《衣鉢名義章》，乃至南宋了然《釋門歸敬儀通真記》、彦起《釋門歸敬儀護法記》、惟顯《律宗新學名句》、妙生《佛制六物圖辯訛》等律學著述中可以看到不同程度對此書的徵引。這些引用文字，不僅是瞭解《住法圖贊》内容的珍貴資料，而且可以爲我們推測《畫圖讚文》又名《住法圖贊》提供强有力的證據。如《釋門歸敬儀通真記》卷三所引一段文字云：

　　住法圖讚云：何謂爲佛？自覺覺彼，無師大智，五分法身也。何謂爲法？能軌能正，滅諦涅槃，清净無相也。何謂爲僧？能和合衆，無學功德，自他滅處也。此則三寶區別之門(古人以此爲同性者非)。

　　若論極教，理唯一統。照無不周，照周等覺，謂之佛寶。體無非法，謂之法寶。至德常和，謂之僧寶。此乃體一義三，同體三寶①。

以上兩段文字屬於《净住子》一卷本内容，但它並非直接引自《净住子》，而是轉引自《住法圖贊》，可見《住法圖贊》的確抄有《净住子》。而這一部分《净住子》文字恰好見於上述的"大東本"，可見《住法圖贊》的確與《畫圖讚文》的内容相同。此外，在《釋門歸敬儀通真記》卷一還有以下幾段引自《住法圖贊》的文字：

　　住法圖讚云：初夏赫連勃勃，得三秦地，殊不信佛。繪像爲衣披之，令人禮佛即爲禮我。後爲天震而死，及塟，又震出之。其子曰冒(昌)，襲位，破長安，滅佛法，逢僧斬戮。有沙門曇始，被刃不傷，因爾改心。

　　次元魏大武重道士冦謙之，爲立道壇，司徒崔皓讒於佛法，帝然之，太平真君七年，遂滅佛法，逢僧梟斬。至十一年，曇始又諫，帝被厲疾，遂誅崔氏。其子文成重立佛法，光顯紹續。

　　又次周武帝納道士張賓，及前僧衛元嵩讒，遂毀二教，安法師著二教論以抗之，帝聞之，存廢理乖，遂雙除屏。建德三年，除蕩關内。六年，除蕩關東，自謂得志于天下也。未及一年，身喪國亡，有下推不滅之理。三中既釋迦緣謝，則慈氏運開，運開宜興，緣謝宜隱，一隱一顯，莫不順機。據本尋源，實唯一佛。故法華云：然燈佛等，皆是我身，出

----

①　《續藏經》第 59 卷，頁 503。

没隨時，實無生滅。緣生謂機熟也，道會契機，説法易可化也①。

　　上文内容涉及北魏太武帝和北周武帝滅佛事件，並談到沙門曇始臨刃不傷的軼事。這些内容雖不見於現存的《畫圖讚文》，但應該屬於其中的聖跡部分。而且從《畫圖讚文》的現存聖跡部分先印度而後中國的編撰順序來看，以上内容很可能編在《畫圖讚文》卷二十七之後。無論如何，通過後世文獻引用的《住法圖讚》，也可以進一步判斷，元照當年親眼所見的《住法圖讚》，與本文討論的《畫圖讚文》爲同一部書，只是書名不同而已。

　　《畫圖讚文》之所以又稱爲《住法圖讚》，或與其中抄録《净住子》的内容有關。因爲“住法”是“净住法相”的簡稱，而“净住”乃是布薩（upavasatha）一詞的意譯，指身、口、意三業清净，依戒而住。蕭子良撰述《净住子》的目的旨在闡明在家布薩法，樹立净住、净行法門，教導大家懺悔、持戒。那麽，《畫圖讚文》爲什麽將《净住子》納入其中呢？關於這一點，道宣在《净住子》序言中有一段頗值得關注的記述：

　　　　輒又隱括略成一卷，撮梗概之貞明，摘扶疏之茂美。足以啓初心之跬步，標後鋭之前縱。又圖而讚之，廣於寺壁。庶使愚智齊曉，識信牢強②。

　　以上這段文字道宣明確交待了撮略《净住子》的目的，尤其是通過“又圖而讚之，廣於寺壁”兩句可以知道，道宣爲了方便愚智者理解佛教思想，以增強對佛教的信念，抄録《净住子》之後，還配以圖畫廣於寺壁。應該説，道宣的這一自序，爲我們瞭解一卷本《净住子》的抄略背景提供了最直接的材料。也就是説，《畫圖讚文》之所以抄録《净住子》，與《净住子》原來設定的教化對象是在家信徒有關。道宣將二十卷本略抄成一卷本，更多是考慮初學者的根機，所謂“庶使愚智齊曉，識信牢強”。爲了將《净住子》的持戒、懺悔等思想普及或適用於廣大信徒，故而配以畫圖加以宣傳。關於《畫圖讚文》與《净住子》的關係，贊寧《宋高僧傳》卷二十八“論曰”也有提到：

　　　　昔者齊太宰作净住法，梁武帝懺六根門，澄照略成住法圖，真觀廣

---

　　①　《續藏經》第59卷，頁466。此處大部分文字亦可見彦起《釋門歸敬儀護法記》卷一，他也是引自《住法圖讚》。

　　②　《大正藏》第52卷，頁306。

作慈悲懺①。

　　“澄照”是咸通十年(869)唐懿宗追加給道宣的謚號。所謂“澄照略成住法圖”，即指道宣抄略的《住法圖贊》，這裏明確表示《住法圖贊》乃是道宣的著作，同時也透露出《住法圖贊》與《净住子》的關係。上文提到的齊太宰(蕭子良)《净住子》、梁武帝《懺六根門》以及真觀《慈悲懺》等都屬於信仰性或踐行性很强的著作，贊寧將《住法圖贊》與此類著作並舉，無疑表明它在化導世俗方面所具有的同等作用。

　　通過道宣的記載，我們知道《净住子》曾經被抄寫於寺壁，但從其内容看，僅《净住子》則難以作爲畫圖的文本依據。相反，如果是《畫圖讚文》的聖蹟部分，倒可以爲畫圖提供豐富的題材。因爲聖蹟部分涉及許多寺塔、佛像以及感應事蹟，有一定的故事情節。比如釋慧達與涼州瑞像的相關事蹟，就曾被廣泛作爲描繪的素材，其圖案在敦煌莫高窟、安西榆林窟、炳靈寺石窟、張掖馬蹄寺千佛洞、四川安岳卧佛院等地區均有保留。甚至在英國博物館藏斯坦因所獲敦煌刺繡圖(CH.0260)、絹畫瑞像群圖(CH.xxii.0023)中也可以看到涼州瑞像②。此外，伯3033背、斯2113背抄寫的内容③，部分與《畫圖讚文》的聖蹟部分類似，而這些内容就是當時敦煌石窟瑞像圖的榜題。因此，我們認爲《畫圖讚文》的聖蹟部分纔是圖寫於寺壁的文本依據。

　　然而，上文道宣所説的寺壁，到底指哪所寺院呢？我們的答案是西明寺。因爲在景霄《四分律行事鈔簡正記》卷一有云：

---

　　①　《大正藏》第50卷，頁888。

　　②　有關劉薩訶與涼州瑞像的研究成果不少，如孫修身、黨壽山，《涼州御山石佛瑞像因緣記考釋》，載《敦煌研究》創刊號，1983年，頁102—107。饒宗頤，《劉薩訶事跡與瑞像圖》，載《1987年敦煌石窟研究國際研討會論文集·石窟考古篇》，沈陽，遼寧美術出版社，1990年，頁336—349。霍熙亮，《莫高窟第72窟及其南壁劉薩訶與涼州聖容佛瑞像史跡變》，載《文物》，1993年2月，頁32—47。杜斗城，《劉薩訶與涼州番禾望御山“瑞像”》，載《段文傑敦煌研究五十年紀念文集》，北京，世界圖書出版公司北京公司，1996年，頁162—166。(日)肥田路美著、牛源譯，《涼州番禾縣瑞像故事及造型》，載《敦煌學輯刊》，2006年2月，頁165—180。

　　③　根據這兩號寫本進行的研究成果，可參見榮新江、張廣達，《敦煌瑞像記：瑞像圖及其反映于闐》，載《敦煌吐魯番文獻研究論集》3，1986年，頁69—147。

又准南山西明住法圖贊云：當初窟内立三高座：一迦葉問；二波離、阿難答；三抄上貝葉①。

同書卷一又云：

若准西明圖贊：更有一十九師，并上都二十四。其第二十四師子比丘，往罽賓國，國王不敬，遂損師子之命，因絶付法也②。

"南山"係指道宣，"西明"當指長安西明寺。以上兩則材料不僅表明《住法圖贊》確爲道宣所作，而且説明它還是道宣爲西明寺壁畫而撰述的。關於唐代長安西明寺的壁畫，張彦遠《歷代名畫記》卷三有載：

西明寺（玄宗朝南薰殿學士劉子卓書額）入西門南壁，楊廷光畫神兩鋪，成色損。東廊東面第一間傳法者圖讚，褚遂良書。第三間利防等，第四間曇柯迦羅，並歐陽通書③。

上文記録了西明寺西門南壁以及東廊東面三間的壁畫内容。東面第一間爲傳法者圖讚，褚遂良（596—658）書。第三間爲利防圖讚，第四間爲曇柯迦羅圖讚，這兩間爲歐陽通（625—691）所書。其中值得注意的是第一間傳法者圖讚，僅從其名稱來看，可能與前述景霄《四分律行事鈔簡正記》所引《西明圖讚》"更有一十九師，並上都二十四。其第二十四師子比丘……"的傳法譜系有一定關聯。關於《西明圖讚》這一傳法譜系的具體情況，元照《四分律行事鈔資持記》卷一另有引述，即"住法圖贊列二十五祖，即以如來爲開法大師，迦葉已下爲傳法聖僧"④。可見，《住法圖贊》列舉從迦葉以下至師子比丘，共二十四位傳法聖僧，如果再加上釋迦牟尼，則成二十五祖。因此，所謂傳法者圖讚，具體内容當是描繪這二十五祖的傳法事蹟。如果真是這樣，那麽它很有可能是《住法圖贊》内容的一部分。其實，西明寺東廊東面第一間所描繪的具體對象雖不清楚，但第三、四兩間所畫的利防與曇柯迦羅圖讚是非常具體而明確的。即相傳利防與外國賢者一十八人一同於秦始皇時持佛經來化始皇，始皇不從而囚禁利防等，隨後感得金剛丈六人破獄救出，始皇乃警怖叩謝。這一故事在《歷代三寶紀》、《釋

① 《續藏經》第43卷，頁13。
② 《續藏經》第43卷，頁17。
③ 《歷代名畫記》第3卷，北京，人民美術出版社，1963年，頁62。
④ 《大正藏》第40卷，頁161。

迦方志》以及《廣弘明集》等文獻中均有記述。而曇柯迦羅的詳細傳記可見於《高僧傳》卷一①，他曾翻譯過《僧祇戒心》，傳授羯磨與受戒法，號稱中國佛教傳戒第一人。可見，西明寺東廊之所以描繪利防和曇柯迦羅圖讚，或與道宣重視感應事蹟與宏揚律學有一定的關係。

　　另外，我們還注意到，傳法者圖讚的書寫者褚遂良是唐代的著名書法家，現存由他書寫，而且與佛教相關的作品有《大唐三藏聖教序》與《孟法師碑》等。他在西明寺東廊上書寫的傳法者圖讚真蹟雖已不存，但如果我們將現存的兩卷《畫圖讚文》與他書寫的《大唐三藏聖教序》等書法作品進行比較，則不難發現兩者的字體結構及書寫風格是非常相近的。因此，雖然内藤、狩野兩氏主張《畫圖讚文》的書法具有徐季海、顔真卿的書風，但在筆者看來，它更接近褚遂良的書法風格，甚至有可能是褚遂良的真跡。無論如何，《畫圖讚文》的字體受到褚遂良書法的影響是不容置疑的。至少根據前揭《歷代名畫記》記載以及上述結論，可以知道褚遂良曾經書寫過《畫圖讚文》的部分内容。

　　西明寺在長安延康坊西南隅右街（今西安白廟村一帶），原是隋尚書令楊素宅，入唐後爲萬春公主宅。顯慶元年（656）唐高宗爲孝敬太子病愈立寺並勅建，顯慶三年（658）六月十二日落成。之後道宣詔住西明寺，任上座之職。道宣的一些著作，比如《廣弘明集》、《大唐内典録》、《關中創立戒壇圖經》以及《集古今佛道論衡》等皆在西明寺撰述而成，道宣晚年基本上在西明寺度過，直至圓寂。因此，從道宣與長安西明寺的關係來看，《畫圖讚文》作爲西明寺壁畫榜題則不難理解。這也可以進一步證實《畫圖讚文》是道宣的著作。

　　關於西明寺壁畫，還有一部著作值得一提。即日本藤原佐世撰《日本國見在書目録》第二十一"土地家"中著録過一部《西明寺圖讚》，一卷，不題作者②。此書現已不存，從其書名來看，顯然是記録西明寺壁畫和讚文而成，與《畫圖讚文》性質相同。《西明寺圖讚》是否爲道宣所撰，與《畫圖讚

---

① 《大正藏》第 50 卷，頁 324—325。

② 藤原佐世，《日本國見在書目録》，帝室博物館御藏本影印，東京，名著刊行會，1966 年 1 月，頁 44。關於此目録的研究，可參見孫猛著《日本國見在書目録詳考》（上海，上海古籍出版社，2015 年 9 月）一書。

文》關係如何，有待進一步研究。

最後，《畫圖讚文》是否爲道宣著作，還可以結合考察它的成書時間得到證實。

根據宋代元照著録"住法圖贊一卷（顯慶五年製，後分二卷，見行）"，並基於上述《住法圖贊》爲《畫圖讚文》的異名之一，《畫圖讚文》的成書時間當在顯慶五年（660），即屬於道宣的晚年作品。由於元照親自見過《住法圖贊》，顯慶五年成書之説值得信賴。當然，這一説法有必要結合現存《畫圖讚文》内容以及道宣自己的著録予以論證。首先，從《畫圖讚文》卷二十六載"前有石柱，記佛滅來經今貞觀二十一年，則一千二百一十二年者"一文來看，其成書時間不可能早於貞觀二十一年（647）。實際上，其成書上限時間還可以進一步下調，因爲《畫圖讚文》卷二十七載"坊州玉華宫寺鐵礦像，高三丈，因發光明，周宣重之，爲開佛法，號年大像元年也"，此中提到的坊州玉華宫寺，原是唐初京畿（關中）北面的行宫之一，始築於唐高祖武德七年（624），原名仁知宫。貞觀二十一年改名玉華宫，永徽二年（651）高宗李治下詔廢宫爲寺①，並勑玄奘法師於此譯經。既然《畫圖讚文》中出現"玉華宫寺"之名，那麽它的成書時間必然在永徽二年之後。其次，如前所述，《聖迹見在圖讚》亦是《畫圖讚文》的異名之一，因該書已被《大唐内典録》著録，故其下限時間至遲不會晚於該録成書的麟德元年（664）。由此可以肯定《畫圖讚文》成書於永徽二年至麟德元年之間。如此看來，《畫圖讚文》成書於顯慶五年應該没有太大問題。

不過，《畫圖讚文》的編撰工作，未必僅限於顯慶五年，可能在此之前就已開始。因爲褚遂良於顯慶三年去世，這一年正好西明寺落成，西明寺壁的傳法者圖讚如果由褚遂良手書，則其書寫時間必然在他去世以前，即傳法者圖讚的編撰必須在此之前。可見，顯慶三年之前，《畫圖讚文》可能就已經編撰完成了部分内容。

最後，《畫圖讚文》作爲道宣的著作，在卷數記録方面還存在一些問題

①　改玉華宫爲玉華宫寺之時間，《舊唐書·高宗紀》、《元和郡縣圖志》及《大明一統志》等記載是永徽二年，無有異詞。關於廢玉華宫爲寺的經過與背景，可參閲穆渭生，《唐玉華宫興衰考略》，載《西北大學學報》（哲學社會科學版），2004年7月，第34卷第4期，頁88—91。

須要説明。

　　此書卷數,我們認爲至少有三十卷,這是根據其中抄録《浄住子》進行推算的。因爲一卷本《浄住子》共有三十一門,現存"大東本"與"白鶴本"兩卷各自抄録三門。"白鶴本"爲卷二十七,内容已抄至"緣境無礙門第二十三"。按常理推斷,《畫圖讚文》應該抄完《浄住子》三十一門。也就是説,《畫圖讚文》卷二十七之後,還有八門《浄住子》未抄。若按《畫圖讚文》每卷抄録三門計算,至少需要兩卷或三卷的篇幅纔能抄完。如果兩卷,每卷則分四門。如果三卷,前兩卷各有三門,最後一卷有兩門。考慮古代文獻卷數的開合普遍以偶數或湊合整數的情形較多,我們認爲《畫圖讚文》共有三十卷的可能性較大。

　　需要指出的是,倘若《畫圖讚文》是三十卷,並以每卷抄録三門《浄住子》計算,《浄住子》三十一門實際只需十卷左右篇幅就可抄完,説明《畫圖讚文》從第十九卷或第二十卷開始纔抄録《浄住子》。如此一來,大約前二十卷部分,除了可能抄有聖蹟部分外,是否還抄了其它内容,因其全帙不存,具體情況不得而知。

　　此外,如果《畫圖讚文》是三十卷,又將面臨另一個問題。根據前述,《畫圖讚文》與《聖迹見在圖讚》、《住法圖贊》屬於同書異名的關係。《聖迹見在圖讚》道宣没有交待卷數,《法苑珠林》著録作一卷,《新唐書·藝文志》著録作二卷。《住法圖贊》雖不見於《大唐内典録》,而元照的著録僅作一卷或二卷。也就是説,《畫圖讚文》的實際卷數與目録所載的卷數差別甚大。如何理解這一矛盾現象? 可能要考慮以下兩個方面的因素。

　　第一,從現存《畫圖讚文》的内容結構看,主要由聖蹟部分與《浄住子》部分組成。這兩部分文字,大約各佔一半。就《浄住子》部分而言,即使將《畫圖讚文》中業已散佚的《浄住子》部分匯總在一起,其文字量最多不會超過一卷。因爲《廣弘明集》所收的《浄住子》實際只有一卷。以此類推,除去聖蹟部分,如果前二十卷没有另抄其它内容的話,《畫圖讚文》的總字數當不會太多。問題在於,《畫圖讚文》爲什麼是三十卷? 我們以爲,這可能與《畫圖讚文》一書的性質有關。前已述及,《畫圖讚文》原來是圖文並茂的作品,其中圖畫部分所佔的篇幅肯定比文字部分要多。《畫圖讚文》之所以有三十卷,估計包括業已亡佚的畫圖部分在内。

　　第二,我們還應該瞭解,任何一部典籍,隨著裝幀形態的變化以及不同時代的需求，在卷數開合方面有所差異是正常的。就《畫圖讚文》而言，它雖然成書於顯慶五年，但編撰工作想必在此之前就已開始，也就是説，此書編纂存在一定的先後過程。《聖迹見在圖讚》或是《畫圖讚文》的早期形態，爲一卷或二卷，但後來隨著内容的補充，從而將書名與卷數進行了調整。《聖迹見在圖讚》、《畫圖讚文》、《住法圖贊》的異名，無疑反映了此書在編撰或流傳過程中的演變情況。

　　無論如何，《畫圖讚文》一書的實際卷數與歷代書目所載的卷數雖有不合，而留下一些討論的空間，但《畫圖讚文》的作者是道宣則是不容否定的。

四　餘論

　　綜合以上分析，我們認爲《畫圖讚文》的作者是道宣。此書是在抄録《浄住子》的基礎上，根據西明寺的壁畫内容編撰而成，顯慶五年成書，約有三十卷。若這一推論無誤，此書的文獻價值將不可替代，這主要體現以下幾個方面：

（一）增添了一部道宣的久佚著作

　　《畫圖讚文》是道宣的久佚著作之一，最早以《聖迹見在圖讚》之名被《大唐内典録》所著録，又名爲《住法圖贊》，直至宋代尚有流傳，並被一些律學著述廣泛引用。此後因不見引用，意味著在中國已經亡佚了。慶幸的是，此書的唐抄本東傳至日本，目前已經確認的有兩卷，雖非全帙，卻彌足珍貴。它不僅增添了一部道宣的久佚著作，也爲我們考察道宣著作的異名情況以及他在東亞地區的流傳與影響提供了不可多得的材料。

　　道宣是唐代佛教史學家、律學家和目録學家，他的著作在中國佛教史上影響極大。從智昇《開元釋教録》開始，他的許多著作就陸續被歷代大藏經所收，同時並以單行本的形式廣泛流傳。不過，我們注意到，道宣的某些著作至遲從唐代開始就已經散佚了。比如，據元照《芝園遺編》記載，道宣於貞觀元年（627）撰有《四分律拾毗尼義鈔》三卷，該書很早就傳至新羅，反而在中國失傳，直至大中四年（850）纔由新羅逆傳回國，但只有上、中兩卷，而缺下卷①。目前收在《續藏經》第四十四卷中的《義鈔》，即是一種没有下卷的殘本。降至宋代，道宣著作的散佚情況更加嚴重，有些只存目録，《芝園遺編》"南山律師撰集録"中就列出不少"未見"的清單②。慶幸的是，地不愛寶，隨著百年前敦煌遺書的發現，某些久佚的道宣著作又重現於世。比如中國國家圖書館藏敦煌遺書 BD14522（北新 722）《律事鈔中分門圖録》③與英國國家圖書館藏斯 04659 號《護僧物制》殘卷④等兩種，即屬於新出的道宣著作。前者未爲歷代經録所載，目前僅存於敦煌遺書。後者雖被元照所著録⑤，表明至遲北宋時仍有流傳，但在敦煌遺書發現之前，未見有其它傳本。可見，道宣的著作雖然有些已經亡佚，但隨著學術資料的不斷公佈和研究的推進，也有可能重現於世。本文討論的《畫圖讚文》就是很好的例子。

（二）可推進《净住子》的研究

現存一卷本《净住子》是我們復原和瞭解已佚蕭子良二十卷本《净住子》的重要材料，前人對此已有研究⑥。然而，道宣基於什麽目的和考慮而抄略了《净住子》，關於這一問題，在道宣自序中雖然有所交待，但還有許多不甚清楚的地方，尤其對序中"又圖而贊之，廣於寺壁"兩句，有必要結合

---

①　"四分律拾毗尼義鈔三卷。有本題云：拾毗尼要。貞觀元年製。後流新羅，此方絶本。至大中四年，彼國附還。元有三卷，今始獲上、中二卷，未見下卷。近人分中爲下，且成上數，失其本矣。今以兩卷，開爲四卷，見行"。見《續藏經》第 59 卷，頁 648。

②　《續藏經》第 59 卷，頁 648—650。

③　本文獻有蘇軍整理的校訂本，見方廣錩主編《藏外佛教文獻》第 1 輯，北京，宗教文化出版社，1995 年，頁 101—168。

④　本遺書首全尾殘，僅存 6 行，首題"大唐京西明寺沙門道宣謹依化制二教護僧物制"。

⑤　《芝園遺編》卷三"護僧物制一卷，但云僧制，顯慶四年製。見行"。見《續藏經》第 59 卷，頁 649。

⑥　較爲全面的研究成果，可參見（日）船山徹《南齊・竟陵文宣王蕭子良撰〈净住子〉の譯注作成を中心とする中國六朝佛教史の基礎研究》（平成 15 年度—平成 17 年度科學研究費補助金基盤研究（C）（2）研究成果報告書，2008）。此外，曹凌《〈净住子净行法門〉的儀式研究》（《華東師範大學學報》哲學社會科學版，2016 年 1 月）一文，從儀式的角度也有所研究。

《畫圖讚文》方可理解。對於這兩句，一般理解是，《净住子》曾被抄寫於寺壁，並據其内容描繪了圖畫，但實際情況並非如此。從現存《畫圖讚文》可知，寺壁圖畫的文本依據並非是《净住子》，而是《畫圖讚文》中的聖蹟部分内容。道宣只是爲了向廣大群衆普及佛教懺悔等基本思想，纔將《净住子》與聖蹟圖畫相互交叉抄寫於寺壁的。這一事實無疑加深了我們對《净住子》的認識。此外，《畫圖讚文》所抄《净住子》部分，也可供校勘現存一卷本《净住子》。

（三）爲研究唐代長安寺院壁畫提供一種文字材料

關於唐代長安寺院的壁畫，實際存世的圖畫作品不多，向來只有通過張彦遠的《歷代名畫記》、韋述的《兩京新記》、段成式的《寺塔記》以及朱景玄的《唐朝名畫録》等文獻的記載，獲得一麟半爪的信息。而《畫圖讚文》的面世，雖然其圖畫部分没有保存下來，但通過其中聖蹟部分，我們可以瞭解長安西明寺壁畫的具體内容，有助於進一步認識唐代寺院壁畫的題材與榜題，當然也可以與敦煌石窟壁畫等進行比較研究。

總之，《畫圖讚文》作爲一部道宣的久佚著作，非常值得我們重視，相信隨著今後研究的進展，此書將會呈現出更多不同層面的文獻價值。

附　　録

　　説明:卷第二十六底本是"大東本",卷第二十七底本是"白鶴本"。作爲校本的甲本爲《大正藏》第 52 册《廣弘明集》卷第二十七所收《净住子》。異同情況,隨文出註。

《畫圖讚文》卷第二十六

　　　　住法相佛在時諸王造像立塔感瑞圖讚
　　　　住法相佛滅度後造瑞靈並彌勒下生圖讚
　　　　住法相佛涅槃後寺塔相續圖讚

第十八圖讚聖迹住法相佛在時王造像立塔感通靈瑞

　　　　昔橋賞彌國王造旃檀立像,高二丈餘,於後凌虚飛至于填國北曷勞城。又移至東娸摩川城中,殊有靈異放光。疾者投之,隨病所在,以金薄帖像上,無不愈者。又其國有夾佇立像,本從丘慈國飛來。昔此國忠於彼,禮拜還國追念像,遂感降焉。又中印度橋睒彌國城内故宫大精舍,高六十餘尺,中有檀像,上懸石蓋,即佛在憂陀延王之所造也。靈光間起,諸王以力欲舉,終莫之動。□…□①肉身,乃至食竟②,一粒之食,非用功夫,無由入口,推度前功,商量我腹,上入下出,常流不止。而於其中,選擇精肥③,進細④軟滑,貪嗜美味,無羞無辱⑤,須臾變改,

---

①　"□…□",此處疑脱漏一至二紙。
②　"竟",甲本作"噇"。
③　"肥",底本無,據甲本補。
④　"細",甲本作"納"。
⑤　"辱",甲本作"恥"。

臭不可近。將行將坐，如廁不殊。何有智者，於食生貪①。與彼畜獸，
復何取別？

極大慚愧門頌

　　冬狐理②豐毳，春蠶緒輕絲。
　　形骸翻爲阻，心識還自欺。
　　華③容羈壯④日，平生少年時。
　　驅車追俠客，酌酒弄妖姬。
　　但念目前好，安知身後悲。
　　惕然一以愧，永與⑤情愛辭

第十九圖讚聖迹住法相佛滅度後諸造瑞靈塔並彌勒下生

　　北印度那揭羅國有大石塔，高三尺，編石特起，彫縷非常。昔佛爲
仙人，値然燈如來，布髮、掩泥之所，經劫在焉。育王重之，爲立表也。
其塔齋日，天輙雨花，人衆聚觀。城内佛齒塔，高三丈餘，從空飛來。
既非人工，現多靈異。頂骨閣西小塔，人觸上鈴振動，罕不懼之。
　　又烏伏東北，乘絚鑷杙，躡蹬千餘里，至麗羅川，即古國都也。
中有木彌勒像，高百餘尺。齋日，金光晃發，是末田地羅漢引匠昇天，
三返觀相乃成。彼傳云：自有此像，教法方流至於震旦。在泥洹後三
百年雪山中，護密國城中寺石像上，有金銅圓⑥蓋。蓋隨人轉，人止則
止，四周石壁，莫測其然，皆曰“聖力”。雪山南迦畢試國，北山上觀自
在菩薩像，祈者感形示真身，案行人心。
　　又北印度泥婆羅國城南不遠有水火村，東一里許有深水，周二十

---

　　①　“貪”，甲本作“貪若生貪者大須慚愧”。
　　②　“理”，底本作“狸”，據甲本改。
　　③　“華”，底本作“牛”，甲本作“手”，據甲本校記中宋、元、明、宮本改。參見《大正
藏》第 52 卷，頁 315。
　　④　“壯”，甲本作“草”。
　　⑤　“與”，底本作“興”，據甲本改。
　　⑥　“圓”，底本作“員”，據文意改。

步，旱潦湛然，常自然沸。家火投之，遍地煙焰。但投土木，亦即焰起，而成煨燼。架釜水上，煮食立熟。昔有金匱王使人取，挽之不動，夜神告曰：此乃慈氏之冠，下生擬著，凡人不合恆有，火龍護之。

　　又①中印度西南三百里，有山岋特起。昔王爲龍猛菩薩造寺五重，窮極華麗，並是石室。又一切經咸處其中，道路幽隱，罕有達此處，住法無毀。

浄住子浄行法　善友勸獎門第十九

　　夫能了除疑惑，内發慚愧，勸獎之功，善知識也。今欲修習萬行，非善知識，無由進道。經云：如旃②檀葉在伊羅林，其葉則臭。伊羅臭③葉在旃④檀林，其葉則香。書云：與善人⑤居，如入蘭芷之室，久而偕芳；與惡人居，如⑥在鮑魚之肆，與之俱臭。又云：近墨必緇，近朱必赤。故知善友能作佛事，是大因緣，是同⑦梵行。善知識者，今能將我得昇浄土。惡知識者，今能將我陷⑧於地獄，當知⑨善恩不可酬報。夫善惡之理，皎然明白，但以任情適道，則進趣之理遲；善友勸獎，便勇猛之心疾。經有獎課之⑩文，書有勸學之説。當知要行，實由勸成⑪。故經云：菩薩自身布施，亦勸他人令行布施，自行持戒、忍辱、精進、一心、智慧，亦勸他人令行此事。然則勝美之事，欣樂羨仰，物之⑫恒情。今

---

① “又”，底本作“有”，據文意改。
② “旃”，甲本作“栴”。
③ “伊羅臭”，底本無，據甲本補。
④ “旃”，甲本作“栴”。
⑤ “人”，底本無，據甲本補。
⑥ “如”，底本作“如入”，據甲本删。
⑦ “同”，甲本作“全”。
⑧ “將我陷”，甲本作“陷我墜”。
⑨ “知”，底本無，據甲本補。
⑩ “之”，底本作“之門”，據甲本删。
⑪ “成”，底本作“戒”，據甲本改。
⑫ “之”，底本作“之恒物之”，據甲本删。

若徒有願樂之心，不行願樂之事，未見其果①，猶②若絕糧思味③，其於飢渴，終無濟益。故略引數條，盛行要事，以相警誡。

　　今有財富室溫，家給人足，不勞營覓，自然而至。復有貧苦飢弊，形骸勞悴，終日願於富饒，而富饒未曾④暫有。以此苦故，勸其布施，力⑤屬修福。若有衣裘服翫，鮮華充備。又有尺布，不令⑥垢膩臭雜。是以勸獎，令施衣服，及以室宇。若見甘味珍羞，連几重案。又有［莉/木⑦］藿不充，困於水菜。所以勸獎，令施飲食。若見榮位通顯，乘肥衣輕，適意自在。復有卑陋⑧猥賤，人不齒錄，塗炭溝渠，坐卧⑨糞穢。此苦可厭，勸令修福。除滅憍慢，奉行謙敬。豈可他人常貴，我常在賤？若見形貌端正，吐言廣利。又有面狀矬陋，所言險暴。此苦可捨，勸令忍辱。若見意力強幹，少病登勞，行道無礙。有人多患不安，所行莫濟，見有此苦，勸施醫⑩藥，令其進趣。故《法句經》云：四時行道，得度衆苦。一者少年有力勢時；二者有財物時；三者遇三寶福田時；四者當計萬物必離散時。常行此四，必得道迹。應自督課，不待他勸。

善友勸獎門頌

　　蘭室改蓬心，旆⑪崖變伊⑫草。
　　丹青有必渝，絲礫豈常皓。
　　曲轅且繩直，詭木遂彫藻。

---

① “果”，底本作“累”，據甲本改。
② “猶”，底本作“終”，據甲本改。
③ “味”，底本無，據甲本補。
④ “曾”，甲本作“嘗”。
⑤ “力”，底本無，據甲本補。
⑥ “令”，甲本作“全”。
⑦ “莉/木”，甲本作“藜”。
⑧ “陋”，底本作“隨”，據甲本改。
⑨ “坐卧”，底本無，據甲本補。
⑩ “施醫”，底本作“衣”，據甲本改。
⑪ “旆”，甲本作“栴”。
⑫ “伊”，底本作“笋”，據甲本改。

一匱①或成山，百里倦中道。

隆漢乃王忠②，大楚信無保。

勉矣德不孤，至言匪虛造。

第二十圖讚聖迹住法相佛涅槃後寺塔相續

摩揭羅西南菩提寺，庭宇六院，觀閣三層，周垣高六丈。南海師子國上坐部，僧減千人，習大乘上座部。立寺來經四百年，僧法嚴正，爲中國上矣！中印度波羅奈國東北十餘里，有鹿野寺，區界八分，連垣重閣，甋甃四周，節級百數。前有石柱，高七十餘尺，隨其善惡而影現中，即佛轉法輪地。王城北三十里那羅陀寺，五王共造，周垣峻峙，高五丈許，七院三層，同爲一門。僧徒數千，客侶將萬。一洲之最，無過此寺。故通達論道，是所長焉。中有鍮石，各高八十尺。又有別閣亦重，有銅像高八十尺。

中印③度那僕底④國城南五百里有山，寺名闍林，周二十里。佛舍利塔及石室，可有百千。寺僧高行，小乘有部，賢劫千佛於此説法。佛滅度後三百年中，迦旃延於此造論。其中四佛行坐迹，立塔表之。

中印度迦羅國城南四里尼拘盧林，佛還本國，所止立寺。今存焉。

又拘尸那國城東北角，純陀故宅，設供穿井，見在香美。西北四里，度河西岸，婆羅林間，四樹特高，大精舍中像北首而卧。塔高二百餘尺，前有石柱，記佛滅來經今貞觀二十一年，則一千二百一十二年者。菩提寺中石柱記云：千三百年或千五百年者。蓋以宜聞不等有參差。

雪山南迦畢試國北山⑤下大寺，佛院東門大神像下，坎地藏寶，近有外王，逐僧出寺，欲掘取之。神冠中鳥像奮羽，鳴呼地動，王軍仆地，禮謝而返。寺北室亦多寶藏，欲有私者，神變爲師子等象怒之。

---

① “匱”，甲本作“簣”。
② “忠”，甲本作“臣”。
③ “印”，底本作“仰”，據文意改。
④ “底”，底本無，據《大唐西域記》卷4補。參見《大正藏》第51卷，頁889。
⑤ “山”，底本訂正作“止”，據文意改。

净住子净行法　戒法攝生門第二十

　　前已勸獎於他，我今自加課勵。凡論課勵要，必託境行因。若心志浮蕩，則進趣無寄。然託境行因，戒爲其始。可謂入聖之初門，出俗之正路。如乖此訓，永處三塗，人天長絕。是以經云：譬如大地長生萬物，戒亦如是，能生衆生人天華果。故經云：若無此戒，諸善功德皆不得生。良以三塗苦報，罪障所纏，人天勝果，堪爲道器。欲感勝果，非戒不生。是以聖人先明此教。然三歸五品，戒法兩科，七衆小學，要以三歸爲宗；一乘大教，必崇三聚爲本。並如①經律具顯，規猷卓爾。憲章行業，明逾鑒②鏡。今粗舉其大致，用光恒俗。所以發戒之原須依三寶者，蓋由佛、法、僧寶，天人所尊，歸依生信，必能出有。若歸邪③神，反增苦趣。故經説云：歸佛清信士，不歸諸天神。故須先定邪正，方識逆順。經云：信爲道元功德之母，智是解脱出有之因。誠④至言也。若無此信，心志⑤浮虚，歸戒不得，是以發足立信爲先。

　　何謂三歸？謂佛、法、僧。此三可重，故名爲寶。

　　何謂爲佛？自覺覺彼，無師大智，五分法身也。

　　何謂爲法？能軌能正，滅諦涅槃，清净無相也。

　　何謂爲僧？能和合⑥衆，無學功德⑦，自他滅處也。

　　何謂爲歸？可憑可向也。

　　何謂爲寶？能招利樂，正心依仗。近獲人⑧天，遠登無學。

　　此則三寶區別之門。若論極教，理惟一統，照無不周，照周⑨等

---

①　"如"，底本作"加"，據甲本改。

②　"鑒"，底本作"監"，據甲本改。

③　"邪"，底本作"耶"，據甲本改，下同。

④　"誠"，底本作"誠"，據甲本改。

⑤　"志"，底本作"至"，據甲本改。

⑥　"合"，底、甲本作"和"，據《釋門歸敬儀通真記》卷3改。參見《續藏經》第59卷，頁503。

⑦　"德"，底本作"功"，據甲本改。

⑧　"獲人"，底本作"人獲"，據甲本改。

⑨　"照周"，底本作"昭同"，據甲本改。

覺,謂之佛寶。體無非法,謂之法寶。至德常和,謂之僧寶。此乃體一義三,同性三寶。衆生解悟,信知佛性。離此生死,招興利樂。是故一切,無不歸憑。第一翻邪三歸;第二五戒三歸;第三八戒三歸;第四十戒;第五具戒;第六十善戒;第七大菩薩戒。此之七戒,所防過境。近約大千世界之内,一切六根、六大,並是戒境,廣如常説。

戒法攝生門頌

　　　金山嚴寶刃,瓊琬烈瑶薆。
　　　牆狐議不窟,簷①燕豈能栖。
　　　净花莊思序,慧沼盥身倪。
　　　六群儻未一,七衆固恒齊。
　　　端儀有直影②,正道無傾蹊。
　　　維宫超以悟③,襄野竟何迷。

《畫圖讚文》卷第二十六

《畫圖讚文》卷第二十七

　　　聖迹住法相過去三佛本生地全散舍利塔今見在圖讚
　　　聖迹住法相此神州感通育王瑞像圖讚
　　　聖迹住法相此神州佛像立塔感通事迹圖讚

第二十一圖讚聖迹住法相過去三佛本生地全散舍利塔今見在

　　　仰惟劫號爲賢,千佛臨現,次第四佛,已從化隱。故其遺迹,隨國立之。中印度迦毗羅國城南五十里故城中塔,是人壽六萬歲時,拘樓孫佛本生。城東南塔,即此是佛遺身也。無憂王於前建石柱,高三丈餘。又東北故城中塔,是人壽四萬歲時,迦那含牟尼佛本生。城④東

---

① "簷",底本作"擔",據甲本改。
② "影",底本作"景",據甲本改。
③ "悟",底本作"怡",據甲本改。
④ "城",底本作"城城",據文意删。

北塔,此佛遺身也。前有石柱,高二丈餘,無憂王①造。又東北九十里,即釋迦如來誕生之林,今有油河,是天所化。令沐太子,以除風塵②。

中印度室羅伐國,即舍衛也。城西北六十餘里故城,是人壽二萬歲時,迦葉波佛本生處。其北有塔,全身在中。又王舍城北那羅陀寺東南三十里,過去迦葉佛時,三億羅漢同時滅度,其後立塔,封記其地。又達嚫國有迦葉寺,鑿石五重,名爲鴿寺,見在。又縛喝國西七十餘里,有浮圖高二丈,是迦葉佛時所起。律中佛行中野,見有耕者,告諸比丘:迦葉如來全身舍利在此地中。即取耕土,爲佛起塔。比丘相從,效佛爲之,遂成大聚。佛因説偈:

假使百千金,持用行布施。

不如一搏泥,爲佛起塔勝。

如是增喻乃至其山洲,不如起塔功德高勝。

净住子净行法　自慶畢故止新門第二十一

從前發心已③來,知至德可歸,檢校剋責,滅諸惡門。疑惑既遣,慚愧續修。勸獎兼行,戒德又顯。得捨如是之罪障,飡聽若斯之勝法。豈得不踊躍歡憘④,嗟抃⑤自慶者乎!

經云:八難難度,一地獄難;二餓鬼難;三畜生難;四邊地難;五長壽天難;六雖得人身,盲聾瘖⑥瘂,不能聽受難;七雖得人身,六情完⑦具,而世智辯聰⑧,信邪倒見,不信三寶,肆意輕侮。此身死已,便在三

---

① "王",底本無,據文意補。

② "塵",底本作"虛",據文意改。

③ "已",甲本作"以"。

④ "憘",甲本作"喜"。

⑤ "抃",底本作"拤",據甲本改。

⑥ "瘖",甲本作"喑"。

⑦ "完",底本作"皃",據甲本改。

⑧ "聰",底本作"聽",據甲本改。

途，隨業沉没，久始①得出②人道，還不正信。生在③第八前後佛間，不
觀④正法。徒生一世，增長邪見，具⑤造衆罪，尋爾徒死。是故經云：徒
生徒死，甚可憐愍。奉法行人，先崇此意。生死大事，不可自寬。今略
出自慶數條⑥，繫在心首。

　　佛言：地獄難免，而今同得免離此苦，一自慶也。

　　佛言：餓鬼難脱，而今同得遠於此苦，二自慶也。

　　佛言：畜生難捨，而今同得不樹此因，三自慶也。

　　佛言：生在邊地，不知仁⑦義。今在中國修習禮智，四自慶也。

　　佛言：生長壽天，不知植福，福盡命終，還墮惡道。而今不以世樂
自娱，迴以供養，五自慶也。

　　佛言：人身難得，一失不返，有過⑧盲龜浮木之譬。今得人身，六
自慶也。

　　佛言：六根難具，今無缺損，七自慶也。

　　佛⑨言：丈夫男身難得，我既⑩得也。

　　佛言：女⑪身者須知佛性則是丈夫⑫，我已⑬知也。

　　佛言：邪辯難捨，我今歸正⑭法也。

　　佛言：佛前、佛後是爲大難，我今相與慷慨立志，既見色象。又聞

---

① “始”，甲本作“乃”。
② “出”，甲本作“出時在”。
③ “生在”，甲本作“家生”。
④ “觀”，甲本作“覩”。
⑤ “具”，底本作“懼”，據甲本改。
⑥ “條”，底本無，據甲本補。
⑦ “仁”，底本作“人”，據甲本改。
⑧ “過”，底本作“遇”，據甲本改。
⑨ “佛”，底本作“信”，據甲本改。
⑩ “既”，甲本作“已”。
⑪ “女”，甲本作“女人”。
⑫ “夫”，底本作“夫夫”，據甲本删。
⑬ “已”，底本作“以”，據甲本改。
⑭ “正”，底本無，據甲本補。

正法，則同鹿野滅惑①不殊也。

佛言：見佛爲難，我今頂禮佛所説②像象，功用等倫③也。

佛言：聞法爲難，我今被得聞也。

佛言：出家爲難，我今且隨衆也。

佛言：出家專信，倍復爲難，我今一心，無敢二見，敬法愛法，以法爲師。

經中偈言：

唯念過去世，供養爲輕微。

蒙報歷遐劫，餘福值天師。

净惠斷生死，癡愛銷無遺。

佛恩流無窮，是故重自歸。

自慶畢，故止④新頌。

春非我春秋非秋，一經長夜每悠悠。

陶形練氣任元造，啓蒙夷阻出重幽。

榮公三樂非爲曠，箕⑤生五福豈能求。

靈姿⑥妙境往難集，微言至⑦道此云修。

年逢生幸曾以慶，盈悗二過儻知憂。

畢故斷新別苦海，希賢庶善憑智流。

第二十二圖讚聖迹住法相此神州感通育王瑞像

魏吳孫晧時，後園獲一金像，晧穢之，愚患甚篤，求命謝之，乃損。此乃育王本像也。

西晉建興元年，有二石佛浮在吳松江，初疑爲海神。巫祝迎之，風

---

① "惑"，底本作"或"，據甲本改。

② "説"，底本作"記"，據甲本改。

③ "倫"，底本作"論"，據甲本改。

④ "止"，甲本作"不造"。

⑤ "箕"，底本作"其"，據甲本改。

⑥ "姿"，底本作"娑"，據甲本改。

⑦ "至"，底本作"志"，據甲本改。

濤彌盛。奉黄老者，爲是天師，往接不獲，風浪大動。有奉佛者，至滬瀆口迎之，風潮忽静。接置岸上，乃是石佛，高七尺，銘其背：一曰維衛；二曰迦葉。以狀奏聞，令（今）吳郡通玄寺。見《精異記》。

　　東晉太元中，荆州沙門曇翼造長沙寺，寺成①乃祈育王像。不久見於城北，高七尺。後罽賓僧至，識知是育王所造。光在文上，屢放光明。今在州寺。

　　元魏太武太延元年，沙門惠達行至涼州，望御谷山，禮之曰：不久此山瑞像出見，若形相不具，天下將亂。後八十七年，大風雪震，山裂出像，身長二丈，唯無其首。隨作隨落，魏道陵遲。後於州東得首，安之符合。今感通寺是也。

　　晉咸和中，丹陽尹高悝②逢天竺僧五人，昔遇難，埋像何③上，夢云：得之。見浦有光，尋之得一金像。於後東海見銅花趺，浮在水上，送安像足符合。又於南海交州得光，又安像背，孔穴懸同。身趺及光皆放明，五代君王莫不歸信。銘云：育王爲第四女造，今在京大興善寺。坊州玉華宮寺鐵磺像，高三丈，因發光明，周宣重之，爲開佛法，號年大像元年也。

浄住子浄行法　大忍惡對門第二十二

　　夫道從苦生，不由樂果。德憑功建，非情所集。故經云：忍辱第一道，於諸眾生心無礙故。以其在苦，則多礙多惱，起不善業。今所以得無礙者，良由在礙而修無礙故。礙而④不爲礙，既於礙而無所礙，豈非忍力之所致乎！經云：娑婆世界，五濁之刹，五痛五燒，具諸惡報。是故發大乘者，多來此土，以救苦爲資糧，以拔惱爲要行。此土一日修

---

①　“寺成”，底本作“城”，據《釋迦方志》卷 2 改。參見《大正藏》第 51 卷，頁 917。
②　“悝”，底本作“埋”。據《高僧傳》卷 13 改。參見《大正藏》第 50 卷，頁 409。
③　“何”，疑爲“河”。
④　“而”，底本無，據甲本補。

善，勝於修①他方淨土②百千萬劫。所以爾者，良由極苦之地，心不及善，而③於劇苦之中，卓然發意，忍苦受辱，豈不奇哉！所謂火中生蓮花④，此實爲希有。他方淨土無修福地，所以不及此土。何者？淨國七財豐溢，不假布施，攝貧窮也。淨國律儀圓淨，不假持戒，攝毀禁也。淨國則無辱無⑤忍，穢土無事非辱，在辱能忍，勝他方也。淨國精進，如救頭然，不假勤翹⑥，攝懈怠也。淨國之人，入法⑦流水，念念修順，無出入觀，不假寂定，攝亂意也。淨國智慧明滿，不假辯才、巧說，攝愚癡也。又淨國之人，非無弘誓，但弘誓之功不⑧及穢⑨土，四攝四等，例同無用。淨土⑩樂故，則救苦之心薄。惡土苦故，則進善之心猛。故經云：行於非道，通達佛道也。

　　夫欲發廣大心，行菩薩行，自非履危涉險⑪，備受艱難。蹈熾火，歷冰霜，嬰苦切甘楚毒，於萬苦中而能忍受者，則道場可踐。若無此惱，忍何從生？藉此煩惱，起我諸善，所謂塵勞之儔爲如來種。當知忍者有力大人，功德之本，所謂忍痛癢、忍思想、忍疾病、忍飢苦、忍疲勞、忍寒暑、忍憂悲、忍熱惱、忍惡罵⑫無恥辱、忍搥打無恚礙、忍⑬貪欲無愛著、忍憍慢無背道、忍所難忍、忍所難行、忍所難作、忍所⑭難辦⑮。

---

① “修”，甲本無。
② “土”，甲本作“國”。
③ “而”，甲本作“而能”。
④ “花”，甲本作“華”。
⑤ “無”，底本作“矣”，據甲本改。
⑥ “勤翹”，甲本作“翹勤”。
⑦ “法”，底本無，據甲本補。
⑧ “不”，底本無，據甲本補。
⑨ “穢”，底本作“淨”，據甲本改。
⑩ “土”，甲本作“國”。
⑪ “涉險”，底本作“險涉”，據甲本改。
⑫ “罵”，底本作“罵忍”，據甲本刪。
⑬ “忍”，底本作“忍貪”，據甲本刪。
⑭ “所”，底本無，據甲本補。
⑮ “辦”，底本作“辯”，據甲本改。

能行此者,真可謂大忍辱矣!

大忍惡①對②門頌

春③山之下玉抵禽,漢水之陽壁④千金。

清業神居德非重,潔己愚俗道已深。

愛憎喜怒生而習,容華芳⑤旨世所欽。

鴻才巨力萬夫敵,誰肯制此方寸心。

逸驥狂兕曠不御,繁羈密⑥匣儻能禁。

遣情遺事復何想,寂然無待悠幽尋。

第二十三圖讚聖迹住法相此神州佛像立塔感通事迹

阿育王佛塔遍閻浮州,振旦東川見其塔。自赤澤靈靈,青丘化漸,惟功弗有,而冥感潛通。且育王統御,總此南洲八萬餘塔,遍於環海。生福滅罪,弘利無窮。今姑臧、扶風、彭城、臨緇、丹陽、會稽、蜀郡,咸有塔焉。各顯神異,備如前,故疏時事數條,以顯育王置塔不惑⑦矣。

撿《僧史》云:晉時離石僧慧達,感通靈異,往江南丹陽⑧、會稽吳郡,禮阿育王塔及浮江石像。於揚州登越城,望見異光,乃長干寺刹也。每放光,乃掘入丈許,得三石匣,有鐵銀金函相盛,中有三舍利,一爪甲一髮。髮申長數尺,放卷成螺,光色炫燿。自此以前,無有佛法。今掘得之,明是周宣王時,育王立八萬四千之一塔也。

又往吳郡通玄寺禮浮江石像,三年懺悔。又往會稽禮鄮縣塔,亦

---

① "惡",底、甲本無,據文意補。

② "對",甲本無。

③ "春",甲本作"崑"。

④ "壁",底本作"璧",據甲本改。

⑤ "芳",底本作"生",據甲本改。

⑥ "密",底本作"敏",據甲本改。

⑦ "惑",底本作"或",據文意改。

⑧ "陽",底本作"楊",據文意改。

是育王所造,歲久荒涼,示存其蹤。又見神光焰發,因立龕砌石。塔上踊非人所造,群鳥不栖,漁田無獲,道俗移信。

又石趙時,佛圖澄謂二石曰:臨菑城有阿育王塔,靈盤佛像,可掘以成臨漳舊塔。遂圖掘之,深二十丈,果得盤像焉。據此現事,育王立塔,處處不虛。

浄住子浄行法　　緣境無礙門第二十三

經云:在俗則謂之爲縛,在道則謂之爲解。解即無礙所致,縛即資待所招。今若欲有待於無待,則有待更煩;無待於①無待,則有待自遣。有待既遣,則無礙之門可入。若志②於資養,便覘縛纏更重。但衆生凡類,觸向多阻。不資於物,則自濟無方。資於物者,累之重也。生累纏繞,解脱何由?今既深知其累,累實爲苦,何以知之?

今欲陸行,非車轝人馬不動,一累礙也。

今欲水遊,非舟航不移③,二累礙也。

今欲養身,非衣裘④、屋宇⑤則無憑託,三累礙也。

今欲養命,非粳糧黍粟,五味柔軟則無所資待,四累礙也。

今欲修集一慧,髣像無向,五累礙也。

今欲求見一佛及一浄土,發奇特心,冥漠不見,六累礙也。

今欲徹視十方,障礙滿目,七累礙也。

今欲求佛聖智,以除障惑,近是衆生心行而我不覩,八累礙也。

今欲披文尋義,雖課心力,近在淺言,不達意旨,九累礙也。

今欲誦習經典,受已忘漏,十累礙也。

凡此累礙,其事無量。聖人所以無礙自在者,由何而致?實由遠諸塵勞,自策爲本。是所資待,莫不勤役。自辦⑥不假於他,而他爲我

---

① "無待於",底本無,據甲本補。

② "志",甲本作"志在"。

③ "不移",底本無,據甲本補。

④ "衣裘",底本作"依求",據甲本改。

⑤ "宇",甲本作"宅"。

⑥ "辦",底本作"辯",據甲本改。

用。所謂讓而得者,則其理通。求而獲者,則其理滯。菩薩不求自利,但欲利益衆生。是以其利在己,而得無礙。衆生常利我忘彼,所以恒縛而無解。聖是可求而①得,非是②永隔無津。今若欲學聖捨凡者,當遵聖人所習。雖其途無量,然津濟要趣,惟一解脱耳!

故經云:若自無縛,欲解彼縛,斯有是處。今欲學菩薩道,必須棄③凡夫縛。凡夫縛者,惟願得五欲,縱意自在,實大縛也。菩薩行人,棄之不顧。

經云:不得蓄④養奴婢、畜生,當自翹勤,出離生死。若假於他,他還縛我,無解脱期。今云:無奴不立,無婢不辦⑤。此⑥乃氣力强梁之時,一旦卧床,百事同棄,自救不暇,何憂及人?宜自勉勵,則解脱之門易可登耳!

緣境無礙門頌

悗象忽物終不名,龍舉鸞集竟誰辯⑦。
絶智亡身孰⑧爲礙,韜名戢曜故能顯。
匪日匪月灼以懸,安飛安翔虚而⑨踐。
壁石無間恣出没,水火有情⑩任舒卷。
敷教應俗鶩泉流,現迹依方迅風轉。
大哉超世莫與群,希軒慕舜宜自勉。

---

① "而",底本無,據甲本補。
② "非是",底本無,據甲本補。
③ "棄",底本無,據甲本補。
④ "蓄",底、甲本作"畜",據文意改。
⑤ "辦",底本作"辯",據甲本改。
⑥ "此",底本無,據甲本補。
⑦ "辯",甲本作"辨"。
⑧ "孰",底本作"熟",據甲本改。
⑨ "而",底本作"自",據甲本改。
⑩ "情",甲本作"性"。

《畫圖讚文》卷第二十七

　　附記：本文寫作過程中得到業師方廣錩先生、落合俊典先生，以及京都大學名譽教授高田時雄先生的指教，特此致謝！

（作者單位：上海師範大學敦煌學研究所）

域外漢籍研究集刊　第十五輯
2017 年　頁 349—362

唐末五代禪僧明招德謙相關
史料及偈頌輯考[*]

金程宇

　　明招德謙是唐末五代時期著名禪僧,以失左目,遂號獨眼龍(《祖庭事苑》卷二)。其居明招山四十載,化人無數,宗風遠披。法嗣六人:“一曰處州報恩契從者,一曰婺州普照瑜和尚者,一曰婺州雙谿保初者,一曰處州涌泉究和尚者,一曰衢州羅漢義和尚者,一曰福州興聖調和尚者。”(《傳法正宗記》卷八)然其語錄著作國内久佚,以致相關研究十分薄弱。就其生平而言,學界未曾利用相關方志古本,史源不明,頗存遺憾;就輯錄佚文來説,未曾利用日藏《佛法大明録》,遺漏尚多。儘管三十多年前,日本學者椎名宏雄曾經指出《佛法大明録》中存有明招德謙語錄及偈頌佚文的事實[①],但未引起學界關注。本文擬在椎名氏論文的基礎上,查檢方誌古本和《佛法大明録》[②]等珍稀文獻,結合國内唐五代文獻輯錄的現狀,對德謙的相關史料及偈頌加以發掘和匯總,以期對學界有所裨益。

---

　　[*] 本文係國家社科基金一般項目“新見域外所藏唐宋古逸文獻研究”(16BZW096)階段性成果。
　　[①] 《佛法大明録の諸本》,《曹洞宗研究員研究生研究紀要》第 11 號,1979 年 8 月。椎名氏指出《佛法大明録》存明招德謙偈頌三十六首,其中兩首見《景德傳燈録》。
　　[②] 關於《佛法大明録》,筆者另有《日藏南宋圭堂居士〈佛法大明録〉文獻價值考述》一文,將刊於《古典文獻研究》第十九輯下卷。

一　明招德謙生平的新史料

德謙之生平，以《中國文學家大辭典·唐五代卷》（820 頁）所載較有代表性：

德謙（生卒年里不詳）五代吴越時禪僧。嗣羅山道閑。後住婺州明招山，歷四十年之久。禪語流布諸方，世稱明招和尚。《全唐詩補編·續拾》卷四五收其詩偈三首，《景德傳燈録》卷二三有傳。

其主要資料載於上述《景德傳燈録》及《五燈會元》，已爲學界所熟知。此處揭出一部極少得到利用的重要文獻——明正德十五年林有年修、董遵纂的《武義縣志》（筆者所據爲嘉靖二年黄春補刻增修本，原本藏宫内廳書陵部）。該書卷五"仙釋"部分云：

德謙禪師，義烏人，俗姓柳，年十二出家武義資福院，受具戒，遊諸方。貞明中至閩，謁羅山法堂。大師以頌呈云：自有摩尼真般若，百億毛頭隨色化。應用玄機常保保，祇此摩尼實無價。自從曠劫未曾迷，一道神光遍天下。語契其機，遂爲冢嫡①。謙既受記，後至婺之智者，居第一座，道聲遠播②。衆請居明招，四方來禪者盈室。有頌示衆曰：明招一拍和人稀，此是真宗上妙機。石火焂然何處去，朝生鳳子合應知。將圓化，上堂，以手撥眉，乃説偈曰：蓊然叢裏逞全威，汝等諸人善護持。火裏鐵牛生犢子，臨岐誰解湊吾機。語畢。謙一目眇，衆號曰獨眼龍。

以上所載，劃線處爲僅見此志者。"仙釋"下注云："仙逆天道而偷生，釋論緣業以惑衆，皆聖賢之所深闢者。今但據舊志所載三人而存之。志仙釋。"這説明其所依據的是"舊志"，可謂其來有自。嘉靖二年黄春序云："武義縣志舊毁於兵燹，近修於邑丞林公寒谷之手，志成鋟梓。公以陞守三衢去矣，而掌記者之書既涣散，板亦遺失。"可見在正德本之前，已有舊志，唯毁於兵燹。

這段材料對德謙的里籍、俗姓、出家時地都有所記載，所保存的呈羅山

---

① 此二字原漫漶，據上海圖書館藏乾隆三十七年刊本卷十一補。

② 此字原漫漶，據上海圖書館藏乾隆三十七年刊本卷十一補。

道閑偈頌,不見國內其他文獻,而與《佛法大明錄》所載德謙偈頌一致,爲德謙佚作無疑,極爲珍貴。更爲可貴的是,由於此段材料明確記載了德謙貞明中(約爲917、918年左右)從羅山受印記的時間,爲大體推斷其生卒年提供了重要依據。德謙住明招四十年,當圓寂於其地。倘若其受印記在三十歲左右,則其生卒年約爲878?—958?。又,明朱時恩《佛祖綱目》(崇禎七年版)卷第三十四(騰字號)有"(丁卯)德謙禪師住明招"、"(丁未)明招德謙禪師入寂"的記載。丁卯是後梁開平元年(907年),不知其據,其卒年似乎乃順推四十年所定。由於德謙乃受羅山印記後始住明招,此處所記當有訛誤。如前所述,德謙貞明中受記,其住明招當在此後,疑丁卯爲乙卯(919年)之形誤。《祖庭事苑》卷七載:"明招師名德謙。既於羅山得旨,出游婺女之智者,命居第一座。……晚居明招山四十餘載"。這段話主要依據的仍是《景德傳燈錄》,所謂"晚居"、"四十餘載",語義較含混,似不可據以信據。因德謙住智者寺後,始住明招,二者之時間相距當不甚遠。綜上所述,推斷德謙生於晚唐時期,卒於五代末期,當大體無誤。

二　德山四家録之佚文

德謙爲青原系下禪僧,其禪宗法系爲:德山宣鑑(嗣龍潭崇信)—巖頭全豁—羅山道閑—明招德謙。以上即所謂的"德山四家",但諸家語錄久佚,後人鮮見考及。

四家之語録,宋時仍有單行本,悟明《聯燈會要》卷二一云:

余乾道初,客建康蔣山,邂逅泉州一老僧,有巖頭録,因閱之。見其問僧。甚處去。僧云:入嶺,禮拜雪峰去。巖頭云:雪峰若問儞,巖頭如何,但向他道,巖頭近日在湖邊住,只將三文,買箇撈波子,撈蝦摝蜆,且恁麼過時。因問老僧,余閱巖頭録,他本盡作老婆,此云撈波,何也。渠笑云:老婆誤也。巖頭、雪峰皆鄉人,吾鄉以撈蝦竹具,曰撈波也。鄉人至今,如是呼之。後人訛聽,作老婆字,教人一向作禪會。巖頭録他本,作買箇妻子,雪峰録作買箇老婆。後來真淨舉了云。我只將一文錢。娶箇黑妻子。所謂字經三寫,烏焉成馬。於宗門雖無利害,不可不知。雪峰空禪師頌有云:三文撈波年代深,化成老婆黑而醜。蓋方語有所不知,不足怪也。如福州諺曰打野堆者,成堆打閧也。

今《明招録》中，作打野楎。後來圓悟《碧巖集》中解云，野楎乃山上燒不過底火柴頭。可與老婆，一狀領過也。

此處提到的巖頭録，顯然是單行本，還有一個"他本"，或許亦是單本。所謂"今明招録"者，也不排除單本的可能性。由此可見，南宋中期，四家録在有合集的同時，似仍多有別本單行。

北宋著述中明確提到《德山四家録》者，乃惠洪《林間録》：

> 達觀禪師嘗竊笑禪者不問義理。如宗門有四種藏鋒。初曰就理，次曰就事。至於理事俱藏，則曰入就。俱不涉理事，則曰出就。彼不視字畫輒易就理，作袖裏易出就，作出袖易入就。作入袖就事不可易也，則孤令之。今《德山四家録》所載具存。使晚生末學疑長老袖中必有一物出入往來，大可笑也。晦堂老人見禪者汗漫，則笑曰：彼出家便依誦八陽經者爲師矣，其見聞必有淵源。

按，《人天眼目》卷六宗門雜録"巖頭四藏鋒"云：

> 四藏鋒者，師所立也。謂就事者全事也，就理者全理也，入就者理事俱也。出就者理事泯也。後之學者，不根前輩所立之意，易就爲袖，使晚生衲子疑宗師袖中有物，出入而可示之也，故不得不詳審。

可見惠洪所見《德山四家録》之相關內容，實爲巖頭清嚴大師所立，出自其語録之可能性甚大。

另一處明確引用，見於《佛果擊節録》卷下："舉德山四家録。清八路事會，八面受敵，明招云：還曾夢見仰山麽"。這段相關內容在《聯燈會要》卷二五德謙的記載中也可見到。四家録的單行本與合編本，主體內容上似應差別不大。

儘管德山四家録已不傳，但日藏南宋圭堂居士編著的《佛法大明録》中尚存其佚文，爲考查這一宗派提供了珍貴的綫索。據椎明宏雄氏研究，《佛法大明録》書中所引用之《德山語録》（一則）、《巖頭清嚴大師語録》（二則）、《羅山法寶大師語録》（一則）、《明招德謙大師語録》（五則），在引書《綱目》中依序排列，當係逸書《德山四家録》之內容[1]，並推測是德謙門人所編。雖然無法確證《大明録》所引四家録，究竟是四部單行本語録，抑或四家語録合集，然其佚文無疑是十分珍貴的。考慮到椎明氏所述頗簡，國內學者

----

[1]　《佛法大明録の諸本》，《曹洞宗研究員研究生研究紀要》第 11 號，1979 年 8 月。

又一時不便看到原文,此處加以録文和考述。

1.《德山語録》(一則)

一日飯遲,師先托鉢下堂。雪峯纔見便問:者老漢,鐘未鳴,鼓未響,托鉢向甚麼處去? 師便歸方丈。雪峯舉似巖頭。頭云:大小德山,不會末後句。山聞舉,令侍者唤巖頭去問:你不肯老僧那。巖頭密啓其意。師來日上堂,説話異於尋常。巖頭到僧堂前,撫掌大笑云:且喜得堂頭老漢會末後句,他後天下人不奈何。雖然如是,祇得三年。後三年果遷化。(《佛法大明録》卷十四)

按,此處文字與《正法眼藏》卷第一之下略同。唯"師"字後者皆改作"德山"。《佛法大明録》所引《德山語録》當近原貌。

2.《巖頭清嚴大師語録》二則:

師曰:若未得恁麼,但且虛襟,教室内空勞勞地。自然合古今,或有或無,便須咬斷。除卻着衣喫飯,屙屎送尿外,切須管帶。一切不思,放教自由自在。若也未露,且抵死謾生嚼將去。利底一咬便斷,鈍底咬嚼教熟。若前後際斷,自然光浄去。如鳩兒初生下時,猶自赤倮倮也地。餒來餒去,日久月深,毛羽漸生,自然高飛鷗。此事如人學射,久久方中。(《佛法大明録》卷八引"岩頭語録")

欽山再來禮拜,因問師兄,日受張宅供養,後日作他家男女去也。師以手作拳安頭上。山云:恁麼則向頂顠上生去。師便喝。山又云:何如生取文邃好? 師又喝云:我二十年來見你鼓者兩片皮,直至如今猶作者箇去就。便喝出。山退垂淚云:二十年同行,有佛法不向文邃道,且告慈悲。師乃開門,爲説細大法門,方得安樂。(《佛法大明録》卷十三)

按,以上二則中,前則不見於傳世文獻,後一則見《聯燈會要》卷二三文邃禪師。

3.《羅山法寶大師録》(一則):

(師嗣岩頭)師在住大庾嶺住庵時,有一僧辭,去疎山。師云:我有一信附與疎山,得麼。僧近前云:便請。師以手挃頭上,却展云:還奈何麼? 僧無對。其僧到疎山堂内,舉似一僧云:還會麼? 衆無對。僧云:天下人不奈大嶺何。師有頌云:<u>直露全身湧寶蓮,不須點出藕絲間。滿室已通誰辨主,祇此分明幾萬年。</u>(卷十三)

　　按,以上相似内容見《聯燈會要》卷二三,羅山頌則不見存世文獻,係新發現之唐釋羅山道閑偈頌,可供補遺。

4.明招德謙禪師語録(五則)

　　有一僧在師會下去住庵,一年後卻來禮拜。師云:古人道三日不相見,莫作舊時看。師撥開胷云:你道我者裏有幾莖蓋膽毛在。僧無語。師卻問:你幾時離庵? 僧云早朝。師云:來時折腳鐺子,分付阿誰? 僧又無語,被師喝出。(卷十四)

　　按,此則見《景德傳燈録》卷二三、《五燈會元》卷八。

　　此外四則,分别是卷十三引偈頌九首(八首僅見)、卷十四引“明招大師頌十七首”(十二首僅見)、“明招大師頌六首”(五首僅見)、“明招大師頌十三首”,爲今存明招德謙偈頌之最大宗者。因體例所限,此處不俱引,一併在以下節引録。

三　《聯燈會要》所載明招德謙史料之價值

　　如前所述,《聯燈會要》的編者悟明提到過《明招録》的版本文字,則該書可能爲其所利用。通檢該書,頗有僅見於此書者,其出自《明招語録》的可能性甚大。燈録諸書所載德勤禪師機緣近四十則,除《景德傳燈録》載二十餘則外,要以此書爲最重要。兹略加舉例,以見其史料價值。

　　示衆云:太處挂劒,用顯吾宗。選佛場中,還有虎狼禪客麽。出生入死,一任施展看。若也覷地覓針,切忌亂呈瞳袋。槌折儞腰,莫言不道。

　　示衆云:干劒輪頂,飛大寶光。虎眼鋒前,豁開宗要。有何俊鶻,不避死生。眨上眉毛,與吾相見。有僧纔出,師便云:可惜許。

　　示衆云:半夜明星當午現,愚夫猶待曉雞鳴。便下座。

　　師到福田,衆請上堂。纔就座,有僧出云:某甲咨和尚,師便喝出。卻云:莫有英靈底麽。一任擎展。選佛選祖,今正是時。所以道:驚群須是英靈漢,敢勝還他師子兒。選佛若無如是眼,假饒千載又何爲①。

① 此即下節《佛法大明録》卷十四所載明招大師頌十七首之最後一首,未見諸家輯録。

師一日謁勝光。纔跨門，光方垂足，師云：伎倆已盡，拂袖而出。

師到鼓山，廓院喫飯。山見便問：這浙子，總不來鼓山。師云：某甲自從入嶺，便患風，不得禮覲大師。山行數步，回顧師云：還有風也無？師略展兩足。山云：元來是會禪。師云：和尚幸是大人，不得造次。山云：儞不肯鼓山。待上來，與儞三十棒。師云：喫棒自有人。

師在招慶，普請般泥。慶將拄杖，當路坐。問一僧云：上窟泥，下窟泥？云：上窟泥。慶打一棒。又問一僧，僧云：下窟泥。慶亦打一棒。却問師。師放下泥，又手云：請和尚鑒。慶休去。

師在法雲。插火，從食堂前過，遇數兄弟。一人云：此是衆僧火。盜向甚麼處去。師轉火插云：上座分上，有多少在裏許？僧無語。師云：這一隊漢，今夜總須凍殺。

師在王太傅宅①。迎木佛，傅問：忽遇丹霞時作麼生？師驀頭撮起云：也要分付著人。

師疾愈，訪國泰。泰領衆，門接。師指金剛云：這兩箇漢，在這裏，作甚麼？泰作金剛勢。師云：殿裏黃面老子笑儞在。

以上爲宋元文獻中僅見悟明此書者。其所出爲明招德謙語錄，當無疑問。此書的文獻價值，應當引起學者之關注。

四　明招德謙偈頌新輯

最早輯錄明招德謙偈頌的是胡震亨，其《唐音統籤》卷九七三（上海古籍出版社影印本第九册 365、366 頁），共輯出六首，其中三首出自《景德傳燈録》、《正法眼藏》（《全唐詩續拾》卷四五輯錄二首），三首出自《禪宗頌古連珠通集》（《宋代禪僧詩輯考》卷一“五代入宋各宗派禪僧詩輯考”輯錄）。《全唐詩》未載明招德謙詩，其《全唐詩凡例》云：“《唐音統籤》有道家章咒、釋氏偈頌二十八卷。《全唐詩》所無，本非歌詩之流，删”。國内學者在輯錄

---

① 王太傅，當即泉州刺史王延彬，見《宋高僧傳》卷十三、《景德傳燈録》卷十八、《五燈會元》卷八。

時,大體不出胡震亨之範圍。雖然近年來唐僧詩的研究開始受到關注①,但在德謙偈頌的輯録方面仍未見有明顯的推進。

日藏《佛法大明録》所存明招德謙資料最豐富,多爲中土久佚之作,十分珍貴。兹輯録如下,他書有可補者也一併附入。已見於存世文獻者,詩前以・表示。

卷十三明招德謙禪師頌九首:

　　・自在摩尼真般若,百億毛頭隨色化。應用玄機常保保,祇此摩尼實無價。自從曠劫未曾迷,一道神光遍天下②。

　　決定説,阿誰親,無相光明礙殺人。達士驀然起智海,是何境界擬勞神。

　　大相明中最聖尊,若非真的實難論。頂圓湧出微塵句,幾許愚夫到此惛。勸子直須高着眼,莫交臨敵被人吞。

　　一自此巖居,巖中三個穴。時時每到遊,如若空中月。嗟見世間人,笑我頭如雪。祇知有一邊,不識山僧訣。唯此甚分明,諸佛尋常説。

　　新教牛虛横,聿行大不知。空氣急上來,空教有師承。

　　盜聽之人何死急,侷碌碌,髛齁齁,此是癡人不知羞。勸君合取孃生口,閑處烏龜莫出頭。

　　全鋒一團火,東西透日紅。大地皆真色,如珠掌内擎。不是知音者,徒勞側耳聽。

　　古路嵯峨劍刃鋒,日頭平上照西東。才槍星隊毛頭現,選佛場中建法幢。今夜爲君開秘訣,靈光祇在一塵中。

　　舉不顧,河沙數。正當鋒,誰敢措。

卷十四明招大師頌 十七首:

　　東山日出西没山,北斗遊南西復東。祇知井裏看天近,不覺泥牛

---

① 　近年來唐詩輯録的情況,參陳尚君師《八十年來唐詩輯佚及其文學史意義》(《文學與文化》2011 年 1 期)。唐僧詩的綜述,參查明昊《轉型中的唐五代詩僧群體》(浙江大學博士論文,2005 年)、林媛媛《中晚唐僧詩研究》(吉林大學博士論文,2016 年6 月)。

② 　正德《武義縣志》卷五。

失腳輕。

　　溢目荒田勿處耕，石牛行步忽如星。但知下取仙家種，自有黃金滿屋盛。

　　卓筆峰前擣古劍，靈光直透九霄間。探玄上士論何事，離卻言詮試道看。

　　·廊周沙界聖伽藍，滿目文殊接話談。言下不知開佛眼，回頭祇見翠山巖①。

　　·聲振大千龍虎伏，無人解和法王才。言下便明猶是鈍，頓教千眼一時開②。

　　越格超倫師子兒，太虛全布目前機。縱橫妙用無人識，唯有靈山教主知。

　　九旬伏劍未能飛，暫借威光略展眉。落落七星含寶月，藏鋒曾對太陽輝。

　　絕頂靈峰側布金，萬重關鎖虎溪深。有何越格真師子，略展金毛現本身。

　　索然擲劍整龍威，用顯吾宗第一機。誰是法王親的子，解提龍印任高飛。

　　·擘開金鎖眼如鈴，剔起眉毛頂上生。方稱法王親的子，自然天下任橫行③。

　　纔擬離巢便學飛，直須高跳莫教低。鳳凰不是凡間鳥，不得梧桐誓不棲④。

　　·明招一拍和人稀，此是真宗上妙機。石火瞥然何處去，朝生之子合應知⑤。

　　目前全是此風光，切忌沈源世已長。解布直須明後句，殺活如王

----

　　①　《禪宗頌古聯珠通集》卷第二十七、《禪林類聚》卷三。《祖庭事苑》卷二作無著偈。

　　②　《禪宗頌古聯珠通集》卷二、《禪林類聚》卷五。

　　③　《正法眼藏》卷三上。

　　④　《正法眼藏》卷二下法演示眾引末二句。

　　⑤　《景德傳燈錄》卷二三。

誰敢當。

　　豁開大海顯龍宫，擎出驪珠數莫窮。大施解能將取去，幾人酬價得相同。

　　遠遠尋光誰敢親，分明點取莫勞神。瞥然一眨猶慚鈍，覷地低頭覓底針。

　　奇哉龍劍異神仙，定國安家鎮大千。暗裏夜明三市勢，古今橫卧骷髏前。

　　共守龍宫歲月深，阿誰親得法王吟。有何劍氣英雄漢，提向他方報佛心。

　　•驚群須是精靈漢，敵聖還他師子兒。選佛若無如是眼，假饒千載又何爲①。

卷十四明招大師頌六首：

　　展得沖天勢，將何等得伊。縱橫三界外，誰是復誰非。鐵鼓鋩鋒擊，臺前擲劍飛。靈光徹沙界，微妙不思議。

　　•一點曾無異，微塵卻不增。百千諸佛眼，同共此靈光。妙展窮無盡，心心不可量。與君親指的，微妙法中王②。

　　烈士威雄猛，猶如旋火輪。正當紅焰裏，誰敢放全身。一任高擎劍，驚天越衆群。若不行此令，將何報佛恩。

　　丈大不學劍，虚標烈士名。尋光不别寶，徒勞點眼睛。訪道無宗旨，多見不如盲。欲識吾大教，浮圖火裏生。

　　寶明日月宫，惣拘妙無窮。布與七金山，四垂沈後湧。中有一寶珠，人聖如來種。獨露頂門安，曾無有移動。

　　有智不名佛，佛爲無智人。在他豪與富，唯我赤窮身③。大地藏不得，誰堪共作鄰。十方俱一體，獨露謂之貧。

卷十四明招大師頌十三首：

　　溢目曾無異，大虚言不親。拈除席帽下，北斗話生人。

---

　　①　《聯燈會要》卷二十五，宫内廳書陵部藏宋元版漢籍影印叢書本，第 13 册
713 頁。

　　②　《禪宗頌古聯珠通集》卷二。

　　③　《韻府群玉》卷四“赤窮身”下引此二句，作者誤作“明拈大師頌”。

決定鋒頭劍，騰身火焰前。是何師子訣，依寄藕絲邊。

明招勿可有，秖守兩莖眉。勿遇知音者，拈來展似伊。

我有古鏡池，杳絕一點泥。奇水沒頭浸，能有幾人知。

目展千蓮界，雙眉拂大虛。嚬呻師子步，威振九江湖。

展目眉還險，峰高射虎遲。若非師子敵，爭赴上來機。

解開布袋口，放出大蟲兒。點著如鈴者，誰能敢近伊。

空中雞子兒，擬貶何曾識。天眼尚迷蹤，豈任勞心力。

眉毛連我命，我命在於眉。不借眉毛者，看看喪命帰。

枯樹花重秀，層層透日紅。上方舉不及，下界少人逢。

卓然風彩異，住大不思議。擎向他方界，不負兩莖眉。

老虎生雄子，東西望四維。卓然風彩異，如劍透輪飛。

至理不思議，知心有阿誰。千聖廻光處，法王法如是。

《正法眼藏》卷三上載明招和尚二偈（其二）：

師子教兒迷子訣，擬前跳躑早翻身。羅紋結角交鋒處，鵓眼臨時失却蹤。

《祖庭事苑》卷四載無題十頌（其一）①：

百歲看看二分過，靈臺一點意如何。

貪生逐日迷歸路，撒手臨岐識得麼。

《聯燈會要》卷二五載德勤示衆云：

半夜明星當午現，愚夫猶待曉雞鳴。

《景德傳燈錄》卷二三、《五燈會元》卷八載德勤言（當爲偈頌中語）：

我住明招頂，興傳古人心。

以上輯錄明招德謙偈頌四十七②首另二聯，其中《佛法大明錄》所引德謙頌四十五首（八首見存世文獻，三十七首獨見）。由於《祖庭事苑》卷四所載無題十頌，今僅存其一，知其偈頌尚頗有遺佚。

———————

① 此佚詩爲衣川賢次氏所發現，見其《禪籍的校讎學》（《中國俗文化研究》2003年5月）

② 《祖堂集》卷十《和翠岩和尚示後偈》，《全唐詩補編》輯入，以爲明照即明招之誤。近陳尚君師告知，文正義《〈祖堂集〉與〈全唐詩〉的輯佚及補訂》（《覺群學術論文集（第2輯）》，商務印書館2002年版）以爲明照與明招非一人，故不輯入。

以上德謙偈頌均無題目，後世禪宗頌古常見的古則公案等文字内容皆不見載。如“聲振大千龍虎伏”一首，見《禪宗頌古聯珠通集》卷二、《禪林類聚》卷五，實際是對“世尊陞座”之頌古：

世尊一日陞座，大衆纔集定。文殊白槌云：諦觀法王法，法王法如是。世尊便下座。頌曰：

聲振大千龍虎伏，無人解和法王才。言下便明猶是鈍，頓教千眼一時開。（明招謙）。

又如“一點曾無異”一首，《禪宗頌古聯珠通集》卷二，所頌則是睦州道蹤之古則：

睦州因秀才相訪，稱會二十四家書。師以拄杖空中點一點曰：會麽？秀才罔措。師曰：又道會二十四家書，永字八法也不識。頌曰：

一點曾無異，微塵劫不增。百千諸佛眼，同共此靈明。（明招謙）。

我們推測，這些公案都是宋元禪僧在編輯頌古總集時，根據自己的判斷而加入的，這對我們理解德謙的偈頌作品顯然是有益的。日後有必要將公案古則等内容乃至偈頌的背景加以考索和補充。

五　明招德謙偈頌在宋代之反響

德謙偈頌的在宋代之傳播與接受，除《景德傳燈録》等傳記、《禪宗頌古聯珠通集》等總集引録外，大體可歸結爲以下三種類型：即仿效、徵引、評議。以下略作勾勒。

1.仿效：明招頌與雪竇頌

明招謙嘗作無題十頌，有云：百歲看看二分過，靈臺一點意如何。貪生逐日迷歸路，撒手臨岐識得麽。雪竇頗類此頌。（《祖庭事苑》卷七）

按，北宋雪竇重顯有《爲道日損偈》：“三分光陰早二過，靈臺一點不揩磨。區區逐日貪生去，喚不回頭怎奈何”，從語詞和偈意來看，確取法於明招頌。

2.徵引：浄慈師一示衆與明招頌

臨安府浄慈師一（1107—1176）禪師示衆（《聯燈會要》卷十八）云：

師子教兒迷子訣，擬前跳擲早翻身。羅紋結角交鋒處，鶻眼臨時失却蹤。

此外,崇岳《密庵和尚語録》之《常州褒忠顯報華藏禪寺語録》亦曾引德謙此頌①。

3.評議:明招頌與圭堂頌

圭堂是南宋江西地區的一位篤信佛教的居士,其所編禪宗類書《佛法大明録》資料豐富,引書多達一百三十四種,引録時圭堂又附以詩文的形式加以評點,表達個人的感受和見解,是研究南宋三教一致思想的重要文獻②。

在《佛法大明録》卷十三明招德謙九首頌之後,圭堂寫道:

> 歷落機梭六界寬,知時鍊就寶光寒。翻憐黑白誇莘者,只守懸崖舊處看。

《佛法大明録》卷十四在所載三十六首德謙偈頌後,又録有圭堂偈頌七首:

> 光境俱亡不識渠,二龍奮力忽爭珠。南山雲起北山雨,海蓮揚波上太虛。
>
> 出鑛真金鍛煉多,室中高座老維摩。有無二義俱超越,天下無如雪老何。
>
> 瞻顧東方精色明,一彎交入貼蹉程。晴空境界無人到,鍊得雙睛成爛銀。
>
> 一機六用妙回機,要與中邊互換之。兩處無垠一無息,自然温養不炎飛。
>
> 無央祖劫有空玉,遍界威神不可當。惟有圓通最慈憫,一枝楊柳灑清涼。
>
> 莫遇純虛嘆苦辛,此爲祖劫返生神。温温力逐人和復,理到何憂不得真。

---

① 《聯燈會要》卷十八載福州天王志清禪師有此頌,誤。實爲引用德謙頌也。

② 楊曾文《南宋圭堂居士〈大明録〉及其三教一致思想》(載《佛教與中國文化國際學術會議論文集》,1995 年臺北。該文又收入作者《佛教與中國歷史文化》,2013 年 11 月金城出版社。)又,《全宋詩輯補》第七册(3447—3449 頁)據《禪宗頌古聯珠通集》卷二十、四十補詩四首。《佛法大明録》存圭堂佚詩甚夥,筆者已輯録於《日藏南宋圭堂居士〈佛法大明録〉文獻價值考述》一文,將刊於《古典文獻研究》第十九輯下卷。

和會三家作一家，重崗推上白牛車。鸞鷺立雪非同色，明月蘆花不似他。

在"文字禪"盛行的宋代，這些作品表現了圭堂的禪意領悟，從某种意義上來説，不妨將它們視作圭堂與德謙的隔代唱和。圭堂居士善詩，其對德謙偈頌尤爲關注，頗多引録。居士所編《佛法大明録》，不僅保存了德謙的豐富文獻，而且融入了自身的理解和思考，這使得圭堂成爲德謙乃至唐代禪宗接受史上都是非常有特色的人物之一。

結　論

一、明正德《武義縣志》是研究明招德謙的重要文獻，有助於推定其生卒年範圍。

二、日藏《佛法大明録》存有德山四家録佚文，因引録明確，有助於鑒别他書中的相關文獻。

三、《聯燈會要》所載明招德謙語録佚文頗多，文獻價值甚高。

四、利用日藏《佛法大明録》等文獻，共輯録德勤偈頌四十八首另一聯，是香嚴智閑七十六首偈頌發現以來唐五代僧詩最重要的發現。

五、德勤偈頌對宋代也有所影響，其中圭堂居士的接受頗有特色。

隨着文獻的深入發掘，相信有關明招德謙的研究將會得到進一步的推進。

2016 年 12 月 11 日稿於金陵傳習堂
2017 年 5 月 1 日校補於海東日有所思齋

（作者單位：南京大學文學院域外漢籍研究所）

域外漢籍研究集刊　第十五輯
2017 年　　頁 363—381

五山版《佛祖歷代通載》考述 *

楊志飛

一　引言

　　《佛祖歷代通載》是元代僧人念常(1282－?)編撰的一部編年體佛教史書。據至正七年(1347)念常自撰之《佛祖歷代通載略例叙》可知,念常號梅屋,華亭黄氏子。年十二,依平江圓明院體志出家,棲心律典。元貞元年(1295),江淮總統所授以文憑,薙髮受具,遍游江浙大叢林,博究群經,宿師碩德以禮爲羅延之,皆撝謙弗就。至大元年(1308),佛智晦機(1238－1319)自江西百丈遷杭之净慈,念常前往參承,服勤七年。延祐二年(1315),佛智遷徑山,念常值後版表率。明年,朝廷差官理治教門,承遴選住持嘉興路大中祥符禪寺。至治三年(1323),乘驛赴京,繕寫金字藏經,得以觀光三都之勝,覽燕金遺墟,出入翰相之門,討論墳典。自京而回,主姑蘇萬壽法席。作爲臨濟宗高僧,念常精通内義,外博群書,故取佛祖住世之本末,傳授之源流,依時君世主之年月,撰成《佛祖歷代通載》廿二卷,備歷代法門事蹟,行於叢林,時號"僧中班馬"。是書形式上借鑒《佛祖統紀·法運通塞志》,内容則上起七佛,下至元順帝至正四年(1344)①,廣載佛教史

---

　　* 本文係 2016 年國家社科基金青年項目"漢文佛教史學名著《佛祖歷代通載》整理與研究"階段成果之一。對本刊匿名評審專家提供的修改意見,特致謝忱。

　　① 按:諸書言及《佛祖歷代通載》所記史實之下限,皆稱"下至元順帝元統元年(1333)",蓋因未見元至正七年釋念常募刻本之故,此本所載史實至至正四年而止。

實,對歷代君王臣僚興廢佛教事蹟及相關撰述文書,如僧道對析論辯、教門
隆替、諸祖事蹟及帝王御製贊序及大臣碩儒撰述有關大教者,皆按年代先
後記述,是重要的編年體佛教史書。

《佛祖歷代通載》雖大量取材南宋祖琇《隆興佛教編年通論》諸書,然
"於佛教之廢興,禪宗之授受,言之頗悉。於唐以來碑碣、誌傳之類,採掇尤
詳,亦足以資考訂"①,尤其念常自撰的卷十八至二十二的宋元部分,因補
充了諸多散見於碑銘、文集、傳狀、詔制等方面的資料,取材較新,學術價值
尤高,故歷來爲治佛教者所重。日本學者岩井大慧、野上俊静、西尾賢隆等
利用《佛祖歷代通載》對元初皇室佛教、佛教在江南的發展等進行了一系列
深入的探討②。金井秀周利用《佛祖歷代通載》與《釋氏稽古略》等典籍的
相關記載,對涉及金代宗教的文獻做了詳細的對比與梳理③。杜繼文《佛
教史》、楊曾文《宋元禪宗史》、郭朋《宋元佛教》、閆孟祥《宋代佛教史》等都
是廣泛利用《佛祖歷代通載》進行佛教史考證的重要著作。冉雲華主要依
據《佛祖歷代通載》及王萬慶所撰之《海雲大禪師碑》,詳述了海雲之思想及
其感化元初諸王的經過④。元世祖封八思巴爲帝師之原因,歷來有爭論,
張羽新認爲《佛祖歷代通載》中所載翰林學士王磐等奉敕撰述的《八思巴行
狀》是最原始、權威之史料,從而提出八思巴是因創制"大元國字"而被封爲
帝師的重要論斷⑤。韋明認爲《佛祖歷代通載》卷首記載的八思巴著《彰所
知論》中有蒙古王統自成吉思汗到忽必烈的記述,是佛教史學作品有關蒙
古王統的最早記載,此外,韋明還利用《佛祖歷代通載》對藏傳佛教傳入蒙

① (清)永瑢等:《四庫全書總目》卷一四五,中華書局,2003年,頁1239。

② 岩井大慧:《元初に於ける帝室と禪僧との関係に就いて(上)》,《東洋學報》11
(4),1921年,頁547—577;《元初に於ける帝室と禪僧との関係に就いて(下)》,《東洋
學報》12(1),1922年,頁89—124。野上俊静:《元代僧徒の免囚運動》,《大谷學報》38
(4),1959年,頁1—12。西尾賢隆:《元朝の江南統治における仏教》,《仏教史學》15
(2),1971年,頁84—104.

③ 金井秀周:《金代宗教史料小考:〈仏祖歷代通載〉と〈釈氏稽古略〉について》,
《東海女子短期大學紀要》1984年3月,頁1—16。

④ 冉雲華:《元初臨濟僧人——海雲的禪法和思想》,《華岡佛學學報》1981年,頁
37—55。

⑤ 張羽新:《帝師考源》,《中國藏學》2004年第1期,頁48—58。

漢之地產生的影響及促進元代佛典的翻譯等方面做了論述①。王啓龍則利用該書中有關忽必烈及其皇室成員、臣子守戒學佛的記載勾勒出元初宮廷佛教的輪廓②。李輝利用《佛祖統紀》、《佛祖歷代通載》、《補續高僧傳》等文獻對至元二十五年(1288)江南禪、教代表在燕京的廷諍進行了梳理，認爲廷諍的導火索是禪教兩派對寺院所有權的争奪，忽必烈利用了這次廷諍，打壓禪宗，達到各派平衡的目的③。以上都是利用《佛祖歷代通載》進行某個專題的研究，均取得了多方面的成果。

　　《佛祖歷代通載》撰成之後，於至正四年(1344)前後付梓，旋即東傳日本，而有五山版、慶長本、慶安本之刊刻，稍後數年，是書亦遠播朝鮮，並有仁粹大妃本、雙峰寺本④之印行。作爲漢文佛教史籍，《佛祖歷代通載》不但盛傳於中華大地，先後有明宣德本、萬曆本之開版，元明清釋氏著作如《釋氏稽古略》、《釋鑑稽古略續集》、《補續高僧傳》、《凈土聖賢録》等無不徵引，在鄰國亦被輾轉翻刻，由此可見是書及中國佛教在東亞之影響。《佛祖歷代通載》的上述三種和刻本中，以日本國立國會圖書館藏五山版的價值爲最高，對五山版《佛祖歷代通載》進行研究，不僅可以進一步瞭解《佛祖歷代通載》的版本流傳及演變，而且可以深化對中日書籍交流的認識。

　　就筆者目見所及，對此本的研究並不多⑤，其價值遠未被揭示與發掘。有鑒於此，本文在前人已有成果基礎上，力求對五山版的刊刻年代、底本來源以及對後世版本的影響做全面的探究，以透視中日文化交流的一個側面。

---

　　①　韋明:《12 世紀末到 14 世紀中期藏傳佛教的東傳》，《西北民族學院學報》1997年第 4 期，頁 59—64。

　　②　王啓龍:《八思巴對中國文化的貢獻》，《西北民族論叢》第九輯，2013 年，頁114—143。

　　③　李輝:《至元二十五年江南禪教廷諍》，《浙江社會科學》2011 年第 3 期，頁108—113。

　　④　宣德五年本與五山版皆爲初刻本之翻刻，仁粹大妃本的底本是宣德五年本，雙峰寺本是仁粹大妃本的翻刻本。因此，在版本系統中，仁粹大妃本、雙峰寺本均次於五山版且無直接聯繫，故本文對二者從略。

　　⑤　以筆者目見所及，相關研究有:川瀨一馬先生《五山版の研究》部分章節，《日本五山版漢籍善本集刊》之《佛祖歷代通載解題》。

二　五山版《佛祖歷代通載》

　　13 世紀中後期,日本倣效中國宋代"五山"之制,定鐮倉建長寺等五寺爲"鐮倉五山",至 14 世紀中期,又在京都定天龍寺等爲"京都五山"①,從此進入五山文化時期。此時,舊有的佛教宗派如法相宗、天台宗、真言宗等已漸衰落,新成立的净土宗、日蓮宗、真宗、禪宗等都有很大發展。在這些新興宗派中,禪宗尤其是臨濟宗由於受到幕府和公卿的歸依,非常盛行。《佛祖歷代通載》的作者念常曾問學於臨濟宗佛智晦機,歷來被視爲臨濟宗楊岐派僧人,其書傳入日本并數度開版,實非偶然。五山寺院特別是臨濟宗寺院出於宣傳本門宗法之目的,從中國引進了雕版印刷技術,大量刻印佛教典籍,内容包括清規戒制類,如《敕修百丈清規》、《幻住庵清規》、《禪苑清規》等;史傳類如《佛祖統紀》、《隆興佛教編年通論》、《僧史略》、《佛祖宗派綱要》、《傳法正宗記》等;語録類如《雲門匡真禪師廣録》、《虎丘隆和尚語録》、《松源和尚語録》、《雪峰空和尚語録》等。五山的僧侣傾情漢文化,刻印佛籍之外,也刊刻了不少外典,如《古文尚書》、《毛詩鄭箋》、《春秋經傳集解》以及詩文集和一些韻書,稱"五山版"。五山版是一個模糊的稱謂,大致指十三世紀中後期鐮倉時代至十六世紀室町時代後期,以鐮倉五山和以京都五山爲中心的刻版印本,既包括中國典籍,也包括日本典籍,其中的中國典籍絶大部分是宋元刻本的復刻②。五山版的大量刻印,與禪宗的興盛密不可分。

　　(一)五山版《佛祖歷代通載》的版本形態③

　　廿二卷,十册④,半葉十行,行二十字,小字雙行同,黑口,雙黑魚尾,左右雙邊,版心記字數、刻工,現藏日本國立國會圖書館(登記號:WA6－17)

---

　　①　鐮倉五山指建長寺、圓覺寺、壽福寺、净智寺、净妙寺。京都五山指南禪寺、天龍寺、建仁寺、東福寺、萬壽寺。

　　②　嚴紹璗:《漢籍在日本的流布研究》,江蘇古籍出版社,1992 年,頁 133。

　　③　本文所用五山版《佛祖歷代通載》係日本國立國會圖書館之電子本,網址:http://dl.ndl.go.jp/info:ndljp/pid/2605907。2016 年 9 月 5 日檢索。

　　④　日本大東急記念文庫藏本爲十一册,布施卷太郎氏藏有三册,均未見。

等處。此本卷首鈐"大航"、"芥岡"、"龍泉"、"瑞應"、"昌鈐之印"、"帝國圖書館"等朱印。前有元至正元年(1341)虞集所作《佛祖歷代通載序》,"板留嘉興城東雲門菴印行"刊記,《佛祖歷代通載凡例》十三則,《佛祖歷代通載目録》(1—22卷),卷一至十七每卷末皆有"比丘一清書"題記,書末依次有至正四年(1344)釋覺岸所作《華亭梅屋常禪師本傳通載序》、至正三年(1343)十月上天竺住持沙門本無跋、至正三年春前四明阿育王山住持比丘正印跋、至正三年秋徑山僧人守忠跋,並有刊記"嘉興城東柴場灣/雲門菴印行/徒弟子爕　可斯董工"。

(二)五山版《佛祖歷代通載》的刻工及其刊刻年代

五山版傳入日本的具體時間已難確考,僅可依據刻工雕版活動的區間來推測其刊刻年代。廿二卷中,除卷九、卷十二至十三、卷十九至卷二十二外,其余各卷均有刻工名姓,但多係略稱,今逐録如下:

虞集《佛祖歷代通載序》:孟榮(一、三、四)①。

《佛祖歷代通載凡例》:孟榮(一、二)。

卷一:吳郡朱顯卿刊(一)、榮(十二、十三、十四、十五、十六、十七、十八、十九、二十、廿一、廿二、廿三)。

卷二:甫(四、七、八、九)、良甫(五)、榮(十、十一、十二、十三、十四、十五)。

卷三:朱良甫(一)、良甫(三、十一、十二、十三、十四、十五、十六、十七、十八、十九、二十、廿一、廿二)、榮(五、六、七、八、九、十、廿三)。

卷四:孟榮(一、二、三、四、五)、榮(六、九、十一、十八、十九、二十、廿一、廿二、廿三)。

卷五:福(五、六、七、八、九、十)、甫(廿三、廿八)、榮(廿九、三一)。

卷六:榮(一、二、九、十、十一、十二、十三、十四、廿一、廿二、廿三、廿四、廿五、廿六)、福(三、四、五、六、七、八)、伯壽(十五、十六、十七、十八、十九、二十)。

卷七:才(十一、十二、十四、十五、十六)、壽(廿九、卅四)。

卷八:朱(廿三)、林(廿七)。

---

①　括號内數字,指此刻工所在本卷的頁碼,下同。川瀨一馬先生對五山版《佛祖歷代通載》刻工亦有統計,但偶有不確,故此處不避繁冗,再次羅列。

卷十：沈（廿九）。

卷十一：元（一）。

卷十四：伯（四六、四七、四八）。

卷十五：伯（一、二）。

卷十六：壽（廿五、廿六、廿七）、伯（廿八）、壽（三十）。

卷十七：壽（十五、十六、十七）。

卷十八：古月（廿五）。

上述刻工中，“孟榮”、“榮”爲陳孟榮，“福”、“甫”、“良甫”爲俞良甫，“伯壽”、“伯”、“壽”爲陳伯壽，“沈”、“元”爲沈元。卷七之“才”，當爲與陳伯壽同時抵日之陳孟才。經與至正七年釋念常募刻本對勘，卷一“吴郡朱顯卿刊”①、卷三朱良甫之“朱”②、卷八“朱”“林”、卷十“沈”、卷十一“元”，卷十八之“古月”③均系至正七年本之刻工而非五山版之手民，其中朱顯卿、沈元、古月曾參與元至正間《宋史》、《金史》、《大戴禮記注》、《十三經注疏》之雕版④。若謂朱良甫真有其人，朱顯卿、沈元、古月曾由元赴日，則大謬矣。嚴紹璗先生曾指出，五山版覆刻元刊本時，常將原版木記一起翻刻，並舉二例加以說明：覆刻《韻府群玉》二十卷，末有“元統甲戌春梅溪書院刊”木記二行；覆刻《聯新事備詩學大成》三十卷，卷一末有“至正乙未孟春翠岩精舍新刊”木記二行⑤。如上述“吴郡朱顯卿刊”、“朱良甫”、“沈元”、“古月”例可知，五山版不但將木記一同翻刻，亦會將原版刻工照刻，這是在研究五山版雕版時應注意的。因此，可以確定參與五山版《佛祖歷代通載》雕板的刻工爲四人：陳孟榮、陳孟才、俞良甫、陳伯壽。據《五山版の研究》及其他材料，

① “朱顯卿”，《日本五山版漢籍善本集刊》第十一册《佛祖歷代通載提要》誤作“步顯卿”。

② 川瀬一馬先生已指出“朱”字係原刻之刻工名，其他則未指出。詳氏著：《五山版の研究》（上卷），日本古書籍商協會，1970年，頁441。

③ “古月”，川瀬一馬《五山版の研究》（上卷）頁441、《日本五山版漢籍善本集刊》第十一册《佛祖歷代通載提要》皆誤作“月古”。

④ 王肇文：《古籍宋元刊工姓名索引》，上海古籍出版社，1990年，頁171。

⑤ 嚴紹璗：《漢籍在日本的流布研究》，江蘇古籍出版社，1992年，頁135。

四位刻工抵日後所刊典籍如下①：

表一

時　間	所刊典籍	刻工②
貞治六年(1367)	《禪林類聚》	陳孟榮
應安三年(1370)	《月江和尚語録》	俞良甫
應安四年(1371)	《宗鏡録》	陳孟榮、俞良甫、陳伯壽
應安五年(1372)	《碧山堂集》	俞良甫
應安七年(1374)	《白雲集》	俞良甫
應安七年(1374)	《重新點校附音增注蒙求》	陳孟榮
應安七年(1374)	《文選李善注》	俞良甫
永和二年(1376)	《新刊五百家注音辨昌黎先生聯句集》	陳孟榮
永和二年(1376)	《集千家注杜工部詩》	陳孟榮、俞良甫、陳孟才
至德元年(1384)	《傳法正宗記》	俞良甫
至德四年(1387)	《五百家注音辯昌黎先生文集》	俞良甫
至德四年(1387)	《松源和尚語録》	俞良甫
至德四年(1387)	《新刊五百家注音辯唐柳先生文集》	俞良甫
應永二年(1395)	《般若波羅蜜多心經疏》	俞良甫

　　據日本臨濟宗僧義堂周信(1325－1388)《空華日工集》應安三年(1370)九月二十二日條：

---

　　①　表中所列皆爲有年代可考者，此外，刊刻時間未詳者尚夥，如《北磵詩集》、《皇元風雅》、《大藏經綱目指要録》、《天童平石和尚語録》、《清拙大鑑禪師塔銘》、《陸放翁詩集》、《魁本對相四言雜事》、《無量壽禪師日用清規》、《大廣益會玉篇》、《王狀元集百家註分類東坡先生詩》、《翻譯名義集》、《清拙大鑑禪師塔銘》、《新撰貞和分類古今尊宿偈頌集》、《六學僧傳》等。

　　②　表格中所列典籍多爲數名刻工合作開版，爲簡潔故，"刻工"欄内僅列與本文有關之刻工。

唐人刮字工陳孟才、陳伯壽二人來,福州南臺橋人也。丁未年(貞
治六年)七月到岸,大元失國,今皇帝改國爲大明,孟才有詩,起句云吟
毛玉兔月中毛云云①。

可知陳孟才、陳伯壽於貞治六年(1367)抵日,故五山版《佛祖歷代通
載》的刊刻不會早於是年,這是上限。

上表所列典籍中,1367年臨川寺版《禪林類聚》卷首目録下有“孟榮刊
施”款識②,是目前所知陳孟榮抵日後最早刊刻的書。俞良甫抵日後,寓居
京都附近嵯峨多年,刻印典籍中年代最早的是《月江和尚語録》,末題“應安
三年(1370)六月初旬謹題”,年代最晚的爲應永二年(1395)刊《般若波羅蜜
多心經疏》,這是已知俞良甫雕刻生涯的最晚時間,也是上述四位刻工雕刻
生涯的最晚時間,應是下限。刻工的雕版生涯一般有二三十年,因此,五山
版的刊刻約在1367年(元至正二十七年)至1395年(明洪武二十八年)之
間,而傳入的時間,尚在此之前。時值元末明初,社會的動盪不但未曾令中
日文化交流中斷,反而促進了包括《佛祖歷代通載》在内的大量漢文典籍的
東傳。在明代的中日書籍交流中,政府出面向明廷求書是典籍東傳的主要
渠道③,而日本室町幕府首次向中國明朝政府派遣朝貢使節是在建文三年
(日本應永八年,1401年),此時《佛祖歷代通載》已傳入日本並有了五山版
之覆刻,因此,日本遣明使攜來之可能很小,由渡日僧侣、工匠或入華日僧
攜來之可能性則較大。

三　五山版《佛祖歷代通載》之底本

五山刻印的典籍中,絶大多數是以中國的宋元刊本爲底本,只有極少
數是以明初刊本爲底本④。前述五山版約在元至正二十七年(1367)至明

---

①　轉引自川瀨一馬:《五山版の研究》(上卷),日本古書籍商協會,1970年,頁
143。

②　川瀨一馬:《五山版の研究》(下卷),日本古書籍商協會,1970年,頁85。

③　陳小法:《〈臥雲日件録拔尤〉與中日書籍交流》,《域外漢籍研究集刊》第三輯,
中華書局,2007年,頁309。

④　嚴紹璗:《漢籍在日本的流布研究》,江蘇古籍出版社,1992年,頁137。

洪武二十八年(1395)間刊刻,此時的中國只有元刊本,明代單刻本要到宣德五年(1430)才出現,故五山版覆刻的是元刊本①,殆無疑義。《佛祖歷代通載》的傳世諸本②中,元刊本很少,今所見僅元至正七年(1347)釋念常募刻本一種③。將五山版與至正七年本對勘,發現二者關係極爲密切,但又有差別。首先,五山版與至正七年本的相同之處有:

(一)行款相同。皆半葉十行,行二十字,黑口,左右雙邊。

(二)字體相同。至正七年本多用簡體,如"禪""斷""爾""屬""尽""隱""經""禮""條""終""亂""來""時""体"等;多用俗字,如"猣""㝎""糸""貝""辝"等;時有避宋諱之處,如"弘""桓""恒""匡"等多缺筆;五山本皆同。

(三)刊記相同。至正七年本虞集《佛祖歷代通載序》之後"板留嘉興城東/雲門菴印行"、卷十五末"平江路在城甯府文壽舍人施鈔四㝎助刊/此卷,所冀桂子流芳即拜/金門之詔/萱堂戲綵早趁玉筍之班"兩則刊記,五山版亦有。至正七年本卷十九、二十、二十一、二十二末原有刊記之處,五山版有明顯的剜版痕跡。

(四)每頁字數。至正七年本每頁版心上方有本頁之字數,如卷一第一頁"三六五",五山版皆同。五山版偶有增入一字,但字數統計仍與至正七年本同,而并未增加。如元刊本卷七"一昔風雷拔樹,皷沙石,蕩平基,致木于上,時以爲神運焉。""蕩平基",五山版在"基"後補入"其"字,但本頁字數仍與元刊本同作"四〇五"。

(五)刻工名字。如前文所述,至正七年本卷一"吳郡朱顯卿刊"、卷三

───────────

① 明宣德五年(1430)大慈恩寺本《佛祖歷代通載》,現藏中國國家圖書館,這是《佛祖歷代通載》在明代最早的單行本。此前雖有《永樂北藏》本,但與五山版不同,一望便知。

② 《佛祖歷代通載》現存的單行本有:元至正七年釋念常募刻本,明宣德五年大慈恩寺刻本,明萬曆六年刻本,清江北刻經處刻本,日本五山版、慶長活字印本、慶安刻本,朝鮮仁粹大妃本、雙峰寺本。此外,《永樂北藏》、《永樂南藏》、《徑山藏》、《龍藏》、《頻伽藏》、《大正藏》等均有收錄。

③ 中國國家圖書館藏有至正七年本《佛祖歷代通載》二種,一爲完整的廿二卷,一爲殘卷五卷(卷十四至十八)。王獻唐先生舊藏《佛祖歷代通載》元刊本殘卷五卷,今藏山東省圖書館,經郭立暄先生考察,實爲明宣德本。見郭立暄:《明代的翻版及其收藏著錄》,《文獻》2012 年第 4 期,頁 26—27。

“朱”、卷八“朱”“林”、卷十“沈”、卷十一“元”,卷十八“古月”,五山版一如其舊。

念常在至正元年(1341)前後撰成《佛祖歷代通載》廿二卷,書成之後,虞集於是年作《佛祖歷代通載序》,其文曰:

　　　近世有爲《佛祖統紀》者,儗諸史記,書事無法,識者病焉。時則有若嘉興祥符禪寺住持華亭念常,得臨濟之旨於晦機之室,禪悦之外,博及群書,乃取佛祖住世之本末,説法之因緣,譯經弘教之師,衣法嫡傳之裔,正流旁出,散聖異僧,時君世主之所尊尚,王臣將相之所護持,論駁異同,參考訛正,二十餘年,始克成編,謂之《佛祖歷代通載》,凡廿二卷①。

念常歷二十餘年披揀史料,於至正元年“始克成編”,但並未立即付之棗梨,而是向上天竺住持本無、前四明阿育王山住持正印、徑山守忠索序,三人皆於至正三年(1343)作序,其中徑山守忠曰:“前嘉禾大中祥符住持梅屋禪師集《佛祖歷代通載》成書求題”,既曰“成書求題”,可知直到至正三年時本書仍未付梓。至正四年(1344),念常的同修覺岸②撰《華亭梅屋常禪師本傳通載序》,此時,《佛祖歷代通載》的内容基本定型,全書包括:

　　1.至正元年虞集《佛祖歷代通載序》

　　2.《佛祖歷代通載凡例》

　　3.《佛祖歷代通載目録》(全書目録)

　　4.正文,所記史實止於元統元年

　　5.至正四年覺岸《華亭梅屋常禪師本傳通載序》

　　6.至正三年本無、正印、守忠所作跋

至正四年覺岸作序後不久,《佛祖歷代通載》進行了初次刊刻,上述六項内容便是初刻本的原貌。何以言之? 除至正七年本之外,現存諸本如明宣德五年本、萬曆六年(1570—1578)本,日本的五山版、慶長十七年(1612)活字印本、慶安二年(1649)刊本,萬曆四年(1576)朝鮮全羅道綾城地獅子山雙峰寺本等皆有此六項内容,可知此六項内容當爲初刻原貌,亦説明中

────────────

①　虞集:《佛祖歷代通載序》,《大正藏》第四十九卷,頁 477。

②　覺岸(1286—?),元代僧人,號寶洲,有《釋氏稽古略》四卷行世,念常爲其作《釋氏稽古略序》,二人曾同在晦機元熙門下問學。

日韓三國所傳之《佛祖歷代通載》多源出初刻本。此外,五山版的兩則刊記"板留嘉興城東/雲門菴印行"、"嘉興城東柴場灣/雲門菴印行/徒弟子夔 可 斨董工"也應是初刻本原有的。刊記的關鍵詞爲"嘉興城東"、"雲門菴",這是初刻本《佛祖歷代通載》板片貯藏之所,也曾是念常的住錫地①,五山版的刊刻者將刊記一同覆刻,最大程度上保存了舊本原貌。換言之,在初刻本不存的情況下,五山版可視爲初刻本。

其次,五山版與至正七年本又有區別,兹將二者内容異同如下表所示:

表二

至正七年本	五山版
1.至正元年虞集《佛祖歷代通載序》	1.至正元年虞集《佛祖歷代通載序》
2.至正七年念常《佛祖歷代通載略例叙》	2.《佛祖歷代通載凡例》
3.正文	3.《佛祖歷代通載目録》(全書目録)
	4.正文
	5.至正四年覺岸《華亭梅屋常禪師本傳通載序》
4.至正三年本無、正印、守忠所作跋	6.至正三年本無、正印、守忠所作跋

由上表可知,二者的區別主要有三方面:

1.至正七年本卷首有至正七年念常自撰之《佛祖歷代通載略例序》,五山版有《佛祖歷代通載凡例》、至正四年覺岸《華亭梅屋常禪師本傳通載序》②。

2.至正七年本每卷之前有獨立的目録,五山版在卷首有全書廿二卷的目録。

3.至正七年本所載史實止於至正四年,五山版則止於元統元年。

造成差異的原因在於五山版的底本是初刻本,至正七年本則是在初刻本基礎上經過念常親自修訂與補充的增訂本,或者説是最終定本。延祐三

---

① 念常《釋氏稽古略序》:"至正庚寅(至正十年,1350年)秋,愚止雲菴,紀寶洲(按:即覺岸。)行業焉。"《釋氏稽古略》,載《中華再造善本》金元編子部,頁9。

② 至正四年覺岸《華亭梅屋常禪師本傳通載序》,五山版在書末,宣德本則在虞集《佛祖歷代通載序》之後,孰爲初刻原貌,尚難定論。

年(1316)，念常住持嘉興祥符寺，"至正四年，行宣政院以今覺雲爲叢林碩德，檄選以主茲寺"①。即至正四年以後，念常去職，可能有餘暇對原作進行修訂與補充。古人刻書，殊非易事，非具備相當之人力、物力、財力不能成其事。初刻本付梓之後，念常在原版基礎上進行了兩次增刻。

　　第一次增刻了元統元年至至元四年(1333－1338)間的部分史實，包括元統二年(1334)"詔革一十六處廣教府，復立行政院"，元統三年(1335)"改至元元年"、"京都大慶壽禪寺榮禄大夫大司空佛心普惠大禪師"行狀，至元二年(1336)八月的日食，至元四年(1338)正月一日的"大赦天下"等。五山版正文結束處有"止元統元年"等三行文字(如圖1)，本次增補從此處開始加入新的內容(如圖2)，增加的文字至"戊寅(至元四年，1338)　正月一日大赦天下"結束，依據是本頁(第六十七頁)僅刊刻了三行(圖3)，而後面的內容並未在本頁繼續刊刻而是又另起一頁(第六十八)(圖4)。

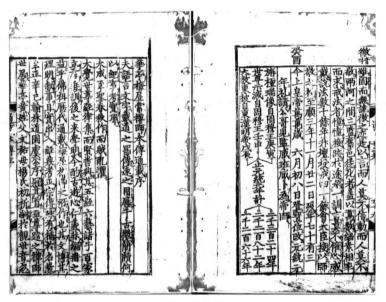

圖 1　五山版

①　《兩浙金石志》卷十八《元祥符寺碑》，《石刻史料新編》第一輯第 14 冊，新文豐出版公司，1977 年，頁 10641。

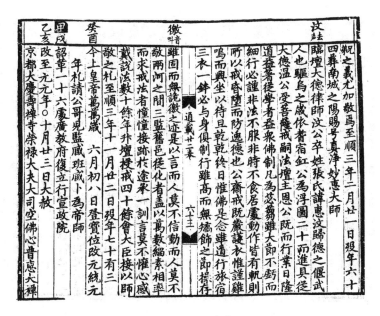

圖 2 至正七年本

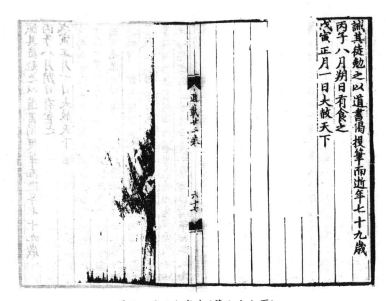

圖 3 至正七年本（第六十七頁）

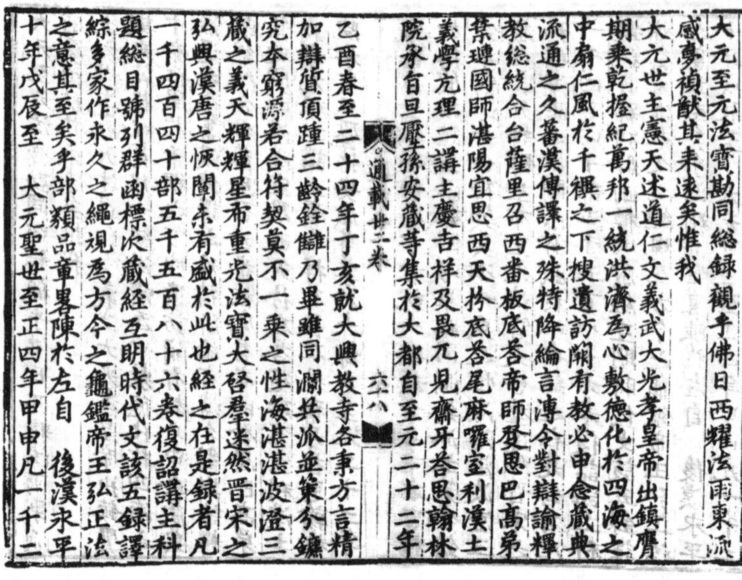

大元至元法寶勘同總録覩乎佛日西耀法雨東流
感夢禎猷其來遠矣惟我
大元世主憲天述道仁文義武大光孝皇帝出鎮膺
期秉乾握紀萬邦一統洪濟爲心敷德化於四海之
中扇仁風於千禩之下搜遺訪闕有教必申念藏典
流通之久蕃漢傳譯之殊特降綸言溥令對辯諭釋
教總統合台薩里召西番板底答帝師登思巴高弟
葉璉國師湛陽宜思西天扮底答尾麻囉室利漢土
義學亢理二講主慶吉祥及畏兀兒齋牙答思翰林
院承旨旦壓孫安藏等集於大都自至元二十二年
通載卅二卷　六十八
乙酉春至二十四年丁亥就大興教寺各秉方言精
加辯質頂踵三齡銓讎乃畢雖同瀾共派並策分鑣
究本窮源若合符契莫不一乘之性海湛湛波澄三
藏之義天輝輝星布重光法寶大啓羣迷然晉宋之
弘興漢唐之恢闡未有盛於此也經之在是録者凡
一千四百四十部五千五百八十六卷復詔講主科
題總目號列群函標次藏經互明時代文該五録譯
綜多家作永久之繩規爲方今之龜鑑帝王弘正法
之意其至矣乎部類品章畧陳於左自　後漢永平
十年戊辰至　大元聖世至正四年甲申凡一千二

圖 4　至正七年本(第六十八頁)

第二次增刻了至元二十二年(1285)至至元二十四年(1287)慶吉祥等人於大都大興教寺撰成的《大元至元法寶勘同總録》及論述自漢唐以來歷代譯經史實等内容。將兩次補刻内容與之前的正文文字進行對比,發現文字筆勢相同,且"䜟"、"㒷"、"宆"、"糸"、"衆"等字的寫法也前後一致,故可能出自同一刻工。

因此,國圖所藏至正七年釋念常募刻本是經過兩次增刻之後的定本。增訂本對初刻本的六項内容做了部分調整。第一,念常將至正四年覺岸所作《華亭梅屋常禪師本傳通載序》及《佛祖歷代通載凡例》糅合成爲一篇自撰的《佛祖歷代通載略例叙》,末署"至正七年龍集丁亥五月五日前嘉興路大中祥符禪寺住山比丘念常叙",前二篇文字與《略例叙》之關係,一望便知。第二,將初刻本正文之前的《佛祖歷代通載目録》(全書目録)按照卷次拆開,分别置於每卷之前,文字略有增删,如全書目録至"今上皇帝萬萬歲"結束,至正七年本在"今上皇帝"之後增加了"京都慶壽智延禪師""至元法寶勘同總録并論"以期與補刻的正文對應。

　　至此,可以得出這樣的結論:念常於至正元年撰成《佛祖歷代通載》,但直到至正四年左右才付梓,是爲初刻本。初刻本甫一面世,便廣泛流傳,成爲五山版、宣德本覆刻之底本。此後念常在初刻本原版的基礎上進行了兩次修訂與補充,成爲最終定本即至正七年本。從文字、刊記、刻工等方面看,五山版保存了舊本原貌,在初刻已佚的情況下,庶幾可視爲初刻本。

四　《佛祖歷代通載》五山版與其他和刻本之關係

　　五山版《佛祖歷代通載》刊行之後,一定程度上滿足了禪僧對漢文佛教典籍閱讀之需求,如日僧瑞溪周鳳(1391－1473)曾於寬正四年(1463)六月廿四日、寬正五年(1464)八月廿一日兩次閱讀此書①。隨著日月遷移,五山版逐漸成爲不易得之故物,同時,由於活字印刷術的傳入,出現了慶長十七年(1612)本國寺活字印本《佛祖歷代通載》。但銅活字鑄造不易,木活字易磨損且印數有限,故活字印刷流行數十年之後,仍讓位於傳統且占主流的雕版印刷了,於是《佛祖歷代通載》又出現了慶安二年(1649)刊本。
　　慶長本②廿二卷,半葉十行,行十九字,黑口,左右單邊,鈐"岡田真之藏書""桂峯伊勢氏所輯珍籍印""四明莊""國立國會圖書館"等印,書末有刊記"本國寺學校 玉潤日鋭補爛脱耳/十住從 實乘進/法壽珠 金林慧/四僧集會異體同心鏤梓刊板流行天下/慶長十七壬子極月十九日"。傅增湘《藏園群書經眼録》云:"《佛祖歷代通載》二十二卷,元釋念常撰。日本活字本,十行十九字。(劉喜海、潘祖蔭遞藏,徐坊遺書。癸亥)"③,當即此本。經過與五山版對勘,發現慶長本與五山版淵源頗深:
　　(一)用字相同。如元刊本①卷四"昭帝弗,武之子,母趙婕妤,九歲即位。"五山本、慶長本"弗"後皆有"陵"字。顏師古漢書注:"張晏曰:'昭帝也。後但名弗,以二名難諱故。'"②卷六"太始元年,月氏國沙門曇摩羅奈,

---

　　①　轉引自陳小法《〈臥雲日件録拔尤〉與中日書籍交流》,《域外漢籍研究集刊》第三輯,中華書局,2007年,頁276。
　　②　本文所用慶長十七年活字印本《佛祖歷代通載》係日本國立國會圖書館之電子本,網址:http://dl.ndl.go.jp/info:ndljp/pid/2605329。2016年9月5日檢索。
　　③　傅增湘:《藏園群書經眼録》,中華書局,2009年,頁879。

晉言法護,至洛陽。”其中“曇摩羅柰”,五山版、慶長本作“曇摩羅察”。③卷九“佛是衆聖之王,達一切含識先後際,吉凶終始,不假卜筮。”其中“衆聖之王”,五山版、慶長本作“衆聖之尊”。④卷九“西魏廢帝欽。受帝太子,宇文泰立之,雖在位而制由泰。”其中“受帝”係“文帝”之誤,西魏“文帝”元寶炬,公元535—550年在位,五山版、慶長本皆不誤。此外,五山版因襲元刊本對“匡”“桓”“恒”等字之避諱,慶長本一仍其舊。

(二)刊記相同。二者在《虞集序》後、卷一、卷二十二末皆有“板留嘉興城東雲門印行”、“吳郡朱顯卿刊”、“嘉興城東柴場灣雲門菴印行/徒弟子夔可斫董工”等刊記。

(三)將五山版之批註刻入正文。五山版卷二云:“(周)至赧歸秦,王三十七,八百六七。”其中前一“七”後有“主”字,“六”後有“十”字,後一“七”後有“年”字三處批註。至慶長本則刻入正文:“(周)至赧歸秦,王三十七主,八百六十七年。”

(四)批註相同。慶長本卷二“赧,女版切。”卷二“戗,余忍切,長槍也。”卷二“洧,爲軌切。”卷四“敖倉,史記正義曰:孟康云:敖,地名,在榮陽西小山上,臨河有大倉。太康地理志云:秦建敖倉於成皋。”卷六“譴,詰單反,問也,責也,怒也,誚也。”皆與五山版同。

從上述例證可知慶長本的底本是五山版。需要指出的是,慶長本以五山版爲底本,但并非原樣翻刻,而是利用其他材料進行了校勘,亦吸收了五山版的部分校勘成果,糾正了文本上的一些錯訛,並對五山版的簡體字與俗體字等作了部分改動,如下表所示:

五山版	苐	随	珎	経	㝎	来	鲜	㮇	聰	崑	訛	隠	猭	恵	万
慶長本	第	隨	珍	經	定	來	解	參	聴	崐	訾	隱	發	慧	萬

慶長本又對《佛祖歷代通載》一書的結構進行了局部的調整,將全書目錄置於書前。古籍輾轉翻刻,極易産生新的訛誤,且慶長本的印造者們不似五山版的華人刻工一樣對漢字熟悉和敏感,故校勘質量比五山版略遜。如五山版卷一“吳郡朱顯卿刊”刊記中“朱”字頗類“步”,致使慶長本誤作“吳郡步顯卿刊”。卷十二脱文“陳但佛道名位,先朝處分,事須平章。其同俗勑,即爲”二十字,正爲五山版之一行。再如五山版中“祖”、“卿”、“旛”等

字,在慶長本中多被誤刻爲"祖"、"鄉"、"播"。可見慶長本雖源出五山版,進行了文字及結構上的局部調整,儘管利用其他材料進行過校勘,但文本質量較五山版仍稍遜一籌。

慶安本《佛祖歷代通載》廿二卷,半葉十行,行十九字,白口,雙花魚尾,書末有刊記"慶安二年仲冬吉辰梓刊"。從行款、用字等方面可知,此本乃據慶長活字本重刻,對慶長本中一些明顯的誤字做了修訂。如慶長本虞集《佛祖歷代通載序》:

　　嗟夫!十世古,不離當念,塵影起滅,何足記哉?

按:"十世古",慶長本脱一"今"字,慶安本補入,作"十世古今",是。

慶長本卷九:

　　蜿蜒激水騰涌,或現龍形,光彩照灼。因於露并上爲殿,衣服委積,置銀轆轤金瓶灌百味以祀之。

按:"露并",不辭,爲"露井"之形誤。慶安本不誤。

但正如慶長本據五山版刷印時出現了新的訛誤一樣,慶安本亦出現了不少新的問題,主要是因字形近而致誤,且有漏刻之處,如卷十一漏刻了整整一頁。因此,在五山版、慶長本、慶安本這三種和刻本中,五山版是源頭,文字也最精審。

五　五山版《佛祖歷代通載》的價值

漢文佛教史籍《佛祖歷代通載》的初刻本甫一問世,即東傳日本,並先後有五山版、慶長本、慶安本之刊行。通過對五山版四位刻工陳孟榮、俞良甫、陳伯壽、陳孟才抵日時間及刻書生涯進行考察,認爲五山版大致在1367—1395年之間開雕。時值元末明初,社會的動盪不但未曾令中日文化交流中斷,反而促進了大量漢籍的東傳。

將五山版與至正七年本對勘,發現五山版的底本應是初刻本,而至正七年本則是念常本人在初刻本基礎上進行過修訂和補充的增訂本,二者既關係密切又有區別。從文本譜系上看,儘管五山版在時間上晚於至正七年本,但由於其源於初刻,又忠實地覆刻了初刻,因此在初刻已佚的情況下,具有其他任何版本無法替代的重要價值。據至正七年本與五山版對勘所得異文,可以窺見念常對自己著作之具體修改。如五山版卷七:

　　　　羅什法師具云鳩摩羅什，此翻童壽，天竺人也，家世勳烈。

　　按："羅什法師具云"六字，至正七年本作"是年什法師卒"。在某年之下先稱某某卒，再具列其生平，是《佛祖歷代通載》一書的通例。如卷九"甲午　天監十三年，誌公和尚示寂。是年，特進沈約卒。約字休文，婺州東陽人……"卷十"是年，李士謙卒。士謙字約，少喪父，事母以孝聞……"卷十一"庚子　定嫂叔甥舅服。華嚴法師法順卒。順生杜氏，亦稱杜順……"卷十二"癸丑　四年，禪師惠寬卒。生楊氏，父爲道士，號三洞先生……"卷十二"丁卯　大教東被六百年矣。用麟德曆。南山律師道宣卒。師京兆錢氏……"等等。宣德本、萬曆本、《永樂北藏》本等與五山版同。因此，"羅什法師具云"應是初刻原貌，因只有六個字的位置，故至正七年本作"是年什法師卒"，對鳩摩羅什未能稱"羅什法師"而僅稱"什法師"。又如五山版卷六末：

　　　　辛未　簡文帝昱，字道万，元之少子。神識怡暢，無濟世之畧。後崩于東堂，壽五十，葬高平陵。改咸安。

　　按："改咸安"三字，宣德本、萬曆本、《永樂北藏》本等與五山版同，至正七年本作"在位二年"。在帝王生平之後明言在位時間，亦是此書之通例，如卷三"乙酉　莊王佗，桓王子。在位十五年。"卷五"己丑　和帝肇，改永元，章第四子。十歲即位，乙巳崩章德前殿，壽二十七，葬慎陵。在位十七年"等，所在多有，不再列舉。由以上二例可知，念常對與全書體例不合之處做了些許調整。

　　宣德本雖亦源於初刻，但在忠實舊本原貌的程度上則遜於五山版。傳世版本中，五山版與至正七年本的文字最爲精審。由於五山版刊刻時利用了其他材料進行校勘，改正了初刻本的部分訛誤，甚至有勝於至正七年本之處。如至正七年本卷四：

　　　　辛亥　世尊示滅八百年矣。

　　按："辛亥"，五山版改爲"辛卯"。漢景帝治十六年（前156—前141），自"乙酉"至"庚子"，期間無"辛亥"，當爲"辛卯"之誤。又如至正七年本卷七：

　　　　於是雲圖表暉，景佇神造，功由理諧，事非人運。茲實天啓其誠，冥運求萃者矣。

　　按："冥運求萃"，文義不通，五山版作"冥運來萃"，《高僧傳》、《隆興佛教編年通論》俱爲《佛祖歷代通載》之史源，皆與五山版同。再如至正七年本卷十三：

> 菩提位中，六十一夏；父母之生，八十五年。赴哀位者，可思量否？
至有浮江而奠，望寺而哭。

按："哀位"，不辭，當爲"哀泣"之訛。哀泣，即悲傷地哭泣，在古籍中習見，如《方言》："凡哀泣而不止曰咺。"《三國志·吳書·陸遜傳》："漢道未純，賈生哀泣。"五山版不誤。

五山版之後，相繼出現慶長活字印本、慶安刊本，並有日僧無著道忠(1653—1745)所撰《佛祖歷代通載訂考並略釋》問世，可見日本對漢文佛教史籍閱讀之需求持久不衰，也反映出中國佛教及漢籍在日本的影響力。慶長本及慶安本在重刻時雖利用了其他材料進行過校勘，但由於刻工的漢文修養不高或其他原因，使得後出的這兩種版本在校勘上反不如五山版精審。

（工作單位：陝西省社會科學院古籍研究所）

域外漢籍研究集刊　第十五輯
2017 年　頁 383—396

日藏本《内閣批選杜工部詩律
金聲》考辨

楊理論

　　《内閣批選杜工部詩律金聲》(以下簡稱《詩律金聲》)二十四卷,藏於日本内閣文庫,國内未見藏本。雖有國内學者留意到這部著作,但均未見原書,而是移録日本《内閣文庫漢籍分類目録》的著録文字。因此,對此書的來龍去脈展開考索,很有必要。

一　版本、刊刻與遞藏

　　版式方面,《詩律金聲》外尺寸高約 23.8 釐米,寬約 13.8 釐米。四周單邊,板框高約 18.2 釐米,寬約 12.0 釐米,白口,單黑魚尾,魚尾下爲“杜詩卷幾”,再下爲葉數。每半葉 11 行,行 18 字,注文雙行,行 18 字。二十四卷卷尾有“萬曆己酉歲(1609)積善堂”字樣。

　　鈐印方面,《詩律金聲》卷首李廷機序題上有“林氏藏書”朱印,序題下有“淺草文庫”朱印,再下有“江雲渭樹”朱印。序文首頁文字上有“日本政府藏書”朱印。每册封面、每册卷尾均有“昌平坂學問所”墨印。

　　《詩律金聲》訂爲三册,第一册卷一至卷七,第二册卷八至卷十八,第三册卷十九至二十四。卷首爲李廷機的序《題〈詩律金聲〉引》,次爲目録,首行題“鍥李閣老批點杜工部詩集目録”,下題“太儀朱名世校訂”。目録缺卷十八後半和卷十九。卷二十三、二十四未編入目録。每卷卷首均題“内閣批選杜工部詩律金聲卷之幾”①，下題“九我李廷機批點，元虞集伯生注解，奇泉陳孫賢繡梓”②，卷尾題“内閣批點選注杜工部詩卷之幾終”③。卷二十三卷首題“東山趙子常輯注，太儀朱名世校訂”；卷二十四僅題“書林奇泉陳孫賢梓”。二十四卷卷末版記題“萬曆己酉歲（1609）積善堂”。

此書刻印年代很明確：萬曆己酉歲（1609），積善堂刊刻。積善堂爲明後期頗爲知名的書籍刊刻商號，其主人爲陳奇泉、昆泉。該商號曾於萬曆三十九年（1611）刊行《新刻星平總會命海全編》十卷首一卷，題“北京欽天監監正薛成愛遺稿，八閩上郡武夷夏青山編集，潭邑書林積善堂陳奇泉梓行”。前有編集者夏青山序，序中對積善堂大加稱讚，其云：“予先修璇璣有年，人咸宗仰，坊間涵詐昧名，翻刻者有彼無此，謊弄客商，有誤斯術者多矣。此書之刻，重增妙契無言之秘，則是刻也，豈小補哉？四方買書君子，請認書林積善堂陳氏奇泉圖書爲記。”④這無疑是爲積善堂最好的廣告語。《詩律金聲》即爲積善堂陳奇泉所刊。陳奇泉卷下題名時爲“奇泉陳孫賢繡梓”，時爲“奇泉陳賢繡梓”，由此推之，賢當爲其名，孫賢疑爲其字，奇泉當是其號。

《詩律金聲》在刊成不久之後即傳入日本，爲江户初期學者林羅山（1583－1657）所收藏，“林氏藏書”、“江雲渭樹”均爲林羅山藏書印。林羅山去世於日本明曆三年（1657），所以，在此年之前，該書就已經傳入日本。林羅山名忠，字子信，爲藤原惺窩弟子，江户初期朱子學派的代表人物。他慶長十年（1605）會見德川家康，以後歷仕家康、秀忠、家光、家綱四代將軍，頗受信任，曾參與制定幕府各項文化政策。有《羅山先生文集》十五卷、《詩集》七十五卷。羅山曾於寬永七年（1630）創辦私塾弘文館，至第五代

① 卷二卷首爲“内閣批選杜工部詩律金聲二卷”。
② 卷三、卷五至八、卷十、卷十三至十六、卷十八、卷二十無“孫”字。卷十一、卷二十一爲“九我李廷機批點，元虞集伯生注解，書林陳奇泉繡梓”。
③ 卷一、卷五、卷八至十三、卷十六至十七、卷十九至二十一、卷二十三無“終”字。卷七、卷十四卷尾題識無。
④ 沈津《美國哈佛大學哈佛燕京圖書館中文善本書志》，上海辭書出版社，1999年，頁346。

將軍德川綱吉將之與孔廟合併，擴建爲聖堂，任命羅山之孫鳳岡爲祭主，聖堂成爲半官半私的學校。1691 年，聖堂直屬幕府，幕府授權林氏家族指導祭孔典禮並管理學校，並以所在地昌平坂命名學校爲"昌平黌"，亦稱昌平坂學問所。羅山去世後，《詩律金聲》歸屬林氏書院，後歸昌平黌即昌平坂學問所，故是書三册封面和每册的卷尾均有"昌平坂學問所"之墨印。明治五年(1872)，文部省在昌平坂學問所舊址建書籍館，昌平坂學問所藏書悉數入藏。兩年後，書籍館廢止，全部藏書遷往淺草，改稱淺草文庫。故是書有"淺草文庫"之收藏印。明治十四年(1881)，淺草文庫關閉，其藏書後經內務省轉入內閣文庫。故是書又有"內閣文庫""日本政府圖書"兩枚收藏印。

可惜的是，此書在中國未見傳本。80 年代以後，雖有學者留意到這部著作，但均未見原書，而是移録日本《內閣文庫漢籍分類目録》的著録："二四卷，元虞集撰，明李廷機評，明萬曆三七刊(積善堂)。"①國內學者根據著録所云"元虞集撰"，認爲此書爲虞注杜律中的一個版本。國內所存"虞注杜律"版本甚多，書名各異，卷數不一，有一卷、二卷、四卷及不分卷本，而此書有二十四卷，以至於張忠綱先生在《杜甫大辭典》中"杜律虞注"詞條下云："今日本尚藏有明萬曆三十七年(1609)積善堂刊李廷機評本，書名作《(內閣批選)杜工部詩律金聲》，凡二十四卷，未知卷數爲何如此之多？"②爲了厘清此疑問，筆者對《詩律金聲》展開了進一步考索。

二　版本來源

筆者首先注意到，在卷二十二"內閣批點選注杜工部詩卷之二十二終"之後，"內閣批選杜工部詩律金聲卷之廿三"之前，有這麽一段題跋文字：

　　　　杜少陵詩，縱橫闔闢，隱隱雲龍騰空，變化萬狀，誰得而步趨之？恨舊注叢冗，探公心際者尠。頃居秣陵，乃得劉須溪批本讀之，如獲琲

① 《內閣文庫漢籍分類目録》，臺北古亭書屋 1960 年，頁 326。

② 張忠綱主編《杜甫大辭典》，山東教育出版社 2009 年，頁 563。

壁;續見趙東山五言批評,又復明備。不揣並虞伯生七言注,統三子合
爲一編,以便檢閲。東川黎堯卿跋。

此段跋文指出後兩卷乃是別本增入,並明確了後兩卷的内容,一是"趙
東山五言批評",一是"虞伯生七言注",此二卷均爲黎堯卿在須溪批本的基
礎上增入。確實,卷二十三的卷下題寫的即是"東山趙子常輯注"。卷二十
四雖僅題寫了"書林奇泉陳孫賢梓",但内容確出自虞注杜詩。此段跋文的
作者黎堯卿,爲《詩律金聲》的内容來源提供了重要線索。

黎堯卿字東川,弘治六年(1493)進士,仕至兵部尚書,曾編纂《諸子纂
要》。其書齋名爲"雲根書屋",正德四年(1509)刻印過宋劉辰翁《須溪批點
選注杜工部詩》22卷並附録《增趙東山類選杜工部詩》1卷,《增虞伯生注杜
工部詩》1卷。據《中國古籍善本書目》,此本見於著録者共6部,分別藏於
國家圖書館、北京市委圖書館、中國社科院文學研究所、南京圖書館、杜甫
草堂博物館、浙江省圖書館①。

將《詩律金聲》與國圖所藏《須溪批點選注杜工部詩》進行比對,結果讓
人大吃一驚:《詩律金聲》乃是陳奇泉積善堂的盜版之書,其母版即來自於
《須溪批點選注杜工部詩》。

先談二書相同的部分。

《詩律金聲》的所有内容(含後兩卷),與《須溪批點選注杜工部詩》内容
完全相同,且不僅如此,二書版式、字號大小均一模一樣,僅字體稍稍有所
不同。因此可以判定,《詩律金聲》内容完全是仿刻《須溪批點選注杜工部
詩》。如下二圖:

---

① 　國家圖書館所藏,已能在國圖網頁上瀏覽PDF書影;杜甫草堂博物館所藏,承
蒙彭燕研究員代爲拍得書影,特此致謝。經比較,兩版確係出自同一刻版。國圖所藏,
間有眉批和正文圈點。另,筆者在尋找此書過程中,還曾於網上一微博搜尋到三張此書
書影,經與對方微博私信交流,對方將微博所發佈的三張圖片的清晰書影傳遞與我。但
對方不願透露藏書之所。經書影所鈐印章看,有"啓東縣圖書館藏書印"字樣,疑此書在
啓東圖書館尚藏有一部,學界尚未知曉。

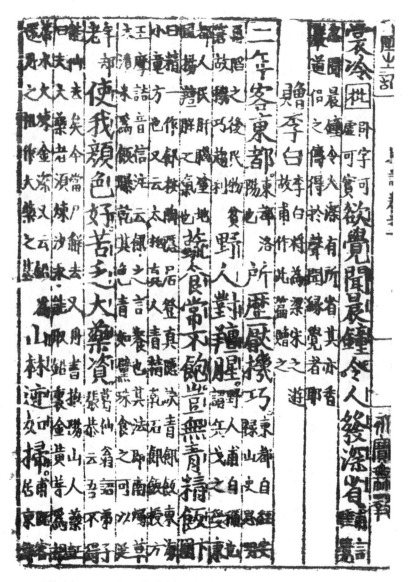

《須溪批點選注杜工部詩》第一卷第一葉 B（中國國家圖書館藏）

二年客東都，所歷厭機巧。野人對羶腥，蔬食常不飽。豈無青精飯，使我顏色好。苦乏大藥資，山林迹如掃。

贈李白

《詩律金聲》第一卷第一葉B（日本內閣文庫藏）

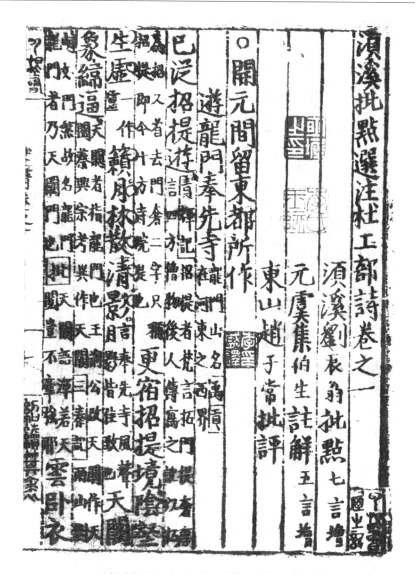

《須溪批點選注杜工部詩》第一卷第一葉 A

内閣批選杜工部詩律金聲卷之

九我李廷機批點

元虞集伯生註解

奇泉陳孫賢編粹

○開元間留東都所作

遊龍門奉先寺　在龍門山名禹貢西界西門提奢南

已泛招提遊　招提即今省去方寺院是也只備後人傳寫拓之門提奢唐梵言寫之訛以招提

更宿招提境陰壑　招提奉先寺佳致風聲天闕

生虛籟　月林散清影　月影皆奉先寺改天闕三公秦記一所關山對天

象緯逼　閣天關者指龍門也王荆公天關三泰記一所關山對天

時如門省乃天故名龍門也　批閱靈不誨軍著強耶雲臥衣

《詩律金聲》第一卷第一葉 Ａ

再談二書不同的部分。首先是書名和署名。

由上二圖可知,書名由《須溪批點選注杜工部詩》改爲了《內閣批選杜工部詩律金聲》,第一至二十二卷卷首卷末均由"須溪批點選注杜工部詩卷之幾"改爲"內閣批選杜工部詩律金聲卷之幾"。第一卷至第二十二卷卷下的署名均由"須溪劉辰翁批點、七言增元虞集伯生註解、五言增東山趙子常批評"改爲"九我李廷機批點,元虞集伯生註解,奇泉陳孫賢繡梓"。

第二十三卷和二十四卷有些特殊。《須溪批點選注杜工部詩》第二十三卷首爲"增趙東山類選杜工部詩卷之二十三",卷下第二行爲署名:"東山趙訪(汸)子常選註批點。"第三行爲説明文字:"間有須奚(溪)批語者,前本脱落,不知何謂。"《詩律金聲》同卷卷首爲"內閣批選杜工部詩律金聲卷之廿三",第二行改爲"東山趙子常輯註",第三行改爲"太儀朱名世校訂"。《須溪批點選注杜工部詩》第二十四卷卷首"增虞伯生注杜工部詩卷之二十四",第二行無署名,爲一段注釋文字:"解:虞公原集有紀行、懷古等篇目三十色,半入劉本,茲不析。"《詩律金聲》同卷卷首爲"內閣批選杜工部詩卷之二十四",第二行爲"書林奇泉陳孫賢梓"。

其次是版心。

二書均爲四周單邊,每半葉 11 行,行 18 字,注文雙行,行 18 字。但版心不同。《須溪批點選注杜工部詩》版心上白口處題寫"雲根書屋之記",下口題寫"紹續箕裘,永寶無數"。無魚尾,以線隔開,中題"杜詩卷幾",下題葉碼。《詩律金聲》上下白口均無字,單黑魚尾,魚尾下爲"杜詩卷幾",再下爲葉數。

再次是序跋。

二書序不同。《須溪批點選注杜工部詩》前爲羅履泰序。其云:

> 舊見《後村詩話》中評王、楊、盧、駱,證以杜詩,頗有貶數字(子)意。嘗疑後村誤認杜詩爲貶語。一日,須溪談此,先生因出所批本示僕曰:"吾意正如此。"時《興觀集》未出也。惟末章僕有欲請者,客至而罷。每自恨賦遠遊、病索居,望先生之廬,有不能卒業之愧。後嘗思之,蓋謂區別裁正浮僞之體而親風雅爲師,則於數公之上轉益多師而汝師盡在是也。復欲從先生究竟,而九京不可作矣。古人文章高處,雖在筆墨畦徑之外,然必通其文義,乃能得其興趣。唐人語法與宋人異,杜公語法又不與唐人盡同,此雖枝葉末流,倘不瞭然心目之間,而

欲徑造意象之外，譬如食果不嚼而咽，終未盡其味也。今《興觀集》行，不載此，每念復見先生所示本不可得。族孫祥翁得以示僕，視六絕句批語，則昔所見也。其舅氏彭鏡溪又銓摘舊注，不失去取，刻之以便覽者。使學者人人得觀前輩讀書法度，觸類求之，豈獨興於詩而已哉。先生教人初意於是有所推廣云。後學羅履泰以通謹序。

《詩律金聲》前爲李廷機序《題〈詩律金聲〉引》：

夫詩和性情，作俑自國風、雅、頌。亡論閭巷都官，直賦有詩，引興有詩，比喻有詩，體制不同，具有音節，所謂律也。天子采之鄉國，矇瞍披之管絃。一言一律，一字一金者也。自四言絕而詩體變，於是河梁有五言，柏台有七言，非不業擅專門，鮮有能兼之者。迨唐如鄭鷓鴣、謝蝴蝶、俞河豚、薛孤雁，雖扼塞有奇，第榱桷而非楹梁，繢縷而非綺縠，僅僅刻畫無鹽，見不符聞者也。杜少陵詩則異於是，雄渾沉思，資學俱到，兼五七體裁而玉節金和，集諸家小成而升堂入室，天資國色，西施非效顰者所敢挦突。有夫子刪之，太師壹之，鏗鏘節壹，不讓四詩、風、雅、頌矣。昔孫綽《天臺賦》成，謂友人曰：擲地作金聲。愚亦謂少陵之詩似之，謹敘。相國九我李廷機撰。

二書序不同，但是書中的兩則跋文文字基本相同。第一則是二十二卷後二十三卷前，均有黎堯卿跋文（《詩律金聲》此則跋文見前引），但《須溪批點選注杜工部詩》"以便檢閱"後"東川黎堯卿跋"前，還有這麼一段文字："其缺解質以全集補之。噫，騷壇亦幸矣。"第二則跋文見於二十三卷末，二書文字全同：

東山詩選，有朝省、宴游、感時、羈旅、間（聞）適、宗族、朋友、送別、哀悼、登朓、感舊、節序、雜賦、天文、禽獸、頭（題）詠等十六色，統若干首，入劉本者不區別矣。《縱餘》一首亦題篇端，以見公批勘精到之意，覽者其注意焉。歲己巳重九跋。

此段跋文，當仍爲黎堯卿所題。文中所云己巳年，正是黎堯卿刊刻《須溪批點選注杜工部詩》的正德四年（1509）。

由上可見，《詩律金聲》偷梁換柱，書名、署名、版心、序文等全部改動，原版套用《須溪批點選注杜工部詩》的內容，爲萬曆年間的一部杜詩批點的盜版僞書。不看內容，完全會認爲是一部李廷機新作的杜詩批點本。

三　託名李廷機

　　通過上述的排比，李廷機沒有批點此書，已經顯而易見。所謂的李廷機批注，實際上全是移録劉辰翁的批點。那麽，李廷機有沒有爲此書作序，上引《題〈詩律金聲〉引》是否出自其手筆呢？

　　李廷機（1542—1616），字爾張，號九我，晉江人。貢入太學，隆慶四年（1570）順天鄉試第一。萬曆十一年（1583），會試復第一，以進士第二授翰林院編修。歷官國子監祭酒、南京吏部右侍郎兼署户、工二部事。萬曆三十五年（1607），以禮部尚書兼東閣大學士，入內閣，参機務。萬曆四十年（1612），加太子太保致仕。居家四年而卒，死諡文節。有《李文節集》二十八卷。

　　《詩律金聲》刊刻於 1609 年，正是李廷機入內閣之時，故書名有前有“內閣批選”，此內閣，指的就是李廷機。顯然，取此書名，就是要借重內閣大臣李廷機的聲名，以增加銷量。

　　李廷機既然未批點此書，那麽《題〈詩律金聲〉引》僞造冒名的可能性非常大。書商若以此書請李廷機作序，作爲鄉試解元、會試會元、殿試探花，此時又是內閣重臣的李廷機，斷然不會應允作序而自毁聲名。查《李文節集》，確實並未收録《題〈詩律金聲〉引》。更重要的是，從《題〈詩律金聲〉引》的內容來看，絶非出自博學多識的李廷機之手。細讀前引序文，有三個地方令人心生疑竇：

　　其一，書名題名爲“詩律金聲”，按理此選本所選當爲律詩。《詩律金聲》前二十二卷選詩採取的編年體，從“開元間留東都所作”到“大曆四年秋至潭州所作”“至衡州所作”，囊括杜甫一生，各體詩均有編選。僅有卷二十三收趙注五律、卷二十四收虞注七律。看來，陳孫賢在盗版之時，就考慮欠周。所以，在序中，借李廷機之口，云：“亡論閭巷都宫，直賦有詩，引興有詩，比喻有詩，體制不同，具有音節，所謂律也。天子采之鄉國，矇瞍披之管絃。一言一律，一字一金者也。”偷换概念，將音節等同詩律，將古詩等同律詩，爲自己的盗版書收入大量杜甫古詩張本。李廷機是不會犯這樣的常識性錯誤的。

　　其二，序言中有知識性錯誤。序言所云“唐如鄭鷓鴣、謝蝴蝶、俞河豚、薛孤雁”一句，錯訛百出。

鄭鷓鴣是鄭谷，唐詩人。謝蝴蝶指的是謝逸："謝學士吟蝴蝶詩三百首，人呼之謝蝴蝶。"①俞河豚當指梅堯臣：梅堯臣有《范饒州坐中客語食河豚魚》，歐陽修《六一詩話》曾大加讚揚："筆力雄贍，頃刻而成，遂爲絶唱。"《古今詩話》亦云："梅聖俞《河豚詩》曰：'春洲生荻芽，春岸飛楊花。河豚於此時，貴不數魚蝦。'劉原甫戲曰：'鄭都官有《鷓鴣詩》，謂之鄭鷓鴣。聖俞有《河豚詩》，當呼爲梅河豚也。'"②薛孤雁查無此人，當爲"鮑孤雁"之誤："鮑當爲河南府法曹，嘗忤知府薛映，因賦孤雁詩，所謂：'天寒稻粱少，萬里孤難進。不惜充君廚，爲帶邊城信。'薛大稱賞，因號'鮑孤雁'。"③

謝逸、梅堯臣、鮑當三人均非唐人而爲宋人。"俞河豚"的稱呼不倫不類，薛孤雁的稱呼張冠李戴，所有這些錯誤，都是内閣大臣李廷機不會犯的。這些錯誤，倒很有可能就是雅好文學的書商陳孫賢所爲。

其三，序言的落款，自稱爲"相國"，對於位極人臣的李廷機來説，是不會這樣自稱的。

綜合上述三條理由，《題〈詩律金聲〉引》亦是僞作，僞造者，很可能就是書商陳孫賢。

之所以託名李廷機作序並批點，當然是因爲李廷機内閣大臣的身份地位。除此之外，還有一個重要原因：李廷機編纂考訂了諸多書籍，在讀者中頗有影響。查《中國古籍善本書目》，與李廷機相關的書籍如下：

《新鍥續補注釋古今名文經國大業》七卷，明黄洪憲參閲，明李廷機校正，明葉向高補遺，明末余秀峰刻本。

《新鍥翰林精選注釋左國評苑》十二卷，明李廷機輯，明焦竑批點，明萬曆刻本。

《新刊李九我先生編纂大方萬文一統内外集》二十二卷，明李廷機輯，明建邑書林余象斗刻本。

《新刻翰林攷正京本李詩評選》四卷、《杜詩評選》四卷，明何烓輯，

---

① 　魏慶之編《詩人玉屑》，上海古籍出版社，1978 年，頁 227。

② 　阮閲編《詩話總龜》前集卷四十一引《古今詩話》，人民文學出版社，1987 年，頁 401。

③ 　《詩人玉屑》，頁 228。

明李廷機攷正,明萬曆十九年宗文書舍刻本。

《鐫翰林攷正國朝七子詩集注解》七卷,明李攀龍、王世貞等撰,明李廷機攷正,明萬曆二十二年鄭雲竹宗文書舍刻本。

《新鐫翰林攷正國朝七子注釋詩選》七卷,明李攀龍、王世貞等撰,明李廷機攷正,明江一禮校注,明刻本。

《新鐫十翰林評選注釋名家程墨策纂》二卷、《論纂》二卷,明李廷機、焦竑等輯並評,明萬曆書林萬端堂魏卿刻本。

《新鐫翰林評選注釋二場表學司南》四卷,明李廷機等輯,明萬曆二十三年余秀峰刻本。

《新刻翰林評選注釋程策會要》五卷,明李廷機輯,明葉向高注,明萬曆柳塘書院刻本。

《新刻甲辰科翰林館課》十二卷,明李廷機、楊道賓輯,明萬曆刻本。

《新刻甲辰科翰林館課續卷》不分卷,明李廷機、楊道賓輯,明刻本。

以上書籍是否也有冒用李廷機之名者,非本文討論範疇,暫且擱置不論,但其中反映出的李廷機在書林的名聲和影響,是不爭之事實①。而且,以上書籍的出版,大都在萬曆時期,有具體刻印年代者,均早於《詩律金聲》刻印的萬曆三十七年(1609)。可以見出,《詩律金聲》冒名李廷機,是想借助其書林影響來擴大銷量,此因素不可小覷。

最後,筆者還有兩個疑問:《詩律金聲》爲何不見於中國明清目錄學著錄? 爲何又僅存日本孤本? 筆者推定的原因是:此書最初刻印數目可能就比較少。推向市場之後,讀者很快發現,這部書就是《須溪批點選注杜工部詩》的盜版,所以市場反響並不好,陳孫賢也就沒有再刻印。

筆者的這一推測,還有一個重要的證據爲支撐:此書刻印極其粗糙,書中錯簡、脫簡比比皆是。粗略統計,枚舉如下:

目錄缺卷十八後半和卷十九,即目錄第十一葉 AB,爲空白。

第二卷第九葉 AB,與第三卷第九葉 AB,裝訂錯簡。

第十卷第十葉之後脫兩葉,但葉碼連排,爲刻版脫漏。

———————————————

① 戲曲作品中,也有明刊本《李九我先生批評破窰記》。

　　第二十一卷第三葉 AB,與第二十二卷第三葉 AB,裝訂錯簡。

　　第二十一卷第七八葉缺,爲空白。所缺内容在第二十四卷第廿七、廿八葉,葉碼直接編排入了第二十四卷。

　　第二十一卷第九葉後脱一葉,但葉碼連排,爲刻版脱漏。

　　盜版僞託之書,刻印品質又是如此低劣,其市場命運不難想見。此書流入市場,進入讀者手中,必然遭到的是抛棄的命運。明末清代目録學著作未著録此書,合情合理。此書的其中一部,機緣巧合,登上了東渡扶桑的航船,來到日本,到了林羅山的手中,輾轉進入到内閣文庫。

　　　　　　　　　　　　　　　　　　　（作者單位:西南大學文學院）

域外漢籍研究集刊　第十五輯
2017 年　頁 397—424

江户儒者林衡《佚存叢書》考述

邢書航

　　提及域外漢籍叢書,人們第一個想到的往往是黎庶昌、楊守敬輯刻的
《古逸叢書》。20 世紀末,域外漢籍熱在大陸興起,相關研究機構和專門刊
物紛紛創立,許多學者繼承晚清以來的海外訪書傳統,遠渡重洋搜訪珍本
秘笈,并大多以叢書形式出版。近年來,規模較大的綜合性域外漢籍叢書
有《日本宫内廳書陵部藏宋元版漢籍影印叢書》、《美國哈佛大學哈佛燕京
圖書館藏中文善本匯刊》等。而《佚存叢書》作爲第一部域外漢籍叢書,卻
没有得到人們應有的重視。

　　在今天看來,《佚存叢書》收集、編纂的指導思想,以及在我國的傳播影
響方面仍都堪稱典範,并全方位地爲後來的域外叢書刊刻提供了借鑒。面
對今天的域外漢籍熱,我們不能不回首重新關注這部具有開創性意義的域
外漢籍叢書。

一　林衡其人與《佚存叢書》

　　《佚存叢書》是第一部收集在中國已經亡佚、卻有別本保存在海外的域
外漢籍叢書,由日本大學頭(相當於國子祭酒)林衡(1768－1841)編輯,
1799－1810 年間在日本江户(今東京)刊行。全書共六帙六十册,用木活字

排印,收書十六種一百一十卷①,叢書並非一次出齊,但在第一帙刊行時輯刊者就已經有了較爲明確的出版計劃(包括收書種數、收書性質等)。其刊刻歷經日本光格天皇的寬政、享和至文化年間,從叢書第一帙第一種《古文孝經孔傳》校訂完畢(1799 年 3 月 12 日)到最後第六帙《宋景公文集》出版,前後共歷時十一年多。以"佚存"命名叢書,乃假諸歐陽修《日本刀歌》"徐福行時書未焚,佚書百篇今尚存"②。叢書宗旨"惟佚是收,不必問其醇疵瑕瑜",林衡將其譬爲"古器千年,外物皆可寶重",然而像皇侃《論語義疏》、魏徵《群書治要》之類有完整刻板在日本流行者則不予收録,故《佚存叢書》所收十六種均世所罕覯,林衡雖自謙"不問醇疵瑕瑜",但實際收録之書均具有相當高的研究利用價值。

林衡在《〈佚存叢書〉序》中説:

> ……我邦皇統一姓,神聖相承,未始有易姓革命之變,而右文之化,稽古之風,歷千載而彌盛。故使凡出於古者,今皆不至於廢替也。至載籍則非惟本邦古今所有,即西土撰著傳到此間,輒亦永存不失,向使百篇之經果傳於我者,我必不使其終散亡矣。余嘗讀唐宋以還之書,乃識載籍之佚於彼者不爲鮮也,因念其獨存於我者而我或致遂佚,則天地間無復其書矣,不已可惜乎……③

很明顯,林衡輯刊《佚存叢書》的目的就是爲了保存散亡於日本,且在日本尚人所罕覯的漢籍,從而"不使其終散亡矣"。他在《題〈古文孝經孔傳〉後》中説:"《孔傳》之出於僞托,先儒既已論之。雖然,書籍之留遺於今

---

① 關於《佚存叢書》所收書目一般有十六、十七和十八種三説,實因是否將叢書中《文公朱先生感興詩》後附《武夷棹歌注》和《崔舍人玉堂類稿》所附《崔舍人西垣類稿》及附録併入計算有關。然《武夷棹歌》删詩存注,《崔舍人西垣類稿》亦絶無單行之本,故據林衡原編叢書各帙前目録及書後題跋定爲十六種。今人多襲商務印書館《叢書集成初編目録》之説以爲"《佚存叢書》十七種一百一十一卷",不確。

② 楊守敬已言此詩或爲司馬温公所作,據今人考證基本可坐實《日本刀歌》作者爲司馬光。可參金程宇《東亞漢文化圈中的〈日本刀歌〉》,《學術月刊》2014 年第 1 期,頁 154－161。

③ 《佚存叢書》,(日)林衡輯,江蘇廣陵古籍刻印社,1992 年,影印民國上海涵芬樓影日本寬政至文化間刊本,第 1 册,頁 1－2。本文所引《佚存叢書》均爲此本,不再另行標出。

日者無幾,即其出於僞托,要亦千年外物,寧可使之終歸淪廢乎?"在諸書跋
語中他還有"此書獨完然乎我焉,其亦奇矣,安得不校而傳之"①,"唐代遺
書傳世者罕,斷簡剩策固在可珍"、"在好古者尤所宜珍尚"等相似表達②。
從他爲《佚存叢書》撰寫的序跋中,我們可以清晰地感知到他對書籍在中國
亡佚的痛心,對千年前的古籍"佚於彼而存於我"的慶幸,以及對保存這些
稀見書籍,使其能繼續傳播下去的強烈責任感。林衡作爲一個日本人,對
"佚存漢籍"這一漢字文化圈的共同財富有著如此深厚的感情,在我們今天
看來仍頗爲可貴,也與日本人嚴守古風、重視傳統的民族性格有關。

　　林衡所謂"讀唐宋以還之書,乃識載籍之佚於彼者不爲鮮也",從《佚存
叢書》各書跋語來看,他用以判斷書籍存佚情況的"唐宋以還之書",主要是
各家各類目録。僅跋語提及的就有《唐志》,《宋志》,《通志·藝文略》,《文
獻通考·經籍考》,《續文獻通考·經籍門》等史志目録;《四庫全書總目》,
《文淵閣書目》,晁陳書目,《菉竹堂書目》等歷代公私目録;經學目録方面則
有《經義考》;專科目録又有明代殷仲春的《醫藏目録》。除此之外,他還利
用了《通志堂經解》、《玉海》、《全唐詩》、《性理大全》、《永樂大全》,楊士奇
《東里文集》、程大昌《雍録》、郎瑛《七修類稿》、朱彝尊《曝書亭集》等書。特
別值得注意的是,他運用了當時的最新成果《四庫全書總目》來判斷中國典
籍的存佚情況,浙本《總目》刊竣於乾隆六十年(1795),他在嘉慶壬戌年
(1802)之前至少就已得到該書,並以館臣所輯八卷本《唐才子傳》考家藏五
山版十卷本③。足見他判斷諸書存佚的方法與一般的中國學者已無太大
差異。

　　《佚存叢書》所收書目除了跋語未提及者,絶大部分出自他的家藏,同
時也有來自昌平坂學問所的藏書。《崔舍人玉堂類稿》二十卷《西垣類稿》
二卷附録一卷底本爲他的朋友柴邦彦所藏,兩人共同商榷爲該書撰寫了跋
語,後林衡借而觀之,欲將其以活字印出,柴邦彦亦表示了大力支持。林衡
編纂《佚存叢書》的過程就是在日常的閲讀中不斷發現"佚存書",他有心將

---

①　（日）林衡《題〈五行大義〉後》。

②　（日）林衡《題〈兩京新記〉後》。

③　《佚存叢書》第三帙《唐才子傳》後有林衡跋語作於"壬戌首春月念六日",即
1802 年 2 月 28 日。

這些稀見的書籍保存下來,就將他所藏所見的佚存書反復篩選,最終確定以叢書形式排印了十六種,并詳加勘校,歷十餘年刊竣。

《佚存叢書》中《古文孝經孔傳》的主要底本爲日本鎌倉后宇多天皇弘安二年(1279)鈔本,曾爲福山城主阿部正精所藏①,今不詳所在;《文館詞林》的"古鈔本"爲元禄間縮寫本,該書在楊守敬訪日時,還藏於柏木探古、攝津國勝福寺、木村觀齋等處;《崔舍人玉堂類稿》附《西垣類稿》與《景文宋公集》底本均爲南宋刊本,原爲金澤文庫舊藏,現歸日本宮内廳書陵部,並加蓋"祕閣圖書之章"、"宮内省圖書印";《周易新講義》的底本亦爲南宋本,文化二年(1805)入藏昌平坂學問所,後又歸淺草文庫,今藏國立公文書館(内閣文庫),爲"日本重要文化財"。

今天在日本還至少有七家以上圖書館藏有《佚存叢書》的原刊本,其中静嘉堂文庫藏本出自十萬卷樓舊藏,東京都立中央圖書館藏本爲岡千仞舊藏,京都大學人文科學研究所藏本有高取植村文庫趙之謙圖記,而國立公文書館還存有原藏紅葉山文庫和昌平坂學問所的《佚存叢書》各兩套,其他收藏地有大阪府立中之島圖書館、宮城縣圖書館和山梨縣圖書館等。

《佚存叢書》的輯刊者林衡,原名松平乘衡,幼字熊藏,又字叔紞、公鑑、德詮,號述齋,又號蕉隱、蕉軒,別號天瀑山人,謚號快烈府君,是美濃的岩村藩主松平乘蘊的第三子。林述齋爲當時日本官方思想水户學派的主要代表人物之一,日本江户時代後期的學界領袖,具有極高的中國傳統學術素養。

據《近世先哲叢談續編》記載:

　　(佐藤一齋)以藩子弟自幼伴友。既長,日夜在側,相俱讀書。約三四年,述齋一旦自謂:"我久攻漢唐之學,訓詁瑣屑可厭。今將本宋説以成一家言。"乃斟酌朱子八書訓,又編著齊魯韓《詩説》、《經義叢説》若干卷②。當時述齋英氣勃勃,不肯屈下人,獨有澀井太室者,稱林門高足,述齋一見心服,遂執贄師事之。又泛爲布衣交,以詞藝相往

---

① 　(日)澀江全善、森立之等,杜澤遜、班龍門點校《經籍訪古志》,上海古籍出版社,2014年,頁46—52。

② 　"齊"字原文誤作"齋"。

來者，無慮十數人①。

林衡少年時對中國傳統的學術已經有了比較系統的學習。到了寬政初年，述齋之名就已經上達幕府了。當時林家的大學頭錦峰（簡順）死後無嗣，幕府特地下旨抽述齋承其後，林述齋上狀懇辭再三不允，便奉當時幕府老中（幕府丞相）之命擔任了德川幕府的大學頭，時爲寬政五年（1793），林述齋年僅二十六歲。後人讚揚他在位期間"稱曰中興猶歉也"。林述齋在擔任大學頭期間積極致力於搜訪漢籍，利用大學頭的特權地位購入大量優秀書籍（主要是漢籍）作爲御用書，還著力於簡化漢籍輸入的手續。1799 年（即《佚存叢書》開始校訂刊刻之年）幕府老中松平伊豆守向長崎奉行下達《長崎奉行御用書籍取調方改正之件》的文書，實由林述齋撰寫、松平伊豆守轉送，林述齋寫道："……簡化對於御用書籍的處理、提高書籍檢查的效率，盡可能快地給唐商支付款項，唐商人即使攜書很少，也應一視同仁。"次年二月御用書籍的調用方法便得到了改變②。

二　《佚存叢書》的内容

《佚存叢書》收書凡十六種，其中經部四種，史部二種，子部五種，集部五種。

經部四種爲：《古文孝經》一卷，題漢孔安國傳。《樂書要録》存三卷（卷五、六、七），原十卷，題唐武則天撰。《泰軒易傳》六卷宋李中正撰。《周易新講義》十卷宋龔原撰。其中《古文孝經孔傳》是隋唐時期由中國傳至日本的經劉炫整理過的本子，而在中國五代後就已佚失③。其實在佚存本《古文孝經》之前，日本太宰純音義的《古文孝經孔傳》就被鮑廷博重刊收於《知不足齋叢書》，後又收於《四庫全書》，然《古文孝經孔傳》在日本還是鮮爲人

① （日）松村操《近世先哲叢談統編》，上卷，武田伝右衛門，1898 年，頁 43—44。

② 王勇、（日）大庭修主編《中日文化交流大系·典籍卷》，浙江人民出版社，1996 年，頁 153。

③ 顧永新《日本傳本〈古文孝經〉回傳中國考》，《北京大學學報（哲學社會科學版）》2004 年第 2 期，頁 103。

知,故“林祭酒述齋先生悲正本湮滅,以弘安鈔本活字刷印”①。《樂書要録》則是一部極重要的古代樂律學專著,對武唐前的樂律學理論作了總結,在音樂史研究方面有很高的價值②。

　　史部二種爲:《兩京新記》存第三卷,唐韋述撰,原五卷。《唐才子傳》十卷,元辛文房撰。其中韋述的《兩京新記》是記述唐兩京城市概貌的最早著作,又名《東西京記》③,保留了許多對開元時期兩京盛況的珍貴記録,開後世撰述、研究唐代兩京之風氣,原書大約佚於元明之時。《唐才子傳》則是一部唐代詩人的傳略,保留了 398 位唐代(兼及五代)詩人的生平材料,原書約在清朝就已有部分亡佚。

　　子部五種爲:《五行大義》五卷,隋蕭吉撰。《臣軌》二卷,題唐武則天撰。《左氏蒙求》一卷,元吳化龍撰。《蒙求》三卷,唐李瀚撰。《王翰林集注八十一難經》五卷,周秦越人撰,明王九思等集注。其中《五行大義》是現存唯一一部陰陽五行學的理論著作,是“關於五行的中古時代的最重要的書籍”(李約瑟語),大約宋元時期在中國就已亡佚。兩唐志均著録蕭吉《五行記》五卷,《宋史·藝文志》有“蕭吉《五行大義》五卷”,之後不見於各家目録,該書大約在唐時傳到日本,《佚存叢書》所據爲日本元禄十二年(1699)刊本④。《蒙求》是中國古代一部著名的兒童啓蒙讀物,其“知識含量、流傳領域、歷史影響,是曾超過《三字經》、《千字文》的”⑤,宋徐子光爲之補注後,李瀚原本世間罕傳。

　　集部五種爲:《李嶠雜詠》二卷,唐李嶠撰。《文館詞林》存四卷(卷六百六十二、六百六十四、六百六十八、六百九十五),原一千卷,唐許敬宗等奉敕撰。《文公朱先生感興詩》一卷,朱熹撰,宋蔡模注;附《武夷棹歌注》一卷,宋陳普注。《崔舍人玉堂類稿》二十卷附《西垣類稿》二卷又附一卷,宋

---

① (日)澁江全善、森立之等,杜澤遜、班龍門點校《經籍訪古志》,上海古籍出版社,2014 年,頁 47。

② 趙玉卿《〈樂書要録〉研究》,中央音樂學院出版社,2004 年,頁 1—2。

③ (唐)韋述撰,辛德勇點校《兩京新記輯校》,《兩京新記輯校·大業雜記輯校》,“內容提要”,三秦出版社,2006 年。

④ 劉國忠《〈五行大義〉研究》,遼寧教育出版社,1993 年,頁 52—55。

⑤ 傅璇琮《尋根索源:〈蒙求〉流傳與作者新考》,《尋根》2004 年第 6 期,頁 58。

崔敦詩撰。《景文宋公集》三十二卷，中十卷殘，原書凡二百卷，宋宋祁撰。其中《文館詞林》是唐高宗朝中書令許敬宗奉敕編纂的一部大型詩文總集，所採多漢魏六朝人作品，原書卷帙浩繁，自編成以降就漸次亡佚。

三　《佚存叢書》的傳入

《長崎志續録》卷八《唐船進港並雜事之部》：

享和元辛酉年　酉壹番貳番船購《佚存叢書》前編并後編合八部。船主們一覽之後將其作爲樣本載回唐國①。

文政六癸未年當春歸帆午四番劉景筠船將和版《佚存叢書》一之編二部，二、三之編各一部，《群書治要》二部，《論語集解》三部，《史記評林》、《古梅園墨譜》後編各一部載回唐國②。

文政七甲申年當春歸帆午四番劉景筠、朱開折船將和版《佚存叢書》一、二、三之編各一部，《群書治要》、《吕氏春秋》各一部。由同七番沈綺和泉、江芸閣船載回唐國，將《四書集註》、《史記評林》各一部、《傷寒論輯義》二部載回唐國③。

文政八乙酉年當秋歸帆之四番劉景筠、顏雪帆船將和版《七經孟子考文補遺》、《論語徵》、《群書治要》各一部，《佚存叢書》一、二、三之編各十本載回唐國④。

上面的享和元辛酉年、文政六癸未年、文政七甲申年、文政八乙酉年分別相當於嘉慶六年（1801）、道光三年（1823）、道光四年（1824）、道光五年（1825）。福井保參考《長崎年表》、《續長崎實録》⑤、《通航一覽續輯》製作了

---

①　《続長崎實録大成》，《長崎文獻叢書》，長崎文獻社，第 1 集第 4 卷，1974 年，頁 200，轉引自（日）松浦章《清代帆船帶回的日本書籍——安徽鮑氏〈知不足齋叢書〉所收的日本刻書》，復旦大學歷史地理研究中心編，《跨越空間的文化——16－19 世紀中西文化的相遇與調適》，東方出版中心，2010 年，頁 395－397。

②　同上，頁 225。

③　同上，頁 225。

④　同上，頁 225。

⑤　疑與後文所引《長崎志續録》是一書。

《江户時代西傳中土漢籍一覽表》，除了上述五年有《佚存叢書》傳入中國外，據《通航一覽續輯》之《隔符留賬》，文化二年三月即嘉慶十年(1805)還有兩部《佚存叢書》傳入了中國①。值得一提的是，其中《通航一覽》是林述齋第六子林煒(號復齋)編訂的江户時代中日外交史料彙編，該書繼承了林述齋的歷史編纂學方法，具有極高的價值。《通航一覽續輯》則是在《通航一覽》基礎上由林復齋之子和林復齋的助手補充加工完成的。

上述關於《佚存叢書》的記載有"前編并後編"，"一、二、三之編各一部"和"一、二、三之編各十本"②。《佚存叢書》第一帙完成於 1799 年，第二帙前序作於寬政辛酉二月上浣四日，即嘉慶六年二月初四(1801 年 3 月 17 日)。享和元年酉壹番、貳番船購入《佚存叢書》的"前編并後編"很可能就是《佚存叢書》的第一帙和第二帙。文化二年(1805)距離《佚存叢書》的第三帙的刊刻完畢(1803 年)已經間隔了兩年，隨船而來的可能已經有叢書的第三帙了。

四　《佚存叢書》在中國的傳抄與重刊

(一)德清許宗彦《五行大義》

嘉慶九年(1804)德清許氏將《佚存叢書》第一帙中的《五行大義》抽出重刻，這是《佚存叢書》在中國最早的重刻本。德清許氏即許宗彦，字積卿，一字周生，浙江德清人。其妻梁德繩，爲清代著名女作家。許宗彦雖以經學著名當世，但今人多只知許、梁夫妻合續陳端生的著名彈詞作品《再生緣》之事。許宗彦著有《鑑止水齋集》二十卷，生前鋟其半，後由妻梁德繩手定。別有《鑑止水齋藏書目》四卷。許宗彦《鑑止水齋集》卷十一序跋書後收《〈五行大義〉序》：

> 《唐志》蕭吉《五行記》五卷，《宋志》蕭吉《五行大義》五卷，藏書家均未著録。近日本國人刻《佚存叢書》，此書在焉。用活字印行，多誤舛，宗彦校其可知者，改定數十字，餘仍其舊，俟知者而別梓之。……雖其龐涉津涯，未足究神祕，探奥賾，融暢於大道。以視術家所誦習，

---

① （日）福井保《佚存書的輸出》，載日本《文獻》第 2 號，1959 年 12 月。

② "本"或"部"之誤。

則倜然遠矣。豈可以傳世無緒，來自遠方而忽之哉？同年孫觀察淵如尤好斯學，必以是書爲可喜。儻遂抉摘沈隱，補綴闕遺，廓而充之，務合乎六經之旨，則蕭氏所望於來哲者將在於是①。

許宗彥序《五行大義》於嘉慶九年（1804）三月，該書刊刻亦在是年，許氏得《佚存叢書》必在嘉慶九年三月之前。考葉德均《〈再生緣〉續作者許宗彥梁德繩夫婦年譜》，嘉慶四年（1799）許宗彥中進士，授兵部車駕司主事，三月即告歸。嘉慶九年，許宗彥三十七歲，構鑑止水齋於杭城如松坊之東偏，閱歲乃成②。自此之後，許宗彥便一直居於杭州直到去世。

我們基本可以確定《佚存叢書》第一次傳入中國在日本享和元年即嘉慶六年（1801）是沒有問題的，又許宗彥家世通顯，世代書香，"生平寡嗜好，惟喜購異書，不惜重值，於書無所不窺"③，就目前掌握的文獻來看，許宗彥爲第一個接觸并認識到《佚存叢書》價值的中國學者。許宗彥《鑑止水齋藏書目》子部第六廚有《佚存叢書》五十本，可見許宗彥在翻刻了《佚存叢書》的《五行大義》後又陸續購齊這套叢書，《佚存叢書》每帙十本，據此推斷，許宗彥最終收藏了《佚存叢書》的前五帙④。

（二）蕭山陸芝榮《唐才子傳》

嘉慶十年（1805），蕭山陸芝榮將《佚存叢書》第三帙中的十卷本《唐才子傳》和四庫本八卷《唐才子傳》進行比勘，撰成《考異》一卷，與《唐才子傳》一同刊刻，附有王宗炎、汪繼培的跋語，即所謂《唐才子傳》嘉慶十年陸氏三間草堂刻本。陸芝榮是浙江蕭山著名的藏書家，《清稗類鈔·鑒賞類十一》有《陸香圃藏書於寓賞樓》條："蕭山陸香圃，名芝榮。居寓賞樓，多藏書，鈔影善本之富，嘉慶朝爲第一。蓋不惜工貲，四方書賈，雲集輻輳，故插架初

---

①　（清）許宗彥《〈五行大義〉序》，《鑑止水齋集》卷十一，2001 年，上海古籍出版社，《續修四庫全書》，集部別集類第 1492 册，頁 403。

②　葉德均《〈再生緣〉續作者許宗彥梁德繩夫婦年譜》，《戲曲小說叢考》，中華書局，1979 年，頁 727—729。

③　（清）李元度《國朝先正事略》，卷四十四，《湖湘文庫》，岳麓書社，2008 年，頁 1250—1251。

④　《〈鑑止水齋藏書目〉四卷》，《圖書館學季刊》1931 年，頁 467—574。

印之元、明板本,所藏乃遂多。"①

(三)阮元與《宛委別藏》

嘉慶十二年(丁卯)十月二十七日(1807 年 11 月 26 日),阮元抵京師:

謁宮門謝恩,召見,旋奉上諭:"阮元現在服闋來京,著署理戶部右侍郎。欽此。"又奉進恭注御製《味餘書室隨筆》二卷,及《四庫》未收經史子集雜書六十種②。

丙寅、丁卯間,兄奉諱家居次第校寫共得六十種,每種皆仿《四庫》書式加以提要一篇。丁卯冬服闋入覲,進呈乙覽,蒙賜批閲,獎賞有加。戊辰己巳(嘉慶十三、十四年)復撫浙,續寫四十種進呈,亦各爲提要一篇③。

《宛委別藏》現存百六十種,可考的嘉慶十二年和嘉慶十三至十四年的兩次進呈只是《宛委別藏》的一部分,現在一般認爲阮元搜尋四庫未收書,大體止於嘉慶十八年(1813)④。此後阮亨主持校刻《揅經室集》,道光二年(1822)在經詢問阮元後,將阮元歷次進呈的《宛委別藏》提要稿本録爲《揅經室外集》。

臺北故宮博物院吳哲夫曾寓目被攜至臺灣的《宛委別藏》原帙,並撰《〈宛委別藏〉簡介》一文⑤,現據他整理的《宛委別藏》初、續編原目順序和三編原函順序,結合江蘇古籍出版社影印版《宛委別藏》及各書前所附《揅經室外集》所收提要(即《四庫未收書目提要》),考《宛委別藏》所收録《佚存叢書》種數,可知現存《宛委別藏》正編六十種收《佚存叢書》五種:《泰軒易傳》六卷六冊,《樂書要録》存三卷一冊,《臣軌》兩卷兩冊,《五行大義》五卷五冊,《難經集註》五卷五冊。三編收二種:《玉堂類稿》廿卷《西垣類稿》二卷又附録一卷八冊,《周易新講義》十卷十冊⑥。關於《宛委別藏》的具體進

---

① (清)徐珂編撰《清稗類鈔》,中華書局,2010 年,頁 4260。

② (清)張鑑等撰,黃愛平點校《阮元年譜》,中華書局,1995 年,頁 67。

③ (清)阮亨《瀛洲筆談》,卷十一,嘉慶二十五年刻本,頁 1。

④ 王章濤編著《阮元年譜》,黃山書社,2003 年,頁 545。

⑤ 吳哲夫《〈宛委別藏〉簡介》,王秋桂、王國良主編《中國圖書·文獻學論集》,明文書局,1983 年。

⑥ 《四庫未收書提要》中《周易新講義》不著明版本,實亦據《佚存叢書》本。

呈書目各家説法不一,今已不可考。《四庫未收書目提要》比現存百六十種《宛委別藏》多十四種,其中出於《佚存叢書》又有《兩京新記》、《文館詞林》(現存正編有此書提要,惟書缺)兩種①。正編所收均爲影鈔《佚存叢書》的本子,三編則爲一般鈔本。

　　而袁同禮《〈宛委別藏〉現存書目及其板本》②,失檢崔敦詩《玉堂類稿》二十卷附《西垣類稿》二卷又附錄一卷一種,未詳考《周易新講義》"影鈔本"所據③,又誤《宛委別藏》所收《群書治要》爲《佚存叢書》本。張允亮《故宮善本書目》第三《宛委別藏〉書目》糾正了袁同禮的大部分錯誤④,但仍未標明《周易新講義》爲《佚存叢書》本,失檢崔敦詩《玉堂類稿》附《西垣類稿》的一卷附錄。而後出的《〈宛委別藏〉簡介》又不注明各書版本,以致《佚存叢書》入《宛委別藏》的確切種數向來衆説紛如。究其緣由,實因這些提要"皆仿《四庫》書式",對版本情況不甚在意,敘述較爲含糊。《宛委別藏》正編五種提要對於所收《佚存叢書》書目均言"日本人用活字版擺印",三編《〈玉堂類藁〉二十卷〈西垣類藁〉二卷提要》又只説"此爲活字版",《〈周易新講義〉十卷提要》則根本不提書的來源,惟《〈兩京新記〉一卷提要》述及"日本人採在《佚存叢書》中"。(姑將阮元原進呈提要摺子與《揅經室外集》所收提要内容視爲一物)

　　現存《宛委別藏》還有《〈宛委別藏〉總目提要》六十篇,《〈宛委別藏〉續編書目提要》三十篇,三編則缺總目提要。吴哲夫言是兩册《提要》當出詞臣之手,而《雷塘庵主弟子記》載,嘉慶十三年辛未(1811)六月,阮元"編《四庫未收百種書提要》成",現存兩册《總目》應爲阮元所編訂,較原進呈摺子或又有不同,而《揅經室外集》所據爲阮元原稿或更近原奏摺。

　　正編六十種書目今皆可知,《續編總目提要》三十種而阮亨言"續寫四十種進呈",《四庫未收書目提要》又多十四種,《〈兩京新記〉一卷提要》與前

---

①　《〈宛委別藏〉簡介》前已明言《文館詞林》不存,後在第三部分討論現存書目時,又收入《文館詞林》,應爲作者的疏忽。
②　袁同禮《〈宛委別藏〉現存書目及其板本》,《圖書館學季刊》1932年第6卷第2期,頁265—277。
③　《周易新講義》爲鈔本而非影鈔。
④　張允亮《故宮善本書目》,第三編,故宮博物院,1934年,頁1—23。

進《宛委別藏》中《佚存叢書》書目提要撰寫體例不同，又《兩京新記》爲《佚存叢書》第一帙中第五種，而《宛委別藏》正編所收已有《佚存叢書》第二帙兩種，在没有更多材料的情況下，我們傾向於認爲《宛委別藏》中實未收《兩京新記》，《宛委別藏》中收《佚存叢書》書目共八種。

（四）孫星衍影寫本五種

孫星衍亦抄存有《佚存叢書》中之五種，其《平津館鑒藏記書籍》卷三《舊影寫本·外藩本》章，著録《佚存叢書》第一帙《樂書要録》三卷、《兩京新記》一卷和《李嶠雜詠》二卷，第二帙的《文館詞林》四卷，第三帙《王翰林集注八十一難經》五卷。版本均著爲影寫本。《文館詞林》四卷條：

> ……此與《樂書要録》、《兩京新記》、《李嶠雜詠》皆嘉慶六年彼國所刻叢書本也①。

今本《李嶠雜詠》二卷是《外藩本》篇的最後一條，而《文館詞林》四卷爲倒數第二條，《王翰林集注八十一難經》卻又在倒數第三條，與孫星衍敘述邏輯不符，亦不合《佚存叢書》原帙順序。《平津館鑒藏記書籍》前三卷由洪頤煊幫助編寫而成，編成時間約在嘉慶十三年（1808），只有稿本存世②。疑道光十六年（1836）陳宗彝録存孫星衍稿本時出現了顛倒順序的情況。孫星衍與阮元間素有交游，嘉慶五年（1800）孫淵如受聘入阮元幕，并延主紹興蕺山書院。嘉慶六年正月，阮元立詁經精舍又延孫淵如主講習③。《宛委別藏》中亦收孫星衍校刻《孫子十一家注》和《一切經音義》。《平津館鑒藏記書籍》所謂"影寫本"，極可能録自阮元，所據即阮元編《宛委別藏》時別録的副本或直接影鈔《佚存叢書》原帙。

（五）吴省蘭《藝海珠塵》與金山錢氏《守山閣叢書》、《指海》

道光間，錢熙祚編《守山閣叢書》、《指海》。《守山閣叢書》共百二十種，子部有《王翰林集註八十一難經》，書後錢氏跋語識於庚子春仲，時爲道光二十年（1840）。又《指海》十二集二百三十六卷，第八集收録同入《佚存叢書》第三帙的《唐才子傳》十卷，系將佚存本與四庫本對校後刊刻的本子，書

---

① （清）孫星衍撰，焦桂美、沙莎標點《平津館鑒藏記書籍·廉石居藏書記·孫氏祠堂書目》，上海古籍出版社，2008年，頁117—119。

② 同上，"標點説明"，頁3。

③ 王章濤編著《阮元年譜》，黄山書社，2003年，頁203。

中夾有校記,書後題於道光十九年(1839)校梓,跋語又作"壬寅季春雪枝氏
識"①,時爲道光二十二年(1842)三月。兩書末皆附天瀑山人原跋,且大體
在同一時間被錢氏編入兩種叢書。《中國古籍總目·叢書部》據錢氏《指
海》書末校梓時間,定此書爲道光十九年刻,誤。錢熙祚之兄錢熙輔爲吳省
蘭(1738—1810)之婿,得吳省蘭《藝海珠塵叢書》刻板,并爲之補刻。《中國
古籍總目》著錄《藝海珠塵叢書》中的《雜詠百二十首》系出自《佚存叢書》
本。《藝海珠塵叢書》還收有《左氏蒙求》,題許乃濟輯王慶麟注,書後附天
瀑跋語,當出自《佚存叢書》本無疑。又兩書均爲嘉慶時所刻,均爲《佚存叢
書》傳入後的翻刻本,《左氏蒙求注》"許乃濟王慶麟同注"下有小注"慶
麟……嘉慶丁卯舉人"②,故《左氏蒙求注》成書應晚於嘉慶丁卯年(1807)。
吳省蘭與阮元乾隆間同直南書房,職司編纂《秘殿珠林續編》和《石渠寶笈
續編》;嘉慶初,阮元任浙江學政,還與任鄉試主考官的吳省蘭曾共同主事。

　　金山錢熙祚在《指海》、《守山閣叢書》中分別收錄《佚存叢書》第三帙的
兩種書目,還可能與其得到張海鵬的《借月山房匯鈔》和《墨海金壺》的刻板
有關。張海鵬《墨海金壺》多《四庫全書》著錄之書,首取傳本稀少或從《永
樂大典》中輯出的書籍③。《墨海金壺》雖不收《唐才子傳》,但錢氏比刊佚
存本和四庫輯佚本《唐才子傳》可能受到了《墨海金壺》的一定影響。

(六)南海伍崇曜《粤雅堂叢書》

　　咸豐至同治年間,伍崇曜所編的《粤雅堂叢書》也收錄了《佚存叢書》中
的多種書目。《粤雅堂叢書》爲士林所重,由來尚矣,《清稗類鈔》稱其"校讐
精審,中多祕本,幾與琴川之毛、鄞鎮之鮑,有如驂靳"④,張之洞《書目答
問》附《勸刻書說》云"如歙之鮑、吳之黃、南海之伍、金山之錢,可決其五百

---

① 　錢熙祚,字雪枝。
② 　(元)吳化龍撰,(清)許乃濟、(清)王慶麟注《左氏蒙求注》,《藝海珠塵》,清嘉慶
間南匯吳氏聽彝堂刻本。
③ 　劉學倫《張海鵬彙刻叢書的成就——《學津討原》、《墨海金壺》、《借月山房彙
鈔》及其相關問題之研究》,碩士學位論文,國立中央大學,2004 年,頁 311—374。
④ 　(清)徐珂編撰《清稗類鈔》,中華書局,2010 年,頁 297。

年中必不泯滅"①。該叢書的實際輯刻人爲譚瑩,南海人,字兆仁,别字玉生,《清史稿》中有傳。嘉慶二十三年,譚瑩與諸友宴集粵秀山寺,懸文壁上,適阮元節制兩廣,游於山寺,見而奇之,稱其爲"才人",又贊玉生爲"粵東雋才第一",還推他爲學海堂學長②。譚瑩輯刊《粵雅堂叢書》收入《佚存叢書》七種,無疑受到了阮元的影響,這從他代伍崇曜撰寫的跋語時常提及"阮文達公"和"《揅經室外集》",書後還附有《揅經室外集》的提要可以見得。

《粵雅堂叢書》二編第十二集收《文館詞林》存四卷、《兩京新記》二卷,皆刻於咸豐三年;三編第二十六集收咸豐六年刻《臣軌》二卷;三編第二十七集收咸豐十一年刻《周易新講義》十卷,同治元年刻《泰軒易傳》六卷,同治元年刻《崔舍人玉堂類稿》二十卷《西垣類稿》二卷附録一卷;三編第二十七集收同治元年刻《唐才子傳》十卷。譚瑩在《四庫未收書提要》的基礎上對各書的版本源流做了詳細考辨,附在書後跋中,論證審慎,邏輯合理,無怪乎阮文達對其才學激賞有加。但《粵雅堂叢書》第二集所收的兩種所據爲鈔本,因咸豐三年時譚瑩還没有見到《佚存叢書》的原帙,他在《文館詞林》的跋的結尾寫到:

> 是書與《兩京新記》均從海外而幸獲,存截珥編璫也,亦異矣。兩書皆亡友黄石溪明經鈔存之帙,其見於《佚存叢書》目各書,當更搜全之。咸豐癸未荷花生日南海伍崇曜跋③。

而《粵雅堂叢書》咸豐十一年之後所收《佚存叢書》本,書末題跋均未再及"未睹原帙"之事,亦不附《揅經室外集》的提要,應該已經搜訪得《佚存叢書》原帙。《文館詞林》跋中提及的黄石溪即黄子高,號石溪,與譚瑩曾同爲學海堂學長。黄子高輯有《粵詩蒐逸》,是一部專搜逸佚,而不録存於别集的廣東鄉賢詩作彙編,故他鈔存《佚存叢書》也不足爲怪了。

---

① (清)張之洞撰,范希曾補正《書目答問補正》,上海古籍出版社,2010年,頁217。

② (清)陳澧《内閣中書銜韶州府學教授加一級譚君墓碣銘》,《東塾集》卷六,上海古籍出版社,2010年,《清代詩文集彙編》,第637册,頁254。

③ (清)伍崇曜:《〈文館詞林〉跋》,《粵雅堂叢書》,清咸豐三年南海伍氏刻本。

(七)孫星衍《岱南閣叢書》二十一種本

光緒七年,孫星衍《岱南閣叢書》二十一種本收收《樂書要録》、《兩京新記》、《李嶠雜詠》三種。中國科學院圖書館有藏,今人較少提及此版本,我們也沒有更多相關材料。但此時孫星衍早已去世,《岱南閣叢書》二十一種或是後人按孫星衍生前的輯刻計劃刊刻出版,屬《岱南閣叢書》二十種本和五種本的續編。

(八)湖北崇文書局《正覺樓叢刻》(《正覺樓叢書》)

光緒六至七年,湖北崇文書局刻《正覺樓叢刻》,又稱《正覺樓叢書》,收書二十九種,其中有《樂書要録》、《兩京新記》、《李嶠雜詠》三種。面對《佚存叢書》在當時還頗難搜討,學者欲求叢書中一種而不可得的情況,李瀚章(李鴻章之兄)先將《樂書要録》從《佚存叢書》中抽出刻成單行本。李瀚章《〈樂書要録〉序》:"惜叢書繁重①,非寒士所易覯,因刻行之以惠來學云。"②其後,李瀚章又將其收入《正覺樓叢書》中,牌記題爲"光緒七年仲冬重刊"。《正覺樓叢書》二十九種與《岱南閣叢書》所收,重十九種,兩叢書間有較明顯的承續關係。

(九)光緒間滬上黃氏活字印本

光緒八年壬午(1882)孟夏,滬上黃氏以木活字排印《佚存叢書》。這是《佚存叢書》在中國第一次被全部翻刊。《佚存叢書》的這次排印委託者雖是黃燦生(即滬上黃氏),卻實得力於黃燦生之婦翁長洲尤炳奎和燦生之弟黃潤生,黃燦生未及見到《佚存叢書》刊竣就已溘然長逝:

> ……予至滬上時燦生亦患外證,謂由積濕,無足輕重,況在壯年,尤爲平淡。一經五月,證重身虧,然好學之心未嘗或懈,於從容之際言欲將《佚存叢書》翻刊,便人而還可自便,校對之責囑予任之。予非不知事之非輕,豈容妄諾,轉念至病魔久擾,藉可消閒,因漫以許之,言未幾日而燦生溘然長逝。嗚呼! 如此人才,天竟不永其年,痛何能已! 其弟潤生,性亦孝友,以兄有翻刊《佚存叢書》之言,遂引以爲己任,以終兄志,校對之責仍予是囑。予即以前諾,勉以從命,無如久病之餘,

---

① "叢書"指《佚存叢書》。

② (清)李瀚章《〈樂書要録〉序》,《樂書要録》,《正覺樓叢書》,清光緒間崇文書局刻本。

心呆目鈍，姑强振精神，以正亥豕，然究空疏從事，有不足勝任爲愧者，遇有疑難之處，每質諸同校之許君濟臣以教不逮。今事已竣，惜燦生之不及見也，悲夫！光緒八年歲次壬午季冬之月長洲尤炳奎序①。

關於黃燦生、黃潤生、尤炳奎、許濟臣的生平，《三十三種清代傳記綜合引得》和《清代傳記叢刊索引》均無記載，僅在陳乃乾《上海書業團體》略有提及：洪楊事定後，蘇州書業大多遷到上海，彼此競爭激烈，因此由讀未樓主人黃燦生提組織書業公所，但没有成功②。可知尤炳奎對其婿黃燦生之譽非爲溢美。陳乃乾所編《室名索引》、《別號索引》、《清代碑撰文通檢》亦未收黃燦生。葉德輝《書林清話》卷八《宋以來活字版》羅列了自宋朝以來較爲著名的活字版書，"光緒間，則有董金鑒重印《琳琅祕室叢書》四集。吳門書坊印日本《佚存叢書》全集"③。葉德輝所謂"吳門書坊"指蘇州一帶的書坊，不過仍分"其在外者"，例如北京琉璃廠文萃堂、揚州藝古堂等。《書林清話》卷九有《吳門書坊之盛衰》進行了詳細介紹。

《申報》1881年4月1日第六版刊有兩則題爲《書籍地圖法帖》、《讀未樓書坊告白》的廣告，署名皆爲"上海三洋涇橋讀未樓啓"。《讀未樓書坊告白》：

　　……除將書目隨時登明《申報》外，特布知再者，敝坊主人往年開設二馬路千頃堂、城内松筠閣店，均於上冬交盤清楚，易人經理，所有以前往來帳目，一切交涉事宜，仍歸小號接手。凡蒙賜教，請認明上海三洋涇橋讀未樓書坊不誤。此啓。光緒辛巳三月吉日④。

蘇州千頃堂和上海讀未樓是同光時期上海兩家比較重要的書坊，他們雖一標"蘇州"，一標"上海"，其實都是由同一主人開設的⑤，清代姚覲元的《弓齋日記》就曾有光緒十年（1881）丙辰十三日在讀未樓購《求是堂叢書》

① （清）尤炳奎《重刊〈佚存叢書〉序》，《古文孝經》，《佚存叢書》，光緒八年滬上黃氏木活字印本。
② 《陳乃乾文集》，國家圖書館出版社，2009年，頁128。
③ （清）葉德輝《書林清話》，上海古籍出版社，2012年，頁168。
④ 《讀未樓書坊告白》（廣告），《申報》（上海）1881年4月1日，第6版。
⑤ 潘建國《晚清上海的報館與〈野叟曝言〉小説》，復旦大學出版社，《中國文學研究·第九輯》2007年第2期，頁294。

的記載①。光緒辛巳前，千頃堂、讀未樓都已遷到了上海，葉德輝所指應該是指吴門書坊中"其在外者"的"千頃堂"。讀未樓有"將書目隨時登於《申報》"的聲明，《佚存叢書》的刊刻在當時來説可以算是讀未樓書坊的一件大事，據《佚存叢書》滬上黃氏本書前牌記，該叢書於"光緒壬午孟夏校印"，而尤炳奎《重刊〈佚存叢書〉序》作於壬午季冬之月，故滬上黃氏本《佚存叢書》的出版發行應該在光緒壬午十二月，就目前所能見到的《申報》材料，讀未樓書坊最早刊登《佚存叢書》翻刊完成的消息，是在第 3751 號光緒八年壬午二月十七日(1883 年 3 月 25 日)的《申報》第 4 版《校印〈佚存叢書〉》：

> 乾嘉以來，競尚拾遺訂墜之學，是書原校印於日本，其中如《孝經孔傳》實足補山井鼎《七經孟子考文》之缺，其他史學類之《文館詞林》，載籍類之《玉堂類稿》等書，皆海内吉光片羽，難得而可貴者也。《宋景文集》别無刊本，即日本校印類皆缺此，今仍仿宋本得成全璧，兹校印精工上料紙張，每部實價洋十二元正。顧購者請至上海讀未樓、蘇州千頃堂兩書坊，並各處書坊均有寄售。此啓。貞古山房謹白②。

這則廣告在之後的一個多月内連續刊登了十七次之多③，内容完全相同。其後 1883 年 7 月 20 日④、8 月 21 日⑤讀未樓又在《申報》刊發《精刻書籍出售》的廣告，其中"《佚存叢書》十二元"。考慮到書坊的商業性質，讀未樓在刻成《佚存叢書》後必然在第一時間就大力宣傳，在報紙上刊登廣告。基於《申報》的巨大影響力和對《佚存叢書》的價值判斷，滬上黃氏本《佚存叢書》在當時産生了比較大的影響，一般人認爲這是經過校對的翻刊本，其價值應在日本刻本之上，故直到今天滬上黃氏本還是最爲常用且易得的《佚存叢書》中國重印本。

可惜的是，這部黃燦生生前志願翻刊的《佚存叢書》，質量實在不高。

---

① （清）姚覲元《弓齋日記》（稿本），《清代日記匯鈔》，上海人民出版社，1982 年，頁 341。

② 《校印〈佚存叢書〉》（廣告），《申報》（上海）1883 年 3 月 25 日，第 4 版。

③ 見於《申報》（上海）第 3571－3578 號，第 3580 號，第 3583 號，第 3587 號，第 3590 號，第 3594 號，第 3597 號，第 3601 號，第 3604 號，第 3611 號。

④ 《精刻書籍出售》（廣告），《申報》（上海）1883 年 7 月 20 日，第 10 版。

⑤ 《精刻書籍出售》（廣告），《申報》（上海）1883 年 8 月 21 日，第 8 版。

傅璇琮主持的《唐才子傳校箋》對《唐才子傳》現存版本進行了全面的調查，孫映逵在該書的序言中批評，《佚存叢書》諸版本中"尤以清光緒八年（一八八一）滬上黃氏木活字排印的所謂《佚存叢書》本，處處妄改原文，面目全非，最爲荒謬"①。筆者將滬上黃氏木活字本與日本原刊本的各書後天瀑跋語進行校勘，發現孫映逵的批評十分允當，滬上黃氏本《佚存叢書》將每帙前的目録删去，在書前編一總目，以至於後人不知林述齋在第一、二、三各帙的目録後還附有簡短提要。校對中出錯多而訂誤少，多處妄改林衡跋語更是不知其意所在。不知"足利學校"爲何物，就將原句"原系足利學校所貯"改爲"足以資後學所貯"；明言在"壬戌首春月"所做之跋被改爲"仲春月"；表示揣測語氣的"意當無疑焉"，改爲語氣肯定的"一定無疑矣"；將"瑯琊"倒爲"琊瑯"等等。各類錯誤不勝凡舉，而這還僅僅是在跋語中出現的，正文質量可以據此想見了。至於修改不誤者，僅有將"藍本"改爲"監本"一處。

（十）民國上海涵芬樓影印本

民國年間，上海涵芬樓影印《佚存叢書》日本寬政至文化間刊本原帙，《佚存叢書》的原貌第一次集中地展現在了人們面前。1922 年 10 月 10 日商務印書館就已有出版發行《佚存叢書》的計劃②，及至 1925 年 3 月 16 日，商務印書館在《申報》上刊登預定《佚存叢書》廣告：

> 此爲日本天瀑山人所輯，成於百年前，今極難得。所輯十八種（書名俱見樣本中），多我國已佚之本，至可寶貴，藏書家、圖書館及研究國學者均應趁此預約機會，即速訂購。全書三十册。四月出版。預約價：連史紙十元，毛邊紙七元。商務印書館啓③。

現在通行的説法是"民國十三年上海商務印書館影印日本寬政至文化間刻本"，這似乎不確。據上引《申報》廣告，商務印書館影印出版《佚存叢書》的具體時間應在民國十四年四月。前人關於涵芬樓影印版《佚存叢書》

---

①　（元）辛文房撰，傅璇琮主編《唐才子傳校箋》，中華書局，1987 年，"校勘説明"，頁 4。

②　《記商務印書館之近況》，《〈申報〉國慶紀念增刊》丙組第二張，《申報》（上海）1922 年 10 月 10 日，第 61 版。

③　《佚存叢書》（廣告），《申報》（上海）1925 年 3 月 16 日，第 3 版。

皆言其較爲易得,是現在比較通行的本子,然而這也只是相對於《佚存叢書》的日本刊本和滬上黃氏本而言的,實際上涵芬樓的影印本普及程度遠没有想象中那麼高。光緒九年,馮一梅開列一份《擬重刻古醫書書目》,擬將一些少有單行的古醫書刊刻成編,後來刊登於《華國月刊》第七期上,這其中就有提及《難經集註》。章炳麟爲該書目撰寫了提要,其中提及了涵芬樓影印本《佚存叢書》,"近聞上海雖已將《佚存叢書》全冊翻刻,然每冊直十餘圓,非寒儉者所能猝辦"①。

厥後,商務印書館彙編自宋至清百部叢書,分類編排,編成《叢書集成初編》。《佚存叢書》又被收入其中,實際出版了十二種,其餘四種《古文孝經》、《王翰林集註八十一難經》、《唐才子傳》、《周易新講義》亦在原出版計劃之內,只是由於其他原因未及最終出版。在這一階段,還有賀瑞麟主持刊刻的《西京青麓叢書》在光緒年間的續編中收入了《佚存叢書》第二帙的《文公朱先生感興詩》附《武夷棹歌注》。商務印書館《四部叢刊》和中華書局《四部備要》也分別影印和排印了《王翰林集註八十一難經》。1992年,江蘇廣陵古籍刻印社所影印了涵芬樓本《佚存叢書》全帙,但印數只有250冊。

五　中國學者對《佚存叢書》之研究利用

皮錫瑞《經學歷史》第十章《經學復盛時代》:"雍、乾以後,古書漸出,經義大明。"②《佚存叢書》所代表的一系列"佚存書"爲中國學者的學術研究提供了許多較爲易得的新材料:

> 國朝經師有功於後學者有三事。一曰輯佚書。……至國朝而此學極盛。……孫星衍輯馬、鄭《尚書注》,……陳壽祺、喬樅父子考今文《尚書》、三家《詩》。其餘間見諸家叢書,抱闕守殘,得窺崖略,有功後學者,此其一。一曰精校勘。國朝多以此名家,戴震、盧文弨、丁杰、顧廣圻尤精此學。阮元《十三經校勘記》,爲經學之淵海。餘亦間見諸家

① （清）馮一梅撰,章炳麟注《擬重刻古醫書目》,《華國月刊》1924年第1卷第7期,頁69。

② （清）皮錫瑞撰,周予同校釋《經學歷史》,中華書局,1959年,頁313。

叢書,刊誤訂譌,具析疑滯,有功後學者,又其一。……①

上文皮錫瑞用以證明清代經學成就的論據中,就有孫星衍、阮元、陳壽祺、陳喬樅等利用《佚存叢書》進行研究的實例。

(一)對《佚存叢書》之利用:輯佚、補遺

1.趙在翰《七緯》

趙在翰《七緯》利用《佚存叢書》中的《五行大義》輯佚,將《五行大義》所徵引諸緯補入原書。許宗彦作《〈五行大義〉序》後僅六月,嘉慶九年九月二十日(1804年10月23日),阮元爲趙在翰所輯《七緯》作序②:

> ……書成,其兄在田太史爲余己未所取之士,郵寄請敘……趙君又謂閩無《開元占經》,乞余録其古緯補入此書,余屬詁經精舍高足生烏程張鑑採録《開元占經》及新得日本隋《五行大義》中所引諸緯以寄趙君,並示太史。太史見之,當亦有以樂乎此也。嘉慶九年九月二十日,揚州阮元叙於浙江使院③。

"書成,其兄在田太史爲余己未所取之士,郵寄請敘",可見阮元序作於該書已經刊成後。此爲《七緯》嘉慶九年三月初印本,"此版只有嘉慶九年阮元序一篇"④,然阮元之序作於嘉慶九年九月明矣,此書若在三月刊竣,似無法附上阮元之序,而阮元命張鑑採録《開元占經》、《五行大義》中的諸緯則作爲補遺刊於各書之後,阮元之序亦應在其後刊出。

2.孫星華《宋景文集》拾遺二十卷

《佚存叢書》三十二卷本《景文宋公集》傳至中國以前,四庫館臣已從《永樂大典》中搜采彙輯宋祁詩文釐爲《宋景文集》六十二卷,林衡也正是看到了四庫本方知"宋槧零本"與之有異,才進而"印出以置叢書函中"⑤。光緒二十年(1894)仲冬,會稽孫星華吸收了陸心源《儀顧堂題跋》對佚存本和

---

① 　(清)皮錫瑞撰,周予同校釋《經學歷史》,中華書局,1959年,頁330—331。

② 　該序實爲阮元弟子張鑑所作,張鑑《冬青館集》乙集卷五文五收《〈七緯〉輯序》,與阮元《〈七緯〉序》惟結尾有異。

③ 　(清)趙在翰輯,鍾肇鵬、蕭文郁點校《七緯(附〈論語〉讖)》,中華書局,2012年,頁987。

④ 　同上,《前言》,頁22。

⑤ 　(日)林衡《題〈兩京新記〉後》。

四庫本的比勘後的編目成果，還將陸氏漏寫未列佚存本《景文宋公集》百七十餘篇採補録入，"共得二十二卷作爲拾遺附刻於後，與原輯本六十二卷合計之"①。孫星華輯本後收入福建重刻本、廣州重刻本《武英殿聚珍版叢書》及《湖北先正遺書》中。

　　3.曹元忠《兩京新記》輯本

　　《佚存叢書》所收《兩京新記》卷三殘本傳入中國後，迅速産生了巨大的影響，光緒年間刊行的《南菁札記》叢書中收録了曹元忠所輯《兩京新記》二卷，輯本在吸收了《佚存叢書》本的基礎上，從《太平御覽》、《太平廣記》、《玉海》等諸書中輯出了大量佚文②。曹元忠《〈兩京新記〉序》中説："獨惜《新記》既佚，僅存第三卷，爲日本金澤文庫所藏。"然則曹氏所言"日本金澤文庫所藏本"《兩京新記》殘卷，實亦自《佚存叢書》，曹元忠並没有親眼見到《兩京新記》古鈔本原帙。林衡在《題〈兩京新記〉後》閒一提及，所據古鈔本卷尾題云"寫金澤文庫本"，應爲影寫原藏於金澤文庫鈔本的本子，佚存本鈔本所據金澤本貞享（1684－1687）年間就轉歸加州侯前田綱紀（松雲公）插架③，後歸前田青德會尊經閣④。直到昭和十九年（1934）十一月，日本《尊經閣叢刊》甲戌年發行本才原大影印了珂羅版卷子本，金澤本《兩京新記》殘卷的面貌第一次展現在世人面前。曹元忠雖未明言，但所據亦必爲《佚存叢書》本《兩京新記》⑤。

---

　　①　（唐）韋述撰，（清）曹元忠輯《兩京新記》，《南菁札記》，光緒二十年江陰使署刻本。

　　②　曹元忠序言中之説"因合《太平御覽》、《廣記》、《玉海》諸書輯録成帙"。據日人福山敏男統計曹元忠輯本除採用《佚存叢書》本之外，還至少從十四本書中輯録了佚文。可參（日）福山敏男《〈兩京新記〉解説》，（唐）韋述撰，辛德勇點校《兩京新記輯校》，《兩京新記輯校·大業雜記輯校》，三秦出版社，2006年。

　　③　（日）金沢文庫編《金沢文庫本図録》上册，第21目，南學社，1935年。

　　④　榮新江、王静《韋述及其〈兩京新記〉》，《文獻》2004年第2期，頁41。文末小注據嚴紹璗《漢籍在日本的流布研究》推測《兩京新記》在十七世紀前後轉歸前田綱吉，今見日本《金澤文庫圖録》附書籍"來歷"，知其推測甚允。

　　⑤　又直到上世紀三四十年代陳子怡、周叔迦、岑仲勉對《兩京新記》的勘校，所據底本還都爲《佚存叢書》本。

(二)對《佚存叢書》之研究：校勘、提要、考據

1.孫星衍、陳壽祺、陳喬樅、陳立、孫詒讓等對《五行大義》的研究

孫星衍極富盛名的代表作《尚書今古文註疏》多處引用《五行大義》以校正文字。《虞夏書·堯典》引《五行大義》所徵引的今本《白虎通》脱文、曾子之語、《尚書説》、《尚書考靈燿》，《虞夏書·甘誓》又有引《五行大義》引《詩緯》，《洪範·周書》引《五行大義》卷五、干支説及所引《孝經援神契》。孫氏所輯《孔子集語》中亦輯有《五行大義》所引的孔子語。

陳壽祺、陳喬樅父子精於詩經學，在經學史上以《三家詩遺説考》聞名。陳壽祺《五經異義疏證》引《五行大義》以校勘，案語中有"日本國所傳蕭吉《五行大義》引《五經異義》與此略同，惟無'今醫病之法'以下三十三字"①，《韓氏遺説考》中也有運用《五行大義》的部分；陳喬樅《詩緯集證》、《齊詩翼氏學疏證》、《今文尚書今説考》也多處引用《五行大義》。而陳壽祺會試出阮元門下，與許宗彦、張澍等人同年，故運用《五行大義》也順理成章了。與陳壽祺同一時期的春秋公羊學學者陳立有《公羊義疏》七十六卷，取材極富，亦參考了《五行大義》，他的《白虎通疏證》也大面積使用了《五行大義》。

2.翁廣平《吾妻鏡補》

翁廣平著有《吾妻鏡補》（又名《日本國志》），是我國第一部研究日本的通史性著作，較黄遵憲著名的《日本國志》早 70 餘年。序言中説該書的體例模仿了"余友洪北江、嚴鐵橋"分別撰寫的《西夏志》，其中卷二十《藝文志·三》全録《佚存叢書》第一至第五帙所收各書後跋語②。《吾妻鏡補》之序作於嘉慶十九年閏二月望日（1814 年 4 月 5 日），翁廣平一生貧患交加，常爲生計所困，其友石韞玉在《吾妻鏡補》的跋文中稱他爲"窮鄉樸學之士"。《平江續志》稱翁廣平少年時即於洪北江、姚鼐等人交游，然已不可考③。翁廣平著有《鮑淥飲傳》，鮑廷博也曾囑翁廣平敘鮑氏辟賜書堂之事，翁廣平遂作《賜書堂記》，兩人亦似常有交游往來。

---

① （清）陳壽祺撰，王豐先點校《五經異義疏證》，《五經異義疏證·駁五經異義疏證》，中華書局，2014 年，頁 250。

② （清）翁廣平《吾妻鏡補》（又名《日本國志》），卷二十，日本駒澤大學藏清鈔本。

③ 王寶平《〈吾妻鏡補〉著者翁廣平考》，杭州大學日本文化研究所、（日）神奈川大學人文學研究所編《中日文化論叢——1996》，杭州大學出版社，1997 年，頁 150—161。

3.徐松《唐兩京城坊考》

徐松在嘉慶十五年撰成《唐兩京城坊考》,書中多處引用《兩京新記》,除已知《長安志》、《河南志》、《太平廣記》等保留的部分《兩京新記》佚文外,還運用了一個未注明版本的《兩京新記》,據日本學者福山敏男的研究,此本即《佚存叢書》本《兩京新記》①。徐松還撰有《登科記考》,是一部較爲詳贍的科舉材料彙編,其中多處引用《唐才子傳》,但不知道出於什麼原因,他沒有再採用《佚存叢書》中收錄的足本十卷本《唐才子傳》。今人趙守儼對《登科記考》進行點校時,運用了佚存本《唐才子傳》進行了校勘,唐咸通十年司空圖條下有其校語:"'後更不訪'與下文文義重複,'閤吏'上有'親知'二字,義不可通,疑皆衍文。《佚存叢書》本《才子傳》'自別墅'以下與此異,'作自別墅到郡上謁去,閤吏遽申秀才出郭門'。"②

4.各家目録

考察嘉慶后各家目録書籍,分別有許宗彦《鑒止水齋書目》,孫星衍《平津館鑒藏記書籍》,陸心源《皕宋樓藏書志》,沈德壽《抱經樓藏書志》,錢塘丁氏《善本書室藏書志》、《八千卷樓書目》,周中孚編《鄭堂讀書記》,莫友芝編《持静齋藏書記要》、《持静齋書目》,莫友芝《邵亭知見傳本書目》,葉昌熾編《滂喜齋藏書記》,張之洞《書目答問》,丁福保、周雲清編《四部目録醫藥編》等十餘種目録中皆收錄了《佚存叢書》中的部分或幾乎全部書目。從各類目録的提要中,可以看到各學者對《佚存叢書》的研究也在逐步深入,《佚存叢書》作爲域外漢籍叢書的開闢者,在學術研究的各領域發揮著作用,對學者研究領域的開拓和學術的發展起到了極大的促進作用。

5.各家文集

《佚存叢書》在中國流布的很長一段時間里,主要是圍繞"許宗彦——阮元"這一中心不斷向外發散的③,這一點從與他們有過交往學者的文集和讀書札記中可見一斑。許宗彦刊成《五行大義》後,所做的序言旋即被王

① (日)福山敏男《〈兩京新記〉解說》,(唐)韋述撰,辛德勇點校《兩京新記輯校》,《兩京新記輯校·大業雜記輯校》,三秦出版社,2006年,頁9。
② (清)徐松撰,趙守儼點校《登科記考》,中華書局,1984年,頁857。
③ 阮元爲許宗彦會試時舉主,後又以子女爲姻家。阮元《浙儒許君積卿傳》稱二人"學術行誼,相契最深"。

昶收入《湖海文傳》,而《湖海文傳》成書於嘉慶十年己丑（1805）仲夏,距許宗彦完成《〈五行大義〉序》僅一年餘。嘉慶十一年（1806）,張澍至揚州謁座師阮元;三月抵杭州,得許宗彦贈新刻《五行大義》,記於其《養素堂文集》①;後又至鎮江遇洪亮吉,有《登金頂山同洪稚存前輩作》。遂有洪亮吉《曉讀書齋雜録》四録卷下之:"……近日本國人刻《佚存叢書》始見之（指《五行大義》）。歸安許主事宗彦復校刊行世。"②曾任學海堂學長的曾釗亦在其《面城樓集鈔》中,亦有爲《佚存叢書》本《文館詞林》所作的跋語。加上上文所及的吳省蘭、孫星衍、陳壽祺、陳喬樅、譚瑩等人,都與阮、許兩人有多多少少的關係。

　　除此之外,曾幫助金山錢氏編《守山閣叢書》與《指海》的張文虎,有《跋〈兩京新記〉》見於《舒藝室雜著》;葉廷棺、胡心耘校《石林燕語》,以《佚存叢書》中所收《崔舍人玉堂類稿》考宇文紹奕事跡（亦見於葉氏《吹網録》）;勞格《讀書雜識》、繆荃孫《藝風堂文續集》、文廷式《純常子枝語》、董康《書舶庸譚》等也有關於《佚存叢書》與林衡的相關内容。自傳入中國以來,《佚存叢書》一直被視爲域外漢籍中的重要代表,學者每多稱引。龔自珍《與日本商舶求佚書書》:"昔在乾隆之年,皇侃《論語疏》至;邇者,《佚存叢書》至。所著《七經孟子考文》亦至。海東禮樂之邦,文獻彬蔚,天朝上自文淵著録,下逮魁儒碩生,無不歡喜。翹首東望,見雲物之鮮新。"③王韜《日本略記》:"如《七經考文》、《佚存叢書》、皇侃《論語疏》,皆中國不傳之本,不獨可供異聞也。"④

---

① （清）張澍《養素堂文集》,卷二十,上海古籍出版社,2010年,《清代詩文集彙編》,第536册,頁538-539。

② （清）洪亮吉《曉讀書齋雜録》,四録卷下,上海古籍出版社,2001年,《續修四庫全書》,子部雜家類第1155册,頁653。

③ 王佩静校《龔自珍全集》,上海古籍出版社,1999年,頁330-331。原文標點有誤,已徑改。

④ （清）王韜,周去病點校《甕牖餘談》,大達圖書供應社,1935年,頁46。

六　《佚存叢書》的歷史評價

　　《佚存叢書》作爲域外漢籍叢書領域的開拓者,在中國學者對外交流史和域外漢籍研究史上都有十分突出的意義和價值。

　　首先,《佚存叢書》的刊行是日本漢籍回流的兩大標誌性事件之一,是域外漢籍叢書的濫觴,更開啓了晚清海外求書和日本學者中國"訪書"的高潮。林衡對輯入《佚存叢書》的書目都做了認真仔細的校勘工作,廣泛參考了同種書目的多種不同鈔本、刻本,較好地使用了對校法,改正了許多訛誤之處,盡量還原了文字的本來面貌;并在各書目後都附上跋語,部分還撰寫了序言,對刻書的來龍去脈、書籍的内容等進行了詳細的介紹,也正因這些序跋,我們今天才能盡可能還原《佚存叢書》刊刻的背景。

　　黎庶昌、楊守敬編《古逸叢書》亦明顯受到了《佚存叢書》的影響,楊守敬《日本訪書志緣起》:"皇侃《論語疏》、《群書治要》、及《佚存叢書》久已傳於中土,此録似勿庸贅述。然《皇疏》有改古式之失,《治要》有鈔本、活字二種,他如《古文孝經》、《唐才子傳》、《臣軌》、《文館詞林》、《難經集註》①,彼國亦别本互出,異同疊見,則亦何可略之?"②黎庶昌《刻〈古逸叢書〉序》言:"以其多古本逸編,遂命之曰《古逸叢書》。"《佚存叢書》中《古文孝經孔傳》、《臣軌》、《蒙求》、《文館詞林》亦見於楊守敬《日本訪書志》和王重民輯楊守敬《日本訪書志補》,《古逸叢書》二十六種中則收有《影舊鈔卷子本文館詞林十三卷半》,到民國時期人們將《古逸叢書》看成《佚存叢書》的續踵改良之作,往往將二者並提③。"古逸"、"佚存"從名稱上亦可看出二者之間明顯的承續關係,雖然楊守敬、黎庶昌從未明言《古逸叢書》之刊刻受到了《佚存叢書》的影響,但二者確爲一類叢書,《佚存叢書》實開域外漢籍叢書之先河。

　　歷史上中國學者刊刻叢書一般注重通一板式、校勘文字,且一般有明

---

　　①　原注:"皆在《佚存叢書》中。"

　　②　(清)楊守敬,張雷校點《日本訪書志》,遼寧教育出版社,2003年,頁4。

　　③　(清)孫詒讓《與章太炎書》:"《佚存》、《古佚》及《訪古志》所著録者,則多已見之矣。"整理本標點有誤,已徑改。《古逸叢書》之"逸"作"佚",不知是否孫氏原文如此。見鄭振鐸編《晚清文選》,北京:中國社會科學院出版社,2002年,頁485。

確的收書標準，《佚存叢書》很好地繼承了這些叢書刊刻中形成的優秀傳統，但爲了便於傳播，遂採用活字排印之法，這的確不是叢書刊刻的慣例，也造成了一定的脱訛倒衍。叢書有些部分對底本文字進行改動，不再避諱。但我們必須看到，林衡對各書目的不同版本進行對校，訂正俗字，大大克服了鈔本的隨意性，而恰恰因爲活字排印較刻版的花費爲少，才使得《佚存叢書》成爲嘉道以來日本長崎輸入中國次數、種數最多的書籍①，從而在中日文化交流史上留下如此濃墨重彩的一筆。

　　其次，《佚存叢書》開闢的整理出版域外漢籍的先例，還一直被現在研究域外漢籍的學者所遵循。雖然現在大多數叢書均以影印爲主，力圖保持叢書原貌，也即黎庶昌所謂"概還其真"的原則②，收書原則、編排體例也多以學科、專題、藏書地等爲據，只有部分漢籍是經學者整理后方排印出版的，而這部分又往往以專題性圖書爲主③。蓋因學科劃分細緻，僅靠單一的整理者或一個團隊是很難對一部綜合性的叢書進行全方位研究，并排印出版，所以大多數學者只是影印存真而已，正是因爲這些學者的影印工作，使得研究者不必費盡心力搜討散失於世界各地的域外漢籍，這些基礎性工作極大促進了學術的發展。

　　總體上看，《佚存叢書》是在一部在域外漢籍研究史、域外漢籍叢書刊刻史上極重要的開闢性叢書，其流傳到中國以後，所收書目在相當長的一段時間内都是中國學者相關研究所據的唯一底本和重要參考，中國學者在叢書傳入後短短數年内就進行了重刻，從嘉道乃至民國至少被 26 種叢書收錄、30 餘家翻刊傳抄④。《佚存叢書》作爲一部刊行時間跨度十一年之久

---

　　①　參前引（日）福井保《佚存書之輸出》。

　　②　（清）黎庶昌《刻〈古逸叢書〉序》，《影宋蜀本大字爾雅》，光緒間黎庶昌日本東京使署影刻本。

　　③　徐林平、孫曉《近三十年域外漢籍整理概況述略》，《形象史學研究》，2011 年，頁 225－231。

　　④　除前文所及外，還有《南菁札記》、《西京青蘽叢書》、《畿輔叢書》、《適園叢書》、《紛欣閣叢書》、《常州先哲遺書》、《湖北先正遺書》、《四部叢刊》、《四部備要》等收錄《佚存叢書》中書目。30 餘家包括叢書本，除前文所及還有同治三年劉履芬《左氏蒙求》鈔本、陳鱣《唐才子傳校勘記》道光二十五年管庭芬鈔本等。

的叢書,所收書目普遍具有相當高的學術研究價值和文獻價值。叢書中的
《五行大義》自傳入以來就産生了巨大影響,近代又有李約瑟、中村璋八、劉
國忠、錢杭等中外學者加以研究。《兩京新記》除前引榮新江、王静《韋述及
其〈兩京新記〉》,辛德勇《兩京新記輯校》外,唐雯又在此基礎上以晏殊的
《類要》爲中心,對《兩京新記》佚文進行輯考,提出了復原全書的構想①。
至於《文館詞林》,本世紀初有羅國威《日藏弘仁本文館詞林校正》一書,可
資校補嚴可均輯《全上古三代秦漢三國六朝文》者不在少數。《日本宫内廳
書陵部藏宋元版漢籍選刊》則收入作爲《佚存叢書》底本的宋本《景文宋公
集》和《崔舍人玉堂類稿》、《西垣類稿》原帙,並由顧歆藝撰寫提要。其中宋
刻殘本《景文宋公集》在被《佚存叢書》翻刊後,原書又漸次散失,故佚存本
《景文宋公集》價值更顯珍貴,在北京大學所編《全宋詩》之宋祁部分,仍將
《佚存叢書》本作爲一重要參校本。陳尚君《全唐詩續拾》參照《佚存叢書》
本《李嶠雜詠百二十首》校訂《全唐詩》,見《全唐詩補編》。林衡在嘉道時期
刊刻一部這樣的專收中國佚存漢籍的叢書,體現了他敏鋭的學術眼光和洞
察力,直到今天,《佚存叢書》還發揮著它的作用,雖然隨著海外文獻的不斷
影印出版,很多種《佚存叢書》的底本或是更好的版本被不斷發現,但這並
不能抹殺它的巨大歷史貢獻。

　　我們今天在互聯網上常見的有"大學數字圖書館國際合作計劃"
(China Academic Digital Associative Library,CADAL)掃描清華大學藏滬
上黄氏本《佚存叢書》。該書有"清華大學圖書館藏"八字篆印,"北平木齋
圖書館"、"盧弼"藏書印,爲盧弼私藏,後又捐予其兄創辦的北平木齋圖書
館。日本國立公文書館也全彩掃描了《佚存叢書》中的第一册《古文孝經孔
傳》,並開放下載。最近由國家圖書館(國家古籍保護中心)新發佈的"中華
古籍資源庫",也收録了五十册日本原刊本《佚存叢書》。

　　從二百年前一部收録十六種域外佚存漢籍的《佚存叢書》,到今天全方
位的海外漢籍調查研究與出版,學術亦跟隨著時代發展不斷前進。林述齋
收集佚失於日本的中國典籍刊刻成《佚存叢書》,阮元在刊成後僅僅數年就
將其收入《宛委別藏》,并爲以後的續修《四庫全書》做準備,兩位中日學術

----

　　①　唐雯《〈兩京新記〉新見佚文輯考——兼論〈兩京新記〉復原的可能性》,《唐研
究》第十五卷,2009 年,頁 577—597。

界的泰山北斗對當時的時代背景、學術發展方向的把握真可謂"預支五百年新意"。《佚存叢書》的編纂在某種意義上説,是今天海外佚存漢籍研究的發端和濫觴,更是域外漢籍研究歷史上的第一個具有標誌性意義的豐碑。

（作者單位：山東大學儒學高等研究院尼山學堂）

域外漢籍研究集刊　第十五輯
2017 年　頁 425—438

析論《説文長箋》在朝鮮王朝的流播

楊瑞芳　馬小琳

一　引言

　　趙宧光(1559—1625)①在《説文長箋》中大膽抛開《説文》原有體系,在編排、釋義、收字等方面皆提出了很多獨特的見解,所以一問世,便備受學界的關注。根據文獻記載,當時就有不少學者對此書大加讚賞,比如馮時可、曹學佺(1547—1646)與徐世溥(1608—1658)②等。有清一代的部分學

---

　　①　關於趙宧光生平行狀可參趙彦輝《趙宧光資料整理與考略》(《書法研究》總第128 期,上海書畫出版社,2005 年)、徐卓人《趙宧光傳》(高等教育出版社,2007 年)、屈琰《〈説文長箋〉研究》(陝西師範大學碩士學位論文,2008 年)和崔祖菁《趙宧光書法及其書論研究》(南京藝術學院碩士學位論文,2009 年)等。

　　②　馮時可在《趙凡夫先生傳》中稱:"書各爲類,類各爲品,品各爲篇,篇各爲目,莫不搜微抉妙,窮作者之心。立未有之義,雕鏤造化,争光雲漢,而吟風弄月者不與焉。"曹學佺在《説文長箋敘》中言趙宧光爲"《説文》功臣"。徐世溥對趙宧光及其《説文長箋》的評價載於周亮工《書影》中,曰:"癸酉以後,天下文治嚮盛。若趙高邑、顧無錫、鄒吉水、海瓊州之道德丰節,袁嘉興之窮理,焦秣陵之博物,董華亭之書畫,徐上海、利西士之曆法,湯臨川之詞曲,李奉祀之本草,趙隱君之字學;下而時氏之陶,顧氏之治,方氏、程氏之墨,陸氏攻玉,何氏刻印,皆可與古作者同敝天壤。"按,在這裏,徐世溥將趙宧光與趙南星(1550—1627)、海瑞(1514—1587)、董其昌(1555—1636)、湯顯祖(1550—1616)、李時珍(1518—1593)等人並列,這是對其文字學研究成就的高度認同。

者也表達了相似的看法，其中劉獻廷（1648—1695）①就是其中的一位。除了肯定之外，兩朝學者對《說文長箋》還進行了諸多批評，較有代表性者有方以智（1611—1671）、顧炎武（1613—1682）和葉德輝（1864—1927）②等，而論述最詳且影響最大的莫如顧炎武，其言載於《日知錄》：

　　　　萬曆末，吴中趙凡夫宧光作《說文長箋》，將自古相傳之五經肆意刊改，好行小慧，以求異於先儒。乃以“青青子衿”爲淫奔之詩，而謂“衿”即“衾”字。如此類者非一。其實《四書》尚未能成誦，……。然其於六書之指不無管窺，而適當喜新尚異之時，此書乃盛行於世。及今不辯，恐他日習非勝是，爲後學之害不淺矣，故舉其尤剌謬者十餘條正之③。

其後之《四庫全書總目》亦云：

　　　　又取《說文》五百四十部原目，竄亂易置，區分門類，撰《說文表》一篇，合爲《卷首下》。其書用李燾《五音韻譜》之本，而《凡例》乃稱爲徐鍇、徐鉉奉南唐敕定，殊爲昧於源流。所列諸字，於原書多所增删。增者加方圍於字外，删者加圓圍於字外。其字下之注，謂之“長語”，所附論辨，謂之“箋文”，故以“長箋”爲名。然所增之字，往往失畫方圍，與原書淆亂。所注所論，亦疏舛百出。顧炎武《日知錄》摘其以《論語》“虎兕出於柙”誤稱《孟子》爲《四書》亦未嘗觀，雖詆之太甚，然炎武所指摘者，如……，凡十餘條，皆深中其失。然則炎武以宧光爲好行小慧，不學牆面，不爲太過矣。

客觀地講，《說文長箋》確有諸多失當之處，但是對於其學術價值卻不能全盤否定。關於這些，近現代學者已有論述，兹不贅言。同時值得注意的是，《說文長箋》在歷史上還曾傳入朝鮮半島，受到當地君臣學者的重視。

---

①　劉獻廷在《廣陽雜記》曰：“寒山趙凡夫先生六書之學，近代人無出其右者，其《說文長箋》雖未盡合於理，然亦弘博可觀矣。”

②　方以智、葉德輝對《說文長箋》的評價分別載於《通雅》和《書林清話》中，其中後者言“有明一代，爲《說文》之學者，僅有趙宧光一人，所爲《長箋》，猶多臆說”。

③　詳見顧炎武著、黃汝成集釋、欒保群校注《日知錄集釋》（校注本）卷二十一，頁1233—1234，浙江古籍出版社，2013年。

這一點，就筆者所見，既往研究鮮有涉及。下面將以韓國古典綜合數據庫爲基礎，參照時賢論著，談談此書在朝鮮王朝流播的具體情況，並就這一主題就正於大雅方家。

二　《説文長箋》在朝鮮王朝的流播與存藏

我們知道，朝鮮王朝作爲明、清兩朝的藩屬國，每年會定期派遣“朝天使”或“燕行使”。在一次次往來中，中國典籍通過各種途徑大量傳入，《説文長箋》即爲其一。對於它初次於何時由何人帶進，兩國歷史文獻中都没有明確記載，但我們在李圭景（1788—？）《五洲衍文長箋散稿》的《説文辨證説》一文中發現了下列内容：

> 《長箋》自來我東者，凡四套四十卷。江都行宫及洪啓禧、金相國致仁、沈蕉齋念祖家俱藏之。然彌部以下，自食部至甲部，二十五部並缺。四處收藏皆同，是或中國版本見落若此也，並記之，以待後考。①

通過上述引文，至少可以明確兩點：

其一，李圭景所聞或所見的《説文長箋》的版本是殘缺的。根據《説文長箋》的總目可知，該書分爲本部一百二十卷、述部二十四卷、作部前四十六卷後十六卷、體部十八卷、用部四卷、末部四卷，凡六部二百三十二卷。雖然明朝以來的書目記載中《説文長箋》並無如此浩繁②，但是即使以《四庫全書總目》之“《説文長箋》一百四卷”爲準，李文中所記的仍然只是很小的一部分。另外，在朝鮮王朝官方書目《奎章總目》中，也有《説文長箋》的相關内容，其中對册數和體例的敘述爲：

> 《説文長箋》三十五本。明吴郡趙宧光撰。本部一百十二卷，述部二十四卷，作部六十二卷，體部一十八卷，用部四卷，末部四卷，總二百

---

① 文中所引《五洲衍文長箋散稿》内容，詳見韓國古典綜合數據庫，網址爲 http://db.itkc.or.kr。

② 比如《明史·藝文志》和黄虞稷（1629—1691）《千頃堂書目》皆言“《説文長箋》七十二卷”，《增訂四庫簡明目録標注》爲“《説文長箋》一百卷”等。

二十四卷①。

　　兩相比較可以發現，《奎章總目》所載與前述之《說文長箋》總目所稱亦有別，概爲後者傳抄有誤。另外，《奎章總目》是徐瀅修（1769—1824）奉正祖（1752—1800）之命在其即位初期所編的存藏中國本的圖書目録，由此我們懷疑李文中所言"江都行宮"中存藏的《說文長箋》與《奎章總目》中記載的很可能是同一套。另外，我們在韓國國立中央圖書館中檢得《說文長箋》一套，凡35本，共100卷，木版本，上有"帝室圖書之章"，前有趙宧光之子趙均（1591—1640）在崇禎四年（1631）作的序②。從上述基本信息來看，此套應該就是《奎章總目》中記載的那一套；

　　其二，《說文長箋》傳入朝鮮半島後，曾經被不同的人收藏。除了其中一套存在朝鮮王朝官方機構外，其餘至少還有三套藏於個人手中。考察他們的生平行狀可以發現，洪啓禧（1703—1771）是英祖（1694—1776）時期文臣，曾在乾隆二十六年（1761）以正使身份燕行中國。金致仁（1716—1790）、沈念祖（1734—1783）皆爲正祖時期文臣，兩位分別以正使、書狀官身份於乾隆四十一年（1776）、四十三年（1778）出使中國③。雖然上述四套《說文長箋》皆非完秩，但是從其持有者來看，都是權高位重之人。

　　此外，針對以上四套《說文長箋》是通過何種途徑傳入朝鮮半島這一問題，一方面由於材料的限制，我們無法給出一個確定的答案。另方面根據歷史上明、清兩朝文獻的記載，兩國文化往來與書籍交流的途徑及三位文臣燕行中國的實際情況等來判斷，"江都行宮"的那一套很可能是官方出資購買的，而其他三套則是個人或其他人利用燕行機會貿來的，當然也不排除是中國朋友相贈的。

---

①　張伯偉編《朝鮮時代書目叢刊》【壹】，中華書局，2004年，頁74。

②　網址爲 http://nl.go.kr/nl/search/。

③　詳參楊雨蕾《燕行與中朝文化關係》，中華書局，2011年，頁288、290、291。

三　《説文長箋》在朝鮮王朝的引用及評價

　　如上所述,《説文長箋》作爲明代重要的文字學著作傳入朝鮮半島後不久,就受到當地君臣的關注,其中引用及評價即爲其顯著表現形式,下面我們結合相關文獻分而析之。

(一)引用《説文長箋》者

1.文獻來源

　　朝鮮王朝時期中引用《説文長箋》者涉及 4 位學者共 20 處文獻,具體分佈情況見表一。這其中,李圭景《五洲衍文長箋散稿》數量最多,占 65%。之所以占這麽大的比重,可能與此書的辨證性質及卷帙浩繁有關。

表一　朝鮮王朝學者引用《説文長箋》文獻來源一覽表

編號	作者	來源		
1	李德懋	《青莊館全書》	《禮記臆[一]》	《文王世子》①
2				《内則》②
3				《明堂位》③
4			《盘葉記[一]》	《摩展》④
5	李學逵	《洛下生集》	《東事日知》	《褂子》⑤
6	丁若鏞	《與猶堂全書》	《論語古今注》	《里仁第四》⑥
7			《尚書古訓》	《堯典》⑦

---

①　《韓國文集叢刊》第 257 册,頁 131 下。
②　同上,頁 133 上。
③　同上,頁 134 上。
④　同上,第 258 册,頁 483 上。
⑤　同上,第 290 册,頁 623 下。
⑥　同上,第 282 册,頁 191 上。
⑦　同上,第 283 册,頁 35 上。

續表

編號	作者	來源		
8	李圭景	《五洲衍文長箋散稿》	《天地篇·天文類》	《魁星梓潼神辨證説》
9			《天地篇·地理類》	《樂土可做菟裘辨證説》
10			《經史篇·經傳類》	《十三經○爾雅》
11				《讀爾雅辨證説》
12				《反切翻紐辨證説》
13				《説文辨證説》
14				《忍字辨證説》
15				《男女根字象形辨證説》
16				《牮、犍、匵董、楛辨證説》
17				《韻學即音學辨證説》
18			《經史篇·釋典類》	《釋教梵書佛經辨證説》
19			《經史篇·經史雜類》	《古今書籍名目辨證説》
20			《萬物篇·鳥獸類》	《騙畜辨證説》

2.特點

首先，從作者所處時代來看，主要集中在 18 世紀中期以後，其生卒年跨越英祖、正祖、純祖、憲宗和哲宗五朝，相對應之清帝爲乾隆、嘉慶、道光和咸豐，前後長達一百餘年。其中，四位文臣中的李德懋（1741—1793）是"漢學四家"之一，曾經於 1778 年與朴齊家（1750—1805）同時作爲謝恩陳奏行書書狀官沈念祖的隨員入燕，與清朝文人比如李鼎元、潘庭筠等多有交遊，具體内容記載在《入燕記》中。丁若鏞（1762—1836）是朝鮮王朝後期實學思想的集大成者。李圭景是李德懋的孫子，其思想和學問都深受祖父影響；

其次，從引用形式來看，直接引用者較多，其用語有"《説文長箋》云、明趙宧光《説文長箋》、趙凡夫《説文長箋》"等。此外，也有部分間接引用者。這裏説的間接引用包含兩個方面：一是没有明確指明來自於《説文長箋》，不過從内容來看實際上也是源於此的，其用語有"趙宧光曰、趙宧光箋曰、趙凡夫曰"等；二是雖然言明《説文長箋》，但是從上下文語境來看，可能是轉引自《康熙字典》中的相關内容。比如第 9 條曰："若論藏身處，平、蔚、三最奇。其下有不利於山、不利於水，利於弓處。解論者紛紜未定，不知其何謂。或以爲古弱字，或以爲古巽字。湖南康津人李學來以爲弓即草木茂密處，此境此疆接界處。按，《康熙字典》：弓，音賢。《説文》謂草木弓盛也。号，《説文長箋》：古文乃字。"按，《康熙字典》"号"下言："《説文長箋》古文乃字"。

　　最後，從引用内容來看，有個別比較明顯的訛誤之處。比如第 7 條中"徐鍇《説文長箋》"顯爲張冠李戴。再如第 13 條之"叔重《説文解字》以下，唐、蜀、李、徐合一十三家。……十三曰郎稀魯《説文補義》。又有明趙宧光《説文長箋》四十卷、蔣廷錫《説文字原表》一卷、吳照《説文偏旁考》二卷"，"又有明趙宧光《説文長箋》四十卷"之前内容與《説文長箋·敘例箋引》重，兩相比較，"郎稀魯"應爲"包希魯"。而"蔣廷錫"顯是"蔣和"之謬，"二蔣"雖都是著名書畫家，但是是兩位不同的學者。又如第 8 條言："今世人所奉魁星，未知昉自何時。……《説文》：魁，羹斗也。起宧光曰：斗首曰魁，因借凡首皆謂之魁。其見於經者，《書·胤征》之'殲厥渠魁'，《記·曲禮》之'不爲魁'。""起宧光"中"起"是"趙"之訛，《記·曲禮》中除奪"禮"字外，篇名亦有誤，當爲"檀公"。

（二）評價《説文長箋》者

1.文獻來源

　　朝鮮王朝時期中評價《説文長箋》者涉及 8 位學者共 13 處文獻，具體分佈情況見表二。同引用一樣，李圭景《五洲衍文長箋散稿》數量最多，占近 31%。

表二　朝鮮王朝學者評價《説文長箋》文獻來源一覽表

編號	作者	來源
1	徐瀅修	《奎章總目》
2	李德懋	《青莊館全書》　　　　　　《磊磊落落書[四]》

續表

編號	作者	來源		
3	李算	《弘齋全書》	《策問[四]》	《八大家》①
4			《日得録[三]》	《文學[三]》
5	尹行恁	《碩齋應制録》		
6	柳得恭	《燕台再遊録》		
7		《泠齋集》	《六書策》	
8	徐瀅修	《明臯全集》	《答金婿元益魯謙》②	
9	李書九	《惕齋集》	《對策》	《文字》
10	李圭景	《五洲衍文長箋散稿》	《人事篇·技藝類》	《分隸辨證説》
11			《經史篇·經傳類》	《小學古今二學辨證説》
12				《博雅文字辨證説》
13				《説文辨證説》

2.特點

首先,從評價主體來看,其作者也都集中在 18 世紀中期以後。不同的是,數量上有所增加,身份亦有變化。其中李算即上文所言之正祖,爲朝鮮王朝第 22 代君主,弘齋是其號。徐瀅修除了是《奎章總目》的編纂者之外,還在 1799 年以副使的身份到過燕京,與紀曉嵐、劉松嵐等均有書信往來③。尹行恁(1762—1801)、柳得恭、李書九(1754—1825)與前述之李德懋都是正祖時期的文臣。而且根據文獻的記載,他們皆參加過在 1792 年舉行的關於文字及六書的策問。

其次,從評價内容來看,包含如下三個方面。

第一是批評。此項所占比例最高,其中論述最詳者當數第 1 條之《奎

① 《韓國文集叢刊》第 263 册,頁 285 下。
② 同上,第 261 册,頁 131 下。
③ 徐瀅修與紀曉嵐、劉松嵐的書信往來載於《明臯全集》卷六,詳見《韓國文集叢刊》第 226 册,頁 113 上—119 下。

章總目》。爲説明其與中國相關文獻内容的關係,現將全文移録如次:

　　　趙均序曰:世有泛而泥古者,必欲上追蒼籀,遠蹤斯邈,謂能窮原,
　　孰知無書可按,各以意測,盲人摸象,勢所必至。今之有成書者,許叔
　　重而前,求不可得。許叔重而後,存不可信。故先處士凡夫先生嘗言,
　　上不敢越漢而求森芒之古,下不敢廢漢而徇支勞之俗。三覆斯語,《長
　　箋》之作,可更後耶。是書一以補許氏未盡,一以糾徐氏誤失,務欲引
　　經明字。引字明經,辨在人而不在我,失于古而不于今,續前人未竟,
　　啓後人未發。○臣謹按,《説文長箋》疵謬甚多,識者不取錢謙益,謂《長
　　箋》出而字學亡。顧炎武謂好行小慧,求異前儒,且歷舉十餘條以辨正
　　之,今試拈一二考之。《爾雅・釋畜》昭著驪馬白州之訓,而乃云未詳
　　疑誤。《尚書》、《魯論》明有猾夏、諸夏之文,而乃云起唐夏州先簿正
　　之,見於《孟子》,而謂之唐晚始見石經本之大書,開成而謂之蜀經字
　　法。至於箋叩會意以爲地近京口,故從口,則西安鎮江真風馬牛之不
　　相及,而尤其可笑之甚者。大抵《長箋》之出,適當好奇務新之日,其依
　　稀摸索,間或暗合於六書之指,故雖盛行當時,流傳後世,然其實之固
　　陋滅裂,終莫逃於具眼之見,著書之難不其信乎①。

　　上文分爲兩部分。“○”前爲趙宧光的兒子趙均爲《説文長箋》所作的
序,後是徐瀅修加的按語,同樣的内容亦見於第8條。我們將其與前之《日
知録》和《四庫全書總目》進行比較後發現,三者大同小異,這也從側面反映
出中國學者相關評論對朝鮮王朝學者的深刻影響。關於這一點,我們還可
以從第5條和第6條窺見,分別爲:

　　　然字學之繆戾,亦非今斯今耳。《説文長箋》不卞宣、平之諱,而以
　　王士稹之博洽,尚不識黏蟬之音,則餘固不足觀爾②。

　　　陳鱣,字仲魚,浙江海寧人,孝廉。書肆中相逢。……仲魚著有
　　《説文解字正義》三十卷,以稿本示之。卷首小像,即其室某氏筆也。
　　余曰:可謂凡父之陸卿子? 仲魚曰:《説文長箋》謬説居多,亭林言之
　　詳矣。

第一段引文中“不卞宣、平之諱”是指《日知録》及《四庫全書總目》所載

---

① 張伯偉編《朝鮮時代書目叢刊》【壹】,中華書局,2004 年,頁 74—76。
② 轉引自黄卓明《朝鮮時代漢字學文獻研究》,上海古籍出版社,2013 年,頁 84。

之“漢宣帝諱詢，乃以爲諱恂；漢平帝諱衎，乃以爲諱衍”；第二段引文是柳得恭于 1801 年燕行時與清代著名學者陳鱣(1753—1817)在琉璃廠五柳居的一段筆談，其中説及《説文長箋》錯誤甚多，顧炎武已詳辨之。其他與上述内容相類者還有第 3、4、11、12 和 13 條，兹不贅引。

此外，朝鮮王朝學者除了直接否定《説文長箋》外，還引用中國文人對其他典籍的評價來對是書進行間接批評，比如第 2 條言：

> 洽，字君望，長洲人，隱居羊山，有《寄庵詩存》。朱彝尊《明詩綜》。崇禎之際，言詩於吴下，吾必以君望，爲巨擘焉，匪特高節軼群也，所撰《篆學測解》，釋訓考源，足證《説文長箋》之誤。朱彝尊《静志居詩話》。①

“洽”爲韓洽，是明末遺民。朱彝尊認爲其所著《篆學測解》之學術價值在《説文長箋》之上。在此，李德懋對其觀點加以引用，大概也是認同朱説的。

第二是肯定。比如第 7 條中雖然没有提及《説文長箋》，但是從文意來看，確是對其的正面評價：

> 近世休寧戴震深於字義，著《聲韻考》。……轉注者，猶今人言互訓也。《説文》于考字訓之曰老也，于老字訓之曰考也者是已。烏得破壞諧聲而求轉注也哉？震説寔原於趙宧光而簡而明約而盡，深得《説文》之旨②。

再如第 9 條曰：

> 趙宧光曰：轉者，聲意共用也，取其字就其聲，注以他字而義斯顯，夫是之謂轉注。五義不足，借聲爲之，用聲不用義，夫是之謂假借。宧光撰《長箋》，好行小慧，雖多刺謬，然其論二書之分則確然有據，固非諸家之所能及也③。

在文中，李書九一方面沿用了《日知録》中對《説文長箋》的看法，同時又對其所論轉注、假借的觀點給予了肯定。

又如第 10 條云：

> 皇明趙寒山宧光凡夫《説文長箋》有《分隸辨證》，其説最晳。……

① 《韓國文集叢刊》第 258 册，頁 153 下。
② 同上，第 260 册，頁 128 下。“宦”字當爲“宧”字之誤。
③ 同上，第 270 册，頁 159 下。兩處“宦”字亦是“宧”字之誤。

趙宦光曰：分隷者，八分、散隷合而爲之也……

第三是借對《説文長箋》的評論來談朝鮮王朝當時的學習風氣。比如第 4 條曰：

> 《説文長箋》出，而曲智小慧、傅會穿鑿之習，無復可言。然今之士子，則初不窺經書旨義，只工於尋摘文字，用於科白而止。雖欲做得《長箋》，亦不可得。

正祖在文中一方面批評《説文長箋》，同時又認爲當朝士子不明經書旨義，讀書作文只注重摘抄字句，沿用老框框，如此長期下去，即使想寫出《説文長箋》那樣的著作也是不可能的。關於正祖及其之前文字使用的亂象，其文臣在"策問"中多有論述，比如"數百年來，士風不古，人志未定，字訛音謬，日以蓋甚"等①。

四　餘論

通過上文的勾稽與分析，我們瞭解到，《説文長箋》不僅在明、清兩朝有重要影響，而且還傳至鄰邦，引起了域外學者的關注。除了前面所得相關結論外，我們認爲，還有大量問題需要深入思考和探索。

第一，我們在文中的第二部分已經談到，對於《説文長箋》初次傳入朝鮮半島的時間因爲文獻闕如無法得知，但是可以肯定的是不會太早。之所以下如此的判斷，不僅是因爲在明、朝兩國的歷史文獻中未見到相關記載，而且從漢籍東傳史來看，《説文長箋》也非其關注的重點。根據我們的分析，《説文長箋》初次傳入大概是在正祖或稍早的英祖時期。這樣説，一是結合此書在朝鮮王朝的引用和評價文獻的作者所處的時代；二是從大的文化背景來看，此時兩國交流日益頻繁，中國典籍較之從前流入數量更多。而且朝鮮王朝兩位君主尤其是正祖在位時期社會穩定，經濟發展，採取了很多繁榮文化的措施，比如設置奎章閣、吸納進步學者參政等，前文之李德懋、丁若鏞、徐瀅修、尹行恁、李書九、柳得恭等在當時都被委以重任，因此

---

① 載李德懋《青莊館全書》卷二十之《六書策》，《韓國文集叢刊》第 257 册，頁 290 下。現代學者黃卓明對此有專論，詳參《朝鮮時代漢字學文獻研究》（上海古籍出版社，2013 年）和《從君臣對策看朝鮮時代的漢字研究》（《鄭州大學學報》，2013 年第 5 期）等。

其統治的 25 年也被學術界稱爲“朝鮮的文藝復興時代”或“朝鮮的中興時代”；

　　第二，傳入朝鮮王朝的《説文長箋》是不是只有上述李圭景引文中所説的四套？我們認爲，其數量應該不止於此。一方面因爲資料的限制，我们未能對所有朝鮮王朝文獻中與《説文長箋》有關的内容進行查核和稽考；另一方面根據前賢時彦的研究，朝鮮王朝文獻對中國典籍的引用往往不寫出處，這在很大程度上也會影響到數字統計的準確性；

　　第三，關於《説文長箋》在朝鮮王朝流播的範圍問題，根據我們的考察，可能不會很廣。這一點是從其引用和評價主體的客觀事實得出的，當然也與彼地研究《説文》的基礎較爲薄弱有關。正如學者所言，整個朝鮮王朝，研究《説文》的代表作只有“一部學術著作，一篇學術論文，四篇序言（其中一篇序言帶有附録），還有兩篇跋”①而已。既然如此，對《説文長箋》的引介與探究的投入也會相應的不足，流播的範圍自然也極其有限；

　　第四，如果説對某部著作的引用是肯定其學術價值的話，那麽評價就是其研究水準的體現了。從上文的分析與統計可以看出，前者所占比例較大，後者承襲嚴重。無論是《奎章總目》抑或其他朝鮮王朝文獻，其對《説文長箋》的批評究其來源都是《日知録》。我們認爲，除了顧文内容全面而客觀之外，可能還有其他因素。爲此我們查核了大量原始資料，發現當地學者對顧炎武本人及其論著總體評價不僅高而且多，當然一方面是因爲他學問淵博、著書宏富，另方面或許與其特殊經歷也有很大關係。我們知道，顧炎武年輕時不僅抗清復明而且之後還多次拒絶仕清，這一點與朝鮮王朝長期以來尊奉的“華夷觀”吻合。比如洪直弼（1776—1852）《梅山集》卷十六之《與沈景敍》言：“康熙廣延天下名士，五十年編書者，即賺得英雄之計也。惟孫奇逢、吕留良、顧炎武、魏禧諸人不入其臼，卓犖奇偉，無媿爲大明遺民

---

　　①　具體内容詳見黄卓明《朝鮮時代漢字學文獻研究》，上海古籍出版社，2013 年，頁 9—34。

也。"①不唯如此,李德懋和成海應(1760—1839)還專門爲顧炎武列傳②。朝鮮王朝學者對《説文長箋》的負面評價占主導,不僅是因爲其書確實存在很多問題,而且也可能是由於推崇顧炎武繼而對其所論深信不疑。另外,朝鮮王朝學者對《説文長箋》的評價單一而缺乏新意,在某種程度上也是其流通範圍狹窄的表現。由此我們懷疑,上述引用及評價《説文長箋》的作者大概没有幾位真正閲讀過,深入研究就更談不上了;

最後,朝鮮王朝學者對《説文長箋》的引用與評價集中在 18 世紀中期以後而不是之前,其一可能因爲是書傳入的時間較晚;其二亦與當時清朝及朝鮮王朝的研究風氣有關,而後者又是受到了前者的影響。關於這一點,在前文中柳得恭與陳鱣的筆談中有言:

> 邇來風氣趨《爾雅》、《説文》一派者,似指時流。……南方諸子所究心者六書,所尊慕者鄭康成。相譽必曰通儒、曰通人,程朱之書不講,似已久矣。中國學術之如此,良可歎也③。

歷史上,朝鮮王朝學者對清朝的態度是逐漸變化的。從 17 世紀下半葉的"尊明反清"到 18 世紀上半葉的"政治上承認,文化上鄙視"再到下半葉以來的"推崇與貶抑並存"④,其中每個階段都與"實學"思潮的産生、發展與成熟有著千絲萬縷的聯繫。李德懋、朴齊家、柳得恭、李書九、丁若鏞等都是朝鮮王朝後期"實學派"的重要宣導者和實踐者。他們"在意識到清朝在地域和文化上佔有'中華之可利',並在此基礎上强調學習清朝的先進文化,究其本質,還是對傳統中國儒家文化的認同,同時這也是爲解決政治認同和文化認同相左而做出的現實回歸。而正是這種現實的回歸給英祖、正祖時代的朝鮮帶去了清代的新學術、新思想,給保守的朝鮮社會注入新的血液,同時也令這一時期中國與朝鮮半島的文化交流實質上又回到了傳

---

① 《韓國文集叢刊》第 295 册,頁 384 上。

② 詳見《青莊館全書》卷三十八之《磊磊落落書[三]》和《研經齋全集》卷三十九之《皇明遺民傳[三]》,分載於《韓國文集叢刊》第 258 册,頁 133 下—135 下;第 274 册,頁 352 上。

③ 詳見柳得恭《燕臺再遊録》,載《燕行録全集》第六十卷,頁 265—266。

④ 徐東日《朝鮮朝使臣眼中的中國形象——以〈燕行録〉〈朝天録〉爲中心》,中華書局,2010 年,頁 247—250。

統東亞的‘中華世界秩序’之下，達到了一個新的高潮”①。總之，趙宧光
《説文長箋》作爲中國文字學史上的一部重要著作，不僅見證了清、朝兩國
的頻繁往來與文化交流，同時也反映了它們在學術上的互相影響與積極
回應。

（作者單位：中國海洋大學文學與新聞傳播學院）

---

① 楊雨蕾《燕行與中朝文化關係》，上海辭書出版社，2011 年，頁 235。

域外漢籍研究集刊　第十五輯
2017 年　頁 439—465

大英圖書館藏中國戲曲俗曲
文獻初探[*]

徐巧越

　　大英圖書館(British Library)於 1973 年 7 月 1 日據《英國圖書館法》建立,由大英博物館圖書館 (British Museum)、國立中央圖書館 (The National Central Library)、英國科技流動圖書館(British National Lending Library for Science and Technology)及英國國立書目中心(British National Bibliography)合併而成。大英圖書館共有 1 億 7 千萬件收藏品,其中書籍有 1350 萬種,是目前世上存書最多的藏書機構之一。這當中有 7 萬多種爲中文藏書。它的中文藏書原隸屬於 1867 年成立的大英博物館稿本部(Dept. of Printed Books and Manuscripts),其中有來自斯隆爵士(Sir Hans Sloane)、羅伯特・哈利家族(Robert Harley, Harleian Collection)、喬治二世(King Geogre II)、東印度公司的富勒・赫爾(Mr. Fowler Hull, Lansdowne Bequest)的捐贈。這批書於 1973 年後,全部劃歸爲大英圖書館的東方稿本圖書部(Dept. of Oriental Manuscripts and Printed Books)。
　　大英圖書館藏的中文古籍多爲英國貴族與學者的早期捐贈。據羅伯特・道格拉斯(Robert Douglas)1877 年 2 月 17 日爲《大英博物館館藏中文刻本、寫本、繪本目録》所作序文,維多利亞女王曾在 1843 年時捐贈了一大

　　* 本論文係國家社科基金重大攻關項目“海外藏珍稀戲曲俗曲文獻匯萃與研究”(專案編號:11&ZD108)階段性研究成果。本文還得到中山大學博士研究生國外訪學與國際合作研究項目資助。

批在鴉片戰爭中獲得的中文古籍；而在 1847 年，政府出資購買了小馬禮遜（Mr.Morrison,the younger）所藏 11500 卷中文書籍，之後都移交至大英博物館。另外該館還藏有 45 卷《永樂大典》及斯坦因（Marc Aurel Stein）收集的敦煌卷子。除此以外，館藏中尚有 142 種中國戲曲俗曲文獻，不僅種類豐富，更不乏珍稀版本，實是一個有待深入挖掘的海外文獻寶藏。

一　大英圖書館藏中國戲曲俗曲之關注史述略

　　總體而言，由於日本及北美地區所藏的古籍編目做得較好，如美國國會圖書館、哈佛燕京圖書館及日本東洋文庫、內閣文庫、東京大學、京都大學等所藏漢籍，都已編目出版，大大方便了讀者的利用。相較之下，歐洲地區所藏漢籍的編目工作進展較緩，相關研究也不多，戲曲俗曲方面尤其有待進一步挖掘。

　　1927 年，鄭振鐸（1898－1958）在歐洲遊學期間，撰成《巴黎國家圖書館中之中國小說與戲曲》一文，對法國國家圖書館（Bibliothèque National de France）所藏的 42 種俗文學文獻進行了介紹，其中包括 6 種戲曲及 3 種廣東俗曲。此舉開中國學者介紹海外藏中國俗文學文獻之先鋒。其後，在 20 世紀 30 年代，劉修業（1910－1993）遊學歐美期間專門對英法藏書機構所藏中國俗文學文獻進行了調查，並著成《古典戲曲小說叢考》一書，即為 20 種小說及 3 種戲曲書目提要。其中環秀閣藏板《探河源傳》與雕蟲館校訂《玉茗堂新詞》，均來自當時的倫敦博物院圖書館，即大英圖書館的前身。1935 年秋，向達（1900－1966）赴英國遊學，對牛津大學博多萊恩圖書館（Bodleian Library）及大英博物館的各類漢籍文獻進行了有針對性的研究。此後，柳存仁（1917－2009）先生 1957 年在倫敦大學進修期間，重點調查了大英圖書館及英國皇家亞洲學會（Royal Asiatic Society）所藏中國小說文獻，於 1962 年撰成《倫敦所見中國小說書目提要》一書，對 134 種俗文學書籍進行了詳細介紹，當中包括現藏於大英圖書館的考文堂版《靜淨齋第八才子書花箋記》木魚書及道光己丑版《八仙緣》彈詞。1963 年，美國哈佛大學的韓南教授（Patrick Hanan）在大英圖書館見到嘉慶版《新刊分類出像陶真選粹樂府紅珊》，並撰寫《〈樂府紅珊〉考》以作介紹。

　　以上五位學者不僅是第一批海外俗文學文獻的"淘金者"，更是域外漢籍研究的先驅。只是出於個人的偏好,他們大都將研究重點放在了中國古典小説上,對戲曲俗曲只就罕見版本寫了著録。

　　20世紀90年代中期,更多的學者把目光投向了歐洲所藏的中國俗曲文獻。梁培熾收集了法國、荷蘭、英國、丹麥及香港等多地區多個不同版本的《花箋記》,包括大英博物館、皇家亞洲協會及牛津大學博多萊恩圖書館所藏的稀見版本,并就此《花箋記》成書年代、作者及批評者進行了考證。同前者一樣,俄羅斯漢學家李福清(Boris Riftin)也大量收集了歐洲地區的中國俗文學文獻。1995年,他在英國及荷蘭調查期間在各大藏書機構得見數量可觀的木魚書唱本,爲《木魚書目録》所未著録。同年7月,笠井直美在大英圖書館發見一批木魚書、彈詞和粵劇古本,并撰《大英圖書館所見通俗文學書抄——木魚書爲中心》一文詳細介紹。這三位學者均特別關注歐洲地區所藏中國俗曲唱本,都涉及大英圖書館所藏俗曲文獻,并以廣東地區的木魚書説唱爲重點,系統地著録所見俗曲文獻,由此填補域外漢學史的空缺。

　　此後,有關瑾華的《歐洲藏廣東俗文學文獻述略》,對歐洲地區藏的廣府唱本專門進行了考察,爲學界研究提供了重要線索。近年,崔蘊華對大英圖書館的民間唱本做了調查與整理。其《大英圖書館藏中國唱本述要》著録七十餘本俗曲文獻,並重點介紹其中的珍稀版本。

　　研究者不約而同關注大英圖書館所藏戲曲俗曲文獻。但各有偏重,皆未對該館的所有戲曲俗曲文獻進行系統地著録,也未對這批書籍的流傳經歷做深入研究。有感於此,本文即是對大英圖書館所藏142種戲曲俗曲文獻進行全面的介紹及統計分析,並以藏書印章作爲線索,進而探討自19世紀起中國戲曲俗曲文獻在西方的傳播歷程及西方收藏者對此類古籍的收藏規律。

二　大英圖書館所藏戲曲俗曲擷珍

　　據筆者調查,大英圖書館共藏有48種戲曲及94種俗曲文獻,絶大部分爲清刻本,僅《百花台寶卷》爲民國初期石印本。羅伯特・道格拉斯(Robert Douglas)的1877年和1903年目録及劉修業、柳存仁、笠井直美與崔蘊華的文章都著録了這批文獻中的部分本子。

(一)戲曲文獻

大英圖書館現藏有曲譜 8 種、雜劇 4 種、傳奇 15 種、戲曲選集 20 種及京劇抄本 1 種。戲曲文獻在數量上尚不足俗曲文獻的一半,但保存狀況普遍要比俗曲好,印刷和排版更加精美,缺葉、蛀蟲及脱葉的情況也相對較少。

其中戲曲選集不乏珍稀版本。如四卷本《西江祝嘏》、八卷本雕蟲館校訂《玉茗堂新詞》、天津文美齋抄《名班抄出新演全本》及嘉慶庚申年版《新刊分類出像陶真選粹樂府紅珊》。文美齋是在道光咸豐年間開設於天津的老店,專營字畫文玩。京劇抄本,七卷,收録 41 種晚清流行於天津地區的京劇劇本。與普通民間抄本相比,該本不僅裝幀精美,其謄抄字跡亦工整秀麗,是難得的珍本。《新刊分類出像陶真選粹樂府紅珊》爲明代劇作家紀振倫(秦淮墨客)於明萬曆壬寅年(1602)選編的昆曲折子戲選集,由金陵書坊廣慶堂的坊主唐振吾刊行,其中保留多種已失傳的劇本散齣。1934 年 10 月,李家瑞在杭州吳山路書肆中曾見此書原刊本,卻失之交臂。1963 年,韓南在大英博物館見到該書的嘉慶翻刻本。"陶真"是南宋時期出現的一種盲人説唱,南宋西湖老人《繁盛録》云"唱涯詞盡是子弟,聽陶真盡是村人",明田汝成《熙朝樂事》提及(嘉靖年間)杭州男女瞽者多學琵琶,唱古今小説平話,以覓衣食,謂之陶真。大抵説宋時事,蓋汴京遺俗也",《琵琶記》裏也有"激得我老夫性發,只得唱陶真"的唱詞。由此可知,在宋明時期,陶真這種説唱一度流行於民間。將"陶真選粹"題寫在昆曲選集的封面上,應爲書商借其名宣傳售賣。韓南據凡例中所謂"聽曲要肅然雅静,不可喧嘩,不可容俗人在傍混接一字",推測此書應爲專供演出所用之劇本,所以其唱詞多有與別本不同之處,應爲演出時改變的結果。《樂府紅珊》選録的都是當時舞台上流行的演出台本,曲白俱全,故韓南的推測亦有理有據。與牛津大學博多萊恩圖書館藏《新鍥梨園摘錦樂府菁華》及劍橋大學圖書館藏《新刻增補戲隊錦曲大全滿天春》二種明刊本相比,《新刊分類出像陶真選粹樂府紅珊》雖爲清刊本,但由於此書爲舊板翻印,故品質不如前二者,不僅漫漶較爲嚴重,紙葉多有脱落之處。這三本戲曲選集皆爲英國所藏三種孤本戲曲選集,收録當時民間最爲流行的戲曲,市井氣味濃重,"儘管也爲一些文人士大夫及達官貴族所喜好,有的甚至經過文人的改編,但是一般人是不屑於收藏這樣的書籍的,更不用説藏書家和官方圖書館了"①。王國維《宋元戲曲史》在"自序"中有言,"獨元人之曲,爲時既近,托體稍卑,故兩朝史志與《四庫》集部,均不著於録;後世儒碩,皆鄙棄不復道"。在古代中國"戲曲不登大雅之堂"文化背景下,這些書雖在誕生地銷聲匿跡,卻在英國得到了保存,實是一種幸運。

圖 1　大英圖書館藏《精刻繡像樂府紅珊》

　　15 種傳奇中,《牡丹亭》與《寒香亭》各有兩種,均爲足本。4 種雜劇中,《第六才子西廂記》占三種,其中兩種爲殘本。除此以外,大英圖書館還藏有八種納書楹曲譜,皆爲乾隆壬子年(1672)刊刻,是該館所載有年代可考

----

　　①　李玫《流失英國的三種中國古代戲曲選集孤本》,載《中國社會科學院院報》,2004 年 11 月 4 日。

的戲曲俗曲中最早的一批曲譜。

(二)俗曲文獻

與戲曲收藏相比,學界對大英圖書館的俗曲更爲關注。據統計,這批俗曲文獻包括 42 種木魚書、6 種粵劇、25 種班本、16 種彈詞説唱及 5 種其它俗曲,其中絕大部分都爲坊刻本,在刊印及紙張品質上都遠不如戲曲文獻。

這批俗曲文獻大多從嶺南地區收集購入,故廣府唱本所佔數量最多。其中木魚書唱本有 42 本,爲館藏俗曲文獻之最。從出版機構及原始版片資訊推斷,其中的木魚書、粵劇及班本大多於道光年間在廣東地區出版。從表 1 可以看出,這批俗曲文獻由廣州、佛山及東莞地區的 15 個出版機構發行,數量最多的是省城富貴堂本,其次是五桂堂本,丹桂堂、丹柱堂及龍江大業堂各有兩本。另外,尚有 6 種俗曲文獻其封面所題出版資訊與内文所署不符,"當時廣府地區各書坊間多有書板交換往來。而書商爲了省時省力,徑直將先前書坊名目剔除,如此也避免了彼此間版權的糾葛"①。由於嶺南書肆間頻繁的交換書板,書坊名號的剜剔現象在當時也較普遍。

表 1　大英圖書館藏廣府唱本之出版機構及原始版片資訊統計

廣府唱本之出版機構及原始版片	數量
富貴堂	16
五桂堂	6
丹桂堂	2
丹柱堂	2
龍江大業堂	2
近文堂	1
考文堂	1
英桂堂	1

①　劉蕊:《法國國家圖書館藏稀見廣東俗曲版本述略》,載《圖書館論壇》,2016 年 2 月。

續表

廣府唱本之出版機構及原始版片	數量
進盛堂	1
璧經堂	1
富經堂	1
文賢堂	1
榮德堂	1
林興堂	1
富貴堂梓・雙桂堂藏板	1
富貴堂梓・文賢堂藏板	1
五桂堂梓・榮桂堂藏板	1
近文堂梓・翰經堂藏板	1
攀桂堂梓・丹桂堂藏板	1
□□堂梓・丹桂堂藏板	1

　　值得注意的是，與其它俗曲唱本慣用紙張較薄的單層染色京文紙封面不同，這一批廣府唱本，其封面多用黃紫相間的硃砂紙，"是廣東板的特色"①，早期的富貴堂及榮德堂刊本多以此作封面。對比單層染色紙，用這種顏色層次豐富的硃砂紙作封面，更能吸引顧客的眼球，是清中葉廣東民間出版業所採用的一種商業競爭方式。此外，硃砂有抑制細菌與寄生蟲之作用，以此做成的紙張亦有預防蟲蛀的效果。因此，以硃砂紙作爲封面的古籍，其保存情況要明顯優於別本。

　　大英圖書館之彈詞説唱，其入藏要普遍晚於廣府俗曲，但它們的出版年份卻早於其它俗曲文獻。在 16 種彈詞唱本中，有 8 種即可確定爲嘉慶年間出版。而其中出版年份最早的是有遺音齋《天雨花》，爲嘉慶甲子（1804）春鐫，比《彈詞寶卷書目》所著録的道光辛丑年有遺音齋刊三十回本還要早了 33 年。

---

① 柳存仁《倫敦所見中國小説書目提要》，書目文獻出版社，1982 年，頁 103。

圖 2　大英圖書館藏《桂枝寫狀》

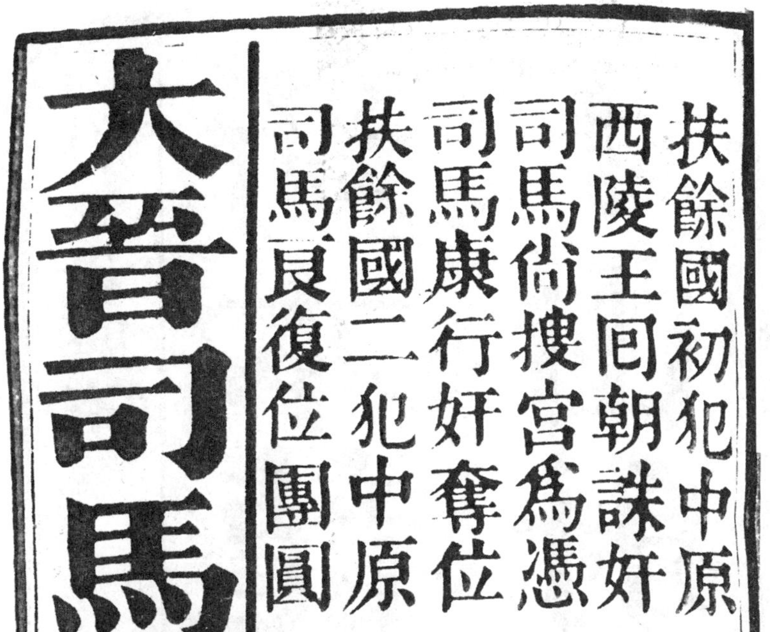

大晉司馬氏全套

司馬艮復位團圓

扶餘國二犯中原

司馬康行奸奪位

司馬尙搜宮爲憑

西陵王囘朝誅奸

扶餘國初犯中原

大封有功臣

東流山遇救

君臣各逃走

勒死番宮主

衆百姓訴寃

進番妹求和

圖3　大英圖書館藏《大晉司馬氏》

新本龍舟歌

丁山射鴈

內附仁貴歸家

學院前富經堂梓

圖 4　大英圖書館藏《丁山射雁》

在中國古代社會,極少有藏書家把眼光放在這些市井氣息濃厚的民間俗曲,可爲何在大英圖書館,俗曲文獻的數量卻如此可觀? 鍾戴蒼在《花箋記》"總論"裏有評"此唯歌本小説,始能代傳之,豈可一概論耶";在道格拉斯的目録中,其對《花箋記》唱本的著録爲"Tale in verse",而同爲木魚書的《西番碧玉寶帶》與彈詞《天雨花》則分別被描述爲"A story in verse"及"Novel,chiefly in verse"。由此可知,這批民間俗曲文獻在剛進入英國之時,都被視爲"詩體小説"。西方文學就一直有"詩意敘事"的傳統,古希臘羅馬時期盛行的史詩,就是"借助了詩的節奏和韻腳便於流傳"①的敘事文體,荷馬的《伊利亞特》及《奧德賽》兩部作品,皆爲帶韻律的敘事長詩。"詩意的敘事"於英國一直十分受歡迎,在維多利亞時期,這種文體還被運用於戲劇之中,莎士比亞的《理查二世》就是一部全篇以韻律詩創作的歷史劇。19 世紀初期,在"浪漫主義"文潮的影響下,詩韻形式與敘事題材的結合一度盛行,拜倫的《唐璜》即詩體小説的代表作品。對比講究唱、念、做、打的中國傳統戲曲,這些形式相對簡單的民間俗曲説唱在當時的西方社會更易被接受,再結合當時英國的詩韻敘事文學傳統及潮流,大英圖書館中數量可觀的中國民間俗曲的存在也自然在情理之中。

三　大英圖書館所藏中國戲曲俗曲的來源

除了上文提及的捐贈及政府採購,大英圖書館的藏書來源還包括交換項目及法定送存②。由於大英圖書館由多個藏書機構合併而成,再加上年代久遠,館藏的中國戲曲俗曲都無法通過檔案追溯其來源。但是,由於這批文獻大多蓋有入藏印章,它們如何入藏、從何而來及何時入藏,這些問題都可由此得到解答。

---

① 林焱《詩體小説》,載《文藝評論》,1988 年第五期,頁 25。

② Legal deposit,又稱爲"呈繳本制度",是誕生於法國的一種出版物繳送制度,即本國與殖民領地内任何新的出版物均應繳送國家圖書館或版本圖書館。

表 2　大英博物館的館章墨色標記

年份途徑	採購	捐贈	交換專案	法定送存
1753—1943	紅色	黃色	黑色	藍色
1944—1972	紅色	綠色	黑色	藍色

據《圖書館中的圖書館：英國圖書館的出版收藏來源》(*Libraries within the Library：The Origin of the British Library's Printed Collection*)，大英博物館在不同時期會用不同顏色及形狀的館章來標記藏書源流①。自 1753 至 1972，大英博物館用紅色、黑色和藍色的館，分別章對通過採購、交換及法定送存三種途徑入藏的文獻進行標注，而在 1944 年之前，捐贈書籍則用黃色館章，此後入藏的書籍便用綠色印章作爲區別。大英所藏餘的 142 種戲曲俗曲文獻中，除殘本《笠翁十二種曲》、《綴白裘》及《六十種曲》五種本子筆者未能目驗外，共有 126 種本子鈐有印章，其中 87 種爲紅色館章(12 種戲曲及 75 種俗曲)，39 種爲黃色印章(29 種戲曲及 10 種俗曲)。其中印刷精美、紙質優良且篇幅較長的戲曲文獻大多來自早期皇家貴族捐贈，如《納書楹曲譜》8 種、四卷本《西江祝嘏》及蔭槐堂藏板《黃鶴樓》、《滕王閣》，均蓋有皇冠形狀的黃色館章，它們的保存情況十分良好。對比之下，印刷粗糙且篇幅短小的民間俗曲刻本則大多蓋有紅色館章，是通過採購入藏的。除《新刻五諫夫》蓋有黃色館章外，其餘的 41 種木魚書内的館章皆爲紅色，20 種班本、5 種粵劇及 7 種彈詞與此相同。而俗曲中鈐黃色印章的，除前面提及的《新刻五諫夫》外，還有 8 種彈詞説唱及《八仙全戲》1 種。

由上可知，大英圖書館中的戲曲俗曲主要以採購和捐贈兩種途徑入藏。但此前，它們又是如何由中國來到千里之外的英國？李福清 1980 年在德國訪書期間，曾看到一本名爲《漢字文法書廣總目》(*Bibliotheca Sinica*)的書目，爲德國法蘭克福一家 K·T·Völcker 之舊書店 1864 年的書目清單。這本德文書目將 303 種漢籍分 17 類著録，條目詳細，包括提

---

①　Mandelbrote，Giles.Taylor，Barry.*Libraries within the Library：The Origin of the British Library's Printed Collection*，The British Library，2009，pp.422—423.

要、版本、卷次及價格等資訊。李福清先生便在是該書目裏發現了 70 餘本廣府俗文學文獻。該書目著錄了許多罕見的廣府唱本，而大英圖書館中的木魚書文獻與之重合率極高。笠井直美曾經推測這批重合之書即從德國書店購得。但由於没有確鑿的證據，笠井氏也認爲此想法是"大膽的猜測"。

　　筆者經過大量的資料收集與資訊比對，可以確定該書目所著錄的廣府唱本現爲大英圖書館所藏。首先，從此書目的封面可知，這家書店除了在法蘭克福開有門店外，在法國巴黎及英國倫敦也有分店。這批書極有可能是大英博物館通過倫敦皮卡德利（Piccadilly）分店採購所得。其次，將此書目中的 70 種俗文學本子與大英圖書館的收藏進行比對，有 41 種書目在題名及卷次等資訊上完全吻合，其中不乏《四美同心金鈿記》及《新本梨園雜韻》這樣罕見版本；而《八排走兵火母女失散》與《大晉司馬氏全套》在别本書目没有著錄，更可確定爲孤本。此外，在大英圖書館的中國小説收藏中，也有 26 種本子與該書目記載的版本資訊完全重合，其中就包括柳存仁在《倫敦所見中國小説書目提要》著錄的多本小説。以《半日閻王傳》爲例，這本以硃砂紙作封面的短篇小説不僅十分罕見，"相信以前恐怕没有什麽人注意過"①，更與大英館藏的廣府俗曲裝訂在一起，它們在 K・T・Völcker 都可尋得蹤跡。最後，大英圖書館收藏中，與此書目重合的所有古典小説與俗曲，在每卷的尾頁皆印有"23.JY.68"或"6.AUG.75"的紅色入藏印章，據此可知，這批文獻最晚至 1864 年之前已來到德國法蘭克福，其後由大英博物館分批採購，於 1868 年 7 月 23 日及 1875 年 8 月 6 日分兩次入藏。這本德國書店目錄還著錄許多帶有嶺南地方特色的文獻，如 N144《羅浮山志》、N145《東莞縣誌》及 N155《廣東名人故事》等，可推斷該店的進貨來源爲嶺南地區。由於廣州的十三行在清代長期作爲唯一的對外開放口，自然也成爲了西方商人在華經營的據點，這 303 種文獻應爲該書店於 19 世紀下半葉於廣東地區所採購。在 19 世紀的下半葉，有許多的歐洲購書中介曾來中國進行採購，再轉手西方的藏書機構及貴族收藏家。林世田與張志清在《英倫聞見錄》中寫道，"十九世紀中期大英圖書館還從巴黎購進一批

---

　　① 　柳存仁《倫敦所見中國小説書目提要》，頁 103。

漢字文法書廣總目

Hán - tsé - wên - fǎ - chōu - kouang - tsòng - mōu.

BIBLIOTHECA SINOLOGICA.

Uebersichtliche Zusammenstellungen als Wegweiser
durch das Gebiet der

sinologischen Literatur

von

Dr. med. **V. Andreae** und **John Geiger.**

Als Anhang ist beigefügt:

Verzeichniss einer grossen Anzahl ächt chinesischer Bücher nebst
Mittheilung der Titel in chinesischen Schriftzeichen.

Paris.
E. Tross.
8 passage des Deux
Pavillons.

Frankfurt a. M.
Verlag von
K. Theodor Völcker.
MDCCCLXIV.

London.
B. Quaritch.
15 Piccadilly.

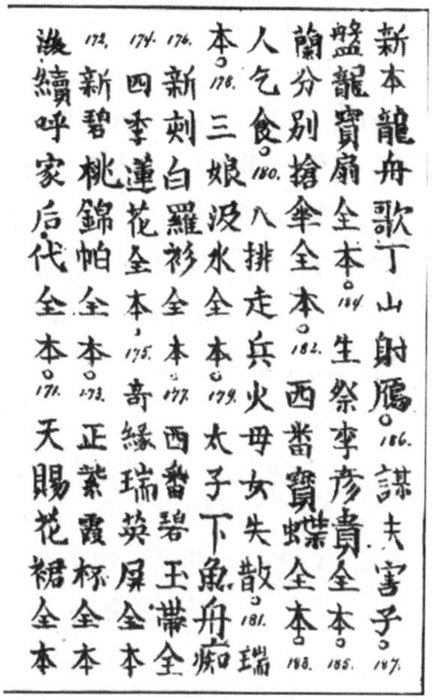

新本龍舟歌丁山射雁。186. 謀夫害子。187.
盤龍寶扇全本。184. 生祭李彥貴全本。185.
蘭分別搶傘全本。182. 西番寶蝶全本。183.
人乞食。180. 八排走兵火母女失散。181. 瑞
本。178. 三娘汲水全本。179. 太子下魚舟瘋
176. 新刻白羅衫全本。177. 西番碧玉帶全
174. 四季蓮花全本。175. 奇緣瑞英屏全本
172. 新碧桃錦帕全本。173. 正紫霞杯全本
繼續呼家后代全本。171. 天賜花裙全本

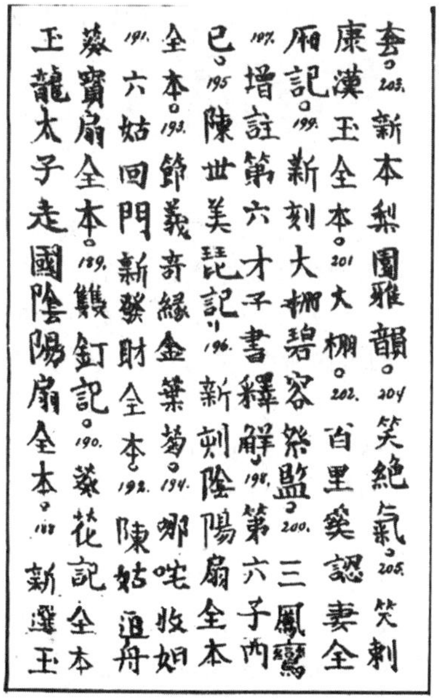

套。203. 新本梨園雅韻。204 笑絕氣。205. 笑刺
康漢玉全本。201 大棚。202. 百里奚認妻全
廂記。199. 新刻大棚碧容祭監。200. 三鳳鸞
197. 增註第六才子書釋解。198. 第六子內
已。195 陳世美琵琶記。196. 新刻陰陽扇全本
全本。193. 節義奇緣金葉菊。194. 哪吒收妇
191. 六姑回門新發財全本。192. 陳姑追舟
蕊寶扇全本。189. 雙釘記。190. 蕊花記全本
玉龍太子走國陰陽扇全本。188 新選玉

（圖 5—7　K・T・Vōlcker《漢字文法書廣總目》的封面及中文目録書影）

善本，並蓋有 1885 年館章"①。在克勞福德勳爵（Lord Crawford）私人藏書書目的序言中②，艾德蒙（J.P.Edmond）曾提及克勞福德勳爵不僅曾從法國漢學家鮑狄埃（Jean　Pierre Guillaume Pauthier）處採購有價值的中文古籍，也在英、法、德三國的書商中大量購買，甚至在北京雇傭了專門的圖書中介尋找珍本中文古籍，其收藏珍稀漢籍的狂熱由此可見。

　　有意思的是，由於此書爲 K・T・Völcker 書店的書目清單，單内也著録價格，對比經部的文獻，這批俗曲的價格十分低廉，價格大多在 1 塔勒③以下，其中最便宜的是《雙釘記》，僅售 0.05 塔勒。即使是價格最高的《玉龍太子走國陰陽扇》，與《芥子園重訂監本五經》52 塔勒的高價相比，其 8 塔勒的售價則顯得十分低廉。由於政府及公共藏書機構的經費有限，在採購書籍時可能會挑選價格相對廉價的民間俗文學刻本，以有限的經費儘量採購更多的書籍。而對於資金雄厚的貴族世家，他們的購書以收藏爲動機，則更注重版本價值高的書籍，尤其偏好印刷精美的繡像本。

　　據統計，在這批戲曲俗曲文獻中，共有 80 種通過採購入藏的書籍帶有入館日期印章，它們分別在 11 個不同的時期入藏該館。從下表的統計可知，首批通過採購入藏的戲曲俗曲，有玉茗堂《牡丹亭》及《静浄齋第八才子花箋記》，後者是南音木魚書的經典作品。而 1856 年 5 月正是第二次鴉片

---

　　①　林世田、張志清《英倫漢籍聞見録》，載《文獻》2005 年 7 月第三期，頁 103。按，大英圖書館成立於 1973 年，故引文中所題應爲大英博物館。
　　②　*Catalogue of Chinese Books and Maunscripts*：*Bibliotheca Lindesiana*，此書爲私人印本，爲倫敦大學亞非圖書館所藏，索書號爲 CC016/30085。原文爲：Lord Crawford purchased works of value from the library of Pauthier, and also from English, French and German booksellers. In addition to these home operations, an agent was employed in Peking to whom lists of *desiderata* were furnished, and several rare works were thus acquired.
　　③　塔勒（Thaler），最初爲波西米亞鑄幣區亞希莫夫（Jáchymov）鑄造的亞希莫斯塔勒（Joachimsthaler），自 1524 年後，神聖羅馬帝國皇帝查理五十宣佈用其作爲帝國標準貨幣。在此後三百年間，塔勒（Thaler）成爲歐洲的最主要貨幣單位。直至 1871 年俾斯麥統一德國，建立德意志第二帝國，於同年頒佈帝國貨幣法，將與黄金掛鉤的馬克定位通用貨幣，塔勒（Thaler）便由此漸漸退出舞臺。

圖 8　大英圖書館藏《半日閻王傳》

戰爭爆發前夕,當時英國商人頻繁通過廣州地區進行貿易及走私活動,可推測這次採購的最初源流爲廣東地區。而 1866 年至 1875 年是大英博物館對該類文獻採購的高峰期,10 年內三次買入了 61 種俗曲。而最晚入藏的則是民國石印本《百花台寶卷》,於 1958 年 7 月 1 日入藏。

表 3　大英圖書館戲曲俗曲入館日期印章統計

類別	入館日期	數量
戲曲(6)	1856.05.08	1
	1861.04.03	1
	1877.07.27	1
	1891.06.22	5
	1914.07.28	1

續表

類別	入館日期	數量
俗曲（69）	1856.05.08	1
	1866.05.14	22
	1868.07.23	32
	1875.08.06	9
	1886.04.03	1
	1891.06.22	4
	1901.07.23	1
	1958.07.01	1

四　總結

　　大英圖書館收藏的中國戲曲俗曲古籍在英國雖不是最多，但其豐富的種類卻爲其他藏書機構所不逮。英國社會一直十分注重民間文學，較之相對複雜的戲曲，淺顯直白並帶有韻律的説唱俗曲更容易被對東方世界抱有好奇心理的英國人接受，其中的民間傳説及傳統習俗更成爲西方研究者瞭解中國文化的資料。而民間坊刻唱本價格便宜，且較易購得，故藏書機構及學者們更偏好於俗曲文獻收藏。財力雄厚的皇室貴族在收藏時則更看重版本價值較高的戲曲古籍，偏重篇幅較長而印刷精良的繡像本。雖然他們無法完全讀懂及理解其中曲文的奧妙，但出於對圖像藝術的喜好，也爲了彰顯豐富的收藏閲歷及不俗的藏書品味，此類文獻一度風靡於上層社會。

　　同中國一樣，英國也是有悠久戲劇傳統的國家。從起源於九世紀的“禮拜劇”，到伊莉莎白時期在文藝復興思想下掀起的戲劇狂潮，再至以莎士比亞爲代表的一批文人劇作家，將英國的戲劇推向鼎盛。即使在瞬息萬變的當下，英國的戲劇藝術氛圍依舊濃厚。因此，以前的戲曲俗曲文獻在中國雖因“不登大雅之堂”而不爲藏書家重視，可通過書商和傳教士等多種途徑流入英國後,卻成爲被争相收藏的"寵兒",許多孤本或珍稀版本的文獻也因此得以保存。它們種類豐富、數量可觀,實是一座遺落在海外的"文學寶藏"。

（作者單位：中山大學古典文獻研究所）

附　録

大英圖書館所藏戲曲俗曲統計表①

種類	書目題名	版本資訊	索書號
曲譜（8）	新定九宮大成南北詞宮譜（殘本）	第五十三至六十一卷；清刻本	15257.e.9
	長生殿曲譜	二卷清刻本；乾隆壬子年；吟香堂藏板	15257.e.1
	南柯記曲譜	二卷清刻本；乾隆壬子年；納書楹藏板	15257.e.3
	牡丹亭曲譜	二卷清刻本；乾隆壬子年；納書楹藏	15257.e.4
	邯鄲記曲譜	二卷清刻本；乾隆壬子年；納書楹藏板	15257.e.5
	納書楹曲譜續集	二卷清刻本；乾隆壬子年；納書楹藏板	15257.e.6
	納書楹曲譜補遺	二卷清刻本；乾隆壬子年；納書楹藏板	15257.e.7
	納書楹曲譜外集	二卷清刻本；乾隆壬子年；納書楹藏板	15257.e.8
雜劇（4）	一片石	一卷清刻本；蟄齋藏板	15327.d.4
	繡像第六才子書	八卷清刻本；懷永堂藏板	15333.d.2
	注釋六才子書（殘本）	清刻本	15327.e.17
	第六才子書釋解（殘本）	清刻本；吳吳山三婦合評	15327.b.7

① 按，崔蘊華《大英圖書館藏中國唱本述要》云此館藏有《河下解心》。故此特別注明。

種類	書目題名	版本資訊	索書號
傳奇(15)	黃鶴樓	二卷清刻本；乾隆六十年刻；蔭槐堂藏板	15327.d.9
	滕王閣	四卷清刻本；乾隆六十年刻；蔭槐堂藏板	15327.d.3
	鐵冠圖	四卷清刻本；本衙藏板；	15327.a.6
	續琵琶	二卷清刻本；嘉慶四年新鐫；本衙藏板	15327.d.10
	桃花扇(殘本)	清刻本	15327.b.9
	牡丹亭	八卷清刻本；玉茗堂原本；芥子園發行	15327.b.15
	牡丹亭	八卷清刻本；玉茗堂原本；芥子園發行	15327.b.16
	醒石緣(殘本)(後附怡紅樂)	四卷清刻本；嘉慶庚申春鐫；青心書□□□	15327.b.17
	繡像第七才子書	六卷清刻本；味經堂較刊	15325.c.7
	寒香亭	四卷清刻本；友益齋藏板‧懷古堂	15327.b.12
	寒香亭	四卷清刻本	15327.b.13
	巧團圓	四卷清刻本	15327.a.2
	石榴記	四卷清刻本；嘉慶巳未孟秋重鐫；擁書樓藏板	15327.d.2
	長生殿	四卷清刻本；昭德堂藏板；	15327.a.7
	詩扇記(砥石齋二種曲其一)	二卷清刻本；松月軒梓行	15327.b.5

種類	書目題名	版本資訊	索書號
雜劇集（3）	西江祝嘏	四卷清刻本；本衙藏板	15327.d.5
	吟風閣	二卷清刻本；板藏錦官子雲亭	15331.f.6
	六觀樓北曲六種	六卷清刻本；同治甲戌孟冬日鐫	15327.d.29
傳奇集（2）	玉茗堂新詞四種	八卷清刻本；雕蟲館校訂；本衙藏板	15333.f.2
	容居堂三種曲	三卷清刻本；書帶艸堂梓；可笑人填詞	15327.d.6 15327.d.7 15327.d.8
傳奇雜劇合集（7）	倚晴樓七種曲	十二卷清刻本	15325.a.1
	藏園九種曲	十八卷清刻本	15327.a.4
	蔣清容居士九種曲	十六卷；影印本；1923年上海朝記書莊印行	15327.h.18
	笠翁十種曲	四十卷清刻本；嘉慶戊寅新鐫	15327.a.1
	笠翁十二種曲（殘本）		15327.a.3
	精刻繡像樂府紅珊	十六卷明刻清印本；嘉慶庚申年新鐫；積秀堂藏板	15257.e.15
	審音鑒古錄	不分卷清刻本	15257.e.18
其它戲劇合集（8）	元曲選（殘本）	明刻清印本	15327.d.1
	元人雜劇百種	明刻清印本；雕蟲館校訂	15333.f.3
	元人雜劇百種（殘本）	明刻清印本	15333.f.4
	元人雜劇百種	明刻清印本；雕蟲館校訂	15242.a.1
	重訂綴白裘合集	十二卷清刻本；1781年	15327.l.1
	重訂綴白裘合集	十二卷清刻本；1781年	15327.a.5
	重訂綴白裘合集	十二卷清刻本；1823年	15327.a.10
	六十種曲	清刻本	15327.c.1

種類	書目題名	版本資訊	索書號
京劇集(1)	名班抄出新演全本	七卷清抄本;天津文美齋	Or.4466.39.B.f
木魚書(42)	西番碧玉帶	二卷清刻本	15327.d.22
	五諫妻	一出清刻本	15327.d.11(9)
	太子下魚舟癩人乞食	一卷清刻本;咸豐六年新刻;富貴堂拓	15327.d.17
	静净齋第八才子書花箋記	二卷清刻本;考文堂藏版	15334.a.3
	碧桃錦帕	四卷清刻本;五桂堂藏板	15327.d.24
	母諫心田	清刻本	15229.c.37
	金生挑盒	一出清刻本	15327.d.11(11)
	五諫才郎	一出清刻本	15327.d.11(18)
	玉簫琴記	八卷清刻本;英桂堂藏板	15327.d.25
	新刻五諫夫	一卷清刻本;富貴堂藏板	15327.d.27
	雙釘記	一卷清刻本;富貴堂梓	15327.d.23
	玉蟬附薦全本	二卷清刻本;富貴堂抄訂發兌	15327.d.15
	反唐女媧鏡	四卷清刻本;富貴堂藏板	15327.d.19
	奇緣雁翎媒新選	四卷清刻本;進盛堂梓	15327.d.18
	雁翎扇墜	二卷清刻本;(龍江大)業堂	15327.d.20
	葵花記	四卷清刻本;學院前璧經板	15327.a.21
	玉龍太子走國陰陽扇	八集八十卷清刻本;佛山近文堂藏板	15323.a.2
	丁山射鴈仁貴歸家	二卷清刻本;廣州富經堂	15327.d.12(1)
	玉蟬附薦鮮攜籃玉蟬問覡	二卷清刻本;五桂堂藏板	15327.d.12(4)
	盤龍寶扇	二卷清刻本;廣州富貴堂	15327.d.12(5)
	八排走兵火母女失散	二卷清刻本	15327.d.12(6)

種類	書目題名	版本資訊	索書號
	謀夫害子	二卷清刻本；廣州富貴堂	15327.d.12(7)
	生祭李彦貴	二卷清刻本；道光二十年刻；廣州富貴堂	15327.d.12(8)
	車龍公子花燈記	二卷清刻本；廣州五桂堂	15327.d.12(9)
	六姑回門	三卷清刻本；富貴堂梓・雙桂堂藏板	15327.d.12(10)
	挑經救母目蓮全本	二卷清刻本；省城富貴堂藏板	15327.d.12(11)
	玉葵寶扇	二卷清刻本；省城□□堂板	15327.d.12(12)
	金葉菊	四卷清刻本；咸豐五年新制；富貴堂藏板	15327.d.12(14)
	新賭仔賣女	二卷清刻本；省城富貴堂	15327.d.13(2)
	哪吒收妲己	二卷清刻本；省城富貴堂	15327.d.13(4)
	三合明珠方倫餞別	四卷清刻本；五桂堂藏板	15327.d.13(6)
	曠野奇逢	四卷清刻本；佛山近文堂藏板・省城翰經堂藏板	15327.d.13(7)
	玉簪記	四卷清刻本；廣州五桂堂	15327.d.13(8)
	桂枝寫狀柳絲琴	二卷清刻本；省城富貴堂；	15327.d.13(9)
	洛陽橋	三卷清刻本；道光廿九年新刻；廣州富貴堂・省城文賢堂藏板；	15327.d.13(10)
	刧碎靈芝記	四卷清刻本；廣州五桂堂	15327.d.13(11)
	四美同心金鈿記	六卷清刻本；道光壬寅年；學院前富貴堂	15327.d.14(1)；
	四季蓮花	四卷清刻本；廣州丹桂堂	15327.d.14(2)
	天賜花裙	四卷清刻本；廣州丹桂堂	15327.d.14(3)
	白羅衫	五桂堂梓・省城容桂堂藏板	15327.d.14(4)
	呼家後代	省城桂堂梓・省城富貴堂藏板	15327.d.14(5)
	繡球記	省城丹桂堂	15327.d.14(6)

種類	書目題名	版本資訊	索書號
粵劇(6)	碧容祭監	二卷清刻本;龍江大業堂藏板	15327.d.16
	轅門斬子	一卷清刻本;攀桂堂・丹桂堂藏板	15327.d.26(1)
	趙匡胤打洞結拜	一卷清刻本;丹桂堂梓	15327.d.26(4)
	夜困曹府	一卷清刻本;榮德堂	15327.d.26(5)
	大晉司馬氏全套	二卷清刻本;廣州富貴堂	15327.d.13(3)
	新本梨園雜韻	二卷清刻本;富貴堂	15327.d.13(5)
班本(25)	平貴別窰(殘本)	一卷清刻本;文賢堂藏板	15327.d.28
	轅門斬子	二出清刻本	15327.d.11(1)
	高平關取級	一出清刻本	15327.d.11(2)
	和番	一出清刻本	15327.d.11(3)
	斬楊波	一出清刻本	15327.d.11(4)
	風嬋告狀	一出清刻本	15327.d.11(5)
	龍鳳閣	一出清刻本	15327.d.11(6)
	酒樓戲鳳	一出清刻本	15327.d.11(7)
	夜探觀兵	一出清刻本	15327.d.11(8)
	望兒樓	一出清刻本	15327.d.11(10)
	羅成寫書	一出清刻本	15327.d.11(12)
	秦瓊表功	一出清刻本	15327.d.11(13)
	太君辭朝	一出清刻本	15327.d.11(14)
	仁貴歸家	一出清刻本	15327.d.11(15)
	五郎救弟	一出清刻本	15327.d.11(16)
	宮門掛帶	一出清刻本	15327.d.11(17)
	孔明借壽	一出清刻本	15327.d.11(19)

續表

種類	書目題名	版本資訊	索書號
	洪洋洞盜骨	一出清刻本	15327.d.11(20)
	寒宮取笑	一出清刻本	15327.d.11(21)
	審玉堂春	一出清刻本	15327.d.11(22)
	六郎罪子(上下)	二卷清刻本;省城林興堂	15327.d.26(2) 15327.d.26(3)
	賣胭脂	一卷清刻本	15327.e.16(1)
	王大娘補缸	一卷清刻本	15327.e.16(2)
	新馬頭	一卷清刻本	15327.e.16(3)
	四季想思	一卷清刻本	15327.e.16(4)
彈詞說唱(16)	繡像八仙緣	四卷清刻本;道光己丑新鎸;寓春居士藏板	15325.a.6
	繡像碧玉獅	二十卷清刻本;嘉慶庚辰春鎸;雙桂軒梓	15327.b.2
	說唱百花台	二十卷清刻本;裕德坊梓;文和齋	15333.c.10
	繡像真八美圖(殘本)	清刻本	15327.b.3
	繡像義妖傳	二十卷清刻本;嘉慶巳己春鎸	15334.f.6
	繪真記	四十卷清刻本;嘉慶壬申秋鎸;本衙藏板	15325.a.2
	蘊香丸	四卷清刻本;嘉慶戊寅年鎸;蘭玉軒梓	15327.b.10
	風箏誤傳(一線緣)	八卷清刻本;嘉慶辛未新鎸;環秀閣藏板	15327.a.8
	探河源傳	六卷清刻本;嘉慶癸酉新鎸;環秀閣藏板	15327.a.9
	來生福	二卷清刻本	15113.a.18
	一箭緣傳	四十卷清刻本;嘉慶戊寅年新鎸;環秀閣藏板	15327.b.4

種類	書目題名	版本資訊	索書號
	玉連環傳	八卷清刻本；道光癸未年刊本；亦雲書屋刊	15327.b.8
	天雨花	三十卷清刻本；嘉慶甲子春鐫；有遺音齋藏板	15333.a.6
	繡像安邦定國全傳	四十卷清刻本；道光庚戌孟春廣東富文堂鐫	15334.f.3
	鳳凰山	七十二卷清刻本；海陵軒梓	15334.f.5
	説唱繡香囊全傳（殘本）	二十一卷清刻本	15327.b.14
其它俗曲(5)	繪圖百花台寶卷	二卷民國石印本；1917年；上海文益書局	15325.g.33
	孟姜女萬里尋夫	一卷清刻本；同治戊辰新刻；登庸堂梓	15323.l.33
	監本九度（殘本）	三卷(缺下卷)清刻本；辛亥年重鐫；三益堂梓	15327.b.11
	八仙全戲	二卷清刻本	15333.b.21
	五鼠鬧東京包公收妖傳	二卷清刻本	15327.d.12(2)

稿　約

一、本集刊爲半年刊,上半年出版時間爲 5 月中旬,截稿日期爲上年 9 月底。下半年出版時間爲 11 月中旬,截稿日期爲當年 3 月底。

二、本集刊實行匿名評審制度。

三、本集刊以學術研究爲主,凡域外漢籍中有關語言、文學、歷史、宗教、思想研究之學術論文及書評,均所歡迎。有關域外漢籍研究之信息與動態,亦酌量刊登。

四、本集刊以刊登中文原稿爲主,並適當刊登譯文。

五、本集刊采擇論文唯質量是取,不拘長短,且同一輯可刊發同一作者的多篇論文。

六、來稿請使用規範繁體字,横排書寫。

七、來稿請遵從本刊的規范格式:

(一)來稿由標題名、作者名、正文、作者工作單位組成。

(二)章節層次清楚,序號一致,其規格舉例如下:

　　第一檔:一、二、三

　　第二檔:(一)、(二)、(三)

　　第三檔:1、2、3

　　第四檔:(1)、(2)、(3)

(三)注釋碼用阿拉伯數字①②③④⑤表示,采取當頁脚注。再次徵引,用“同上,頁××”,或“同注①,頁××”。注釋碼在文中的位置(字或標點的右上角):××××①,××××①。××説,“××××”①,××説:“××××。”①

(四)關于引用文獻:引用古籍,一般標明著者、版本、卷數、頁碼;引用專書,應標明著者、書名、章卷、出版者、出版年月、頁碼;引用期刊論文,應標明刊名、年份、卷次、頁碼;引用西文論著,依西文慣例。兹舉例如下:

①[清]王琦注《李太白全集》卷二《古風五十九首》,中華書局,××年,頁××。

　　①周勛初《論黃侃〈文心雕龍札記〉的學術淵源》,載《文學遺産》,1987 年第 1 期,頁××。

　　①Hans. H. Frankel,*The Floering Plum and the Palace Lady*,New Haven and London,Yale University Press,1976. p. ××.(請注意外文斜體的運用)

　　(五)第一次提及帝王年號,須加公元紀年,如:开元三年(715);第一次提及的外國人名,若用漢譯,須附原名;年號、古籍的卷數及頁碼用中文數字,如开元三年、《舊唐書》卷三五等;其他公曆、雜誌的卷、期、號、頁等均用阿拉伯數字。

　　(六)插圖:文中如需插圖,請提供清晰的照片,或繪製精確的圖、表等,並在稿中相應位置留出空白(或用文字注明)。圖、表編號以全文爲序。

　　八、來稿請注明真實姓名、工作單位、職稱、詳細通訊地址和郵政編碼(若有變更請及時通知)、電子信箱、電話或傳真號碼,以便聯絡。

　　九、作者賜稿之時,即被視爲自動確認未曾一稿兩投或多投。來稿一經刊出,即付樣書和抽印本。

　　十、來稿請電郵至 ndywhj@nju. edu. cn。